U0926535

Vibration and Dynamic Design of Footbridges

人行桥的振动与动力设计

陈政清　华旭刚　编著

人民交通出版社

内 容 提 要

全书共分6章和一个附录。第一章绪论描述了人行桥振动问题的各个方面和典型振动事故。第二章和第三章阐述人行桥动力设计的基本原理和方法。第四章论述当前人行桥横向振动的主要理论。第五章系统总结了人行桥减振设计方法、原理和仿真技术。第六章以我国一个大跨度人行桥设计方案为例,示范了动力设计(含减振设计)的全过程。附录介绍德国2007年的设计指南(EN03)供参考。

本书可供人行桥设计、施工和建设人员以及相关科研人员参考。

图书在版编目(CIP)数据

人行桥的振动与动力设计/陈政清,华旭刚编著.—北京:人民交通出版社,2009.8

ISBN 978-7-114-07856-9

Ⅰ.人… Ⅱ.①陈…②华… Ⅲ.人行桥-振动控制-设计 Ⅳ.U448.11

中国版本图书馆CIP数据核字(2009)第108255号

书　　名:人行桥的振动与动力设计
著 作 者:陈政清　华旭刚
责任编辑:曾　嘉
出版发行:人民交通出版社
地　　址:(100011)北京市朝阳区安定门外外馆斜街3号
网　　址:http://www.ccpress.com.cn
销售电话:(010)59757969,59757973
总 经 销:北京中交盛世书刊有限公司
经　　销:各地新华书店
印　　刷:北京牛山世兴印刷厂
开　　本:787×1092　1/16
印　　张:18.25
字　　数:348千
版　　次:2009年10月　第1版
印　　次:2009年10月　第1次印刷
书　　号:ISBN 978-7-114-07856-9
定　　价:45.00元

前　言

人类最古老的桥是独木人行桥，最早感知的桥梁振动也是人致振动。“走一步来摇三摇”，就是独木桥人致振动的形象描述。人行桥的振动又是一个长期被忽视的问题，直到2000年英国千禧桥在开通当日即发生过度横向振动事件，并且发现其他桥上也有过同样的过度振动现象发生，才引起了前所未有的广泛重视。我国也有一些人行桥振动导致行人不适的问题发生。伴随着城市的大规模现代化进程，我国人行桥建设发展迅速，因此了解、重视人行桥的振动问题，掌握人行桥的动力设计与振动控制技术，是我国从事人行桥建设和研究的技术人员十分紧迫的任务。

土木工程结构广义的动力设计概念可以认为包括抗震设计、抗风设计以及车辆、行人和动力机械所致的环境振动的评估和减振设计，这里所说的环境振动包括结构自身和使用者的振动在内。狭义地讲，结构动力设计主要指结构动力特性分析和修改，减振措施可认为是结构动力特性修改的一部分和延伸。本书论述人行桥的人致振动评估方法和减振设计。

自2000年以来，人行桥的人致振动研究有很大的进展：分别于2002年、2005年和2008年召开了3次人行桥振动的国际会议，研究论文与日俱增；欧洲法、德等国重新修订了人行桥设计指南或规范。经过近10年的努力，桥梁界已达成共识：大跨度的人行桥必须通过动力设计以保证其动力使用性能，特别是横向动力稳定性能；减振设计应当视为结构设计的一部分而不是事后的补救措施。

我们一直关注人行桥振动问题，多年来搜集和阅读了大量的文献资料，并作了一些基础研究和应用研究，为本书的编著作了充分的准备。本书的写作原则是：设计与研究并重。前三章介绍了人行桥人致振动的基本原理和人行桥动力设计方法，为读者使用国外指南进行人行桥动力设计提供了必要的背景材料。人行桥存在横向动力失稳，即振幅突然增大的现象。如何解释和预测这一现象，是当前人行桥振动研究的热点。第四章尽可能详尽地介绍了若干学者有代表性的横向振动理论，以期推动我国在这一方面的研究。第五章系统介绍了人行桥减振的主要措施和设计方法。第六章以我们直接参与的一个大跨度人行桥设计为例，示范了人行桥动力设计和减振设计全过程。

本书前四章由陈政清执笔，后两章由华旭刚执笔，全书内容由陈政清组织和审定。博士生李红利起草了第3.3节并承担了很多打印工作。湖南大学桥梁系的李寿英、张志田两位副教授与风工程试验研究中心的王建辉高工也参与了部分工作。研究生邹云峰、何文飞、金志坚、胡海波、周帅、吕建国、刘震卿、唐必刚和强昌旭等参与了资料收集和试验工作。湖南大学刘光栋教授关心和鼓励本书的写作,亲自审核了部分章节,并对全书提出了很多好的建议。公式(4-5-4)的原作者回答了陈政清的质询并给出了校正后的公式。第六章工作得到了广州市政设计研究院杨勇高级工程师等多位技术人员的支持和协助。人民交通出版社张征宇主任及其同仁为本书出版也做了大量工作。作者向上述提及和未提及的所有帮助本书出版的单位和个人表示诚挚的谢意。书中取自他人研究论文的内容均标明了原研究者和相应的参考文献,以示尊重和谢意。

当前我国正处于城市化建设高潮之中,人行桥建设日益增多,在建人行桥最大跨度已达到200m。作者希望本书的出版,可以进一步推动我国人行桥人致振动问题的研究,尽早编制我国专门的人行桥设计指南或规程。

作者　谨识于湖南大学

2009 年 6 月 25 日

目录 CONTENTS

第一章 绪 论

1.1 英国伦敦千禧桥的教训

1.1.1 伦敦千禧桥关闭事件

2000 年,英国为庆祝进入 21 世纪而建的一项重要桥梁工程——伦敦千禧桥[1-1](图 1-1-1)开通仅三天就不得不关闭。这一事件受到了全世界异乎寻常的关注。

图 1-1-1 伦敦千禧桥(从桥面上向北望可见圣保罗大教堂)

千禧桥(The Millennium Bridge)是英国伦敦泰晤士河上新建的一座人行桥。该桥是一座结构新颖的扁平轻巧的悬索桥,是自伦敦塔桥 1894 年建成后约 100 年来在伦敦泰晤士河上首次修建大桥,它为两岸的圣保罗大教堂和新泰特现代艺术馆提供一个优雅从容的步行通道,如图 1-1-1、图 1-1-2 所示。所以,该桥从规划、设计以来备受

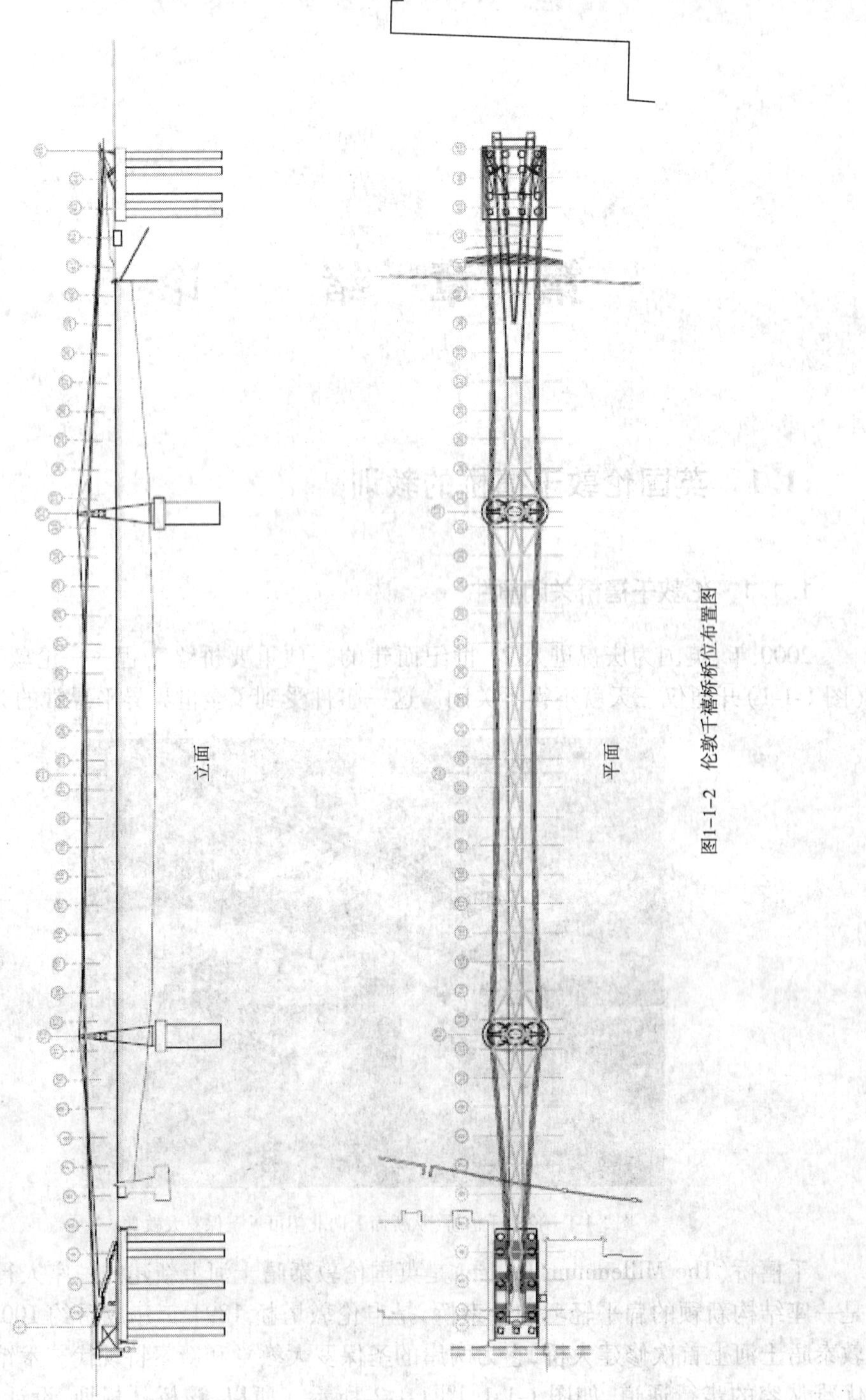

图1-1-2　伦敦千禧桥桥位布置图

关注。该桥于2000年6月10日开通，不幸的是，开放行人当日桥梁即发生过量的横向摇摆，在减少上桥人数仍发生过量横向摇摆的情况下，6月12日临时关闭该桥梁。这样一座事先大肆渲染，女王亲自剪彩，耗资达1800万英镑的新结构桥梁在开通三天后就不得不关闭的重大新闻立刻传遍了全世界。据统计，全世界有超过1000篇的专业文献和150家的媒体报道了千禧桥的过度振动问题。部分媒体甚至怀疑桥梁的安全问题，因而采用了有震撼力的标题。例如：那座摇摆不定的桥将长期关闭（BBC新闻）；两百万英镑要用于加固这座摇摇晃晃的桥，明年春天前都不能开通（每日报）；那座圆润柔美的桥在风中摇摆晃动如此厉害，以至于人们担心伦敦桥会倒塌（华盛顿邮报）；我国学者也对这一事件做过分析和研究[1-2]。

据估计，开放当天有80 000～100 000人通过了该桥。录像分析表明（图1-1-3），最高峰时约有2000人同时在桥上，人群密度达到1.3～1.5人/m^2。

该桥有南跨、北跨和中跨，桥位如图1-1-2所示。其中大幅度侧向振动主要发生在南跨和中跨。南跨一阶侧向频率大约为0.8Hz，中跨的一阶侧向频率低于0.5Hz，二阶频率低于1.0Hz。北跨振动要小一些，振动频率略大于1.0Hz（北跨一阶侧向频率）。大幅度的振动并不是持续发生的，但是当大量行人在桥上行走时，振动就增大，而行人减少或停止行走时，振动就减小。根据目测估计南跨和中跨的最大侧向加速度为0.200～0.250g。在这样的加速度水平下，大量的行人行走困难，不得不停下来依靠栏杆保持身体平衡。没有观察到过大的竖向振动。

第二天控制行人流量的情况下振动仍然影响到正常行走，所以在6月12日决定关闭桥梁禁止通行并开始研究其振动产生的原因。

图1-1-3 行人走过千禧桥

1.1.2 千禧桥的结构特点

为了从桥面上可以完整地看到圣保罗大教堂,同时考虑通航高度的要求,千禧桥选择了很薄的带状桥型。

建成的桥梁结构为浅悬索桥,主缆垂度只有2.3m,垂跨比约为1/63,比通常悬索桥的垂跨比1/8~1/12小很多。为了便于从桥上观看风景,缆索尽量布置得低于桥面。两组四根直径120mm的主缆连接两岸桥台和河中两桥墩,形成三跨连续结构:北边跨81m,中跨144m和南边跨108m。千禧桥没有吊杆,竖向高度和横向宽度都不等的U形横梁直接固定在主缆上,使每边四根主缆处于同一水平面上。同时,主缆水平中心距也不是常数,在10~13.4m之间变化。横梁每隔8m一道,纵梁为两根圆钢管,直接与横梁两边焊接。

1/63的极小垂跨比导致主缆产生很大的张力。桥梁恒载为20kN/m,恒载引起拉索的张力为22.5MN。千禧桥竖向和水平刚度均来自于拉索的张拉刚度,故其竖向和侧向刚度一致,因此不需要任何附加的结构来抵抗风荷载。千禧桥的动力特性证明它的侧向刚度与其他跨度类似的人行桥刚度在同一范围之内,因此,过量振动与该桥的新结构形式无关。

两主缆之间的水平距离是桥面宽度的2.5~3.5倍,如此可以增大桥梁的抗扭刚度。这样的几何形状有两个优点:首先可以使由于横方向不对称活载产生的扭转角最小;另外,抗扭刚度的增加有助于分离结构的扭转和弯曲振动频率,这改善了结构的空气动力特性。

桥面板宽4m,长16m,是蜂窝状轻型铝板。桥面板之间为铰结滑移联结方式,直接铺设在纵横梁结构之上,不参与全桥结构受力。

1.1.3 千禧桥的减振措施

事后的实验室研究和现场研究证明,千禧桥的竖向及横向频率正好在步行力的频率范围之内,当行人很多时,就不可避免地会产生人桥共振效应。显然,限制过桥人数是违背建桥初衷的。因此,减振措施要达到的指标被设定为2人/m^2的高密度条件下桥梁振动在行人可接受的范围之内。

改善桥梁动力特性有两种普遍可采用的方法。第一种就是增大桥梁的刚度,使侧向固有频率不在侧向激励的频率范围内。第二种就是提高桥梁的阻尼来减少共振响应。

最困难的是增大中跨频率,它的一阶固有频率只有0.49Hz。固有频率增加三倍,理论上侧向刚度要增加九倍,而且要保证增加刚度的同时质量不增加。事实上,任何涉及刚度增加的方法都会增加质量,因此刚度要求增加十倍以上。

主跨的所有刚度几乎都是拉索的几何刚度提供的。即使桥面完全由最外边的两排钢管支撑,中跨的一阶侧向频率也仅仅只增加百分之几。如果没有相当多的附属设施,刚度不可能增加到十倍,其中包括成本很高且会严重影响桥梁美观的一些设施。即使中跨的一阶侧向频率达到1.3Hz以上,某些阶数的侧向扭转频率还是会小于1Hz,而这只能通过提高结构的竖向刚度或扭转刚度,且增加的倍数与侧向相同。需要增加一些附属设施来提高刚度,而它们又会影响现有桥梁的活载容量。

因此,提高桥梁刚度几乎是不可行的,减振途径只能是提高结构阻尼,要求由原结构0.4%的阻尼比提高到20%,以提供足够的阻尼来确保人群密度为2人/m^2时结构的动力稳定性。侧向阻尼主要由黏滞阻尼器提供,总共7种不同类型的37个阻尼器被安放到桥梁上。中跨还另外增加4对侧向TMD阻尼器来提供侧向阻尼。每个阻尼器重2.5t。竖向阻尼主要由竖向TMD阻尼器提供。在桥梁的三跨上总共安装了26对竖向TMD阻尼器。这些阻尼器的质量为1~3t,由压缩弹簧支撑。

改造安装工程由Cleveland Bridge UK承包。黏滞阻尼器由美国Taylor Devices公司生产,TMD阻尼器由德国Gerb Schwingungsisolierungen公司生产。减振工程于2001年5月初动工,2001年底完工。2002年元月30号组织了两千人过桥的现场试验,平均行人密度达到1.5人/m^2,是2000年6月开通当日的最高行人密度。现场试验测试结果表明,动力响应较以前下降了40倍,桥梁没有共振现象产生,行人也没有任何不适应的报告。2002年2月22号,在经过8个多月的关闭之后,千禧桥正式向行人开放,并获得媒体一致好评[1-3]。

1.1.4 千禧桥事件的教训

这一事件表明:

(1)虽然生物力学和桥梁专家在人致桥梁振动的机理方面进行了很多研究,但现有成果还远不能满足设计要求。特别是千禧桥事件以前,横向振动研究很少。千禧桥事件激发了世界范围内对人行桥振动问题的重视,成为了当前研究的一个热点。2002年、2005年和2008年已连续召开了三次人行桥振动的国际会议。

(2)人行桥振动的敏感频率范围是,横向1.2Hz以下,竖向1.5~5.0Hz。大跨度的人行桥,无论取何种结构形式,其结构基频均难以保证在步行力的影响频率范围之上,而且提高频率往往是很不经济的。因此对这类人行桥而言,减振设计应当成为结构设计的一部分。

1.2 其他人行桥事故的回顾

1.2.1 与行人有关的桥梁垮塌事故

早期有关人群引起桥梁垮塌的记录不很清楚。但有文献提到1154年英国约克郡奥斯(Ouse)河上一座人行木桥因人群聚集于桥上欢迎威廉大主教返回约克郡而垮塌。文章没有关于人群超载使这座木桥垮塌的细节,但记载了落水者被救之类的事情。作为纪念,此事也记载在约克郡大教堂的彩色玻璃上。

最早关于人行桥振动的文章可能是1821年Stevenson所写的。他在文中提到军队行军过桥时,会发生严重的振动,建议在桥梁设计中应该考虑人行荷载。在Stevenson论文发表10年后,60名士兵行军过桥导致英国布劳顿桥倒塌,用一个悲剧验证了他的预言。这也是最早报道的由于行人动力荷载导致人行桥倒塌的案例。经过这件事以后,很多桥上都贴了通告,要求军队过桥的时候走乱步伐。美国尼亚加拉大瀑布的一座铁路悬索桥上贴有一则通告如下:

在桥上列队前进或跟随音乐整齐迈步都将处以20~100美元的罚款。乐队除非坐在马车上,否则禁止在过桥的时候奏音乐。

19世纪70年代后期英国利兹大学的一份研究报告,记录了19世纪初到1978年之间全球范围内的桥梁垮塌事故。在这份报告中,他们鉴别了一些桥梁和桥墩的事故,其中也涉及与人群有关的垮塌事故。文献[1-4]还调查了发生在利兹大学报告之后的桥梁垮塌事故。因此,总计39例事故得以鉴别、分类和讨论,见表1-2-1。表中记录的第一个事故发生于1825年,为德国萨勒河上一座跨径78m的悬索桥。从桥梁垮塌事故的报告中可以发现,防止不理智的人群行为有多么重要。9例事故中,人群当时正在观看河中的景观。其中有1例就是英国最为悲惨的桥梁垮塌事故,当时400人聚集在桥面的一侧,观看4只鹅在河里拖着一个载有小丑的浴缸前进,桥的垮塌共造成113人丧生。1830年,位于苏格兰福法尔郡南爱斯克河上的蒙特拉斯吊桥不幸垮塌,当时有700多名观众在桥上观看比赛。当赛船从桥下经过时,桥上的人群也随之跑向桥面的另一侧,造成桥梁跨塌,许多人丧生。类似的事故于1864年发生在来哲(Lessor),还于1926年发生在西弗吉尼亚,只是伤亡人数少得多。有7例事故是人群正在参加一些宗教活动,人群的行为不尽相同,而且也没有超载。最惨的一例于1972年发生在菲律宾,一座位于拿加(Naga)市,有20年历史的木桥垮塌了,共造成138人丧生。当时,作为宗教节日活动的一部分,有近500人在桥上看水中船队。1949年,在相同的地点,一座木桥的垮塌也夺去了许多人的生命。另外8例事故中,人群站在桥上观看表演或是列队等待。其中1例是人群排长队到桥的另一端缴纳通行税。另1例发生在加利福尼亚的Long Beach,造成35人死亡,当时人们正在一座桥上等待从另一端进入会场。距现在最近的英国该类事故发生于1952年,位于Bury的Knowsley Street Station的一座人行桥垮塌,造成1人死亡,174人受伤。当时约200名球迷正在等候火车,导致桥上的人群越聚越多。该木桥已使用了大约70年,其竖杆通过榫头连接在下弦两侧,且还有锻铁箍围绕下弦。发生事故的原因是不便检查到的锻铁箍受到了腐蚀。此前例行检查时,未发现木材有腐朽迹象,适当人流时桥显得很坚固。垮塌当天，人群的超载作用使得竖杆连接下弦杆的短榫头被拔出了，彻底破坏了桁架结构。1977 年，莫斯科附近一火车站的跨线桥发生了坍塌，造成至少 10 人丧生。还有 4 起与骑兵或士兵过桥有关的吊桥垮塌事故。在 3 起事故中是新桥——美国位于堪萨斯城的希尔顿大饭店的人行天桥、美国的一座预应力混凝土桥以及墨西哥的步行桥。吊杆是希尔顿大饭店的人行天桥的一个薄弱部位，不大的人群荷载使它垮塌了。

33 起灾难中死亡的总人数已经超过 800 人。另外几座桥梁没有死亡人数的确切数字，但肯定有不少人死亡。

与人群有关的桥梁垮塌事故[1-5]　　表 1-2-1

序号	地理位置	事故年份	桥龄	用途*	形式+	跨径(m)	宽度(m)	垮桥前状态++	人群状况	人群行为#	伤亡(人)
1	德国萨勒河畔尼恩堡	1825	1 年	b	cidi	78.0		S	多		
2	英国南艾斯克河畔芒特罗兹	1830	1 年	a		129.6			约 700 人	d	多
3	英格兰诺森伯兰郡莫珀斯堡	1830			c		5.6	C	拥挤		
4	英格兰曼彻斯特的布劳顿	1831	2 年	a	c	44.3		C	60 人	f	
5	印度马德拉斯 Chintadripet 桥	1840			c		6.0	S		f	(30+)
6	英格兰大雅茅斯 North Quay 桥	1845	16 年	a	cidt	26.2		S	>300 人	c	>113
7	孟加拉杰索尔附近 Jinguruchy	1846	2 年		cidic		7.2	C	>500 人	c	约 100
8	法国昂热 Basse-Chaine 桥	1850	11 年	a	c	102				f	
9	苏格兰 Langholm 的 Boatford 桥	1871	0		c	53.3	2.4	O	60 人		(1~2)
10	英格兰巴兹 Widcombe	1877	15 年	b	dt	24.4			>100 人	e	约 11
11	英格兰索尔塔什	1877	老		dt		7.1	C	>200 人		0
12	捷克共和国 Mährisch-Ostrau	1886	35 年			66		O	>30 人	f	6

续上表

序号	地理位置	事故年份	桥龄	用途*	形式+	跨径（m）	宽度（m）	垮桥前状态++	人群状况	人群行为#	伤亡（人）
13	美国西弗吉尼亚韦斯顿	1896			c				拥挤		(2)
14	美国西弗吉尼利特尔顿	1896			c			O	拥挤		2
15	美国奥克莱尔 Madison St 桥	1903		c		13		O	约200人	b	(40)
16	美国威斯康星 Oconto Falls	1906	老	b				M	12人		1
17	美国俄亥俄州 Findlay	1907		b	c			O	>100人	a	(4)
18	美国加州长滩 Pier approach	1913		c	dt			T	多	e	35
19	加拿大安大略 Port Dover	1913	老		dt			SR	>60人	e	(20)
20	美国宾夕法尼亚州切斯特 Norman's Creek	1913			dt	21.3		R	24人		
21	美国俄亥俄州 Division St. Youngstown	1913	临时	b	dt			S	>40人	b	
22	美国宾夕法尼亚州切斯特第三大街	1921	35年	c	ds		1.5	S	>75人	c	24
23	美国西弗吉尼亚 Whitesville	1926	13年	b	cs	65.2		O	>100人	d	6
24	德国科布伦次摩泽尔河	1930		b	dt			SR			>40
25	菲律宾那加城	1949			dt		2.2	M			多
26	英格兰贝里市诺斯利街车站	1952	70年	b	dt	22.1	7.9	SR	约200人	e	1(174)
27	菲律宾那加城	1972	20年	c	dt	120.1	1.5		约500人		138

续上表

序号	地理位置	事故年份	桥龄	用途*	形式+	跨径(m)	宽度(m)	垮桥前状态++	人群状况	人群行为#	伤亡(人)
28	尼泊尔 Mahkali 河	1974	60 年		csdt	60.0		O	150 人		138
29	俄罗斯普施克诺	1977		b			1.0	S	很多		>10
30	西班牙爱尔那尼 Uremea 河	1978	老	b	csdt	50.0			40 人		6
31	保加利亚的瓦尔纳	1978	老		d		1.4	R	多		数个
32	墨西哥勒马河	1979	1d	b		40.0		R	400 人		7
33	日本九州	1980	11 年		c	114.0		O			7
34	美国堪萨斯州凯悦酒店	1981		c	csds			R	>1 000 人		113 (186)
35	马来西亚巴特沃思	1988		c			3		3000 人		30
36	西班牙马德里附近阿兰胡埃斯镇	1996	31 年	b	csdt	40		M	11 ~52 人		2
37	以色列特拉维夫附近雅孔河	1997	3 周	b	adt	20		O	>100 人		2
38	美国费城的特拉华河	2000		c			48	O	>37 人		3
39	美国北卡罗来纳州康可的罗维斯赛道	2000	5 年	b	co	25		S			(107)

注：＊中：a = 路；b = 人行桥；c = 其他。＋中：a = 铝；c = 链或索支承；co = 混凝土；d = 桥面结构；i = 铁；s = 钢；t = 木材。＋＋中：C = 骑兵或士兵；M = 体育运动集结；R = 宗教集结；S = 观看河上景观；T = 缴费受阻；O = 其他。#中：a = 从桥的一端到另一端；b = 队伍行进；c = 人群聚集在桥面一侧；d = 人群从桥面一侧到另一侧；e = 排队等待；f = 骑兵、士兵或其他兵种的部队。

1.2.2　行人导致的桥梁过度振动的现象

与行人超载导致桥梁垮塌事件相比，行人激发的桥梁过度振动现象其实更为常见，只是因为人们习以为常，也就很少报道。

1957 年 10 月 15 日，我国第一座跨长江的大桥——武汉长江大桥建成通车。这是一座规模巨大的公铁两用桥，下层双线铁路，上层 4 个车行道和两个人行道，刚度很大。举行通车庆典时，五万群众“跟在汽车后面前进，他们兴奋地举着鲜花和头巾，如同碧绿般的潮水一起一伏地从武昌流向汉阳”(引自1957年10月16日《长江日报》),结果激发了严重的横向摇摆振动,一度造成人群恐慌。已故桥梁专家李国豪院士事后研究了这一问题[1-6],指出这不是桥梁横向稳定不足的问题。在正常情况下即行人只在人行道上行走时不会发生横向摇摆振动。西班牙和新西兰的两座大桥也有同样现象。1973年西班牙博斯普鲁斯大桥(Bosporus Bridge)开放当天,估计有60 000~100 000人涌至主跨长1 074 m的悬索桥,同时还有2 000人/min人流不断从桥两端涌入。当桥开始摇摆时,桥两端的人群就被禁止进入。《工程新闻记录》记载“根据设计,除车辆外该桥每次可承载30 000人,相当于1人/ m^2。”据估计那天高峰时段,桥面被人群挤满了,桥面板承载多达5人/ m^2(图1-2-1)。新西兰奥克兰港口公路桥也发生了类似的情况。这是一座主跨190m的4车道公路桥。1975年的一天临时封闭了一个方向的两个车道供举行示威游行的队伍通过,示威者有2000~4000人,过桥时产生了明显的横向振动。这一事件并有电视录像记录可考。

图1-2-1　1973年西班牙博斯普鲁斯大桥开通日的人群

既然上述规模巨大的桥梁都可以在拥挤人群条件下发生过度的振动,那么专用于行人通过的人行桥发生振动的几率就更大了。现有研究表明,只要基频低于5Hz的桥梁都有可能发生人桥共振现象。

乡村随处可见的跨越小河小溪的简易悬索桥,行人通过时几乎都有明显的振动产生,行人也不以为奇。但是,若是位于人口稠密的城市大型人行桥发生振动,就会造成市民恐慌,需要加以特别的注意。日本学者 Fujino 和 Nakamura 等人对日本两座人行桥——T桥和M桥的振动和减振控制问题有近20年的研究,具有较大的参考价值[1-7]。

日本T桥(Toda Park Bridge)是独塔双索面斜拉桥,每个索面内有11根拉索,主跨134m,边跨45m。塔由钢筋混凝土制成,塔高61.4m。主梁是正交异性桥面板单室钢箱梁,宽6.05m,高1.8m。

桥梁临靠一座船舶比赛体育馆,是连接体育馆和一个公交终点站的纽带。一场大型的船舶比赛之后,有时将有20 000多行人在20min左右通过该人行桥,这时该桥将变得非常拥挤。图1-2-2显示有多达2 000人同时步行在这座桥梁上。在这种情况之下,主梁不仅有竖向振动,还有显著的侧向振动经常发生,某些拉索也发生了一些大幅度的振动。录像分析表明,大约有20%以上的行人步频与桥梁的侧向振动同步。

图1-2-2　20 000多行人通过T桥

采取了两个措施控制T桥的振动。第一个措施是在拉索平面内再用一根直径10mm的金属线,连接到邻近的拉索,控制拉索振动。其次在主梁内部安装了调谐液体阻尼器(TLD),TLD是装有可以晃动的水的塑料盒子,经济实用。由于可以先装盒子再装水,所以安装也很方便。选用了600个36 cm×29 cm,水深3.4cm的容器,安装后实测表明收到了良好的减振效果。10年后进行了检测。虽然在采取控制措施十年时间内没有对各控制措施进行过维修,淡水还在TLD中,仅仅蒸发了一部分,但许多水箱中液体晃动频率已偏离设计频率,不能达到以前的减振效果;辅助索没有什么变化。

M桥(Mape Valley Great Suspension Bridge)位于日本的风景名胜区Nasu Shiobara,行人很多,如图1-2-3所示。M桥主跨320m,两边跨每跨60m,塔高26.2m(由钢管制成)。主缆由7根直径46 mm的螺旋钢丝索组成。主梁为H形主梁,没有加劲桁架或者箱梁,因此竖向非常的柔,为了满足抗风要求,在水平面内运动由另外两根连接主梁下底面的倾斜的抗风缆控制。桥面宽 1.5m。M 桥建于 1999 年，从建成以来一直存在侧向振动问题，振动很大以致一部分步行者感到不舒服，虽然 M 桥的第一阶侧向频率为 0.3Hz，远离了同步频率。但所有的测量数据表明侧向振动的频率都在 0.88 Hz（第三阶的对称侧向模态频率）与 1.02 Hz（第四阶对称侧向模态频率）之间，即行人激发了桥梁的高阶模态振动。

图 1-2-3　M 桥全景

类似的因行人荷载导致的人行桥过度振动事例还有不少，表 1-2-2 列出了 2000 年可统计到的一些桥梁振动实例[1-8]。

人行桥过度振动实例　　表 1-2-2

人行桥描述	动力特性	参考文献
两跨钢箱梁斜拉人行桥，主跨 134m，拥挤的情况下发生过大振动	横向最低频率为 0.9Hz	Fujino et al. 1993
普通钢筋混凝土人行桥，相当大的横向振动以至引起人群恐慌 *	横向基频为 1.0 Hz	Bachmann 1992
钢箱梁人行桥，主跨 110m，悬吊于棱拱上，在桥梁开放日发生了强烈的横向位移 *	横向最低频率为 1.1Hz	Bachmann and Ammann 1987
多跨钢斜拉人行桥，主跨 38m *	竖向基频为 1.8Hz，阻尼比为 1.5%	Wheeler 1982
简支梁结构人行桥，跨径 40m	竖向基频为 1.92Hz，阻尼比为 2.2%	Bachmann and Ammann 1987
钢箱梁斜拉桥，主跨 48 m *	竖向基频为 1.92Hz	Tilly et al. 1984
带木支座的单跨钢悬索人行桥，跨径 35m	一阶竖向反对称弯曲频率为 2.07 Hz，一阶竖向对称弯曲频率为 2.15Hz	Brownjohn 1997

续上表

人行桥描述	动力特性	参考文献
钢人行桥，某一跨径为48.5 m＊	竖向基频为2.09Hz，阻尼比为0.8%	Matsumoto et al. 1978
单跨组合(钢/混凝土)箱梁桥，跨径36m＊	竖向基频为2.23Hz，阻尼比为0.5%	Eyre and Cullington 1985
单跨预应力混凝土箱梁人行桥，跨径34m＊	竖向基频为2.30Hz	Bachmann and Ammann 1987
钢天桥，主跨43.3 m＊	竖向基频为2.40Hz	Pan 1992
三跨连续梁结构钢人行桥，中跨25m＊	竖向基频为2.46Hz，阻尼比为0.25%	Bachmann 1992
钢梁人行桥，在交通高峰时有明显的竖向振动	竖向基频为4.0Hz	Bachmann 1992

＊有关于其减振措施的报道。

1.2.3　小结

虽然存在一些桥梁因人群而垮塌的例子，但总的说来，人行桥的振动基本上是一个舒适性问题，或者说使用性能问题。人行桥振动问题历史悠久，但直到英国千禧桥事件才引起全世界的普遍关注。随着我国经济建设的飞跃发展，城市人行天桥、景观人行桥的跨度越来越大，结构也日渐轻柔。对那些基频低于5Hz的大跨度人行桥，最好在建桥之初就采取永久性减振措施，否则严重的人桥共振现象无法避免。另外，中国人口众多，预防在人行桥上出现不理智的群体行为也是人行桥管理的一个重要方面。

1.3　人行桥振动的基本原理与研究内容

1.3.1　行人是激振源

与车辆动荷载不同，人行进过程，两下肢交替运动，带动整个身体前进。正常行走时，脚跟先着地，然后脚尖离地迈进，每步都有一个短暂的双脚同时与地面接触的过程。奔跑的特点是始终脚尖先落地，且没有双脚同时与地接触的过程。无论是步行还是跑步，每迈一步行人的重心都会高低起伏一次。重心变化产生的加速度，使每一步的竖向荷载都具有双峰的性质。步行者没有腾空过程，时程曲线是连续的；跑步的时程曲线则是一个个间断的半波。除竖向力外，行人的双腿交替运动，也导致人的重心左右摆动，因此也有横向力。由于行人重心每两步左右摆动一次，因此横向步行力的频率正好是竖向步行力的一半。为克服地面摩擦力前进，行人荷载也有纵向力分量。图 1-3-1 是典型的正常行走时的步行力时程曲线。

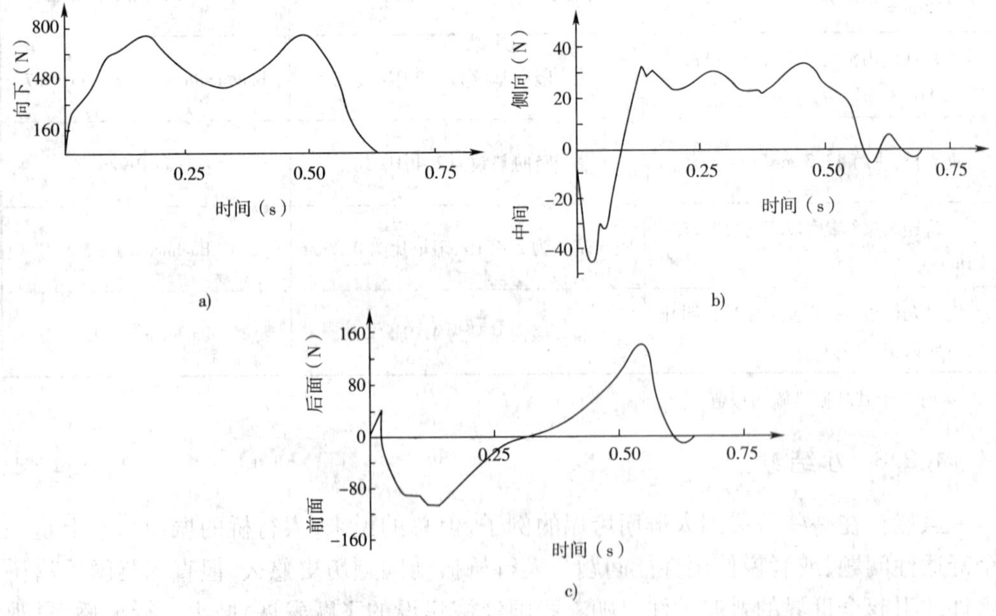

图 1-3-1 单步力三方向分量的时程

a）竖向力；b）侧向力；c）纵向力

与主要由路面不平顺产生的车辆动荷载不同，行人荷载具有如下特征：

（1）明显的周期性。严格来讲，即使是同一个人，每迈出一步都会和其他步有细微的区别，但总的说来，在一定近似意义上行走方式决定了人行荷载有明显的周期性。成年人正常行走时的步频（即每秒钟迈步数）为 1.5 ~ 2.4Hz。竖向力的双峰特征，使竖向力的前三阶谐波成分都可能激发桥梁振动。横向力则一般可只考虑一次谐波作用。因此，一般认为基频要高于 5Hz 的桥梁才不大可能出现人桥振动问题。

（2）窄带随机过程。人在体重和行走速度方面的差别远不如车辆那么大，因此行人荷载的步频、步长均是在很窄的一个范围内随机分布，并较好地符合正态分布特征。不过同一桥上的人的行走的初相位，可以认为是在 0 ~ 2π 之间均匀随机分布。人行荷载的窄带性意味着桥上行人多到一定数目后，就会自然产生一部分频率相位非常接近同步的人，桥梁越长越宽，这一现象就会越显著，如果这一部分人的频率正好与结构的固有频率接近，就会产生明显的桥梁振动。这好比人的生日，一个小区小村同一天生日的人不多，但一个城市一个国家同一天生日的人就会很多。这也是大的人行桥振动特点。

(3)人桥交互作用。与车辆不同,人是感觉很灵敏的生物,可以感知 $0.01m/s^2$ (0.001g)的加速度。如果桥梁发生振动,行人会自动调整步频和相位,以适应桥梁的振动。改善自身的走行舒适性,振动学上称为“锁定”(lock in)现象。不幸的是,这一调整过程正好进一步加剧了桥梁的横向振动,直到行人因极度不舒适而停止前进或桥上人数减少,振动才会消失。人适应调整能力的一个生动例子是挑担行走。一个熟练的劳动者,会挑选一根硬软合适的扁担,挑起担子行走时,扁担会上下晃动,人也随着这一晃动迈步,轻松自如,健步如飞(步频比不挑担时快)。即使是挑水,也能滴水不漪。而刚学挑担的人,总是步履踉跄,狼狈不堪,就是因为他还未掌握与担子振动同步的技巧。

1.3.2 行人又是感受体

人类是对振动十分敏感的生物,不过幸运的是现有研究表明,人在行进中对振动的耐受力要比坐在建筑物内高一些。设计一座行人完全感觉不到振动的桥肯定是非常不经济的,也是没有必要的。因此合理的途径是将振动控制在容许范围之内。但是,人的感觉是一个非常离散难于定量的问题,不同的人在相同振动环境下的反应不一样,同一个人对同样的振动在不同时候反应也不一样。由于这种不同人之间的差异以及单独一个人主体对振动反应的内在变异性,有关人对振动感受的问题均是通过调查大量的受试者在振动环境下的感受而定性地来划分舒适度标准。

研究表明,在振动的位移、速度和加速度这三个要素中,影响人的生理和心理感受的主要因素是加速度。例如伦敦房屋由交通引起的 10 ~ 15Hz 的环境振动,位移只有0.025mm,但加速度达 0.023g,居民普遍感到不舒适。因此,各国规范的行人过桥的舒适度指标普遍用桥梁最大加速度值来划分。

1.3.1 中提到,行人在感到不舒适时,会自动调整步伐,这一因素也同时加大了研究舒适性问题的难度。

1.3.3 人行桥结构的振动特性

人行桥因人行荷载而振动,同时将这一振动传递给行人,因此研究人行桥结构振动特性是评价和改善人行桥使用性能的一个重要方面。人行桥结构本身的动力特性的计算和实测,与其他桥梁结构并无不同。目前广泛采用有限元动力分析来确定结构各阶频率和振型,用激振和环境随机振动的测量方法现场实测结构的模态、频率、振型和阻尼。由于人行桥质量较轻,因此容易用激振器实现单点输入多点输出的动力特性测量。测量精度特别是阻尼测量精度高于环境随机振动法的测量精度。由于激振源即行人荷载的复杂性,人行桥结构振动响应的评价有其独特的难度。

即使是单个行人荷载研究得很清楚并且能足够真实地用数学方法模拟,人群荷载在桥上的分布以及人与人之间的不同荷载参数取值都是难于真实模拟的问题。目前已提出了各种确定性的和随机性的分析方法,它们往往具有各种不同的局限性。除此之外,人行桥的横向振动还存在一种振动突然增大的"锁定"(lock in)现象。"锁定"一词是借用桥梁风致振动中描述涡激共振的术语,原义指在一定的风速范围内,桥梁结构出现近乎稳态的限幅振动,气流旋涡脱落频率基本维持不变,如同被结构振动频率锁定。

人行桥的横向振动也具有类似的特征,当桥上行人密度达到一定程度后,由于其中越来越多的人调整步伐与结构振动同步,致使横向激振力增加,当激振力与结构阻尼力正好抵消时,结构就进入无阻尼的等幅振动状态。本章第一、二两节中描述的引起国际关注的行人激发桥梁大幅振动的实例,都是属于这种振动形态。这种振动形态虽然很早就被发现,但是真正涉及机理性质的研究还是在2000年伦敦千禧桥事件后才开展的。在某些共振情况下,桥梁横向振动频率参数与行人步频参数之比接近1:2或1:4,因此有些文献也把这种振动称为参数共振。

1.3.4 人行桥振动的控制

控制人行桥的振动有三个途径:控制桥上行人数、提高结构刚度和增加结构阻尼。

设计人行桥时,一般应依据当地实际情况确定正常使用条件下的桥上行人密度。目前一般认为1.5人/m^2是可容许的最大密度,在此标准下,人行桥一般不会发生过大的导致行人不舒适的振动。桥梁开放或重大活动时,桥上行人数会激增,桥梁管理者应事先采取预案,控制桥上行人数。

提高结构刚度的目的是提高结构自振的基频,使之避开人桥振动的敏感频率范围,一般要求横向1.3Hz以上,竖向5Hz以上。在现有材料水平下,如果不改变结构形式,增加刚度的同时往往质量也随之增加,结果自振频率(等于刚度除以质量再开方)提高很有限。因此提高刚度往往是不经济的和效果有限的一种方法。当然改变结构形式例如减小跨径可以大幅提高结构自振频率,但桥梁结构形式往往是由桥址处使用条件和美学追求等因素确定的,一般难以改变。

增加结构阻尼是已发现有过量振动的既有人行桥普遍采用并行之有效的方法。主要措施有:调谐质量阻尼器(TMD)、调谐液体阻尼器(TLD)和单独使用黏滞阻尼器等三种。本章第一节介绍的伦敦千禧桥采用加装黏滞阻尼器和TMD的方法,将桥梁的横向阻尼比由0.4%提高到了20%,完全解决了该桥严重的横向振动问题。

1.3.5 人行桥人致振动的研究内容

综合以上的论述,人行桥人致振动问题的研究内容应包括如下几个方面:

(1)单人步行力荷载的测量和数学模型的建立。由于人种的不同,即使是采用同一模式，参数也有很大差别。现有研究数据主要是依据西方人种的测量结果，亟待开展中国人步行荷载的研究。例如，笔者组织了大学生步行的频率和步长的调查研究。依据12 000多个样本统计得出的步频平均值为1.825Hz，步长平均值为0.715m，两者均低于西方人种的统计结果。

(2)人群荷载模式的建立。这一部分工作难度大，目前国际上的研究资料也很少。

(3)人群荷载激励下桥梁结构的振动响应评价。这是人行桥动力设计的一个主要环节。目前已发展了一些确定性方法和随机性方法。但都伴随着多种假定，离评估实际响应还有一定距离。

(4)人行桥动力设计的规范或指南。英国BS5400最早在规范中纳入人行桥设计的标准。限于当时的认识，只对竖向振动做了规定。目前国外已在总结伦敦千禧桥教训的基础上提出了考虑竖向、横向振动的动力设计指南。我们应在引进与消化吸收的实践基础上，尽量提出适合中国国情的人行桥动力设计指南。作为这一工作的一个起步，本书重点介绍了德国2008年发表的EN03人行桥设计指南。

1.4　人行桥的发展与动力设计简介

1.4.1　人行桥的发展

不言而喻，人类最早的桥梁就是人行桥。由藤科植物编织的索桥，演变出现代悬索桥结构。自然倾倒横卧于小沟上的树干形成独木桥，演变出经典的简支梁桥体系。

最初，人类建造的人行桥，主要是跨越天然屏障，因而大多分布在乡村，行人少，得不到重视。随着现代化立体交通概念的发展，各类跨线人行桥（最早是跨铁路线桥）、城市人行天桥、景观地的游人桥发展非常快，已到了难以统计的程度。

由于长距离的跨越通道总是取车行桥附设人行道的方式，因此单独建造的人行桥跨度不可能太大，目前最大跨度不超过300m。但是人行桥的高跨比、宽跨比和恒活载比可能小于车行桥，因此人行桥的自振频率可能比同跨度的车行桥还低。

受使用条件、景观要求和材料性能日益改善等因素的影响，人行桥的结构形式呈现出多样化的特征。城市人行天桥平面布置有直线、曲线、环形、多肢分叉、放射式等形式，为尽量减少维护工作量，梁式桥往往选取不需要设支座的刚构桥形式，特别是用斜腿刚构桥以增大跨越能力。为景观需要，拱桥、斜拉桥、悬索桥乃至各种特殊结构形式也经常采用。

我国人行桥的跨度也日渐增大，在建的四川绵阳会客厅人行桥，总长400m，主跨200m，是一座单索面曲线斜拉桥。人行桥结构的日益轻型化和中国人口众多的特点，使得我国大跨度人行桥动力设计的重要性更为突出。

1.4.2 人行桥动力设计的基本内容

虽然直到2000年,美国仍有人行桥垮塌的例子,中国近年也有一座人行桥在静力加载试验过程中垮塌,但现代人行桥垮塌事故往往是设计施工缺陷造成的,不在本书讨论之列。

一般而言,正常设计施工和使用的人行桥主要是可能存在使用性能即振动过大的问题,因此需要进行动力设计。

古代的人行桥多为石桥,不存在振动问题。如果人行桥横向自振频率高于1.3Hz,竖向自振频率高于5Hz,可以不考虑振动问题,反之应进行动力设计。

动力设计的主要步骤是:

(1)全桥结构动力特性分析,确定各阶模态的频率和振型,从中找出对人行荷载敏感的模态。

(2)确定桥梁的容许行人密度和舒适度指标。

(3)选用人行桥动力设计规范或指南计算竖向最大加速度和横向最大加速度,评定舒适度指标。

(4)如横向最大加速度超过横向"锁定"的门槛值,则应该对可能引起"锁定"现象的临界行人数目作进一步计算,并与容许行人密度作比较。

(5)如果(3)、(4)两项均不能满足要求,应做更深入的振动仿真分析(一般用时程法),确认结构使用性能达不到要求后,应确定要采取的减振措施和减振目标值,并委托减振专业机构安装减振设备,最后用结构动力仿真分析和减振措施完工后的实测数据确认减振效果符合要求。

参考文献

[1-1] Dallard P., Fitzpatrick A. J., Flint A. R., Bourva S. L., Low A., Smith R. M. R., and Willford M.. The London Millennuim Footbridge. The Structural Engineer, 2001, 79(22):17-33.

[1-2] 郑凯锋.独特的伦敦千年桥及其加固方案和全桥结构仿真分析研究.国外桥梁,2001,1:1-5

[1-3] Taylor D. P.. Damper retrofit in the London Millennium Footbridge-a case study in biodynamic design. Seminar Keynote Speech, 2005.

[1-4] Woumuth B., Surtees J.. Crowd-related failure of bridges. Civil Engineering, Pro-

ceedings of ICE, 2003, 156: 116-123.

[1-5] 魏建东等编译.与人群有关的桥梁垮塌事故.中外公路,第25卷第六期,78-82.

[1-6] 李国豪. 桁梁扭转理论——桁架桥的扭转、稳定和振动.北京:人民交通出版社,1975.

[1-7] Nakamula S. and Kawasakib T.. Lateral vibration of footbridges by synchronous walking. Journal of Constructional Steel Research, 2006, 62: 1148-1160.

[1-8] Pimentel R. L., Pavic A. and Waldron P.. Evaluation of design requirements for footbridges excited by vertical forces from walking. Canadian Journal of Civil Engineering, 2001, 28: 769-777.

第二章　行人脚步动荷载

2.1　行人脚步动荷载的分类和研究方法

2.1.1　脚步动荷载的分类

人行桥振动的激振源是行人的动荷载。行进中的人会产生一个动态的时程力，它因行人移动时加速度变化而产生，包含三个方向的分量，即沿重力方向的竖向力，与行走方向垂直的水平侧向力和沿行走方向的水平纵向力。正常行走和非正常行走（跑步、跳跃、左右摇摆）具有不同的荷载特征。所有这些荷载构成单人动荷载。由于非正常行走荷载可以通过制定桥上通行规则来尽量避免，所以重点是研究正常行走的荷载。

按行人数量来分有四种荷载，即：

（1）单人动荷载，这是研究的基础；

（2）一小组人结伴而行，行人移动速度接近相等（group loading）；

（3）行人低密度全桥均布荷载，每个人均可自由行走；

（4）高密度全桥均布行人且长时间维持不变的稳态行人流动荷载（crowd loading）。例如日本T桥在每次体育比赛后有两万人步行过桥，因此全桥密布2000多人，形成密度1.5人/m^2的稳定的移动荷载可以持续20多分钟。

后三种群体性荷载往往是引起人行桥大幅度振动的荷载类型，由于它们具备窄带随机性、行人相互影响和人桥相互影响的性质，研究难度很大，因而现有研究成果仍然很少。

2.1.2　脚步动荷载的研究方法

行人动荷载研究包括动荷载的测量和数学建模。显然，前者是为后者服务的。单人步行力的测量基本属于生物力学研究范畴，主要是通过受试者在测力板或走步机之类仪器上行走，获取步行力动荷载的时程曲线并进而分析它的参数特征。在充分的测量数据基础上人们研究构建了步行力荷载的各种各样的数学模型,以便把这些模型引入到人行桥结构振动研究之中。单人步行力荷载的数学模型研究较多,可以分为时域模型和频域模型。时域模型又有确定性荷载模型和概率性荷载模型两大类。确定性荷载模型本质上是用统计平均值建立起来的模型,使用较方便,广泛应用于设计规范;随机性模型较接近真实,构造方法复杂,目前主要用在科学研究之中。群体模型更难建立,目前是采取一些简化的方法由单人动荷载模型扩展而成。

应该看到,步行力的数学建模是一个非常困难的问题,原因是:

(1)行人移动荷载多种多样,并且随时间和空间而变化;

(2)荷载与多个因素有关;

(3)单人荷载本质上是窄带随机过程,这一过程尚未被很好地认知从而数学建模困难;

(4)人群之间的相互影响和人与桥之间的自发同步与协调更难在数学模型中体现;

(5)行人在桥上移动和在地面移动的感受不相同,一般而言,在桥上的耐受能力要强一些,但大量的行人动荷载的测量却是在固定地面条件下获得的,在移动平台或实桥上行人动荷载的测量研究还不够充分。

2.1.3　脚步动荷载的主要参数

本书将采用如下符号表示脚步动荷载的主要参数:

W——人体重力,单位牛顿(N);

α——动荷载幅值与人体重力的比值,称为动荷载系数;

f_p——行人迈步的频率,计算竖向荷载时,f_p 为每秒钟内的总步数,计算横向和纵向荷载时,每两步为一个周期,因此横向 f_p 为竖向值的二分之一;

ω_p——行人迈步的圆频率,$\omega_p = 2\pi f_p$;

ϕ——将行走过程近似处理为周期过程时的初相位,即使一群人同频率行走,初相位也有一定差别,如将单人动荷载作傅立叶级数展开,高次谐波与一次谐波之间也存在相位差;

l_p——行人每步步长,单位米(m)。

2.2　脚步动荷载的测量

2.2.1　固定平台上的单人脚步荷载

早期的单人动荷载测量并不完全是为了研究人行桥振动,而主要是为了研究大型商场和体育场看台在人群荷载下的结构动力性能及其对人的舒适性影响,因此一般在固定于地面的测力板或走步机上测量。图 2-2-1 是在走步机上测量行人荷载的情形，图中受试者的右脚上设置了一个发光点，是用来测量行人步频和步长的。采用测力板方法，Harper[2-1,2-2]做了最早的行人荷载测量实验，Andriacchi[2-3]利用测力板测量了单人荷载在三个方向的分量，单步荷载三分量时程曲线如图 2-2-2 所示。由图 2-2-2a）可见，竖直力分量有两个波峰和一个波谷，波峰分别对应脚落地和离开地面两个时刻，这一特征也为后来的众多研究者所证实。如果假定行人步频保持不变（实际上，行人每一步的周期都有细微的差别）并且注意到步行时有一段双脚同时落地的重叠时间，那么可由图 2-2-2 的单人脚步荷载合成行人脚步力的连续时程曲线，如图 2-2-3 所示。

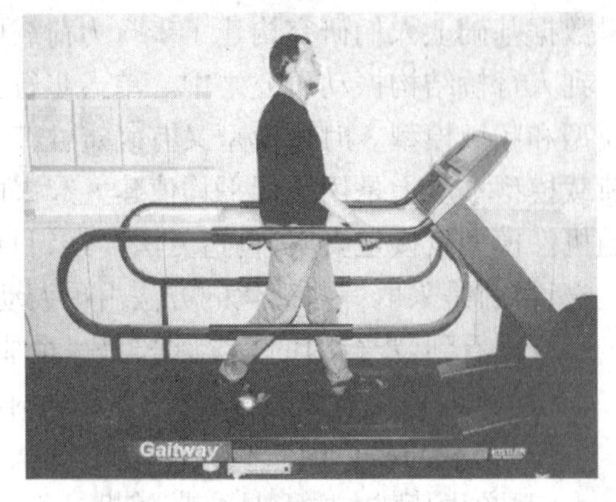

图 2-2-1　在走步机上测量行人脚步荷载

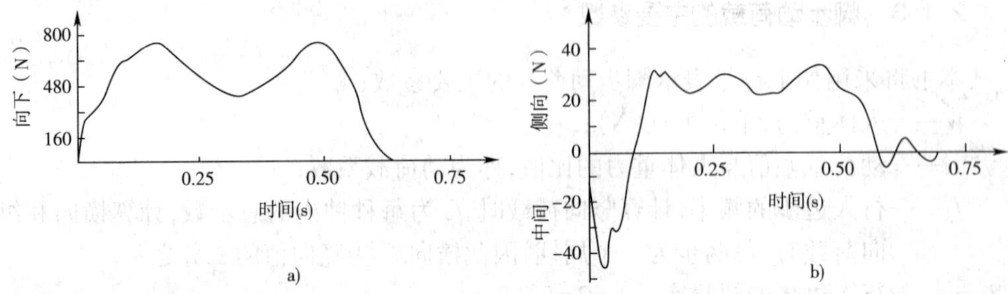

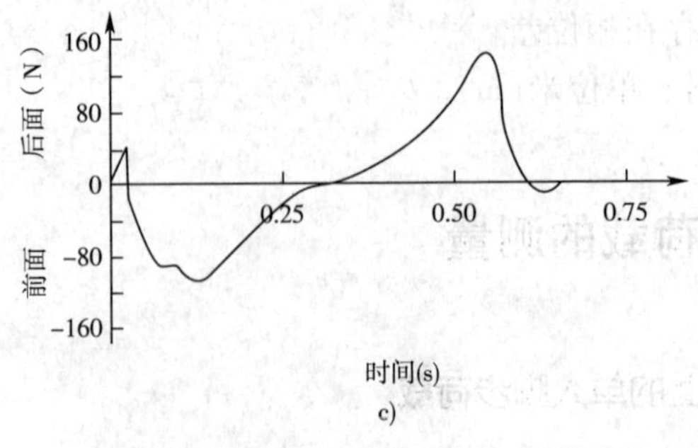

图 2-2-2　单人脚步荷载三分量时程曲线图
a）竖向力；b）侧向力；c）纵向力

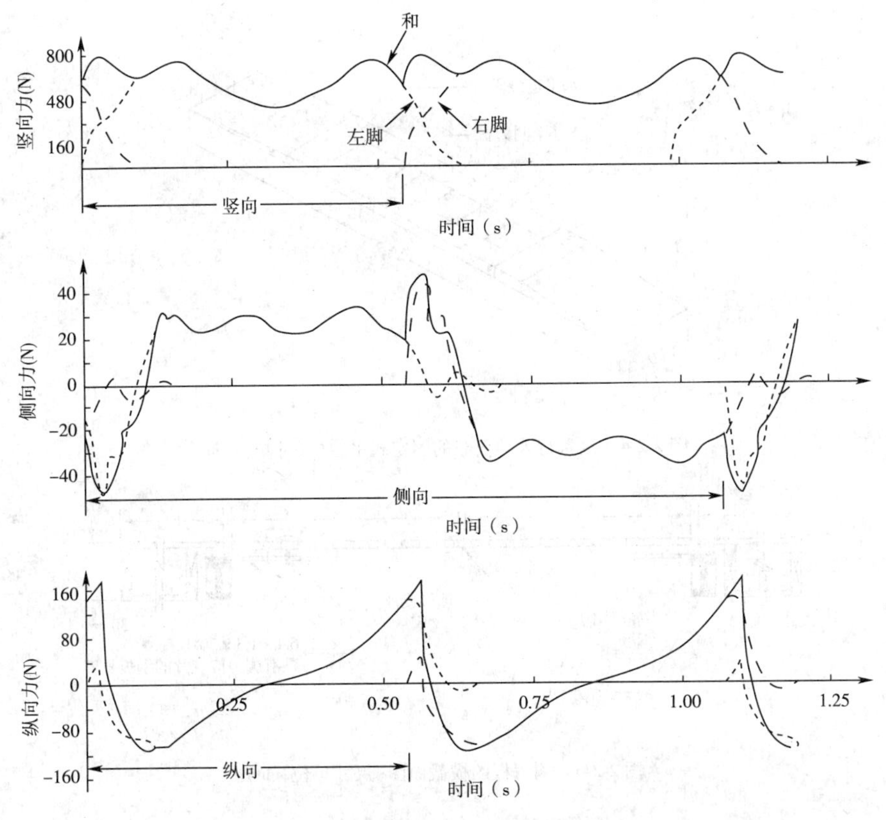

图 2-2-3　步行力三分量的周期时程曲线

为了能在一个更为真实的行走状态下测量受试者的动荷载,1996 年美国宾州大学的 Ebrahimpour 等人建造了一个长 14m 的固定测力平台[2-4]。以下作一较详细的介绍。

(一)实验装置

建造的动荷载测力平台长 14.2m,宽 2m,由多种模块组成,如图 2-2-4 所示。在到达测量段之前,受试者先走过一个 3m 的斜坡段和 1.2m 的水平段以稳定步伐。测力段(简称 IFP)是由 6 个 91cm×81cm 的相互独立的测力板(面板用 2.5cm 的蜂窝板建造)构成的。每个测力板由 4 个悬臂钢梁支撑,每个支撑上都装有一套应变测力装置。图 2-2-5 显示的是测力板典型的横截面构造图。

设计制作测力板之前用有限元方法验证了测力板的可靠性。由图 2-2-6 可以看出,采用 72 个夹层板单元来模拟蜂窝板。起支撑作用的 4 个悬臂结构(也就是图 2-2-6 的呈 L 形的那部分)由 8 个梁单元模拟。分析表明,不管力的位置如何改变,结点 95、96、97 及 98 相对应的压力总和始终不变。

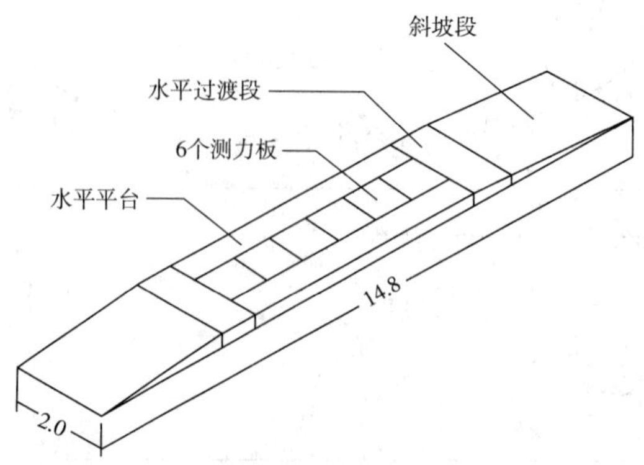

图 2-2-4　测量行人动荷载的固定式平台(尺寸单位:m)

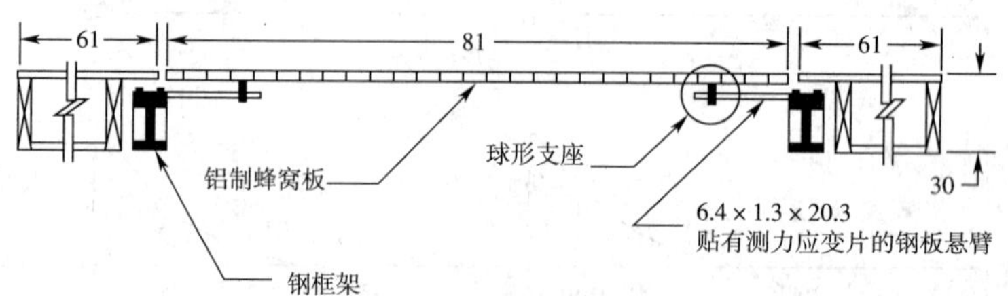

图 2-2-5　测力板的横截面图(尺寸单位:cm)

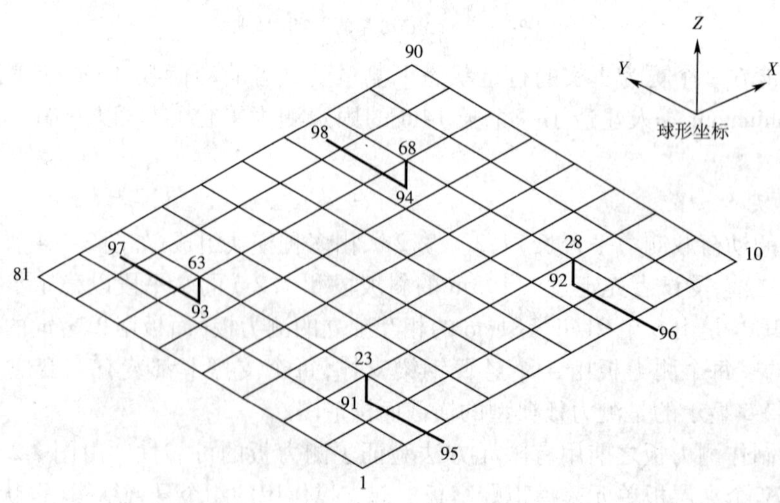

图 2-2-6　测力板平面以及支撑结构的有限元模型图

因此，无论脚步落在平台的位置如何，这种测力平台能够准确测量出人体行走的竖向力。系统的第一固有频率测量值大于100Hz，这就确保在行人动荷载频率范围内有很好的测量效果，也能确保在没有显著的扭曲变形的情况下得到输入力的时程。

支撑蜂窝板的悬臂梁上粘贴的应变片联结成惠斯通电桥。这种方式能够放大其弯曲应力，并可消除轴向、扭转和平面外的弯曲影响。

应变片信号经多路放大器放大，并经过低通滤波处理，然后由A/D数字转换板转变为数字信号储存在计算机中。

此外，利用电子提示器产生不同频率的声音信号。这种提示器类似于一种节拍器，在一些试验中，它被用来帮助受试者以固定的步频行走。下文称节拍提示器。

(二)试验情况

测量了单人、两个人或四个人的群组产生的动荷载，每一组试验包括：

(1)自由行走，没有任何节拍提示器信号，受试者按相对自身而言的正常的步伐行走；

(2)在1.5Hz、1.75Hz、2.0Hz和2.5Hz的步频下行进，在由节拍提示器产生的声音信号指挥下，受试者调节步伐与提示器频率同步。

在单人试验中，要求受试者只让右脚踏在测力板上，接下来在另一试验中要求他仅用左脚踏在测力板上，最后的试验中要求两只脚都落在测力平台上。在四个人的群组试验中，要求受试者双脚均踏在测力板上；两个人在前，另两个人紧随其后。整个试验包括40次单人试验，20次的双人组试验和10次四人组的试验。

单人的试验主要是用统计方法描述单人产生的荷载的特性。两个人的试验是用来量化其步行的相关性。四个人的试验是用来检验群组荷载模型和模拟结果的正确性的。

(三)荷载特性和模拟

图2-2-7显示的是单个受试者自由行走时右脚踏在测力板上测到的典型的脚步力时程曲线，而图2-2-8显示的是以两种固定频率行走时的相应曲线。这些单个人的脚步力的时程可以用一些“描述参量”来精确描述。也可以提出如下的逆问题，即一旦知道力的描述参量，就能得到相应的近似的力—时间历程。用$F_p(t)$来表示随时间t变化的单个人的脚步力，由于行走非常接近周期运动，可以用傅立叶级数来描述$F_p(t)$：

$$F_p(t) = a_0 + \sum_{n=1}^{\infty}[a_n\cos(2n\pi t/T) + b_n\sin(2n\pi t/T)] \tag{2-2-1}$$

式中：$a_0, a_1, a_2\cdots, a_n, b_1, b_2, \cdots, b_n$——傅立叶级数的系数。

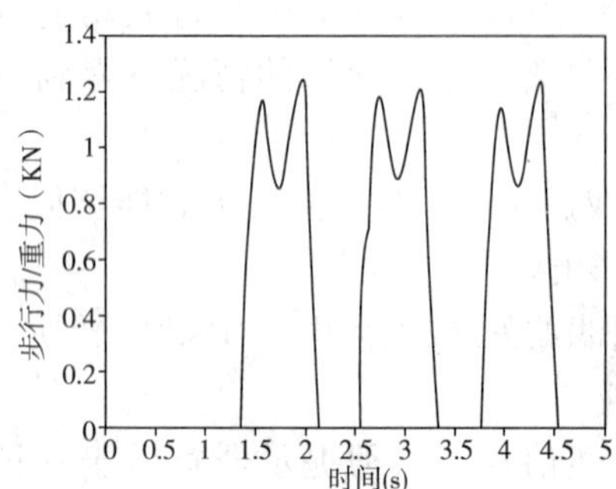

图 2-2-7　在没有提示器情况下单个行人仅右脚踏在测力板上的力—时间历程

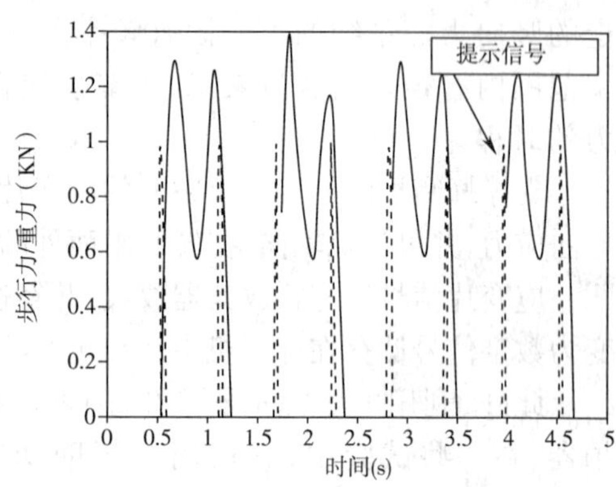

图 2-2-8　步频为 1.75Hz 的情况下，单个人仅让右脚踏在测力板上的脚步力—时间历程

研究发现单个人的脚步力—时程用前三阶谐波函数来表示已有相当高的近似性。于是单个人脚步荷载的描述参量可以定义为傅立叶级数的 7 个系数 $a_0,a_1,a_2,a_3,b_1,b_2,b_3$，图 2-2-9 显示的是试验中一种典型的脚步力—时程和相应的傅立叶级数的近似描述。

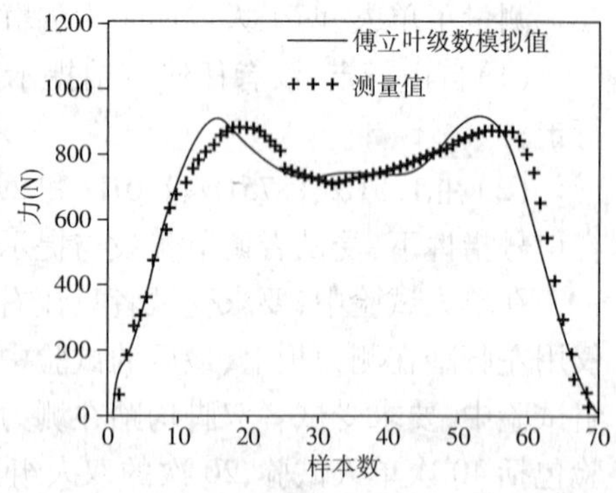

图 2-2-9　脚步力—时间历程的测量值和傅立叶级数模拟值

接下来，研究者用由 40 个试验资料所获得的 7 个傅立叶系数和周期 T 数据（8 个一组，每个试验一组，共 40 组数据）建立脚步力的线性回归模型：

$$P = \alpha + \beta w + e \tag{2-2-2}$$

式中：P——有 8 个荷载描述参量的列向量，它包括傅立叶系数 $a_0,a_1,a_2,a_3,b_1,b_2,b_3$ 和周期 T；

w——单个人的重力，是一个独立的标量；

α,β——拟合系数（8×1 的向量）；

e——均值为 0，方差矩阵为 Σ 的误差向量（8×1）。

假定 e 为呈正态分布且均值为 **0** 的向量，可计算出 e 的协方差矩阵 Σ（8×8 的矩阵）。

Σ 的对角线上的各项是回归线相关变量误差的方差。另一方面，Σ 非对角线上的值代表的是误差变量之间的协方差；因而 Σ 描述了这些描述参量间的相关性。统计分析中观察到 Σ 非对角线上具有非零项——表明 P 向量的 8 个分量之间确实存在相关性。假如忽略这些相关性，随机模拟的力—时间历程可能显得不那么真实。

为进行数据的回归分析，研究者使用了 SAS 统计分析软件中的通用线性回归模型分析程序，给出了每一类荷载的回归向量 α,β 和矩阵 Σ。

（四）单个人的力—时间历程

右脚移动和左脚移动力—时间历程的叠加构成了单个人的双脚行走的完整的力—时间历程。图 2-2-10 显示试验中典型的单个人左、右脚分别记录的力—时间历程曲线以及双脚脚步力的合成曲线。定义 τ_1（单位为 s）为两脚步之间的重叠时间。

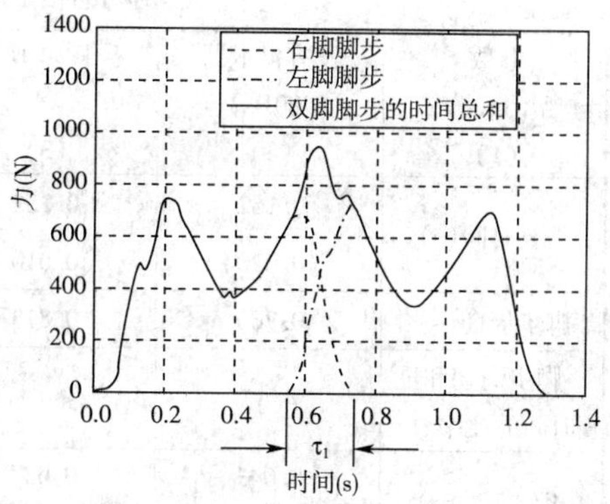

图 2-2-10　试验中典型的单个人的脚步力—时间时程曲线

图 2-2-11 显示的是典型的单人双脚在测力板上行走时的测量的力—时间历程。正如图 2-2-11 显示的那样，测力平台测量的是双脚的荷载；因此，时间重叠不能直接从试验数据上知道。因为这个原因，编辑了一个计算机程序来估计试验数据中的时间重叠值。程序预先生成两个单独的脚步力—时间历程，并移动其中一个与另一个的相对时间，直到合成力的值和单人双脚在测力板上行走的实验值之间的误差最小为止。利用这种时间平移技术得到了最优的时间重叠模拟值 τ_1。图 2-2-12 显示的是自由行走时基于 100 次模拟值的时间重叠样本分布和理论累积分布函数，这里用正态分布来表示模拟的重叠时间值的分布。图 2-2-12 中用折线表示样本概率分布，用曲线表示理论累积分布函数，以下类似的图均用这同一表示方法。

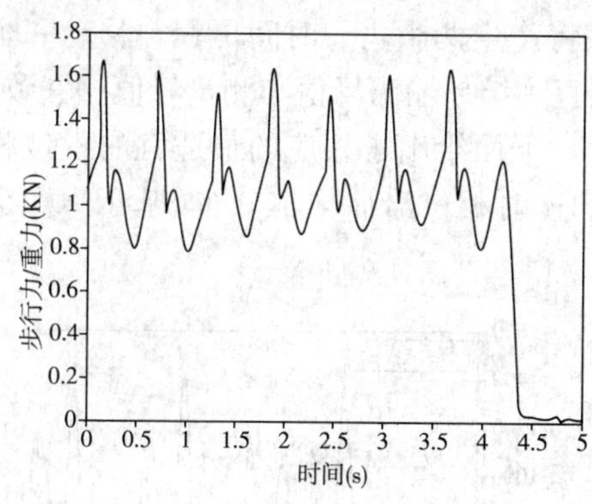

图 2-2-11　典型的单人行走时双脚落在测力板上测量的力—时间历程

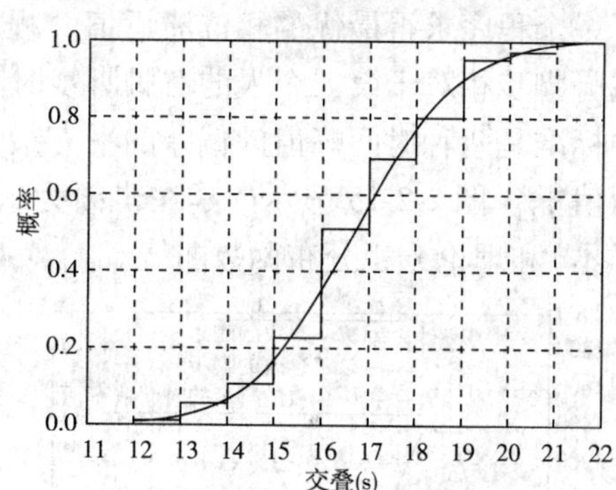

图 2-2-12　自由行走时的脚步重叠时间样本（折线）和理论累积分布函数（曲线）

不同频率下的步行活动的脚步重叠时间的均值和标准差在表 2-2-1 中列出，其中没有使用提示器的自由行走的平均步频是 1.8Hz。

表 2-2-1 也列出了脚步周期 T 的均值和脚步周期与重叠时间的比率 T/τ_1。可以预计到重叠和脚步周期随着步频的增加而降低。然而，不管步频如何变化，T/τ_1 的比率基本保持不变。

模拟重叠时间、脚步周期、脚步时间和重叠时间的比率和步行活动的相位滞后值的均值(标准差)　表 2-2-1

参数 (1)	没有提示器(1.80Hz)* (2)	1.50 Hz (3)	1.75 Hz (4)	2.00 Hz (5)	2.50 Hz (6)
重叠时间(s)	0.162 (0.020)	0.203 (0.010)	0.162 (0.010)	0.147 (0.020)	0.127 (0.009)
脚步周期(s)	0.700	0.813	0.700	0.628	0.516
脚步周期和重叠时间的比率	4.32	4.01	4.32	4.27	4.06
相位滞后(s)	0.043 (0.062)	0.037 (0.047)	0.023 (0.030)	0.016 (0.023)	0.015 (0.021)

注:*表示没有提示器的前提下试验数据的平均脚步频率。

(五)结伴而行时行人之间运动的相关性

如果一个人在单独行走和结伴行走时有同样的力—时间历程的话,那么唯一需要额外考虑的是参与者之间的相位滞后。如图 2-2-13 所示,定义相位滞后时间 τ_2 为第一人与第二人步伐之间的时差。图 2-2-14 显示的是两个受试者用 1.75Hz 步频并排行走时单腿在测力板上记录的力—时间历程。

测力平台既然显示的是两个人的总的响应,那么单个人的力就不能直接测得。因此,两个人之间的相位滞后时间(秒计)是未知的。研究者采用同样的优化思路。编写了一个程序求得最优的相位滞后值。程序将产生两个力—时间历程。移动一个人的左脚脚步相对于第二个人的右脚脚步时间直到结果输出峰值与测量峰值相一致,一致的标准是两种时间峰值的偏差的平方最小。下面给出了相应的最适宜的模拟相位滞后值 τ_2。图 2-2-15 显示的是在步频为 1.5Hz 时相位滞后样本分布(基于 100 个模拟样本)和理论累积分布函数曲线。

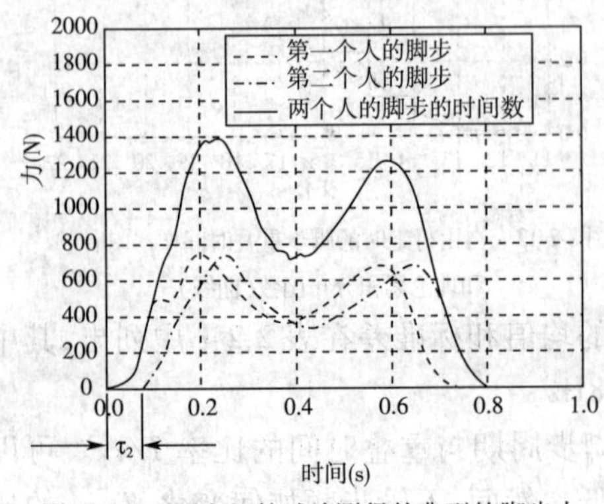

图 2-2-13　两人组的试验测得的典型的脚步力—时间历程曲线

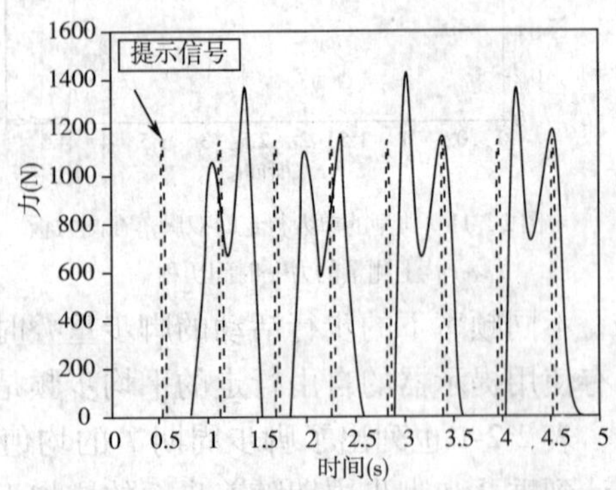

图 2-2-14　两人组以 1.75Hz 的步调步行单脚在测力板上的力—时间历程

试验期间,发现受试者有意识的改变脚步频率以求同步,不仅在随提示器同步,而且会留意周围人的运动而同步;这表明,人群中行人脚步趋向于同相位。鉴于此,选择指数概率分布函数来描述两人同行的相位滞后的概率分布(图 2-2-15)。表 2-2-1 最后一行显示的是模拟的相位滞后值的统计表。

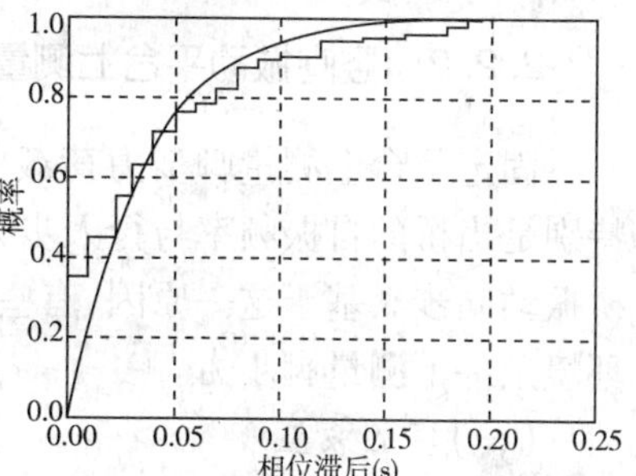

图 2-2-15　以 1.5Hz 的步频行走的相位滞后样本和理论累积分布函数

(六)荷载模型的正确性

利用单个人和两个人的荷载历程来随机模拟一小组人移动的荷载—时间历程,编制了 mclsim 的蒙特卡洛模拟程序(移动人群的荷载模拟)来完成这一任务。程序使用了随机数发生子程序并且要求输入下列数据:(1)群组人员的数目;(2)每个人的重量;(3)模拟单人脚步荷载的回归变量 α,β 和误差 e 的协方差矩阵 Σ(用来模拟傅立叶系数和单人步伐周期);(4)重叠时间估计参数(假定为正态分布);(5)相位滞后估计参数(假定为指数分布)。

测量了 10 组在测力板上自由行走的 4 人组的力—时间历程用来验证人群荷载模拟方案的精确性。在模拟中用到试验者相同的重量值,因此在外推到更大群组结果之前,可以在频域内比较模拟值和测量值。测量和模拟的荷载频谱可以提供行人荷载的频率成分、单人荷载模型的统计良好性以及模拟群体荷载的时间叠加方法的其他正确性判据。在从时域到频域的转换之前,相应的力—时间历程要减除去每组人的静态重量。图 2-2-16 显示的是在测力板上测得和用 mclsim 程序算出的四人群组的力—时间历程的动力成分的的平均均方根。

既然模拟和试验的平均均方根范围相近,我们就可以得出这样的结论:mclsim 程序能预测在同一步频下的任何数量的行人的荷载—时间历程。图 2-2-17 显示的是 10 人组(也就是在没有提示器干扰下的正常的步行)的模拟力—时间历程的动荷载分量,即除去了人体静荷载的力—时程曲线。

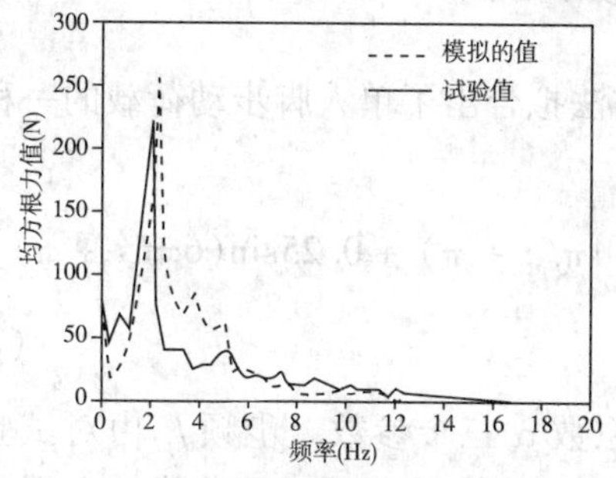

图 2-2-16　测力板测得的自由行走的四人群组动荷载的均方根的平均值

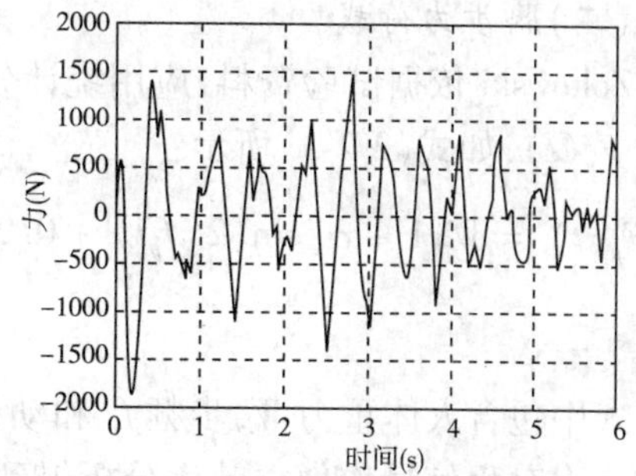

图 2-2-17　10 个以正常步伐行走的模拟力—时间历程的动荷载分量

2.2.2 竖向振动平台上测量脚步力

固定平台上测量脚步力荷载的环境与行人通过人行桥的实际环境有一定区别。特别是当桥的自振频率与行人步频接近时，存在锁定现象，即行人会自动调节步伐与桥振动同步。基于这一原因，有些学者设计了专门装置，在尽量模拟行人过桥的真实环境条件下测量脚步力。

(一)实验装置

波兰学者 Zoltowski 等人研究了在竖向振动环境下的行人脚步荷载[2-5]。他们设计建造的试验装置如图 2-2-18 所示。图 2-2-18a)为装置原理图，图 2-2-18b)为实际装置图。装置主体是一根钢梁，中间铰接，形成一个双悬臂的杠杆，如同一个儿童游戏的跷跷板。杠杆的右端与一个数字控制的电伺服驱动器刚性相连，于是杠杆可在电液伺服驱动器的驱动下作任何给定频率的上下摆动。杠杆的另一头放置一台电动走步机，走步机通过测力传感器固定在杠杆臂上，于是行人脚步动荷载的时程信号 $q(t)$ 可由力传感器实时测量并存储在计算机中。这样设计的实验装置可以测量到行人在竖向振动平台上的脚步力，也可以通过分别调节走步机速度和杠杆上下摆动频率和幅值，研究行人与振动平台之间的相互影响。共有 30 名受试者在实验装置上接受了行走测力试验，行走的步频范围为 1.3 ~ 2.6Hz。

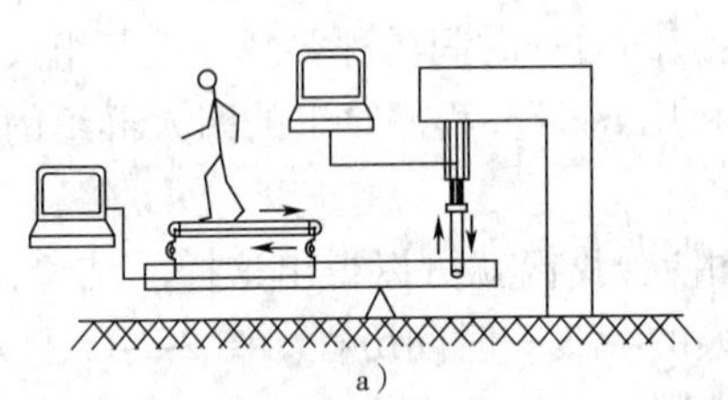
a)

b)

图 2-2-18 位于振动杠杆上的可测力走步机

a)装置原理图；b)实际装置图

(二)脚步力荷载

Zoltowski 依据试验资料，应用统计分析方法拟合出了单人脚步动荷载的一种时程函数 $F_p(t)$，如式(2-2-3)所示：

$$F_p(t) = W\{1 + \alpha[\sin(2\pi f_p t) + 0.25\sin(4\pi f_p t + \pi) + 0.25\sin(6\pi f_p t + \pi)]\} \tag{2-2-3}$$

式中包含人体重力 W，步频 f_p 和动荷载系数 α 三个参数。步频 f_p 由对试验得到的脚步力时程信号作傅立叶谱分析得到。设 P 代表实验荷载时程曲线一个周期 T 的均方值，而 Z 代表拟合荷载 F_p 的均方值，即：

$$P=\left(\frac{\int_0^T(q(t)-W)^2\mathrm{d}t}{T}\right)^{\frac{1}{2}}\qquad Z=\left(\frac{\int_0^T(F_p-W)^2\mathrm{d}t}{T}\right)^{\frac{1}{2}}\tag{2-2-4}$$

令 $Z=P$ 即可以用来确定式(2-2-3)的动力荷载因子 α 的值。按这一准则拟合出的 α 为:

$$\alpha=0.4f_p+0.0006W-0.84\tag{2-2-5}$$

例如,设受试者重力 700N(重约 70kg),f_p 为 1.8Hz,那么由式(2-2-5)计算出的动荷载因子为 0.3,与其他研究者结果较吻合。

应当指出,Zoltowski 的单人脚步力荷载数学模型 $F_p(t)$,即式(2-2-3),包含了下列简化假定:

(1)脚步力荷载可以用傅氏级数的前三次谐波 $\sin2\pi f_p$,$\sin4\pi f_p$ 和 $\sin6\pi f_p$ 来近似。

(2)二次谐波与三次谐波的动荷载系数为 0.25α,即它们的幅值是一次谐波幅值的 $\frac{1}{4}$。

(3)二次谐波与三次谐波相对一次谐波的相位差都是 π(180°)。

图 2-2-19 绘出了式(2-2-3)中中括号内的三个谐波函数各自的波形。图 2-2-20 是假定 $W=700$N、$f_p=1.8$Hz、$\alpha=0.3$ 时,由式(2-2-3)计算出的两个周期的脚步力时程,读者可将图 2-2-20 与图 2-2-3 相比较。

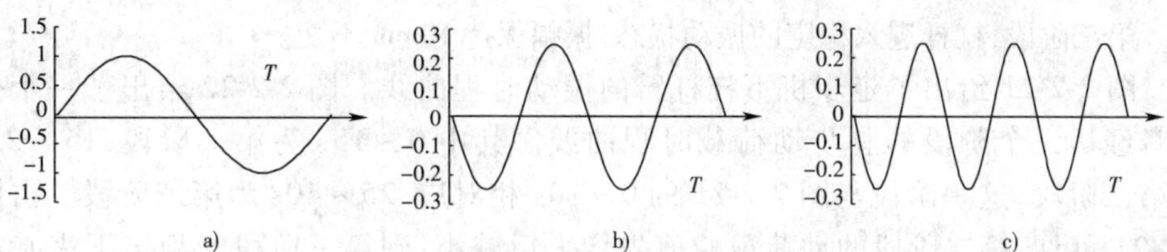

图 2-2-19　三个谐波函数波形

a)一次谐波;b)二次谐波;c)三次谐波

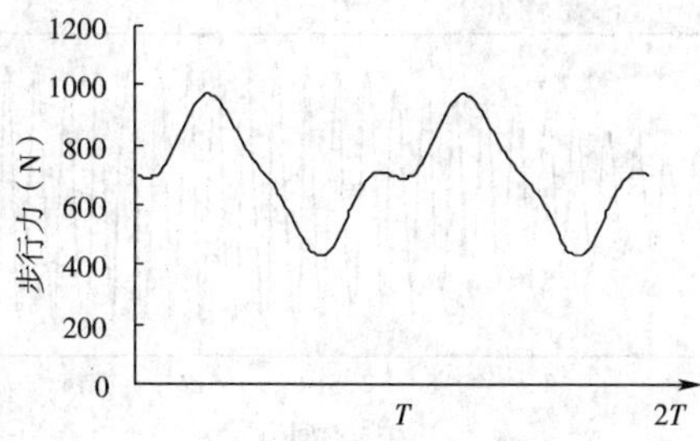

图 2-2-20　当 $W=700$N、$f_p=1.8$Hz、$\alpha=0.3$ 时的 $F_p(t)$ 曲线

(三)行人与振动平台之间的竖向“锁定”现象

Zoltowski实验装置的主要目的是研究行人与振动平台之间的“锁定(Lock in)”现象。依据作用与反作用原理,当行人施加脚步力动荷载于平台的同时,平台也施加一个大小相等方向相反的动态冲击力于行人的腿部。动物都具有自动调节姿态使腿部冲击力最小的本能。我们可以将行进中的腿部运动的竖向变化比拟为一根长度可变的杆,在平地上行走,我们已习惯地掌握了每一步腿的伸长度,因此走得很平稳,下台阶时,我们要用眼睛仔细判断台阶的高低,以确定腿应有的伸长度,如果有一个台阶没有看到,腿伸长度不够,人会一脚踏空往下坠,如同重物掉落;反之,本来没有台阶而误认为有台阶,腿伸长过度,则相当于用脚使劲跺地。两种情况都会使腿受到很大的冲击力,严重时会摔倒。因此,当一个人在振动的平台上行走时,他一定会自然地使步频与平台振动频率一致,并且会改变步伐的相位,当平台振动向下时让腿落向平台表面,而不是相反。这种行人自动调节其步频和相位与振动平台同步的现象就称为“锁定”现象,意指行人的步频和相位被振动平台锁定了。

“锁定”现象的实验可分成三个阶段,在实验之前先让受试者习惯于在走步机上按给定的速度行走。

第一阶段,受试者在杠杆上的走步机行走进入稳定状态,杠杆本身不动。

第二阶段,杠杆开始竖向振动,振幅由0增加到10mm历时10s。

第三阶段,杠杆进入稳定的振动状态,振幅保持10mm不变。

图2-2-21给出了走步机下杠杆臂的振动时程曲线。图2-2-22给出了一个受试者经历三个阶段的脚步动荷载时程曲线。其中0~15s为第一阶段,15~25s为第二阶段,这一阶段与图2-2-21的0~10s相对应,25~40s为第三阶段。由图2-2-21可见,第二阶段的动荷载峰值先增大后减小,到第三阶段又稳定下来基本保持为第一阶段即杠杆无振动时的幅值。这说明第二阶段是行人调整自身步频和相位的过程,至第三阶段已完全进入“锁定”状态,调整过程完成,动荷载又回到平台振动前的值。

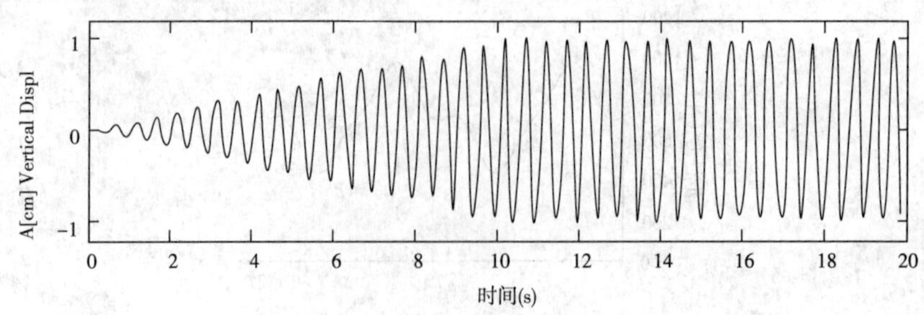

图2-2-21　杠杆臂振动时程曲线

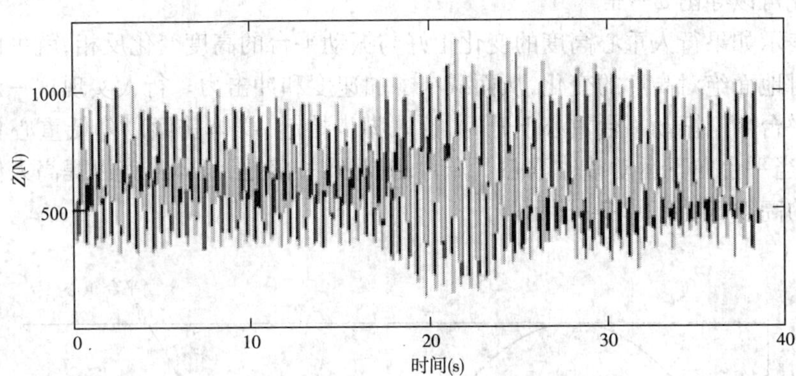

图 2-2-22　受试者三个阶段的脚步动荷载时程曲线

依据上述分析和实验资料,Zoltowski 建立了一个竖向"锁定"现象的数学模型,如图 2-2-23 所示。其基本假定是:

(1)行人被简化为一个集中质量 M_h 和一条可变长度的腿,它代表行人重心距平台表面的高度,相对于平台表面的腿长变化可以假定为:

$$h(t) = H\sin(\omega_p t + \varphi)$$

(2)平台相对于地面的绝对运动为:

$$y_d(t) = U\sin(\omega_d t)$$

这里 ω_p 和 ω_d 分别为行人和平台的圆频率,φ 是行人运动相对平台振动的相位差。

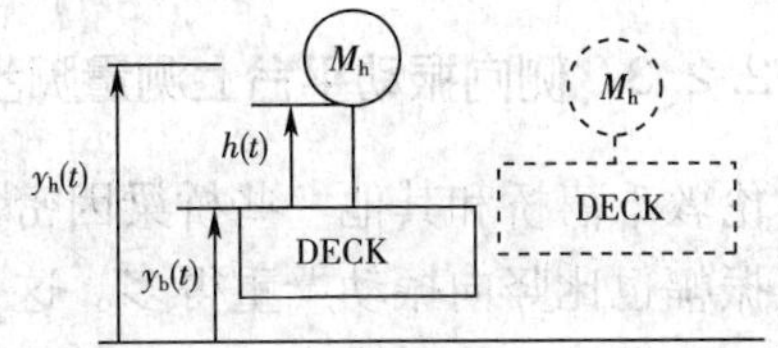

图 2-2-23　行人与振动平台的简化模型

于是行人相对地面的绝对运动为:

$$y_h(t) = h(t) + y_d(t) = H\sin(2\pi f_p t + \varphi) + U\sin(2\pi f_d t)$$

行人腿部受力为:

$$P_p(t) = M_h g y''_h(t) = -M_h[\omega_d^2 U\sin(\omega_d t) + \omega_p^2 H\sin(\omega_p t + \varphi)]$$

力 P_p 的均方差值为:

$$Z_h(\varphi) = M_h g\left(\frac{\int_0^T y''_h(t,\varphi)^2 \mathrm{d}t}{T}\right)^{1/2}$$

要使人腿受力最小,则应有:

$$\frac{\mathrm{d}Z_h(\varphi)}{\mathrm{d}\varphi} = 0$$

由此可以导出 $\varphi \to \pi$。

它表示如果行人重心高度的变化正好与振动平台的高度变化反相，就可以降低行人重心对地面绝对高度的变化，从而减小了加速度和冲击力。行人实现这一调整的过程是当平台向上振动平台重心上升时，行人脚步抬起，身体前倾以降低重心相对平台的高度，当平台向下运动整体重心下降时，腿部伸长落地，身体伸直以提高人体重心相对平台的高度，如图 2-2-24 所示。

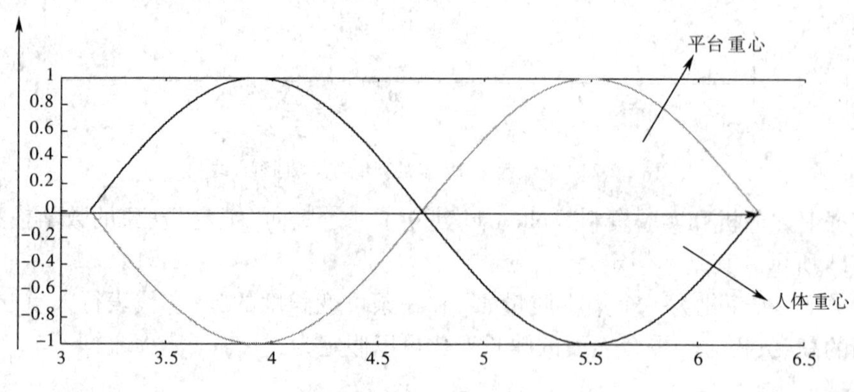

图 2-2-24　人体重心与平台重心相对运动示意图

2.2.3　侧向振动平台上测量脚步动荷载

伦敦千禧桥和其他一些桥梁因密集行人所致的桥梁侧向振动不仅行人感受强烈，而且振幅也比竖向振动严重得多。这一方面是因为人体结构对横向振动的耐受力大大低于竖向振动的耐受力，而且也提示我们人桥侧向振动有它特殊的共振机理。因此 2000 年千禧桥人桥振动事件以后，侧向振动的行人脚步动荷载研究受到了前所未有的重视。

(一)日本学者 S. Nakamura 的试验研究

20 世纪 90 年代 Nakamura 就与著名学者 Fujino 一道研究了日本 T 桥的横向振动问题。2006 年，Nakamura 等人设计了一套研究横向振动环境下行人脚步动荷载特性的试验装置，并对 5 位受试者进行了测试，这里简要介绍他们的研究成果[2-6]。

1. 试验步骤

试验在一个宽 1500mm，长 1000mm 的振动平台上进行(图 2-2-25，图 2-2-26，图 2-2-27)。在振动平台上放一个宽 800mm，长 500mm 由丙烯酸树脂制成的反应板。行人在反应板上原地踏步(图 2-2-28)，因而没有向前或向后的运动。

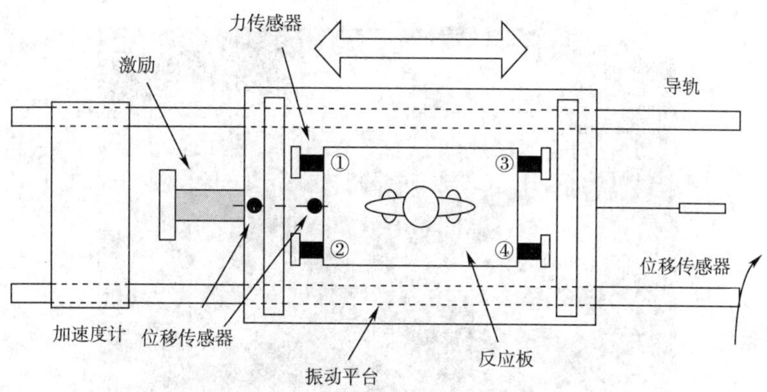

图 2-2-25　振动平台(俯视图)

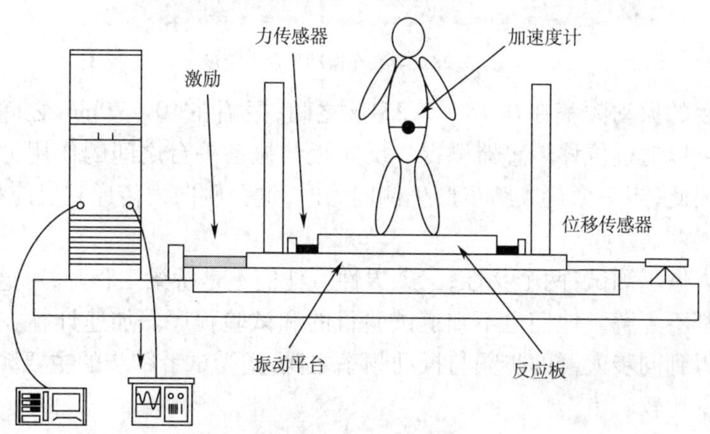

图 2-2-26　振动平台(立面图)

图 2-2-27　振动平台

图 2-2-28　行人在振动平台上踏步

振动平台的振动频率在 0.75 ~ 1.25Hz 之间,振幅在 10 ~ 70mm 之间变化。振动平台的运动可以通过位移传感器测得。反应板与振动平台之间的作用力可以用力传感器测得。因此,当一个行人踏步产生侧向力时,这一侧向力传递到反应板,再由力传感器测量。

对五个人做了测试:两个女性,三个男性。他们不是桥梁工程师,对这种侧向振动问题也一点都不了解。他们也不知道试验目的和试验程序。加速计粘在受试者的腰带上。为了得到同步人群的步频与振动频率之比,把受试者踏步的主要频率和振动平台的振动频率比较。

2. 试验结果与分析

图 2-2-29 是振动平台以频率 1.0Hz 振动,测得的振动平台和受试者 A 的位移的典型曲线。在行人的腰带上粘一个加速计,对测得的加速度积分两次可以得到他(她)的位移。图 2-2-29 表明振动平台和行人的位移有相同的频率和相位。

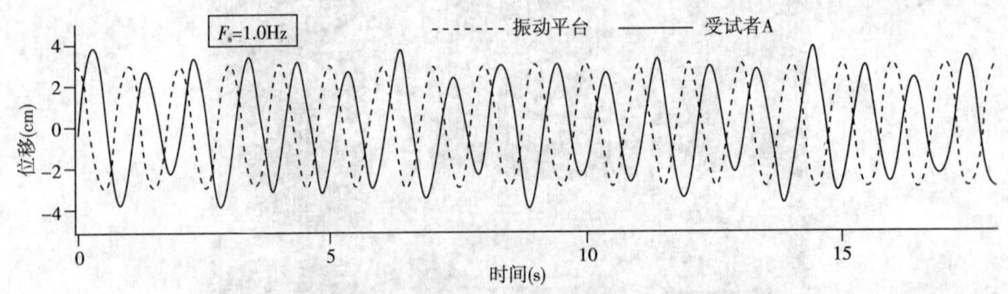

图 2-2-29　振动平台和行人的侧向位移时程曲线

图 2-2-30 描述的是振动平台以频率 1.0Hz 振动,反应板上有人(受试者 A)和没有人两种情况下测得的反应板上的力。这样,有人的情况减去没有人的情况下反应板上的力就得

到受试者 A 的侧向力(图 2-2-31)。图 2-2-32 描述的是振动平台和受试者 A 的位移的功率谱,两者的峰值都在 1.0Hz 以上。图 2-2-33 表示的是受试者 A 产生的侧向力的功率谱,最大峰值在 1.0Hz,较小峰值在 3.0Hz。人行走时,首先是脚后跟着地,然后是脚尖离地,这一过程在功率谱中产生两个峰值。其他学者也都观察到了这两个峰值[2-7]。

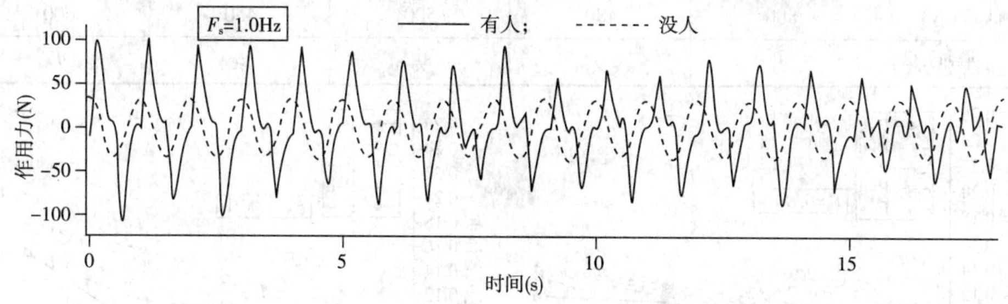

图 2-2-30　振动平台作用力的时程曲线

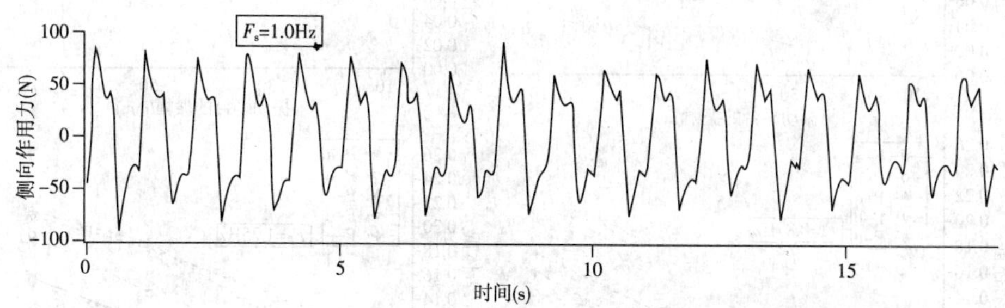

图 2-2-31　行人引起的侧向力时程曲线

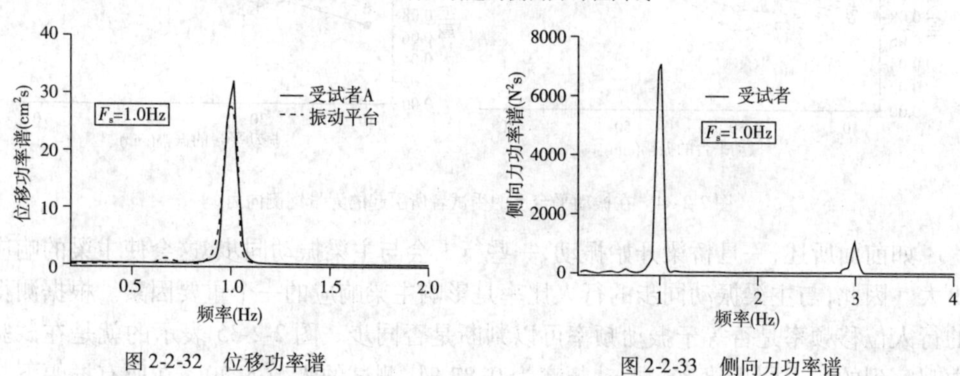

图 2-2-32　位移功率谱　　　图 2-2-33　侧向力功率谱

图 2-2-34 描述的是受试者产生的侧向力无量纲形式,即侧向力与受试者体重(见表 2-2-2)之比。这些图形表示的是五个受试者在四个振动频率下测得的无量纲侧向力,四个频率值为:0.75Hz,0.87Hz,1.0Hz 和 1.25Hz。很明显,各个频率下所有的无量纲侧向力都随振动平台振幅的增大而增大。以振动频率为 1.0Hz 的图形为列,当振动平台的振幅为 10mm 时,无量纲步行力能达到行人体重力的 10%;振幅为 70mm

时,无量纲步行力达到16%。这在男性与女性受试者之间没有差别。因为步行力依赖于体重力,所以用无量纲力来描述它更为合理。

受试验者体重、性别　　表2-2-2

项目	行人a	行人b	行人c	行人d	行人e
体重(N)	800	480	500	450	600
性别	男	女	男	女	男

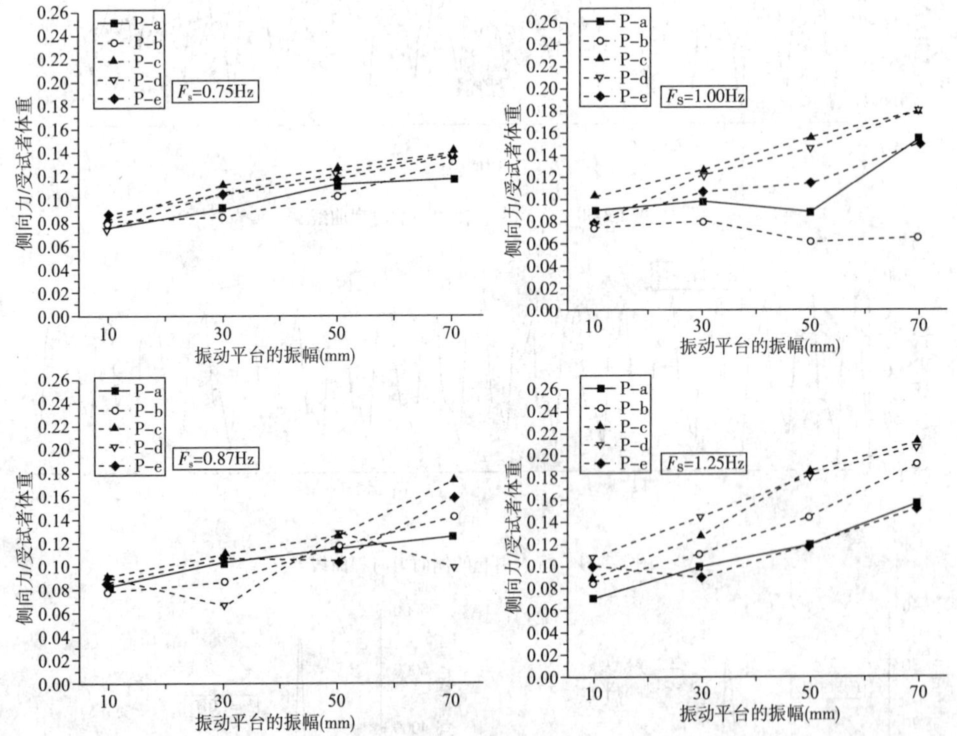

图2-2-34　在振动平台上的受试者所引起的无量纲侧向力

如前面所述,一旦桥梁开始振动,一些行人会与主梁振动同步,这会使主梁的响应更大。因此,与主梁振动同步的行人比率是影响主梁响应的一个重要因素。根据测得的行人位移频率是否等于振动频率可以判断是否同步。图2-2-35表示的就是在试验中观察到的行人同步比率。振动频率为0.87时,测试的人数的20%在所有振幅下与振动同步。振动频率为1.0Hz时,测试的人数的50%与振动同步。振动频率为0.75Hz和1.25Hz时,同步比率为零。这意味着没有一个人和振动平台同步,因此Nakamura认为主梁的频率低于0.75Hz和高于1.25Hz时,不太可能出现侧向振动问题。伦敦千禧桥振动实例表明,0.5Hz的侧向振动也非常明显,因此Nakamura的这一观点还值得进一步研究。

图 2-2-36 表示的是两个最大无量纲侧向力的比较。一个表示的是每一个人侧向力最大值之和，另一个表示的是五个行人侧向力时程曲线叠加的最大值。图 2-2-37 表示的是受试者在振动平台上踏步产生的步行力时程曲线（振动平台的振动频率为1.0Hz，振幅为 30mm）。这样五个人可以得到五条时程曲线。图 2-2-37 给出了受试者 a、d、e 三个人的时程曲线。五条曲线叠加后又可以得到一条新的时程曲线。叠加后的最大值比五个人每个人的最大值之和要小很多。这是因为五个人的时程曲线相位不一样（图 2-2-37）。

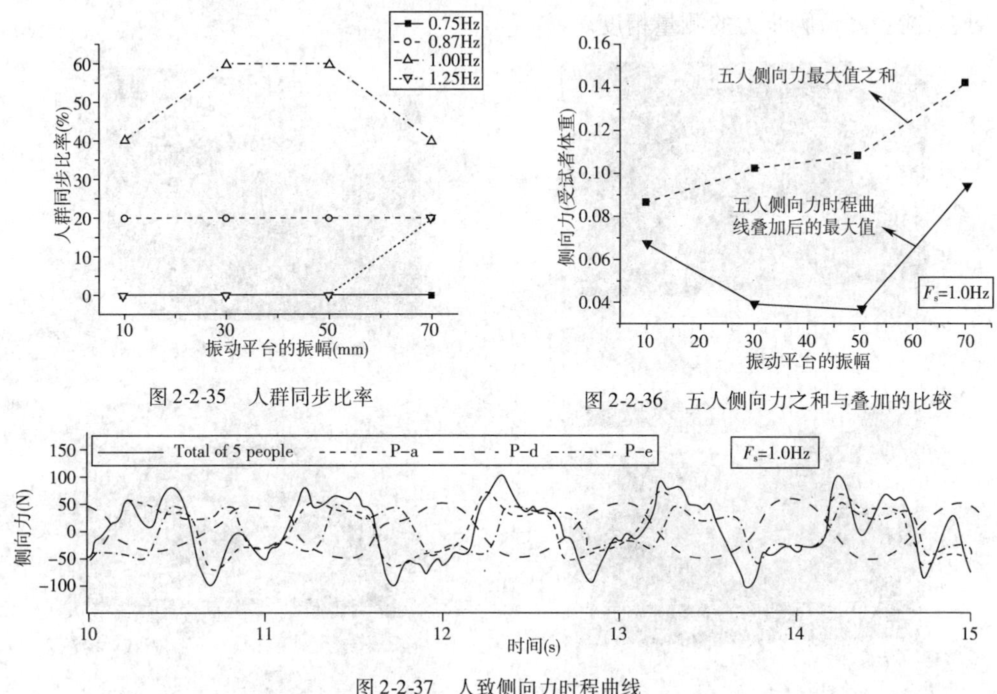

图 2-2-35　人群同步比率

图 2-2-36　五人侧向力之和与叠加的比较

图 2-2-37　人致侧向力时程曲线

3. 结论

试验表明行人产生的动力荷载随振动平台的振幅增加而增加。振动频率为 1.0Hz，振幅为 10mm 时，无量纲步行力能达到行人体重力的 10%，振幅达到 70mm 时，无量纲力能达到 16%。行人与主梁同步的比率是影响主梁响应的一个重要因素。振动频率为 0.87 时，测试的人数的 20% 在所有振幅下与振动同步。振动频率为 1.0Hz 时，测试的人数的 50% 与振动同步。

行人引起的步行力是预测主梁响应的关键，Nakamura 设计的试验提供了一些有用的信息。但是，该试验只对五个人做了测试，为了更全面的了解这个问题，更深一步的研究需要对更多的人测试。

（二）意大利学者 Ricciardelli[2-7] 的试验装置

Ricciardelli 的试验装置如图 2-2-38 所示。一台自制的电动走步机悬挂在一个钢框架上，而钢框架又置于一个与地面固定的水平导轨架上。走步机由电机→减速齿轮箱→皮带轮驱动，速度 0～2m/s（相当于 7.2km/h）可调。同时，另一台电机—连杆机构可驱动整个走步机及其悬挂框架作侧向振动，振动频率可调。与上一节 Nakamura 的装置相比，受试者可在 Ricciardelli 的装置上走步而非原地踏步。但文献[2-7]只报道了第一阶段实验结果，即走步机没有横向振动时的结果，本质仍是在固定平台上的试验。当走步机及悬挂系统侧向振动时，走步机系统侧向惯性力也会进入传感器测量信号之中，并且惯性力可能大大的超过脚步水平力幅值。当将惯性力从测量信号减去时，可能会降低脚步力的测量精度。

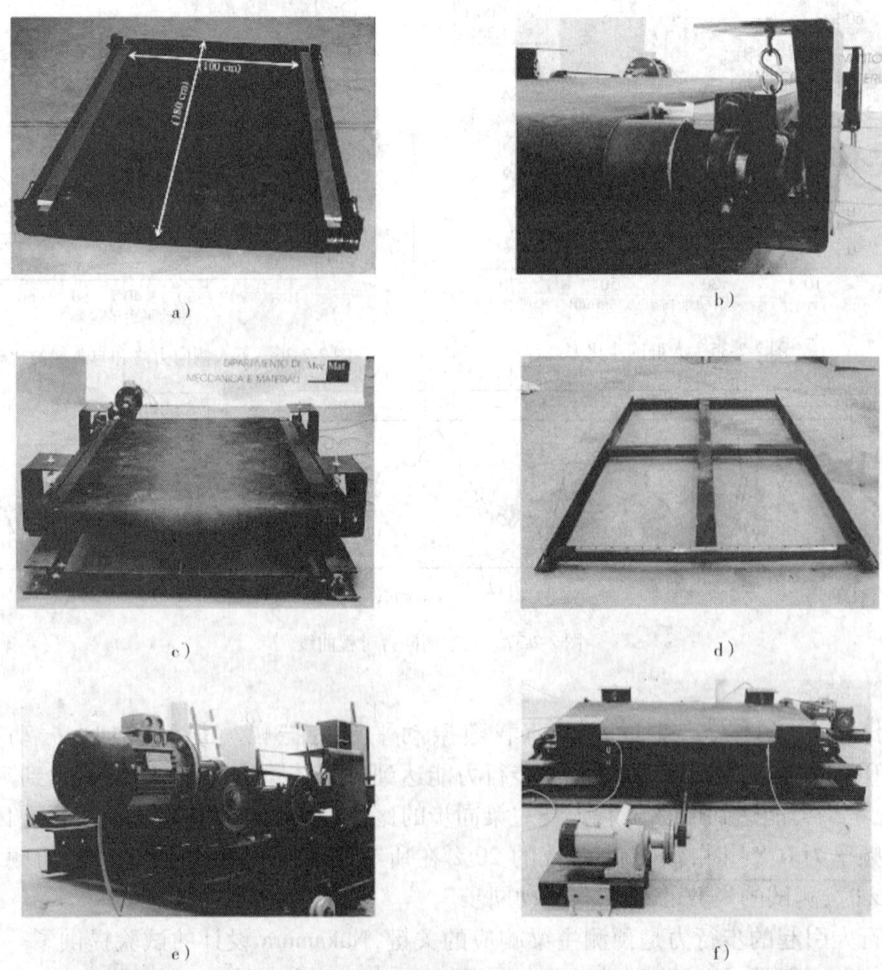

图 2-2-38　Ricciardelli 的实验装置：侧向振动平台上的走步机

a）电动走步机平台；b）平台悬挂系统（水平力可由框架内的悬臂梁式力传感器测量）；c）走步机置于水平导轨上；d）与地面固定的水平导轨 e）走步机的电机驱动系统；f）振动平台的电机偏心连机驱动系统

2.2.4　行人步行参数的统计特性

(一)国外研究

人的不同行进姿态具有不同的频率范围。大量研究统计得出人的步行频率大约1.5～3.0Hz,大于3Hz一般认为是跑步或跳跃形式。人正常步行的频率在2Hz左右,为1.7～2.3Hz[2-8]之间。Kerr和Bishop[2-9]对40个人统计得到的步频均值为1.9Hz。Matsumoto等随机抽取了505个行人样本,统计分析表明行人的步频符合$N(2,0.173)$(Hz)正态分布。Bachmann提出正常行走的步频平均为2Hz,标准差约为0.18[2-12]。最新的关于步频的统计成果是Aikaterini[2-13]对两座人行桥的行人步频进行了400次样本统计,得出步频服从$N(1.83,0.11)$Hz的正态分布。步频的统计分布对确定步行荷载的卓越频率以及人群荷载的数值仿真都十分重要。这些文献没有给出步长的统计结果。

步行频率对步行力时程有显著的影响。Galbraith[2-14]指出,随着步频加快,竖向力的两个峰值逐渐重叠,幅值逐渐增大,即步行力时程的幅值和波形等和步频有关。一般而言,步行力幅值、步幅和步速随步频增大而增大,而触地时间随步频增大而减小,因此对步频的研究意义重大。步频可根据对行人的步行观测统计得到。但上述文献统计的样本个数太少,文献[2-9]和[2-10]样本数目最多,也只有505个行人样本。显然,从这么少的样本数中得出的结论可靠性不高。另外,这些文献都是国外做的统计,东西方人身体素质的差别对步频肯定也是有影响的。

(二)湖南大学的观测研究

我国人行桥起步较晚,近年来城市人行桥开始大量建造。为给我国人行桥设计提供准确且适合于我国行人的步频均值及其分布,我们于2008年9月在湖南大学校园内进行了行人步频观测统计。

本次步行参数观测对象主要为湖南大学20岁左右的青年学生,他们来自于全国各地,基本上能够消除不同地区行人之间的差异。

观测地点选择在湖南大学教学中楼入口处,与人行桥情况相似,这里没有车辆经过,人流量较大,且行走方向明确,并且往返方向都有行人经过,便于得到较多的样本。观测段的长度为12.75m。经过多次的尝试拍摄,我们把拍摄地点选择在教学楼二楼的一间教室,从高往下斜视角拍摄,拍摄效果良好。这样在行人完全不知情的情况下,获取了行人步行录像(图2-2-39),拍摄完毕将录像资料导入计算机,通过控制播放器的暂停与开始,记录每个行人在起点和终点的时间和行人走过观测段的步数,同时也记录了行人的性别。这样可以得到单个行人走过观测段的时间和步数,根据关系式:步频=步数/时间,可以得到步频。重复上述过程,可以得到每个样本的全部参数。共取得了12293个样本。

a)

b)

图 2-2-39 拍摄的步行录像

a)小密度,0.2 人/m^2;b)大密度,1.4 人/m^2

另外,为了尽量接近自由行走状态,统计样本一般是在行人密度较小的情况下,如图 2-2-39(a)所示,约 0.2 人/m^2 得到的。人群密度的大小(观测到的最大值达 1.6 人/m^2)对步频是有影响的。本文的测试是在学校教学楼的入口处,密度值较大的情况出现在上课或下课的时候,行走方向基本一致,对步频的影响较小。观测中也注意到随着人流密度的增大,行人同步现象明显增加。

表 2-2-3 给出步长和步频的平均值及标准差,从中可以看出,步频的平均值为 1.82Hz,女生为 1.81Hz,男生的步频比女生步频大 0.02Hz;男生的平均步长明显大于女生平均步长,而二者的步频均值却相差不大。另外,从全部样本可以看出,最大步频值为 3Hz,最小步频值为 0.82 Hz,二者相差较大。最大值是行人小跑前进,最小值是行人走的很缓慢。

湖南大学学生步长和步频的平均值及标准差 表 2-2-3

项目	步长平均值(m)	步长标准差(m)	步频平均值(Hz)	步频标准差(Hz)
总样本(12293)	0.715	0.078	1.825	0.221
男(7544)	0.739	0.074	1.834	0.222
女(4749)	0.677	0.067	1.811	0.217

表 2-2-4 为已有文献中步频平均值和标准差。与表 2-2-3 比较,可以看出表 2-2-3 的标准差比表 2-2-4 的大很多,原因是观测的地点是在教学楼的入口,离上课之前较长的时段,步行速度慢(步频小),而到快上课的时候步行速度大些(步频大)。步频平均值与 Aikaterini[2-13] 的统计结果非常接近,与其他结果有点出入,可能是各国行人体质差别造成的。

国外文献的步频平均值和标准差 表 2-2-4

文献	步频均值(Hz)	标准差(Hz)	样本数
Kerr & Bishop[2-9]	1.9	—	40
Matsumoto[2-10]、[2-11]	2.0	0.173	505
Bachmann[2-12]	2.0	0.18	—
Aikaterini[2-13]	1.83	0.11	400

注:—表示没有或不详。

图 2-2-40 为步频总体样本的柱状图,横坐标为统计到的步频值,变化范围为从 0.8 ~3.0Hz;纵坐标为每个步频值出现的次数。从该图中可以看出,步频分布与正态分布相似,用 matlab 中的 lillietest 命令检验了样本分布统计特性。当给定显著性水平 $\alpha=0.01$ 时,证明步频样本服从 $N(1.82,0.22)$ 的正态分布。图 2-2-41 为 Matsumoto 等的试验值和拟合曲线[2-10]。

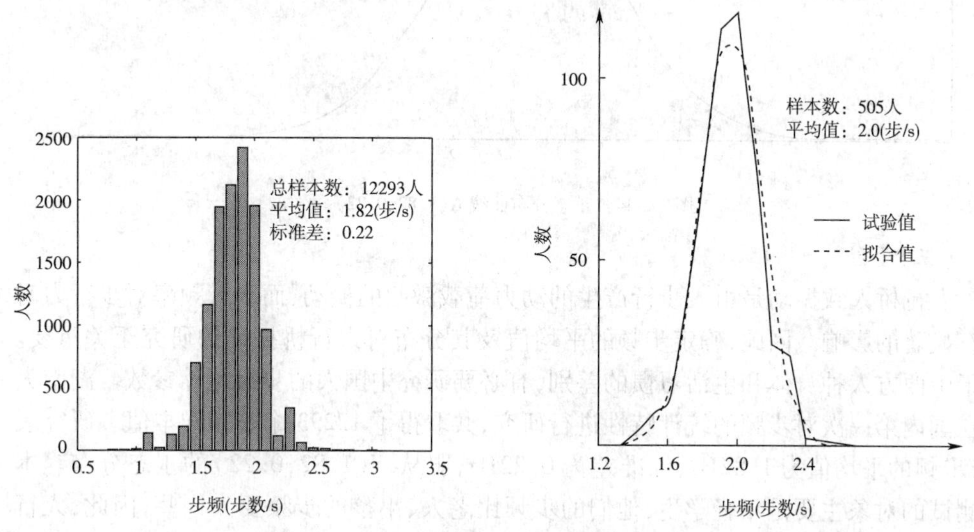

图 2-2-40　湖南大学全体样本步频柱状图

图 2-2-41　Matsumoto 的观测值和拟合曲线

图 2-2-42 与图 2-2-43 分别为男生和女生的步频柱状图。二者形状大体相似,都能一定程度上反映出步频服从正态分布。

图 2-2-44 是本次研究全体样本的正态分布曲线图。

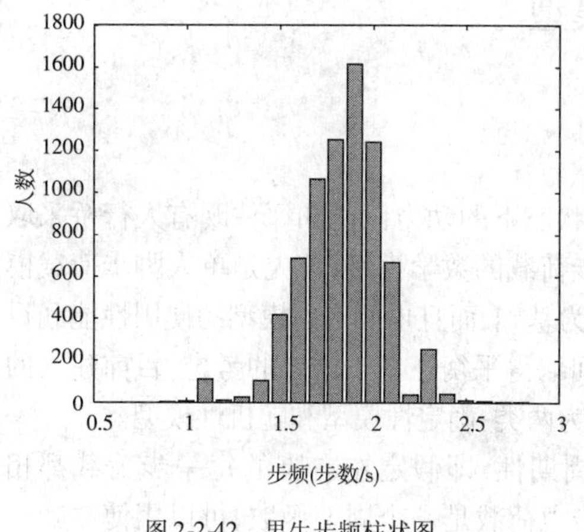

图 2-2-42　男生步频柱状图

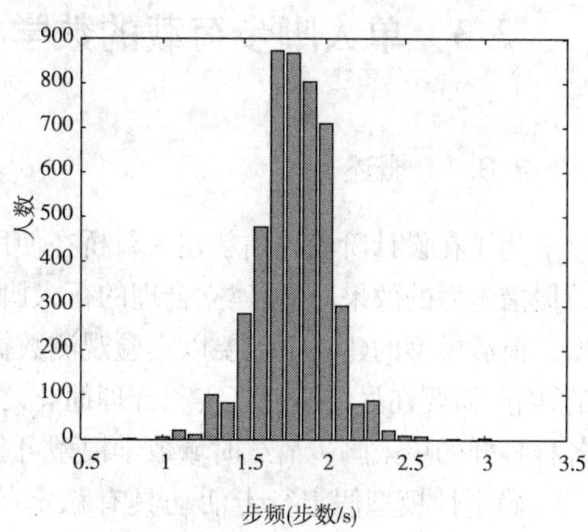

图 2-2-43　女生步频柱状图

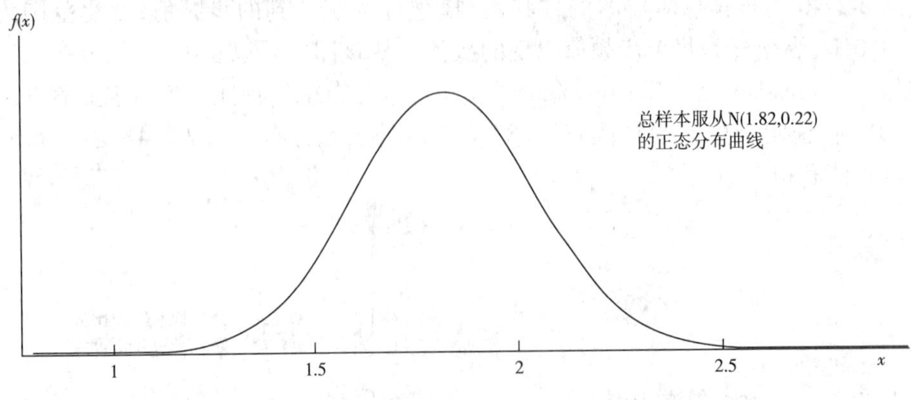

图 2-2-44　正态分布曲线 $N(1.82,0.22)$

(三)小结

人行桥人致振动是由人步行产生的动力荷载激起的振动,而步行频率对步行力时程有显著的影响。因此,确定步频的平均值及其分布对人行桥振动的研究至关重要。由于中西方人种身体和生活习惯的差别,有必要研究中国人的步行统计参数。湖南大学在国内第一次对步频的统计特性进行研究,共取得了12293个步频样本值。研究表明,步频的平均值为1.82Hz,标准差为0.22Hz,服从 $N(1.82,0.22)$ 的正态分布。本次测试的对象主要是年轻学生,他们的步频比老人、小孩的步频要大一些,因此,人行桥设计时使用本次统计结果使桥梁偏于安全。但是本次测试中,人群密度大小对步频的影响没有细致的研究。另外,观测段由于条件限制而不够长,而且记录的时间只能精确到秒,对单个样本的测试精度有一定的影响,但总体统计结果应当是可靠的。

2.3　单人脚步荷载的数学模型

2.3.1　概述

为了在设计阶段评估新建人行桥在使用状态下的动力性能和评估既有人行桥采取减振措施后的效果,必须建立合理的行人脚步荷载的数学模型,首先是单人脚步荷载模型。荷载模型的建立不仅要以实验观测数据为基础,而且也要考虑模型的使用性能和目的,因此需要在尽量接近真实和合理简化之间取得平衡。基于这样的考虑,目前建立的各种各样的单人脚步荷载时域数学模型可分为两类:确定性模型和随机性模型。

确定性模型假定行走活动具有稳定的周期性,即假定左右脚的每一步荷载都相同,步频也保持不变。在这样的假定下,脚步力荷载是一个周期函数,可以用傅立叶三角级数来近似表达。三角级数各项的系数来自于实验观测数据的统计平均值。由于确定性荷载相对简单,使用方便,国外已有的人行桥动力设计指南普遍采用确定性荷载预测评估人行桥动力使用性能。

随机性模型认识到行人双腿交叉行进过程是一个窄带随机过程,不仅不同的人的行走特性不同,同一个人在行进中的每一步其实也有细微的区别,因此行人脚步力荷载时程曲线并不是严格的周期函数。基于这一认识,随机性荷载将脚步力的每一个参数都看作随机变量,在研究每个随机变量的统计特性的基础上构建出可以既反映人与人的差别,又能反映单人行进过程中的差别的脚步力荷载模型。

2.3.2　确定性模型

(一)确定性模型的通用表达式

众多研究者建立的各种脚步力荷载的确定性模型,都可以用傅立叶级数表达为静荷载与几个简谐动荷载之和:

$$F_p(t) = W + W\sum_{i=1}^{n}\alpha_i \sin(2\pi i f_p t - \varphi_i) \tag{2-3-1}$$

式中:f_p 是行人的步频,单位 Hz。计算竖向荷载时,f_p 是每秒钟内总的步数;计算横向和纵向力时,由于左右脚各一步才有一个变化周期,因此 f_p 是竖向值的一半。W 是平均行人重力,单位 N。α_i 称为第 i 阶简谐动荷载系数,简称 DLF,乘积 $W\alpha_i$ 则是第 i 阶动荷载的幅值。φ_i 表示第 i 阶动荷载的初位相,通常取 $\varphi_1=0$,于是 φ_i, i = 2,3,⋯也就是 i 阶动荷载相对第一阶动荷载的相位差。

傅立叶级数阶数 n 的取值则与所要求的近似程度有关。最早考虑步行力荷载的 BS5400 规范只考虑了一阶竖向荷载。目前最精细的模型也只取到 5 阶,即 $n=5$。一般认为,考虑竖向荷载的前三阶,纵向前两阶,横向荷载的第一阶已有足够的精度。

大量研究表明,动荷载系数是步频 f_p 的递增函数。依据多人的研究成果,Young[2-15] 提出了前 4 阶谐波的竖向动荷载系数 α_i(是有 75% 保证率的设计值)与步频 f_p 的关系式:

$$\alpha_1 = 0.41f_p - 0.39 \leqslant 0.56 \qquad f_p = 1 \sim 2.80\text{Hz}$$

$$\alpha_2 = 0.069 + 0.056f_p \qquad f_p = 2 \sim 5.60\text{Hz}$$

$$\alpha_3 = 0.033 + 0.064f_p \qquad f_p = 3 \sim 8.40\text{Hz}$$

$$\alpha_4 = 0.013 + 0.065f_p \qquad f_p = 4 \sim 11.2\text{Hz}$$

Young 的观点也被众多研究者接受,因此动荷载系数被广泛表示为频率的函数,但是各个研究者所取的函数形式存在一定差别。表 2-3-1 列出了不同研究者提出的动荷载系数值,其中也包括跑步、弹跳等非正常步行荷载下的动系数。

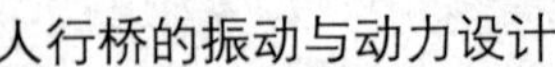

不同研究者对单人力模型的 **DLF** 取值(引自文献[2-16]) 表 2-3-1

作者	活动形式及方向	考虑谐波的 DLFs	注释
Blanchard et al.	步行—垂直向	$\alpha_1 = 0.257$	DLF 从 4 到 5Hz 应作折减
Bachmann and Ammann Schulze (after Bachmann and Ammann)		$\alpha_1 = 0.4 - 0.5$	
	步行—垂直向	$\alpha_1 = 0.4 \sim 0.5$	2.0 和 2.4Hz 之间
	步行—垂直向	$\alpha_2 = \alpha_3 = 0.1$	接近 2.0Hz
	步行—垂直向	$\alpha_1 = 0.37, \alpha_2 = 0.10$ $\alpha_3 = 0.12, \alpha_4 = 0.04, \alpha_5 = 0.08$	2.0Hz
	步行—侧向	$\alpha_1 = 0.039, \alpha_2 = 0.01$ $\alpha_3 = 0.043, \alpha_4 = 0.012, \alpha_5 = 0.015$	2.0Hz
	步行—纵向	$\alpha_{1/2} = 0.039, \alpha_1 = 0.0204, \alpha_{3/2} = 0.026,$ $\alpha_2 = 0.083, \alpha_{5/2} = 0.024$	2.0Hz
Rainer et al.	步行,跑动,起跳—垂直向	$\alpha_1, \alpha_2, \alpha_3, \alpha_4$	DLFs 与频率的关系用图表示
Bachmann et al.	步行—垂直向	$\alpha_1 = 0.4/0.5, \alpha_2 = \alpha_3 = 0.1$	2.0/2.4Hz
	步行—侧向	$\alpha_1 = \alpha_3 = 0.1$	2.0Hz
	步行—纵向	$\alpha_{1/2} = 0.1, \alpha_1 = 0.2, \alpha_2 = 0.1$	2.0 Hz
	跑动—垂直向	$\alpha_1 = 1.6, \alpha_2 = 0.7, \alpha_3 = 0.2$	2.0~3.0Hz
Young	步行—垂直向	$\alpha_1 = 0.37(f = 0.95) \leqslant 0.5$ $\alpha_2 = 0.054 + 0.0044f$ $\alpha_3 = 0.026 + 0.0050f$ $\alpha_4 = 0.010 + 0.0051f$	拟合平均值
Bachmann et al.	起跳—垂直向	$\alpha_1 = 1.8/1.7, \alpha_2 = 1.3/1.1$ $\alpha_3 = 0.7/0.5$	正常起跳频率 2.0/3.0Hz
	起跳—垂直向	$\alpha_1 = 1.9/1.8, \alpha_2 = 1.6/1.3$ $\alpha_3 = 1.1/0.8$	跳高时频率 2.0/3.0Hz
	弹跳—垂直向	$\alpha_1 = 0.17/0.38,$ $\alpha_2 = 0.10/0.12, \alpha_3 = 0.04/0.02$	1.6/2.4Hz
	站着身体摇动—侧向	$\alpha_1 = 0.5$	0.6Hz
Yao et al.	弹跳—垂直向	$\alpha_1 = 0.7, \alpha_2 = 0.25$	弹性地面上自由弹跳,频率为 2.0Hz

(二)若干典型的荷载模型

1. 英国 BS5400

英国 BS5400 最早提出在人行桥设计中考虑竖向行人荷载。BS5400 规定,当桥梁竖向基频 f_0 位于 1.5 ~5Hz 之间时,要验算行人产生的振动加速度,最大加速度不能超过 $0.5\sqrt{f_0}$。单人验算动荷载为:

$$F = 180\sin(2\pi f_0 t) \quad (\mathrm{N}) \tag{2-3-2}$$

$$v_t = 0.9f_0 \quad (\mathrm{m/s}) \tag{2-3-3}$$

这里,v_t 是单人荷载在桥上的移动速度,相当于每步步长为 0.9m。由上式可看出,BS5400 只考虑脚步力的一阶动荷载。若设行人重力为 700N,则有一阶动荷载系数 $\alpha_1 = \frac{180}{700} = 0.257$,正好是表 2-3-1 中 Blanchard 的建议值。式中频率取为桥梁竖向基频 f_0,相当于假定行人步频 f_p 与桥梁基频 f_0 相等,从而导致最大的共振响应。

2. 德国人行桥设计指南 EN03

德国 2008 年提出 EN03 指南吸收了自伦敦千禧桥事故以来的新的研究成果。所提出的荷载模式考虑了竖向和纵向二阶、横向一阶荷载。每种荷载都用一个通用表达式。

$$p(t) = P \cdot \cos(2\pi f_s t) \times n'\psi \tag{2-3-4}$$

式中:n'表示与桥上自由行走的 n 个人的效应等效的同步行走人数,它的计算原理在 2.4 节中说明。于是 $P \cdot \cos(2\pi f_s t)\psi$ 是单人简谐动荷载,P 是一阶荷载的幅值,由表 2-3-2 规定。f_s 是桥梁的某一阶模态的频率值,它正好在行人步频范围内且假定它与行人步频相等。

荷载模型中 *P* 的取值　　表 2-3-2

P(N)		
280(竖向)	140(纵向)	35(横向)

ψ 是折减系数,其值按图 2-3-1 规定选取。由图可见,折减系数考虑了频率的影响,行人频率范围以外的折减系数为零,相当于此范围以外可不考虑行人动荷载作用。对于二阶谐波荷载,折减系数≤0.25,相当于二阶谐波荷载系数为一阶的$\frac{1}{4}$。EN03 指南要求逐个振型加载,一、二阶荷载是分开加载到不同振型上,因此没有二阶荷载相对一阶荷载的相位差问题。

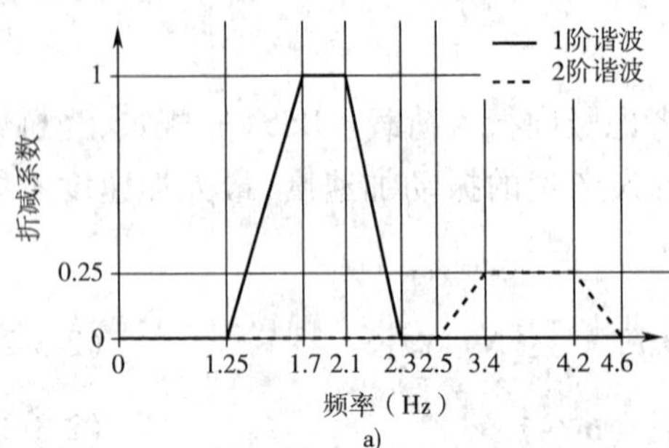

a)

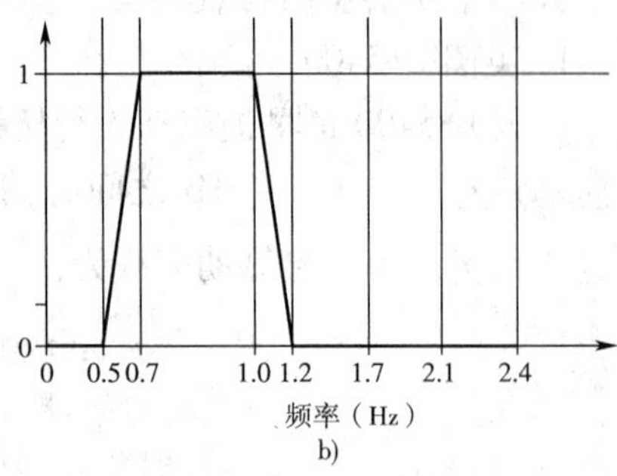

b)

图 2-3-1　荷载模型中 ψ 的取值

a）竖向和纵向；b）横向

3. Petersen 模型

在文献[2-17]中，比利时学者 Blanco 等人采用 Petersen 模型计算了一座 S 形悬索人行桥在行人荷载下的竖向振动。Petersen 模型由下式规定：

$$F_p(t) = W + W[\alpha_1\sin(2\pi f_p t) + \alpha_2\sin(4\pi f_p f - \varphi_2) + \alpha_3\sin(6\pi f_p t - \varphi_3)] \tag{2-3-5}$$

式中各参数和规定见下表 2-3-3。

由式(2-3-5)和表 2-3-3 可知，Petersen 模型为竖向荷载模型，考虑三阶简谐动荷载作用。动荷载系数随频率而变化，其他 f_p 值时的 α_i 值可由插值得到。二、三阶荷载的相位滞后 π/5 到 2π/5。我们注意到，在 2.2.2 节中 Zoltowski 模型也是三阶动荷载模型，但是二、三阶的相位差为 π，与 Petersen 给出的值相差很大，法国 2006 年人行桥技术指南则建议 $\phi_2 = \phi_3 = \dfrac{\pi}{2}$可见现有研究数据仍有相当大的离散性。

Petersen 模型的参数值(引自文献[2-18])　　表 2-3-3

W 行人重力(N)			
f_p 步频(Hz)	$f_p = 1.5$	$f_p = 2.0$	$f_p = 2.5$
α_1	0.073	0.408	0.518
α_2	0.138	0.079	0.058
α_3	0.018	0.018	0.041
φ_2	π/5	π/5	2π/5
φ_3	π/5	π/5	2π/5

2.3.3　基于概率方法的单人步行力荷载模型

受步行参数可变性的影响，单人步行力并非谐波荷载。基于这一特点，Zivanovic 提出了一种基于概率方法的单人步行力荷载模型[2-19]。

（一）单人步行力亚谐现象

从单人步行力竖向分量时程曲线看，如图 2-3-2a）所示，单人步行力荷载表现出非完全周期性。进一步对其进行频谱分析，从幅值频谱图 2-3-2b）可以看出：步行力荷载能量主要集中在主谐（main harmonics——谐波的频率为步行频率的整数倍）对应的频率处，但在亚谐（sub harmonics——谐波的频率为步频的 1/2、3/2、5/2 倍等）对应的频率处也存在局部峰值；步行力荷载不仅在主谐附近存在能量泄漏现象，而且在亚谐附近也有一定的能量泄漏。从相位频谱图 2-3-2c）可以看出：步行力相频分布具有随机性，因此可假设其服从[0,2π]的均匀分布。

图 2-3-2d）则表示某行人左右两只脚每迈出一步所持续时间的统计图，其中符号“+”表示左脚每迈出一步的持续时长，符号“o”表示右脚每迈出一步的持续时长。从图中可以看出，对于该步行者而言，其左脚每迈出一步所持续的时间比右脚持续时间稍长。推而广之，即从统计观点来看，每个步行者左、右两脚的步频并非完全一致。为了准确描述步行者的步行特征，将准周期定义为步行者连续迈出两步所需要的时间，而将步行者的准频率也应相应地调整为原有步频的 0.5 倍。再对准频率为 $0.5f_s$ 的非谐波准周期步行力荷载时程进行频谱分析，那么在其频谱成分中必然出现亚谐。基于这种描述方法就不难解释图 2-3-2 b）中出现的步行力亚谐现象。

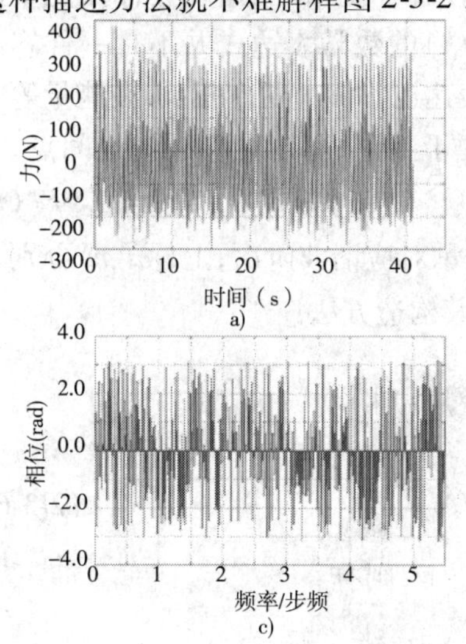

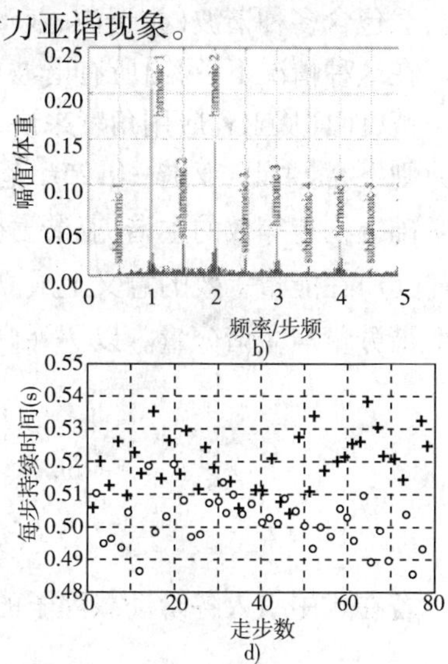

图 2-3-2　单人步行力竖向分量

a）时间；b）频率/步频；c）频率/步频；d）走步数

（二）单人步行力荷载的群体差异性

用于描述步行力群体差异性的主要参数有：步频、步长及步行力幅值（需要说明的是，这里使用的步行参数都是统计意义上的均值）。这些参数的不同取值将直接改变步行力荷载大小，影响人行桥人致振动幅度。

1. 行人步行参数的差异性

关于步频的群体差异性在上一节中已详细阐述，这里不再重复。为了参考起见，下面给出学者 Zivanovic 关于步长、步频论述的主要结论。Zivanovic 认为这两参数均服从正态分布，其中步频 $f_s \sim N(1.87, 0.186)$，步长 $l_s \sim N(0.71, 0.071)$，如图 2-3-3 所示。

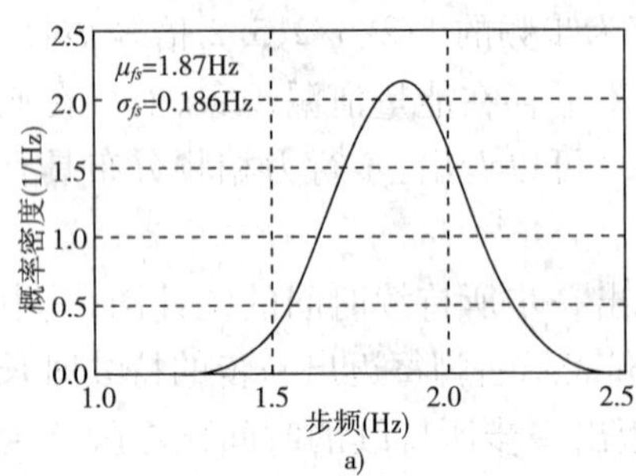

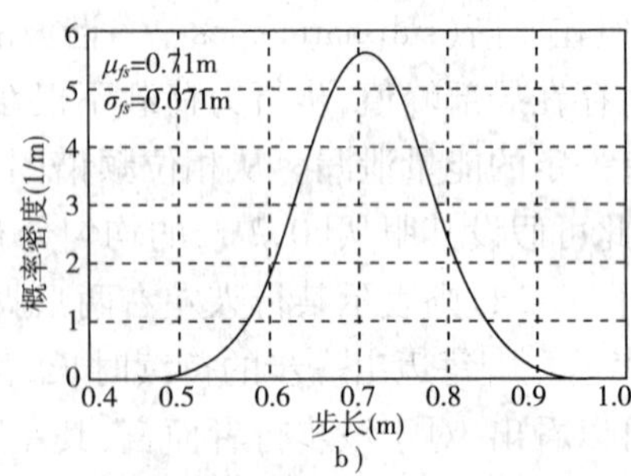

图 2-3-3 步频、步长概率密度函数

a）步频；b）步长

2. 单人步行力幅值的差异性

步行力荷载的另一个重要参数为步行力幅值。从图 2-3-2（b）中可以知道，步行力荷载包含多种谐波（主谐波、亚谐波）成分，并且在各个主谐、亚谐附近存在能量泄漏。在这种情况下，写出所有谐波分量对应幅值 $A(f)$ 的数学表达式并不是一件容易的事情，而且从工程应用角度来讲，这种全频域的表达也不够直观。相反，在能量等效的原则下，将主谐、亚谐 $\pm 0.25 f_s$ 范围内的能量集中于主谐、亚谐对应频域空间点，在此基础上构造等效的主谐、亚谐力分量 $F_i^m(t)$、$F_i^s(t)$，使得等式 $F_{ped}(t) = \Sigma[F_i^m(t) + F_i^s(t)]$ 在能量等效的意义上成立，其中，下标 i 表示对应谐波阶次，上标 s、m 分别表示亚谐分量与主谐分量。以 $F_i^m(t)$ 为例，下式给出其构造方法：

$$\int_{f_i^m \pm 0.25 f_s} [A(f)]^2 \mathrm{d}f = \frac{1}{T_i^m} \int_{T_i^m} [F_i^m(t)]^2 \mathrm{d}t$$

$$F_i^m(t) = F_i^m \sin(2\pi f_i^m t) \tag{2-3-6}$$

若在式中引入各阶动载因子的概念，即 $\alpha_i^m = F_i^m / W$，则有：

$$F_i^m(t) = \alpha_i^m \times W \times \sin(2\pi f_i^m t)$$

$$F_{ped}(t) = \Sigma[\alpha_i^m \times W \times \sin(2\pi f_i^m t) + \alpha_i^s \times W \times \sin(2\pi f_i^s t)] \tag{2-3-7}$$

至此,可将行人步行力荷载的问题,转化为频域空间中有限离散点处动载因子的求解问题,其物理概念清晰明了,应用方便。

从统计意义上讲,单人步行力幅值的群体差异性主要表现在:行人步频的差异性导致动载因子的不同,不同动载因子合成的步行力荷载具有不同的幅值。因此,准确描述这种差异性的关键在于建立各阶动载因子与频率的函数关系表达式。目前在这方面的研究较多,但绝大多数研究成果都是基于一种确定性的描述,难以与实际情况吻合。Kerr 及 Zivanovic 等学者则以概率论为理论工具,从统计观点出发,详细研究了动载因子与频率的关系。显然,这种研究方法更为科学,能够更加真实反映实际情况。下面简要介绍这两位学者的研究成果。

①Kerr 主谐动载因子模型

Kerr 在他的博士论文中指出:动载因子的均值 μ_α 与步行频率 f_s 相关,并给出了其函数关系表达式,对于前两阶动载因子样本 α_1,α_2 其均值为 μ_{α_1}、μ_{α_2} 分别为:

$$\mu_{\alpha_1} = -0.2649f_s^3 + 0.13206f_s^2 - 1.7597f_s + 0.7613 \quad (2\text{-}3\text{-}8)$$

$$\mu_{\alpha_2} = 0.07 \quad (2\text{-}3\text{-}9)$$

动载因子样本值 α_1、α_2 在均值 μ_{α_1}、μ_{α_2} 的基础上分别乘以改正系数 MF_1、MF_2(MF_1、MF_2 均为一服从正态分布的随机变量,即 $MF_1 \sim N(1, 0.16)$、$MF_2 \sim N(1, 3/7)$),如图 2-3-4a)所示。需要说明的是:由于样本 α_2 离散性较大,因此在随机生成过程中可能出现负值,对于出现负值的 α_2 必须剔除。

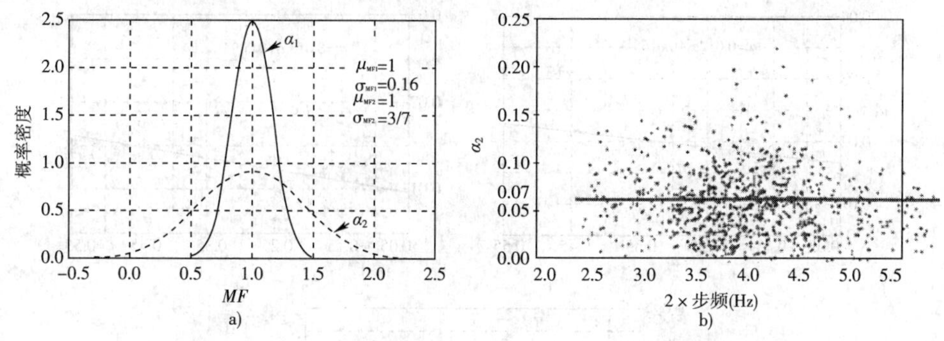

图　2-3-4

a)改正系数;b)α_2 实测值

Zivanovic 在 Kerr 基础上,以同样的方式定义了第三阶至第五阶主谐动载因子的理论表达式,它们均为一符合正态分布的随机变量,即:

$$\alpha_i \sim N(\mu_i, \sigma_i) \qquad (i = 3,4,5) \quad (2\text{-}3\text{-}10)$$

式中:均值 μ_i、标准差 σ_i 的取值见表 2-3-4。与 DLF_2 一样,对出现负值的动载因子须剔除。

主谐动载因子参数表　　表 2-3-4

主谐阶次	均　值	标 准 差
2	0.07	0.030
3	0.05	0.020
4	0.05	0.020
5	0.03	0.015

②Zivanovic 亚谐动载因子模型

由图 2-3-2b)可以看出，亚谐分量在步行力的能量组成中不可忽略，但目前对于亚谐动载因子的研究较少，这里仅简要介绍 Zivanovic 提出的亚谐动载因子模型。

Zivanovic 在对 95 个实测步行力的时程数据进行频谱分析的基础上，采用了最小二乘法拟合出各阶亚谐动载因子与第一阶主谐动载因子 α_1 的线性关系表达式，如图 2-3-5 所示。

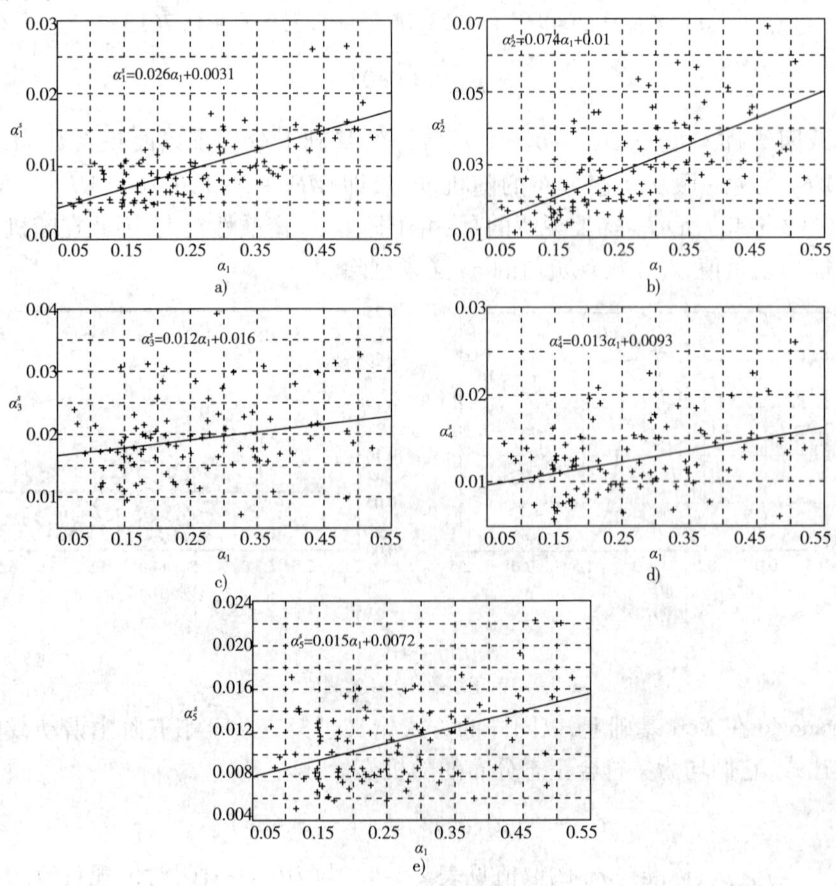

图 2-3-5　亚谐动载因子

（三）单人步行力荷载的个体变异性

在行走的过程中由于生理作用，行人不可能以同样的步伐（即保持步行参数不变，如瞬时步长、步频、初始相位角等）重复着每走过的一步，因此行人产生的步行力并非绝对意义上的周期荷载；相反，它具有一定的个体变异性。尽管如此，这不意味着行人步伐、步行力就是毫无规律可循。事实上，相对于一个特定的步行对象而言，行人产生的步行力是一个窄带的稳态随机过程。我们可以在该行人步行参数统计值的基础上，按照一定规律叠加一个随机波动量，这样就可以较为真实地反映其非完全周期性与窄带随机性。考虑了个体变异性后的步行力荷载对人致振动水准将会有一定的改变，尤其是在考虑高次谐波步行力的影响时。

（四）单人步行力荷载的模拟

1. 频域空间内步行力的模拟

从数值模拟角度来讲，在频域空间内只要给定了关于某信号若干离散谱线的幅值及对应的相位角，那么就可以精确地描述该信号。同样，单人步行力的频域表述也是如此，如图 2-3-2b）、2-3-2c）所示。在人行桥的人致振动响应计算中，高次谐波（$f>5f_s$）产生的振动较小，同时这种振动对行人舒适度的影响不大，因此在步行力的模拟中可忽略，而将步行力谐分量的取值限定在区间$[0.25f_s, 5.25f_s]$。

（1）幅频关系模拟

Zivanovic 在对 95 个实测步行力的时程数据进行频谱分析的基础上，将各阶主谐（亚谐）$\pm 0.25f_s$ 范围内的谱线幅值除以主谐（亚谐）处对应的动载因子，得到归一化后的频率—幅值图（图 2-3-6），然后用多个正态函数之和作为拟合函数进行非线性最小二乘拟合，得到拟合后主谐（亚谐）$\pm 0.25f_s$ 范围内归一化动载因子$\bar{\alpha}_i^m(\bar{f}_j)$（$\bar{\alpha}_i^s(\bar{f}_j^s)$）的表达式：

$$
\begin{cases}
\bar{\alpha}_i^m(\bar{f}_j) = a_{i,1}e^{-\left(\frac{\bar{f}_j-b_{i,1}}{c_{i,1}}\right)^2} + a_{i,2}e^{-\left(\frac{\bar{f}_j-b_{i,2}}{c_{i,2}}\right)^2} + a_{i,3}e^{-\left(\frac{\bar{f}_j-b_{i,3}}{c_{i,3}}\right)^2} \\
\bar{\alpha}_i^s(\bar{f}_j^s) = a_{i,1}^s e^{-\left(\frac{\bar{f}_j-b_{i,1}^s}{c_{i,1}^s}\right)^2} + a_{i,2}^s e^{-\left(\frac{\bar{f}_j^s-b_{i,2}^s}{c_{i,2}^s}\right)^2} \\
\bar{f}_j = \dfrac{f_j}{if_s} \\
\bar{f}_j^s = \dfrac{f_j^s}{(i-0.5)f_s} \\
f_j = (i-0.25)f_s + j\times 0.0125f_s \\
f_j^s = (i-0.75)f_s + j\times 0.0125f_s
\end{cases}
\tag{2-3-11}
$$

式中：$i=1,2,3,4,5$；$j=1,2,3,4,5$；

$\bar{f}_j$、$\bar{f}_j^s$——无量纲频率；

其余参数见表 2-3-5、表 2-3-6。

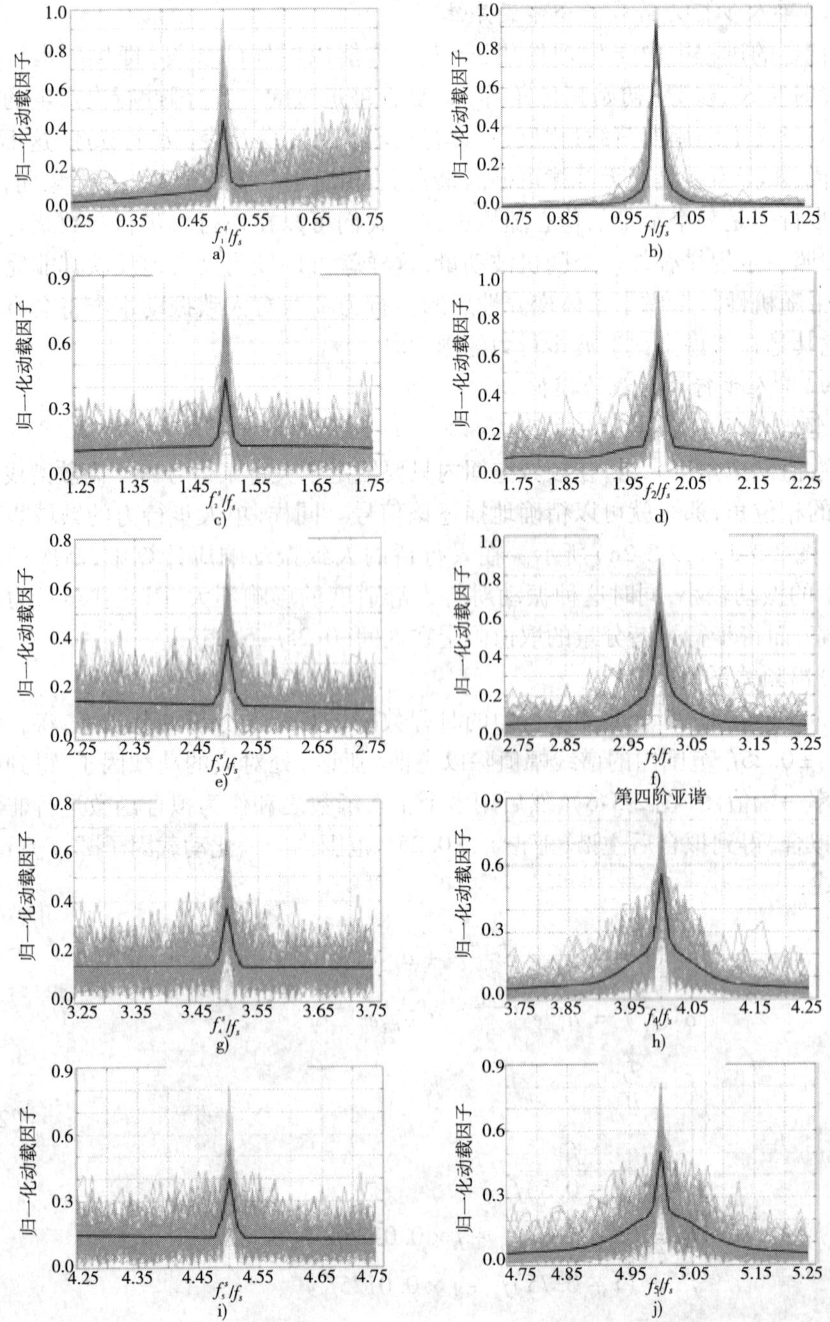

图 2-3-6　亚谱(左列)、主谱(右列)归一化动载因子

a)第一阶亚谱;b)第一阶主谱;c)第二阶亚谱;d)第二阶主谱;e)第三阶亚谱;f)第三阶主谱;g)第四阶亚谱;h)第四阶主谱;i)第五阶亚谱;j)第五阶主谱

主谐动载因子参数表　　表 2-3-5

i	1	2	3	4	5
$a_{i,1}$	0.785200	0.513000	0.390800	0.325500	0.280600
$b_{i,1}$	0.999900	2.000000	3.000000	4.000000	4.999000
$c_{i,1}$	0.008314	0.011050	0.009560	0.008797	0.007939
$a_{i,2}$	0.020600	0.133000	0.156700	0.164700	0.158400
$b_{i,2}$	1.034000	1.957000	3.000000	4.001000	5.004000
$c_{i,2}$	0.252400	0.263200	0.055250	0.066410	0.078250
$a_{i,3}$	0.107400	-0.049840	0.068660	0.068880	0.072890
$b_{i,2}$	1.001000	1.882000	2.957000	3.991000	4.987000
$c_{i,3}$	0.036530	0.058070	0.560700	0.375000	0.450100

亚谐动载因子参数表　　表 2-3-6

i	1	2	3	4	5
$a_i^s,1$	0.340600	0.302400	0.262700	0.234400	0.264500
$b_i^s,1$	0.498800	1.500000	2.500000	3.501000	4.499000
$c_i^s,1$	0.008337	0.008735	0.009748	0.009898	0.010190
$a_i^s,2$	0.280300	0.134500	0.245600	0.235500	0.238900
$b_i^s,2$	1.133000	1.532000	0.231200	-1.576000	1.153000
$c_i^s,2$	0.638800	0.723300	2.932000	7.050000	4.561000

从图 2-3-6 中可以看出，对于主谐 $\pm 0.25f_s$ 范围内的谐分量而言，其阶次越高，则能量分布范围越广、主谐动载因子越小，这表明高阶主谐动载因子的随机性较低阶强。

（2）相频关系模拟

Zivanovic 在对大量步行力荷载进行相频分析的基础上，绘制了相位分布概率图（图 2-3-7），提出了相位服从均匀随机分布规律，且分布区间为 $[-\pi, +\pi]$。

2. 时域内步行力的模拟

有了步行力荷载在频域内的确切表达式，我们可以利用数学变换工具，在时域内重构步行力荷载时程。例如，对应于第 i 阶主谐 if_s 的步行力分量 $F_i(t)$ 可写成：

$$F_i(t) = W \cdot \alpha_i \times \sum \overline{\alpha}_i(\overline{f}_j)\cos[2\pi \overline{f}_j f_s t + \theta(\overline{f}_j)] \tag{2-3-12}$$

相应地第 i 阶亚谐 $(i-0.5)f_s$ 的步行力分量 $F_i^s(t)$ 可写成

$$F_i^s(t) = W \cdot \alpha_i^s \times \sum \overline{\alpha}_i^s(\overline{f}_j^s)\cos[2\pi \overline{f}_j^s f_s t + \theta(\overline{f}_j^s)] \tag{2-3-13}$$

式中：$W = 750\text{N}$，其他各符号意义与前面一致。

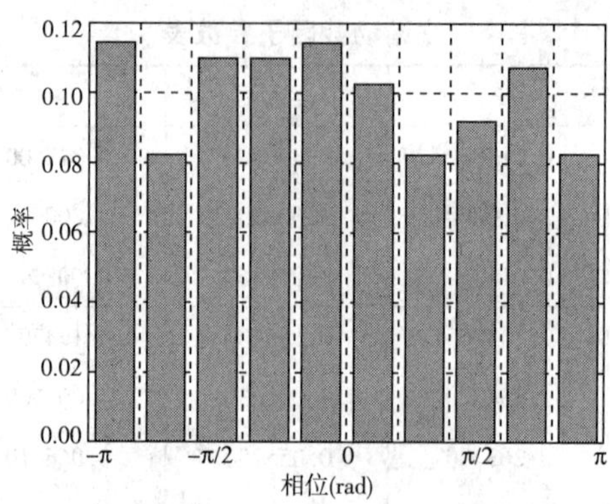

图 2-3-7　步行力荷载相位分布概率图

最终模拟步行力荷载 $F(t)$ 为：

$$F(t) = \sum_{i=1}^{5} F_i(t) + \sum_{i=1}^{5} F_i^s(t) \tag{2-3-14}$$

3. 基于概率方法的单人步行力荷载仿真

为了验证基于概率方法的单人步行力荷载模型的有效性，这里给出一个仿真样本，如图 2-3-8 所示，其中步频 $f_s = 2.116\text{Hz}$，其余参数见图中标示。

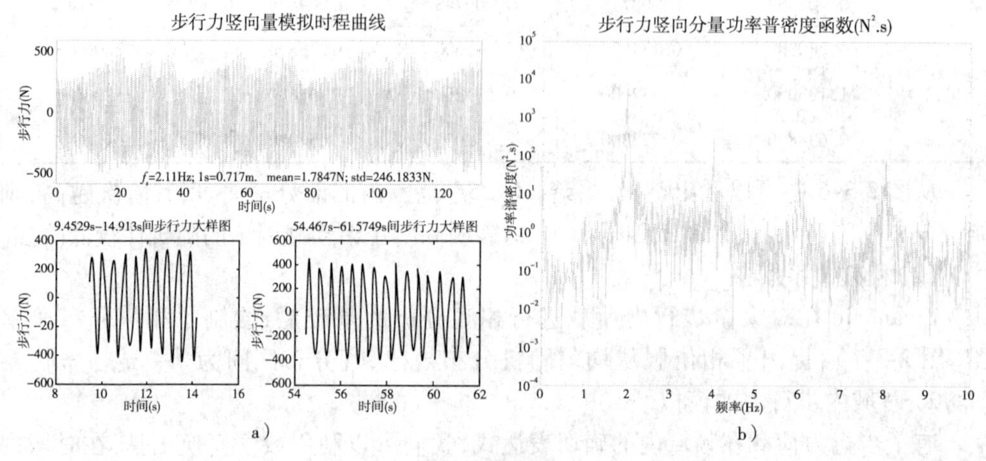

图　2-3-8

a）步行力荷载竖向力时程图；b）步行力荷载竖向力频谱图

从图 2-3-8a）中可以看出，竖向力分量具有“驼峰”形，这与相关文献中的实测力时程图极为相似，且在幅值上也与文献中的数据较为接近；从图 2-3-8b）可以看出，模拟出的步行力竖向力在频谱上存在亚谐现象，且能量的分布形状与相关文献中的报道较为相似。由此可见，基于概率方法的单人步行力荷载模型在步行力的重构中具有一定的可信度，值得借鉴。

2.4　多人脚步动荷载的数学模型

多人荷载研究是一个非常困难的问题,因为不仅存在行人与行人之间的相关性,还存在行人与桥梁结构之间的相互影响问题。因此,到目前为止,多人荷载的数学模型还很少。在研究多人脚步动荷载时,特别有必要强调"组"(group)和"群"的区别。一组行人是指10人左右的行人,结伴成组,依同一方向和大致相同的速度通过人行桥。人群则是指均匀分布于桥面的行人全体。依据这一区别,我们可以粗略地将多人荷载划分为四种类型:

类型一　小组结伴而行;

类型二　低密度人群自由行走;

类型三　高密度人群流动;

类型四　横向动力失稳的"锁定"状态。

前面三种荷载类型,可以评估不失稳条件下人行桥振动的最大加速度,第四种类型目前是可以判定引发动力失稳的临界行人数。下面逐一介绍。

2.4.1　小组结伴而行

我们知道,行人的步频f_p、步长l_p和速度v_p间存在关系:

$$v_p = f_p \cdot l_p \tag{2-4-1}$$

因此,一组人结伴而行时,他们每个人的速度v_p几乎相等,于是他们之间在步频、步长上的差别就会较小,而且其中很大一部分人会进入同步状态。就竖向的脚步动荷载而言,一阶谐波分量很容易实现同步;二阶、三阶谐波同步的可能性就很小,其效应可以忽略。因此,有些研究者认为,一组行人的脚步动荷载效应F_p可以用一个单人脚步荷载的一阶谐波分量乘以小组人数n来估计,即:

$$F_p = G \cdot \alpha \cdot \sin(2\pi f_p \cdot t) \cdot n \tag{2-4-2}$$

脚步动荷载的横向分量,本来就是以一阶谐波为主,因而也可按上式估计,只是f_p为横向的频率。

2.4.2　低密度人群自由行走

当桥上行人密度低于0.5人/m^2时,桥上行人都可以按自己的习惯与意愿在桥上自由行走,而不大会有意无意地受身旁其他人的影响;如果桥梁有良好的动力使用性能,桥梁结构不会有大的振动,因此行人也无须随结构振动而调整步姿。这种状态是一种行人之间、行人与桥之间完全互不相关的状态。换句话说,是多人行走但不发生同步的状态。依据随机振动理论,n个幅值相等的但相位随机分布的输入所产生的线性结构的动力响应,正好是单个输入的响应的$\sqrt{n}$倍。依据这一假定,Matsumoto[2-20]提出了计算低密度人群自由行走时等效行人数 N_p 的计算式:

$$N_p = \sqrt{\lambda T_0} \tag{2-4-3}$$

这里 λ 是单位时间内上桥的平均行人数(人/s)。T_0 是行人通过全桥的平均时间。显然,任一时刻桥上行人数 n 正好是 $n=\lambda T_0$。按照这一公式,当桥上行人能自由行走时,结构的最大响应可以按一个单人荷载走过全桥的最大响应的$\sqrt{n}$倍来计算。

Bachmann 研究认为,对那些结构固有频率正好落在 1.8~2.2Hz 这一行人步频主要分布区间的桥梁,用式(2-4-3)估算低密度人群的行走效应是适宜的,但对固有频率在此区间外的桥梁,式(2-4-3)还要进一步折减。当固有频率为 1.6~1.8Hz 或 2.2~2.4Hz 时,按线性插值法折减。两个外端点(1.6Hz 和 2.4Hz)处的 N_p 最小值为 2(人),且要求桥上总人数大于 4。因此,在 1.6~2.4 区间 N_p 的计算法如图 2-4-1 所示[2-21]。

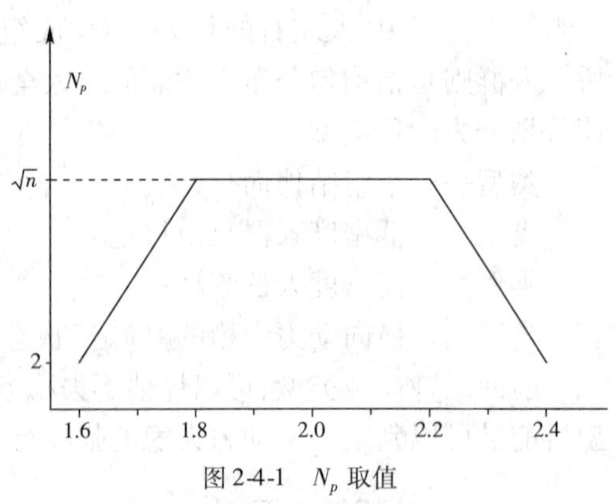

图 2-4-1　N_p 取值

2006 年 10 月法国交通部下属的 Sétra(运输道路桥梁工程和道路安全的技术部门),出版了《人行桥技术指南——人行桥在行人荷载下的动力行为》[2-22](以下简称《法国指南》)。《法国指南》认为 Matsumoto 公式 $n_p=\sqrt{n}$相当于假定桥上所有行人的步频相等,只有相位不同,与实际情况有较大差距,并且提出了新的等效行人数计算公式。《法国指南》的计算公式依据是按随机变量方法所作的大量数值模拟。其原理可用图 2-4-2 表示,介绍于下。

首先,假定桥上有恒定的均匀分布的人群流动,流动速度为 1.5m/s,桥上维持总人数 n 不变。这 n 个人的步频 f_p 按正态分布,其均值正好等于桥梁的第 i 阶模态频率 f_i,方差则为 σ(计算中取 $\sigma=0.175f_0$),同时,n 个人的相位差 ψ 则是在 0~2π 之间均匀分布。这样,桥上第 j 个人的步频和相位可以表示为:

$$f_j = f_i + \sigma \cdot \mu_j \tag{2-4-4}$$

式中:μ_j——标准正态分布的随机数

$$\psi_j = 2\pi \cdot v_j \tag{2-4-5}$$

式中:v_j——区间[0,1]中的均匀分布的随机数

因为竖向荷载的二、三阶及以上的分量很难同步,因此只考虑竖向荷载的一阶分量。则第 j 个人在时刻 t 时的荷载为:

$$F_j(t) = 280 \cdot \sin(2\pi f_j t - \psi_j)\big|_{\text{在}x=1.5t\text{处}} \tag{2-4-6}$$

行人不间断地以1.5m/s的速度在人行桥上自由行走。步频正态随机分布（参见对面的分布规律图）、相位均匀随机分布。
模态振型
$a_{max}=A_{max,test}$
真实状态
等效状态
当前模态下频率相等（同时等于人行桥的模态频率）且施力方向与桥梁振动方向一致的行人的分布
+p
−p
+p
$P=N_{eq}/l\times280N\times\cos(2\pi f_0t+\varphi)$
$a_{min}=A_{max}(N_{eq})$
由$A_{max,test}=A_{max}(N_{eq})$确定等效人数

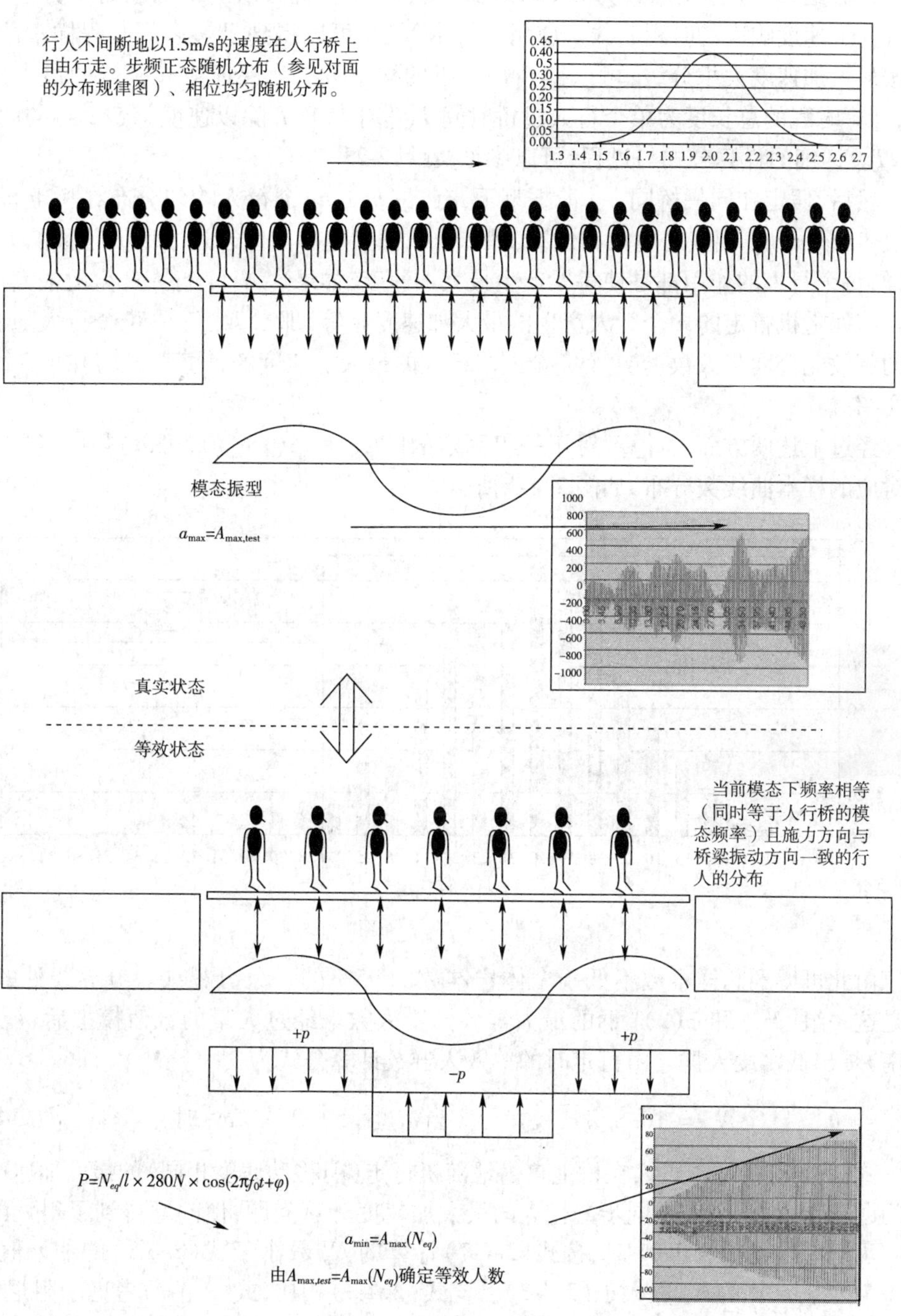

图 2-4-2 计算原理图

再假定第 i 阶振型函数为 $\varphi_i(x)$。振型阻尼为 ξ,就可以用结构动力学方法计算出最大加速度响应的时程曲线。应用蒙特卡罗法,可以得到足够多的时程样本曲线,再按最大加速度大小分级,可以得到每一级的样本数。为保证激起桥梁的最大加速度,计算时程的总长度为单个行人过桥时间 T(等于桥长 L 除以速度 1.5m/s)的两倍,即 $2T$。详细的计算公式与过程,可以参见文献[2-23]。

然后,假定在同一桥同一 i 阶振型下,有 $n_p(n_p<n)$ 个行人均匀分布在桥上行走,不仅步频等于 f_i,相互之间无相位差,即 $\psi_j=0$,而且施力方向永远取增大位移的方向。这样,每个行人的作用都是使桥梁产生最大加速度,如果这 N_p 个行人产生的最大加速度与前面随机行走的 n 个行人产生的最大加速度相等,那么 N_p 就是 N 个行人随机行走的等效完全同步人数。N_p 个完全同步行人的最大加速度的计算原理将在下一章详细介绍。

经过上述两方面的计算,对于一组固定的[N,ξ 和 $\varphi(x)$]值,可以得到不同的 N_p 所对应的样本曲线数分布,如图 2-4-3 所示。

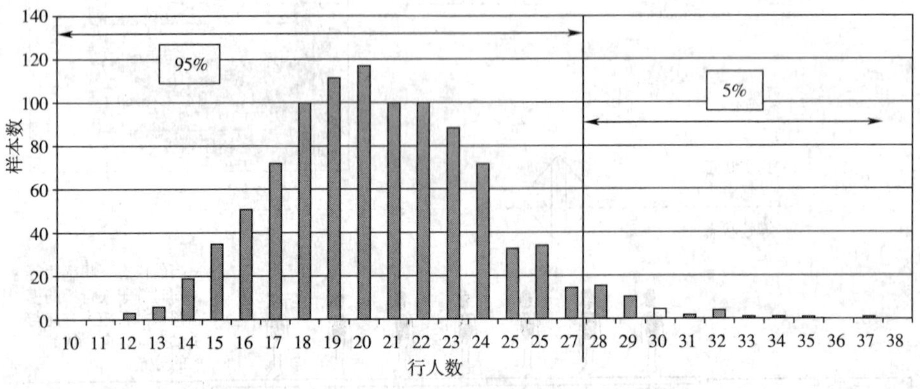

图 2-4-3 N_p 分布图

由此可得到总样本数不低于全体样本数的 95% 的一条分界线。分界线处的 N_p 就是这一组[N,ξ 和 $\varphi(x)$]下的最大等效同步人数。经过大量的数值模拟后,《法国指南》提出低密度人群自由行走时的等效人群数计算公式为:

$$N_p = 10.8\sqrt{n\cdot\xi_i} \qquad (\text{当密度} < 1.0\ \text{人}/\text{m}^2\ \text{时}) \tag{2-4-7}$$

式(2-4-7)将 n 个行人在桥上自由地随机行走(但移动速度相同)的最大加速度计算问题转化为 N_p 个完全同步的行人的最大加速度计算问题,使问题得到了很大的简化。可以看出,当 $\xi<0.01$ 时,按式(2-4-7)计算的 N_p 数小于式(2-4-3)的估计值;当 $\xi>0.01$ 后,计算的 N_p 数大于(2-4-3)。与式(2-4-3)相比,式(2-4-7)考虑了阻尼比 ξ 的影响,当 ξ 增大时,虽然共振峰值减小,但共振频率带宽增加,因此等效的同步人数 N_p 也会增加。

2.4.3　高密度人群流动

当桥面行人密度超过1.0人/m^{2}时,因为行人前后间距很小,行人已不能自由地按本人意愿和习惯行走。研究发现,行人的视觉对于同步现象的影响非常大。例如,当两个人背对背原地弹跳时,即使有声音节拍提示,也很难同步,但如果两人面对面,则很容易同步。因此,持续的高密度人群在桥上的流动可以比拟为连续的物质流,相互同步的概率要比低密度人群大很多。《法国指南》认为,高密度人群条件下,行人之间的步频已完全同步,只是相位不同,按照同样的随机概率分布模拟方法,总结出高密度条件下等效行人数计算公式为:

$$N_p = 1.85\sqrt{n} \quad (\text{当密度} > 1.0\ \text{人/m}^2\ \text{时}) \tag{2-4-8}$$

比Massumoto大了1.85倍。

式(2-4-7)与式(2-4-8)也被德国2007年的人行桥设计指南EN03所采用。

2.4.4　横向动力失稳的"锁定"现象

(一)锁定现象

锁定现象是指在高密度人群流动状态下,原先步频和相位都是随机分布的行人相互影响,同时也受到逐渐增大的人行桥振幅影响;结果是越来越多的人进入步频、相位与人行桥振动完全同步的状态,最终导致动力失稳。目前,这种动力失稳只在横向振动状态时发生,主要有三个方面的原因:第一是横向脚步荷载频率是竖向的一半,周期是竖向的两倍,同步的范围更宽;第二是人体结构耐受横向振动的能力差,为保持平衡,行人自动进入同步状态;第三是同步的行人横向荷载脚步力,正好给桥梁结构以负阻尼,当这一负阻尼与结构固有的正阻尼相互抵消时,就会发生动力失稳。动力失稳时,行人的步频和相位都完全锁定在桥梁结构振动的同一频率和相位上,故称为"锁定"现象。"锁定"是桥梁风工程中描述涡激共振现象的术语,因人行桥的横向失稳与涡激共振现象类似而借用这一术语。

(二)实桥"锁定"现象的观测

在第一章中提及的所有桥梁结构发生大幅度横向振动的报道,都是发生了横向动力失稳的"锁定"现象,但详细的实测数据很少。

日本Fujino等人[2-24]仔细分析日本T桥"锁定"现象的实况录像。该桥长134m,桥面宽5.25m,行人高峰时达到2.0人/m^{2}的密度,即桥上同时有行人1417人左右,据录像分析完全同步的人数有20%以上,即超过281人。这个数目比按式(2-4-8)计算的69人(1.85$\sqrt{1407}$),大了4倍!这一差别是不矛盾的。因为式(2-4-8)计算的基本假定,是行人虽然步频一致,但相位不一致,而进入"锁定"现象时,其中同步的行人的步频和相位都保持了同步,由此产生的振动也自然会比按式(2-4-8)计算的大很多。

新加坡樟宜机场人行桥在 2002 年也组织了类似的试验[2-25,2-26]。该桥是一座钢桁拱桥,主跨跨径 140m,桁拱结构是变宽度的,跨中最窄处 7.6m,拱脚处宽 11.6m,其横向刚度大于伦敦千禧桥,横向基频约为 0.9Hz。试验时 10 人为一组,从桥上一侧走过并从另一侧返回,然后再走过,在桥上形成无终点的绕行状态。中间有两次全体行人在桥上停止前进。最大行人数达到 150 人,横向振动仍在稳定增加,直到行人第一次静止不动,这时横向一阶模态的振动加速度为 0.17m/s^2,位移幅值 5.5mm。竖向振动没有振幅随人数增加而增大的现象。图 2-4-4 是实测的振动加速度时程曲线,图中 LS1 是横向一阶对称模态,TS1 是扭转一阶对称模态。

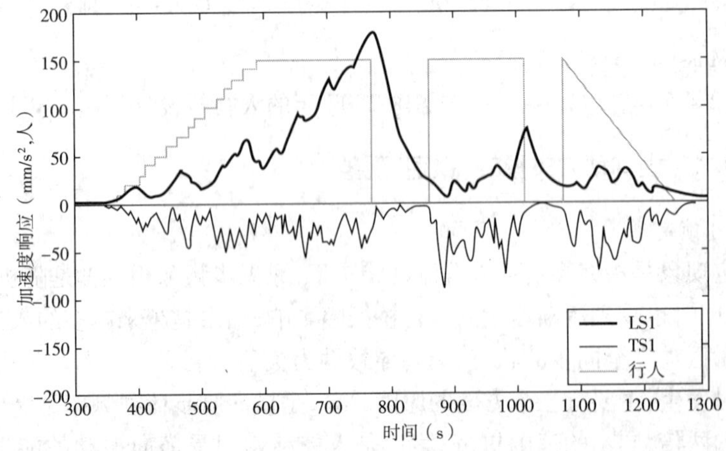

图 2-4-4 测试 1 中 150 人在人行桥主跨上往返绕行时侧向和垂直向滤波后的加速度响应,正的一半代表 LS1 频率下的侧向响应,负的一半代表 TS1 频率下的垂直响应

法国巴黎的 Solferino 人行桥是一座横向振动基频为 0.81Hz 的钢拱桥,主跨 106m,1999 年 2 月建成并对行人开放,后因横向振动而关闭,在关闭期间进行了多次试验。图 2-4-5 是 Solferino 人行桥一次试验的结果。试验方式同样是在桥上无终点的来回绕行。行人数由 69 人增加到 138 人,再到 207 人。图中密集的阴影曲线是实测的桥梁最大加速度时程曲线,最大加速度达到 0.55m/s^2。粗实线表示同步人数占总人数的比例,当振幅超过 0.2m/s^2 后,同步人数比例都达到了 40%,这一结果高于 Fujino 在 T 桥上的观测结果(20%)。

(三)"锁定"现象的实验室研究

《法国指南》介绍了英国帝国理工学院为伦敦千禧桥而作的研究,图 2-4-6 为装置原理图,图 2-4-7 为双人实验时的情景。实验装置为一个平台长 7m,宽 2m,用 4 根钢杆悬挂在一个框架上,钢杆长 70cm,平台可以由一个装置推动作横向振动,频率、振幅可调,它可以模拟实桥的一个横向振动的模态。当平台以 0.53Hz 频率横向振动时,

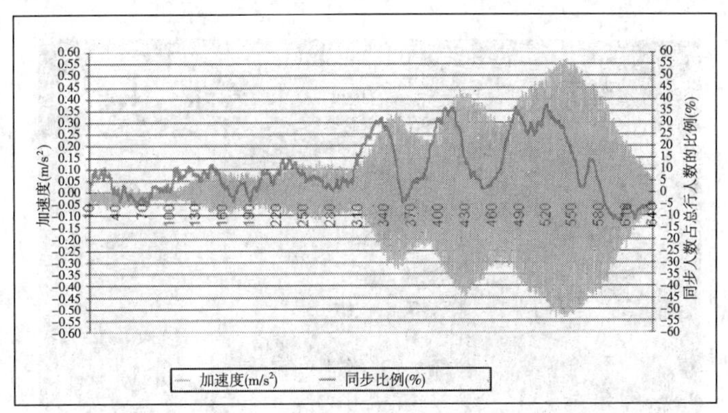

图 2-4-5　Solferino 人行桥随机试验：行人在桥上无终止的绕行，人数由 69 人增加到 138 人再到 207 人

单人行走时尽管横向摇摆速度逐步加大，测到的横向力振幅总在 50N 左右，其中一阶谐波幅值为 35N 左右。图 2-4-8 是 10 人在振动平台上行走的行人的横向摇摆加速度曲线与总的横向脚步力曲线，经过一段时间后出现了同步，同步段位于图中斜直线的右边。这时总的横向力幅值为 100 ~ 150N，相当于 10 个单人横向力(50N)的 0.2 ~ 0.3 倍，即相当于 20% ~30% 的行人完全同步的效果，这一结论与实桥观测一致。

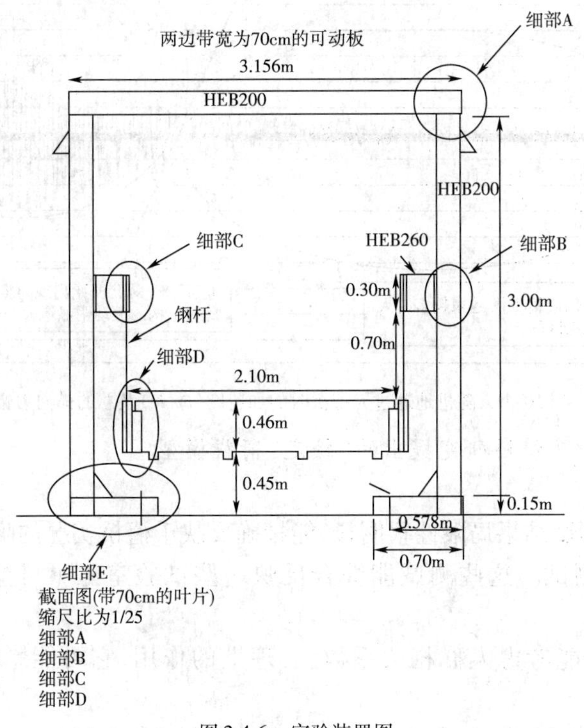

图 2-4-6　实验装置图

图 2-4-7　实验场景图

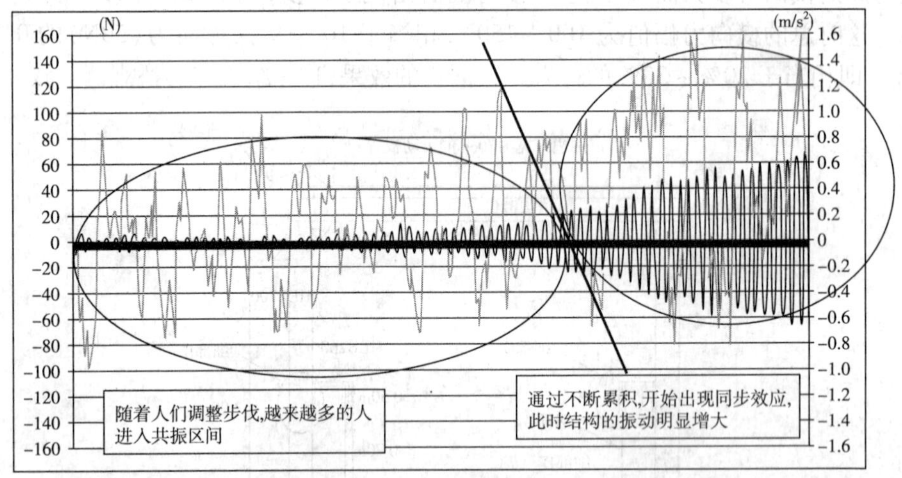

图 2-4-8　当 10 个人随机地通过人行桥时的加速度(m/s²)及总的横向力幅值(N)

(四)依据伦敦千禧桥研究提出的"锁定"荷载模型

1. 实桥试验

试验室里的测试结果局限性很明显,能精确反映千禧桥实况的唯一途径就是在千禧桥上进行人群测试。这些测试能综合反映一些试验室里不可能考虑的因素,特别是:

(1)人群测试能考虑人群相关系数、心理上的作用,它可能影响个体之间的相关性。

(2)能够再现大量行人正常行走时"锁定"的程度和"质量"。

2000年7月用100人进行了第一次测试。这些测试的结果用来更精确的定义步行力模型。

2000年12月在千禧桥上进行了第二次一系列的人群测试。这些测试目的是为了更深一步验证设计假定和测试安装阻尼器的效果。275个人参加了本次测试。在该次测试中，行人绕两根标记的杆逆时针行进，杆在桥面的中心线上按一定间距分开。测试时，通过改变两根杆的位置，可以改变人群密度和振型。每一次测试过程中，行人是每次增加一小组缓慢增加的。加速度计和摄像机可以记录发生的情况。

2. 由加速度响应数据测定脚步力荷载

基于2000年12月的试验数据，Dallard等人提出了一个理论方法，可以由试验测试的结构加速度响应，推导出行人的步行力荷载。理论推导中将用到下列符号：

A,a 为模态加速度；

C 为模态阻尼；

c 为临界阻尼比；

c_e 为等效负阻尼比；

c_{eff} 为有效阻尼比，$c+c_e$；

D 为模态阻尼力；

E 为模态能量；

$E(x)$ 为变量 x 的期望值；

F,f 为力；

f 为固有频率(Hz)；

F_e 为相关模态激励力；

H 为转移函数；

K 为模态刚度；

k 侧向步行力系数(Ns/m)；

L 为跨长；

M 为模态质量；

N 为人数；

N_L 为限制人数；

$p(x)$ 正态概率密度函数；

P_d 为阻尼耗散的能量；

P_e 为输入能量；

T 为时间；

V 为模态速度；

V_{local} 为桥面局部速度；

y 为模态位移；

αF_1 为相关单个步行力；

δ 为对数耗散阻尼；

ϕ 为振型；

μ 为平均值；

ρ 为相关系数；

σ 为标准差；

ω 为固有圆周频率(rad/s)。

大写字母表示变量幅值的大小,而小写字母表示瞬时值。例如,在一个短周期时间内,加速度时程可以表示为 $a = A\sin\omega t$。

系统在简谐荷载作用下的响应取决于荷载频率与系统频率之比。系统在一个相对低频率荷载作用下的响应主要由弹性抗力控制,位移与荷载同相位。而在一个相对高频率荷载作用的响应主要由惯性力控制,加速度与荷载同相位。最大的响应发生在荷载频率接近系统的固有频率时,弹性抗力与惯性力相互抵消,阻尼限制共振响应,速度与荷载同相位。

千禧桥大幅度的侧向振动是由于共振产生的。行人激起桥梁的响应可以根据行人输入系统的能量来确定。能量等于荷载与速度的乘积。一个典型的能量平均值可以通过一个完整振动周期的荷载与速度乘积的平均值来获得。如果荷载和速度都是简谐的,能量取决于它们之间的相位差。只有荷载与速度同相位,才对系统输入能量。当荷载在 +/ -90°时能显著增加系统的刚度或质量,改变系统的固有频率。当荷载与速度相位差 180°时,阻尼增加。假设 F_e(修正后的激励力)与速度同相位,行人输入的平均能量为:$P_e = \frac{1}{2}F_eV$,阻尼消耗的能量为:$P_e = \frac{1}{2}DV$。输入的有效能量等于模态能量相对时间的变化率:

$$P_e - P_d = \frac{\mathrm{d}}{\mathrm{d}t}E = \frac{\mathrm{d}}{\mathrm{d}t}\left(\frac{1}{2}MV^2\right) = MV\frac{\mathrm{d}V}{\mathrm{d}t}$$

把上面给出的能量关系式代入可得到:

$$\frac{1}{2}F_eV = \frac{1}{2}DV + MV\frac{\mathrm{d}V}{\mathrm{d}t}$$

$$F_e = D + 2M\frac{\mathrm{d}V}{\mathrm{d}t}$$

把 $A = \omega V$ 代入上式,得到:

$$F_e = D + 2M \frac{1}{\omega} \frac{\mathrm{d}A}{\mathrm{d}t} \tag{2-4-9}$$

这个表达式可以用来处理加速度测试数据，假设模态阻尼力 D 为振幅的非线性函数。非线性主要是由于黏性阻尼器产生的，这些阻尼器是为了增加桥梁的阻尼而安装的。假设阻尼是线性的，模态阻尼力可以用阻尼比 C 来表示：

$$C_{cr} = 2\sqrt{MK} = 2\omega M$$

$$D = CV = cC_{\mathrm{cr}}V = 2c\omega MV = 2cMA$$

将加速度在一个周期内的平均变化量代替加速度变化率：

$$\frac{\mathrm{d}A}{\mathrm{d}t} \approx \frac{\Delta A}{\Delta t} = \frac{\Delta A}{2\pi/\omega}$$

把上述表示式代入方程(2-4-9)，得：

$$F_e = 2cMA + M\frac{\Delta A}{\pi}$$

可能对这个方程不熟悉，它包括两个有名的关系式。当 ΔA 等于零时，得到熟悉的稳态共振响应表达式：

$$F_e = 2cMA$$

$$A = \frac{1}{2c}\frac{F_e}{M}$$

当 F_e 等于零时，得到熟悉的阻尼衰减表达式：

$$2cMA + M\frac{\Delta A}{\pi} = 0$$

$$\frac{\Delta A}{A} = -2\pi c = -\delta$$

由试验获得的某一阶模态的加速度信号，用数字滤波器除去与固有频率不相关的信号。得到的时程信号经过处理后可以得到每一个周期的加速度幅值数据。在已测量到的结构模态阻尼 C 或 c 的条件下，方程(2-4-9)可以把加速度转换为模态激励力。把该激励力除以测试中有效人数就可以得到相关模态单个行人步行力 αF_1。

图 2-4-9 表示单个行人侧向模态力典型时程曲线，它们是在中跨第一阶侧向振型(CL1)、频率为 0.5Hz 条件下获得的。侧向力变化较缓慢，并且几乎都是正值，表示行人维持或增大桥梁的振动。

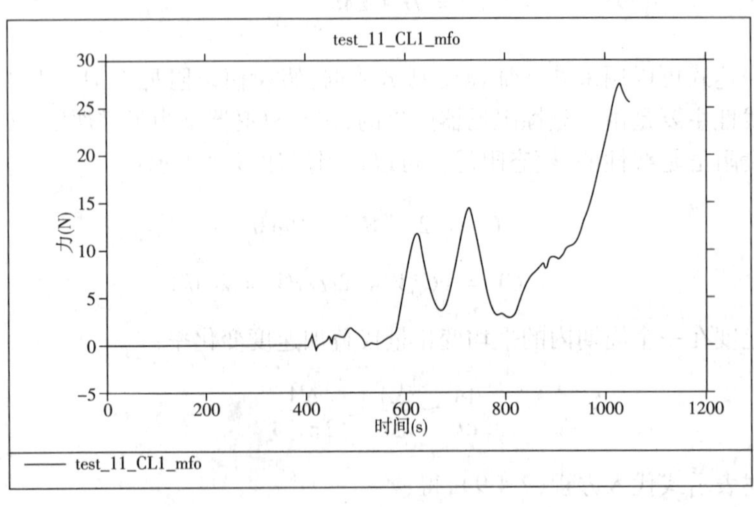

图 2-4-9　典型的侧向模态力

3. 行人脚步动荷载的模态力与结构响应的关系

把模态力作为纵坐标、响应作为横坐标画曲线，该曲线可以研究侧向力与结构响应相关的假设。模态力除以振型的均方根转换为物理力（当振型函数为正弦曲线且全跨加载时均方根为 $1/\sqrt{2}$）。模态加速度乘以某一位置的同一振型系数可以转换为该处的物理速度。相关单人物理力与桥梁某处物理速度的典型曲线如图 2-4-10、图 2-4-11 所示。图中标出了每个周期内的各点数据，振型 CV5（中跨竖向第 5 阶）和 CL1 的周期分别为 0.52s 和 2.0s。

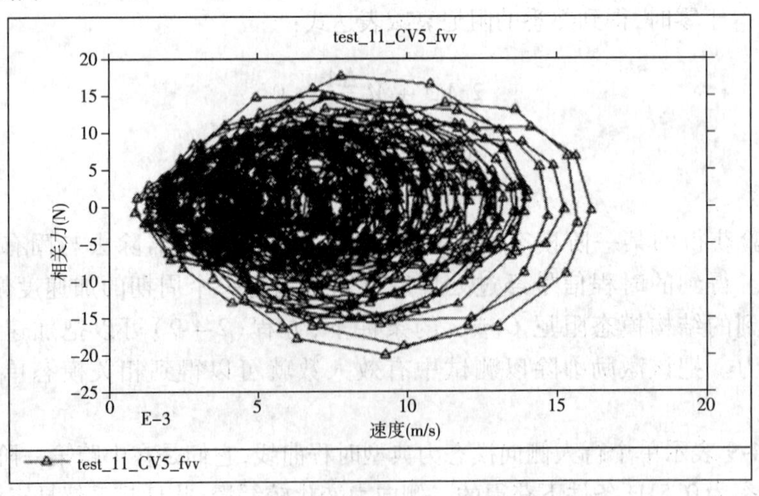

图 2-4-10　典型的竖向力与速度

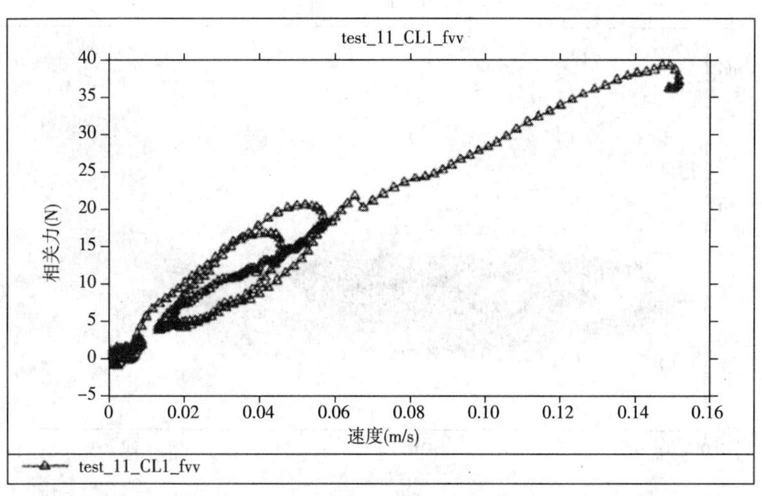

图 2-4-11 典型的侧向力与速度

两条曲线之间的差别是明显的。竖向力与桥梁响应不相关。而侧向力与响应几乎一直成线性关系。整个过程中侧向力与响应都是相关的,侧向力从 20N 增加到 40N 大约用了 60s。

图 2-4-12 和图 2-4-13 进一步说明了竖向力与侧向力特性之间的区别,给出了 CV5 和 CL1 的所有试验数据。相关性可以用相关系数来定量描述:

$$\rho_{xy} = \frac{E[(x - m_x)(y - m_x)]}{\sigma_x \sigma_y}$$

相关系数对于竖向力数据是没有意义的,在 ±0.025 之间变化。侧向力数据相关系数在 0.34~0.73 之间变化,其中,较大值出现在加速度较大的测试中。

千禧桥提供的数据中没有证据表明行人产生的竖向力不是随机分布,而侧向力与桥梁的侧向振动强烈相关。对这一差别可能的解释是,行人在侧向的稳定性没有竖向的好,使得对侧向振动更敏感,并且当行人遇到侧向振动时,他们会改变行走方式。

然而把它看作一个一般的结论时应当谨慎。千禧桥的问题是侧向振动而不是竖向振动。如图 2-4-12、图 2-4-13 所示,测试的竖向加速度约为 35‰·g,满足竖向舒适度要求。而侧向加速度有时超过 20‰~40‰·g 这一舒适度范围。更大的竖向加速度可能会增加竖向力的相关性。

4. 锁定状态下的行人横向脚步力荷载模型

已经确定了引起侧向振动的模态力,考虑行人怎样引起侧向振动是很有意义的。行人产生竖向、侧向和扭转力,三者都对桥梁产生作用。每迈出一步产生一个竖向力,

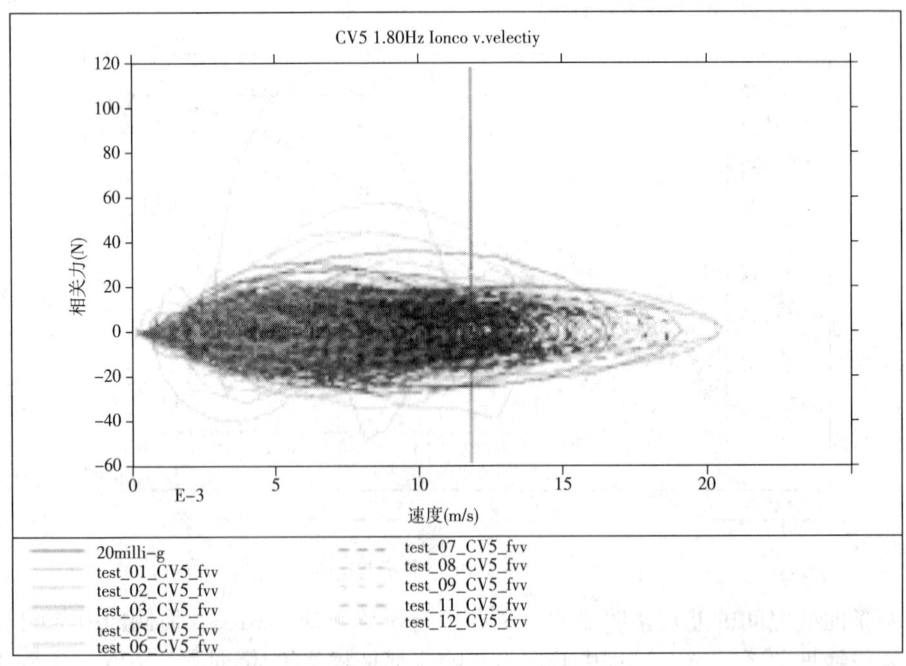

图 2-4-12　竖向力与速度（CV5 所有数据）

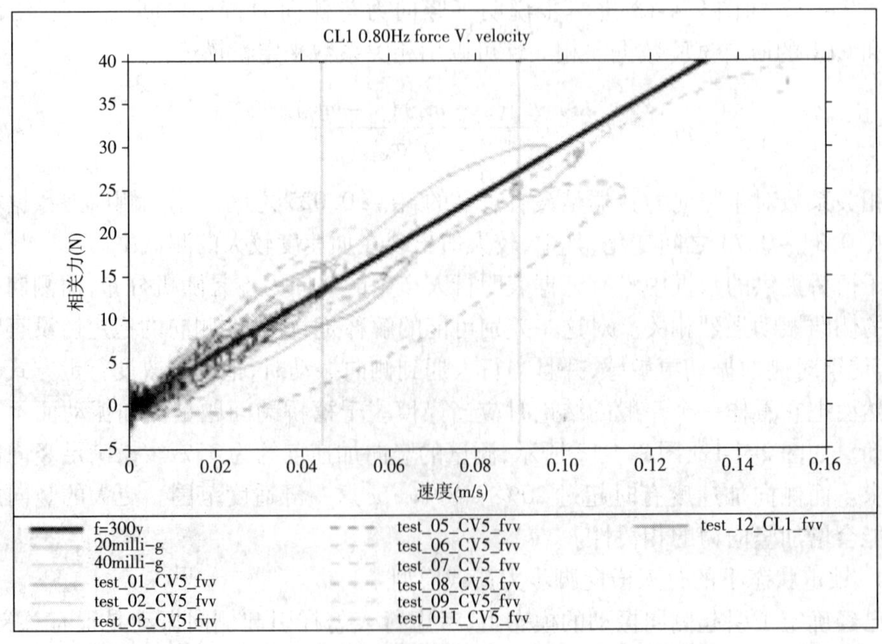

图 2-4-13　侧向力与速度（CL1 所有数据）

典型频率约为2.0Hz。千禧桥的侧向和扭转耦合使得竖向力可能激起侧向振动。关心的是频率在0.5～1.0Hz之间的振型，太低的话也不能被频率为2.0Hz的竖向力激起振动。

侧向力和扭矩都是由交替变化的步行力产生的。它们的频率为步频的一半，有着类似的相位和相关程度。侧向力和扭矩都与步长成一定的比例关系。因此，通过利用相关振型的侧向和扭转分量能够估计侧向力和扭矩的相对贡献。扭矩增加了南跨的一阶侧向振型的响应，南跨有最大的扭矩耦合，达到11%。中跨和北跨的一阶侧向振型分别增加6%和3%。目前为止，可以断定侧向力是最重要的。

本次研究的主要目的是提供解决千禧桥振动问题所需要的数据。下文描述的侧向力求解理论，虽然所提到的大部分知识适用于其他桥梁，但是求解方法却是只适合千禧桥。讨论一般方法（见后）的一节解释了它为什么对其他桥梁不是合理的近似和在普通的设计方法中需要考虑其他什么因素。

千禧桥上的测试表明行人产生的侧向力与桥梁响应近似成比例关系。据此Dallard等人提出，侧向力与所处位置的结构横向振动速度成正比，可以通过一个侧向步行力系数和局部速度V_{local}来表示：

$$\alpha F_1 = kV_{local}$$

该测试表明频率在0.5～1.0Hz范围内，k近似为300Ns/m。第i个行人对模态力贡献为$\phi_i \alpha F_1$且所处位置速度与模态速度之间关系为：

$$V_{local} = \phi_i V$$

因此，第i个人对模态力的贡献为：

$$\phi_i \alpha F_1 = \phi_i k V_{local} = \phi_i^2 kV$$

整跨n个行人产生的模态激励力为：

$$F_e = \sum_{i=1}^{i=N} (\phi_i^2 kV) = kV \sum_{i=1}^{i=N} (\phi_i^2) \tag{2-4-10}$$

参考文献

[2-1] Harper F. C., Warlow, W. J., Clarke, B. L.. The forces applied to the floor by the foot in walking. National Building Studies. Research Paper 32. Department of Scientific and Industrial Research. Building Research Station. London, 1961.

[2-2] Harper F. C.. The mechanics of walking. Research Applied in Industry, 1962, 15(1): 23-28.

[2-3] Andriacchi T. P., Ogle J. A. and Galante J. O.. Walking speed as a basis for normal and abnormal gait measurement. Journal of Biomechanics, 1977, 10: 261-268.

[2-4] Ebrahimpour A., Hamam A., Sack R. L., Patten W. N.. Measuring and modeling dynamic loads imposed by moving crowds. Journal of Structural Engineering, ASCE, 1996, 122(12): 1468-1474.

[2-5] Zoltowski K., Zoltowski P.. Dynamic analysis of pedestrian bridges with FEM and CFD. SoFiStik Seminar Lectures, 2005.

[2-6] Nakamura S., Kawasaki T., Katsuura H., and Yokoyama K.. Experimental studies on lateral forces induced by pedestrians. Journal of Constructional Steel Research, 2008, 64: 247-252.

[2-7] Ricciardelli F., Pizzimenti A. D.. Lateral walking-induced forces on footbridges. Journal of Bridge Engineering, ASCE, 12(6): 677-688.

[2-8] Leonard D.. Human tolerance levels for bridge vibrations. TRRL Report No. 34. Road Research Laboratory, 1996.

[2-9] Kerr S., Bishop N. Human induced loading on flexible staircases. Engineering Structures, 2001, 23(1):37-45

[2-10] Matsumoto Y., Nishioka T.. A Study on design of pedestrian over-bridges. Transcations of JSCE, 1972, 50-51.

[2-11] Matsumoto Y., Sato S., Nishioka T. and Matsuzaki K. Dynamic design of footbridges, IABSE Proceedings, 1978, 1-15.

[2-12] Bachmann H.. Vibration Problems in Structures: Practical Guidelines. Basel. Bri – khauser Verlag, 1995.

[2-13] Pachhi A. and Ji T.. Frequency and velocity of people walking. The Structure Engineer, 2005, 83(3): 36-40.

[2-14] Galbraith F., Barton M.. Ground loading from footsteps. Journal of the Acoustic Society of America, 1970, 48(5): 1288-1292

[2-15] Young P.. Improved floor vibration prediction methodologies. ARUP Vibration Seminar, October 4, 2001.

[2-16] Zivanovic S., Pavic A., Reynolds P.. Vibration serviceability of footbridges under human-induced excitation a literature review. Journal of Sound and Vibration, 2005, 279:1-74.

[2-17] Blanco C. M. , et al. Structural dynamic design of a footbridge under pedestrian loading. 9th SAMTECH User Conference 2005.

[2-18] Petersen C. . Dynamik der baukonstruktionen. vierveg. braunschweig/Wiesbaden, 1996.

[2-19] Zivanovic S. , Pavic A. , Reynolds P. . Probability-based prediction of multi-mode vibration response to walking excitation. Engineering Structures, 2007, 29: 942-954.

[2-20] Matsumoto Y. , Nishioka, T. , Shiojiri, H. , Matsuzaki, K. . Dynamic design of footbridges. IABSE Proceedings, No. P-17/78, 1978, pp. 1-15.

[2-21] Bachmann H. , Ammann W. . Vibrations in Structures-Induced by Man and Machines. Structural Engineering Documents. Vol. 3e. IABSE. Zürich, 1987.

[2-22] Sétra. Assessment of Vibrational Behavior of Footbridges under Pedestrian Loading, 2006.

[2-23] EN03. Design of Footbridge. Background Document.

[2-24] Fujino Y. , Pacheco B. M. , Nakamura S. . Synchronization of human walking observed during lateral vibration of a congested pedestrian bridge. Earthquake Engineering and Structural Dynamics,1993,22: 741-758.

[2-25] Brownjohn J. M. W. , Fok P. , Roche M. , and Omenzetter P. . Long span steel pedestrian bridge at Singapore Changi Airport-part 1: prediction of vibration serviceability problems. The Structural Engineer, 2004, 29: 22-27

[2-26] Brownjohn J. M. W. , Fok P. , Roche M. , and Omenzetter P. . Long span steel pedestrian bridge at Singapore Changi Airport-part 2: crowd loading tests and vibration mitigation measures. The Structural Engineer, 2004, 29: 28-34

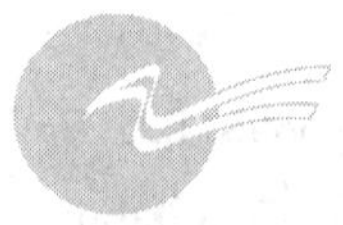

第三章　行人激励的桥梁结构振动

3.1　人行桥结构的动力特性

3.1.1　结构动力有限元方法

现代结构的动力设计已普遍采用结构动力有限元法。选择合适的单元构造全桥结构有限元模型，引入正确的边界条件和材料参数后，就可以由标准程序形成结构的 n 个自由度振动方程：

$$M\ddot{u} + C\dot{u} + Ku = F(t) \tag{3-1-1}$$

式中 M、C、K 分别为 $n \times n$ 阶的质量、阻尼和刚度矩阵。$\ddot{u}$、$\dot{u}$、u 分别为节点自由度的加速度、速度和位移，它们是 n 阶列向量，并且是时间的函数。$F(t)$ 是节点等效荷载向量，它也是一个 n 阶的列向量。如果 $F(t)$ 是已知的时间函数。那么可以由式(3-1-1)求得结构在任意时刻的响应 $\ddot{u}(t)$、$\dot{u}(t)$、$u(t)$。由于结构的阻尼是一个至今不能事先测定的参数，因此通常假定阻尼矩阵为 $\alpha M + \beta K$ 的形式，详见结构动力学教程[3-1,3-2]。如果在结构中引入减振元件，如阻尼器，TMD 等，则相应元件的质量、阻尼、刚度应计入相应的总体矩阵中去。

动力设计的第一步是计算设计方案的固有模态的频率和振型。由于现有工程材料本身阻尼都很小，因此可取阻尼值 C 为零矩阵。按自由振动方程：

$$M\ddot{u} + Ku = 0 \tag{3-1-2}$$

计算出结构前 n 阶模态的固有频率 f_i 和振型向量 φ_i（$i = 1, 2, \cdots, n$，φ_i 是 n 阶列向量）。对于大跨度人行桥，至少应计算出固有频率在 3 ~ 5Hz 以下的全部模态，然后重点考察其中以主梁振动为主的模态。

由于人行桥振动时一般有明显的某一阶模态特征，因此常采用模态法来评估人行桥对某一阶模态的响应。设可能发生振动的模态固有频率为f,振型为φ,振型的阻尼比为ζ(可以参照同类已有桥梁的实测值或规范建议值来假定)。模态法用一个单自由度广义位移$\theta(t)$来近似表示位移向量u,即

$$u = \varphi \cdot \theta \tag{3-1-3}$$

代入式(3-1-1),再左乘φ^T(φ向量的转置),可导出关于θ的单自由度振动方程:

$$M^* \cdot \ddot{\theta} + 4\pi f M^* \zeta \dot{\theta} + K^* \theta = F^* \tag{3-1-4}$$

式中:$M^* = \varphi^T M \varphi$;

$K^* = (2\pi f)^2 \cdot M^*$;

$F^* = \varphi^T F$;

M^*、K^*、F^*分别称为第i阶模态在振型函数φ_i下的等效质量、等效刚度和等效模态力荷载。

式(3-1-4)是单自由度振动方程,由它计算出广义位移$\theta(t)$后,代入式(3-1-3)就可以得到全桥结构所有节点在这一阶模态下振动时的响应,这就是模态法求解的全过程。

振型向量φ可以有多种形式,它们之间只相差一个常数乘子。如果某一振型以主梁振动为主,且选φ中各分量的最大值为1,那么由式(3-1-3)不难看出,模态广义位移$\theta(t)$的值正好等于全梁振动中的最大值,$\ddot{\theta}(t)$、$\dot{\theta}(t)$也是如此。因此我们在人行桥动力设计中通常取分量最大值为1的振型向量为φ。并由它计算相应的等效质量和刚度。这时等效刚度也近似等于在最大位移处加一个集中力时该处的刚度[近似程度取决于振型$\varphi(x)$和集中力作用下挠度$v(x)$的相似程度]。为了证明这一点,可以举一个简支梁例子,它的挠度和模态都可以用解析法求出,更便于分析。

图3-1-1中,简支梁截面刚度为EI,单位长质量为ρA,梁长为L,由结构力学不难证明,一阶模态的固有频率和振型分别为:

$$f = \frac{\pi}{2L^2}\sqrt{\frac{EI}{\rho A}}$$

$$\varphi(x) = \sin\frac{\pi x}{L}$$

此外,$\varphi(x)$已取最大位移为1(跨中$L/2$处)。

那么:

$$M^* = \int_0^l \rho A \varphi^2(x)\,\mathrm{d}x = \frac{\rho A L}{2}$$

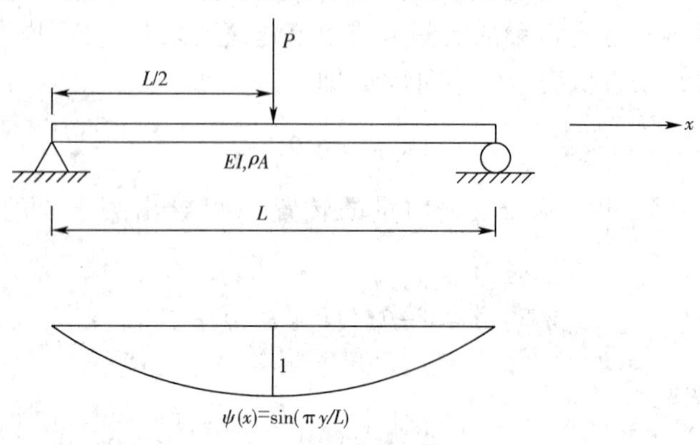

图 3-1-1　简支梁的跨中刚度与等效

$$K^{*}=(2\pi f)^{2}\cdot M^{*}=\frac{\pi^{4}}{L^{4}}\cdot\frac{EI}{\rho A}\cdot\frac{\rho AL}{2}=\frac{\pi^{4}}{2}\cdot\frac{EI}{L^{3}}=48.7\frac{EI}{L^{3}}$$

另一方面，由材料力学可计算出在简支梁跨中作用一个集中力 P 的挠度曲线为：

$$v(x)=\frac{Px}{48EI}(3L^{2}-4x^{2})=\frac{PL^{3}}{48EI}(3\frac{x}{L}-4\frac{x^{3}}{L^{3}})$$

最大挠度在跨中 $x=L/2$ 处，为：

$$v_{m}=\frac{PL^{3}}{48EI}$$

于是跨中的等效刚度为：

$$K_{m}=\frac{P}{v_{m}}=48\frac{EI}{L^{3}}$$

由此算出：

$$K^{*}/K_{m}=1.015$$

即 K^{*} 只比 K_{m} 大 0.015 倍。原因在于 $\varphi(x)$ 是正弦曲线，而 $v(x)$ 是 3 次曲线，两者有一点差别但不大。因为振型曲线 $\sin x$ 的幂级数展开前两项正好是 $x-\frac{x^{3}}{3}$。

3.1.2　既有人行桥的动力参数

行人步频是一个窄带随机变量，呈正态分布，均值在 1.8～2.0Hz 之间。如果人行桥的固有频率位于步频及其谐波范围之内，就有可能激发过大的振动。Pimentel[3-3] 等人收集了一些已知有过度振动的人行桥的结构参数和固有频率，见表 3-1-1。

人行桥过度振动的实例 表3-1-1

人行桥描述	动力特性	研究者
两跨钢箱梁斜拉桥，主跨134m;拥挤时发生大的振动	最低侧向频率为0.9Hz	Fujino et al. 1993
钢筋混凝土人行桥;大的侧向振动引起恐慌*	基本侧向频率为1.0Hz	Bachmann 1992
钢箱梁悬索桥，主跨110m，为棱角拱结构;通车时有很强的侧向位移*	最低侧向频率为1.1Hz	Bachmann and Ammann 1987
多跨钢斜拉人行桥，主跨38m*	基本竖向频率为1.80Hz;阻尼比为1.5%	Wheeler 1982
简支梁人行桥，主跨40m	基本竖向频率为1.92Hz;阻尼比为2.2%	Bachmann and Ammann 1987
钢箱梁斜拉桥，主跨48m*	基本竖向频率为1.92Hz	Tilly et al. 1984
35m单跨钢悬索桥，木制桥面板	反对称模态的竖向频率为2.07Hz，正对称模态的竖向频率为2.15Hz	Brownjohn 1997
钢人行桥，主跨48.5m	基本竖向频率为2.09Hz;阻尼比为0.8%	Matsumoto et al. 1978
36m单跨组合(钢/混凝土)箱梁人行桥*	基本竖向频率为2.23Hz;阻尼比为0.5%	Eyre and Cullington 1985
34m单跨预应力混凝土箱梁人行桥*	基本竖向频率为2.30Hz	Bachmann and Ammann 1987
钢立交桥，主跨43.3m	基本竖向频率为2.40Hz	Pan 1992
三跨连续梁钢人行桥，中跨25m*	基本竖向频率为1.46Hz;阻尼比为0.25%	Bachmann 1992
钢梁人行桥;交通高峰时出现明显的竖向振动	基本竖向频率为4.0Hz	Bachmann 1992

*采取了减振措施的桥梁。

表中除一座桥的竖向基频为4Hz外，其余都在3Hz以下。表中还标注了已采取减振措施的桥。有些研究者认为，竖向频率高于3~5Hz的桥，才不至于存在过度竖向振动的危险，对于水平振动，则应高于1.2Hz。因此，掌握人行桥的动力参数，是人行桥动力设计的一件极为重要的事情。

（一）基频与跨度的关系

Dallard[3-4]曾经收集了不同跨度的桥的基频值，将它们绘制成桥梁跨度与基频的关系图，并将伦敦千禧桥的基频与它们做了比较，见图3-1-2。

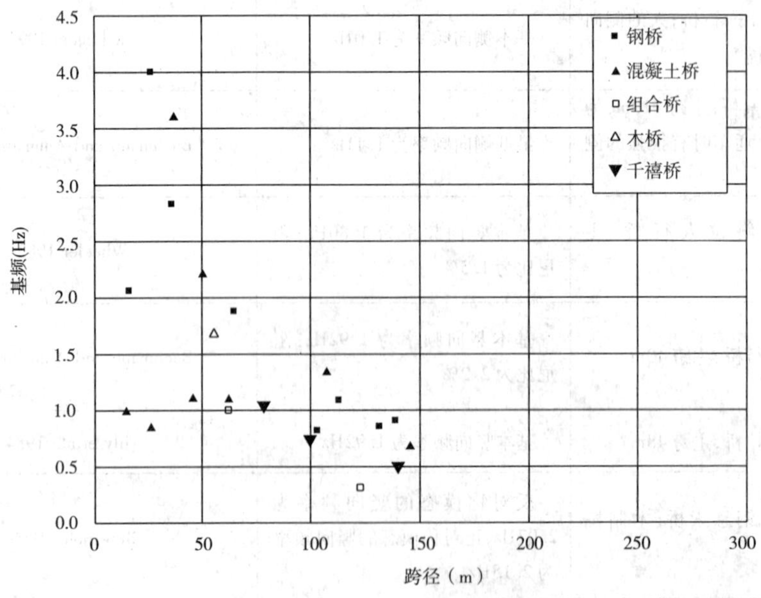

图3-1-2 人行桥跨度与频率的关系

他的结论是基频基本上由跨度决定，与结构形式关系不大。由图中可见，跨度大于50m的桥，其基频都小于2.0Hz。实际上，Bachmann[3-5]早在1995年就有相同的结论，他依据67座人行桥的资料拟合出了基频与跨长的关系式如下：

混凝土桥：

$$f_1 = 39L^{-0.77} \tag{3-1-5}$$

钢桥：

$$f_1 = 35L^{-0.73} \tag{3-1-6}$$

显然这些公式不能代替设计计算，但作为基频的一个估计值还是有一定参考作用的。如果将频率提高到2倍，刚度必须提高到4倍，而且刚度提高必然多用材料，导致质量增加。因此，实际上刚度提高要大于4倍才能达到频率提高一倍的目的。由此可见，要求大跨度人行桥的竖向基频高于3Hz，横向高于1.2Hz，将是一件很难也很不经济的事情。人行桥宽度小，横向振动基频更是随跨度增加而急剧下降。

依据上述分析，从动力性能的角度也可将人行桥大致按跨度分为小、中、大跨度人行桥，如表 3-1-2 所示。

人行桥按动力性能的分类　　表 3-1-2

跨径类型	小跨径	中等跨径	大跨径
基频	>3Hz	2～3Hz	<2Hz
跨径大小	一般在 30m 以下	一般在 50m 以下	大于 50m
动力设计要求	无要求	应作动力验算	应作动力验算并考虑减振措施

（二）刚度

Bachmann[3-5]还研究了桥梁刚度与竖向振动的关系。如果人行桥在主跨跨中的竖向刚度低于 8kN/mm（即在主跨中施加 8kN 的集中力，此处的挠度值为 1mm），竖向振动的加速度幅值可能会超过 $0.7m/s^2$，而令人感觉不安全。笔者从若干文献中收集到几个大跨径人行桥的主跨跨中刚度值，列于表 3-1-3。

人行桥的主跨中竖向刚度　　表 3-1-3

桥名	桥型	主跨长（m）	桥宽（m）	主跨中竖向刚度（kN/mm）
比利时 College 桥[3-6]	S 型悬索桥	86.0	—	1.7
葡萄牙 Coimbra 桥[3-7]	梁拱混合折线桥	100.0	4.0	4.0
新加坡樟宜机场人行桥[3-8]	变高度上承式拱桥	140.0	7.6（跨中）	23.0
我国某桥设计方案*	单索面曲线斜拉桥	200.0	6.0	6.4

*在建。

表中只有新加坡机场桥的竖向刚度超过 8KN/mm，但该桥仍存在横向振动问题。

（三）质量

人行桥宽度一般在 2～5m，钢结构桥的质量约在 2000～4000kg/m 之间。新加坡机场桥桥面较宽，主结构跨中宽 7.6m，拱脚宽 1.2m。因此达到 6500kg/m 的质量。从若干桥的设计数据来看，承重的主结构钢材质量约为全桥总质量的一半。

（四）阻尼

阻尼是人行桥振动特征的一个重要因素，阻尼越大，则振动幅度越小。阻尼的机理也很复杂，需要不同的数学模型来表达，如黏滞阻尼，库仑阻尼等。目前常用的方法是假定结构具有黏滞阻尼，即阻尼力与结构速度成正比。实际结构的阻尼通常按模态来表达，称为模态阻尼比，用 ζ 来表示。现有研究表明，模态阻尼比主要与材料有关，焊接钢结构的阻尼比最小，混凝土结构最大。此外，单跨桥的阻尼比一般大于多跨桥。阻尼比还是一个与振幅相关的量，振幅大，阻尼比也会增大，这是材料阻尼随振幅增加而增加的反映。此外，还观察到高阶模态的阻尼比，一般高于低阶模态。表 3-1-4 列出了若干人行桥实测的模态阻尼比值[3-9]。依据实测数据，Bachmann[3-10]建议新桥动力设计时可按表 3-1-5 假定振型阻尼比。

部分人行桥的测量阻尼比（垂直向 ζ_v，水平向 ζ_h 和扭转 ζ_t） 表 3-1-4

作者	桥型	主跨(m)	梁	板	ζ_v(%)	ζ_h(%)	ζ_t(%)	判断方法
Gardner-Morse and Huston	斜拉	54.9	钢	木薄板	0.53/0.22	—	0.46/0.36	曲线拟合
Brownjohn et al.	悬索	50	钢	混凝土板	2.68/0.50	1.00/0.70	0.84^a/0.50	曲线拟合
Brownjohn	悬索	35	钢	木材	1.0/1.0	高^b	2.4^b/1.4^b	起跳后自由衰减
Cantieni and Pietrzko	连续空间框架	54	木	—	1.4/1.3	2.9/2.1^c	1.4	曲线拟合
Pimentel	预应力曲线梁	19.9	钢	混凝土	0.73&(0.40)[0.53]/0.65	—	—	曲线拟合和步行（弹跳）后自由衰减
Pimentel	预应力带状	34	—	预应力混凝土	0.56(0.65)/0.64(1.02)	—	—	步行（起跳）后自由衰减
Pimentel	斜拉	63	—	玻璃纤维加强	0.84/0.94	—	—	弹跳后自由衰减
Pavic and Reynolds	预应力带状	34	—	预应力混凝土	0.53/0.65	—	0.50/0.60	曲线拟合
Pavic et al.	悬索	144	钢	铝板	—	0.76/1.30	—	曲线拟合
Hamm	框架	68	木和钢	—	1.2(0.8~1.35)	—	—	半功率带宽
Caetano and Cunha	预应力带状	30	—	混凝土	1.7/3.6^d	—	—	腾空后自由衰减
Fletcher and Parker	多次斜拉	53	—	钢筋混凝土	0.40(0.51)/0.21(0.41)	0.44^b	—	自由衰减（曲线拟合）

注：测量的阻尼值不止一组时，取平均值；

a 表示半功率带宽；b 表示没有说明判断方法；c 表示与垂直向运动耦合；d 表示由于两组模态分布较密集，其识别方法不甚明确。

人行桥阻尼比的初步值　　表 3-1-5

结构形式	阻尼比 ζ(%)		
	最小值	平均值	最大值
钢筋混凝土	0.8	1.3	2.0
预应力混凝土	0.5	1.0	1.7
组合结构	0.3	0.6	—
钢	0.2	0.4	—

(五)人行桥动力参数的现场测量

目前,测量大型桥梁结构的频率、振型和模态阻尼比的技术已相当成熟。这主要归功于计算机技术,传感器技术和系统参数识别理论的进步。原则上讲,所有的结构振动测量方法都适用于人行桥。由于人行桥的质量相对公路桥和铁路桥要小得多,因此更宜于采用较为精确的激振法。依据新加坡机场桥的实例经验,低阶模态采用行人激振(走、跳跃、摇晃)非常有效。高阶模态则最好用激振器逐个频率激振。感兴趣的读者,可以参阅专门的结构振动测量的文献。

3.1.3　单自由度振动理论的相关知识

由于现有的人行桥动力设计指南都是按人行桥模态逐个检算,每阶模态振动化成一个单自由度振动问题。因此,这里不加推导地介绍单自由度振动理论的相关知识,方便读者阅读以后章节。

设图 3-1-3 表示的单自由度(SDOF)振动系统质量为 M,刚度为 K,线性黏滞阻尼系数为 C,激振力为 $P(t)$,则振动位移 $u(t)$ 的运动微分方程为:

$$M\ddot{u} + C\dot{u} + Ku = P \tag{3-1-7}$$

定义结构固有频率:

$$\omega^2 = \frac{K}{M} \tag{3-1-8}$$

结构临界阻尼:

$$C_{cr} = 2\sqrt{KM} \tag{3-1-9}$$

和阻尼比:

$$\xi = \frac{C}{C_{cr}} \tag{3-1-10}$$

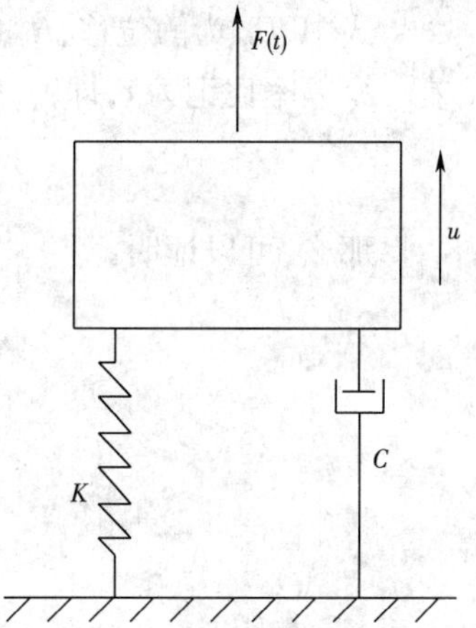

图 3-1-3　单自由度振动系统

可以将式(3-1-7)化为:

$$\ddot{u} + 2\xi\omega\dot{u} + \omega^2 u = \frac{P}{M} \tag{3-1-11}$$

当结构阻尼比 $\xi<1$,且激振力 $P\equiv0$ 时,SDOF 系统作自由衰减振动。这时振动频率 ω_d 较固有频率 ω 略有下降,两者关系为:

在不为零的初始条件 u_0 和 $\dot{u}_0$ 下:

$$\omega_d=\sqrt{1-\xi^2}\omega=\omega \qquad (\text{当}\ \xi\ll1\ \text{时}) \tag{3-1-12}$$

自有衰减振动响应为:

$$\begin{aligned} u(t)&=e^{-\xi\omega t}\left[u_0\cos\omega_d t+\frac{\dot{u}_0+\xi\omega u_0}{\omega_d}\cdot\sin\omega_d t\right]\\ &=Ue^{-\xi\omega t}\cos(\omega_d t-\psi) \end{aligned} \tag{3-1-13}$$

式中:

$$U=u_0{}^2+\left(\frac{\dot{u}_0+\xi\omega u_0}{\omega_d}\right)^2=u_0{}^2+\left(\frac{\dot{u}_0}{\omega_d}\right)^2 \qquad (\text{当}\ \xi\ll1\ \text{时}) \tag{3-1-14}$$

$$\tan\psi=\frac{\dot{u}_0+\xi\omega u_0}{\omega_d u_0} \tag{3-1-15}$$

由式(3-1-13)可见,振幅按因子 $e^{-\xi\omega t}$ 随时间很快衰减,U 是最大位移,ψ 是自由振动的初位相。

当 $\xi<1$,且 $P(t)=P\cdot\cos\Omega t$ 时,称为结构在简谐荷载作用下的强迫振动。一般只考虑结构进入稳定振动状态的情况,因为因初始条件形成的自由振动会很快衰减。

简谐激励下 SDOF 系统结构振动响应可以由式(3-1-7)导出:

$$u=U_0\cdot\overline{H}\cdot\cos(\Omega t-\psi) \tag{3-1-16}$$

式中,U_0 为静位移,$\overline{H}$ 称为稳态放大系数,ψ 是响应 $u(t)$ 相对激励力 $P(t)$ 的相位差。令频率比记为 r,即:

$$r=\Omega/\omega \tag{3-1-17}$$

那么,可以证明:

$$U_0=\frac{P}{k} \tag{3-1-18}$$

$$\overline{H}=\frac{1}{[(1-r^2)^2+(2\xi r)^2]^{\frac{1}{2}}} \tag{3-1-19}$$

$$\tan\psi=\frac{2\xi r}{1-r^2} \tag{3-1-20}$$

稳态振动的性质与频率比 r 关系极大。在不同阻尼比下,$\overline{H}$,ψ 随 r 变化的曲线分别称为幅频曲线和相频曲线。如图 3-1-4、图 3-1-5 所示。由图可见,$r=0$ 时,$\overline{H}=1$,此为静力解。$r=1$ 时,$\overline{H}$ 取最大值,此时响应最大。随着 r 增大,相位差 ψ 由 0^0 变为 180^0,$r=1$ 时,$\psi=90°$。

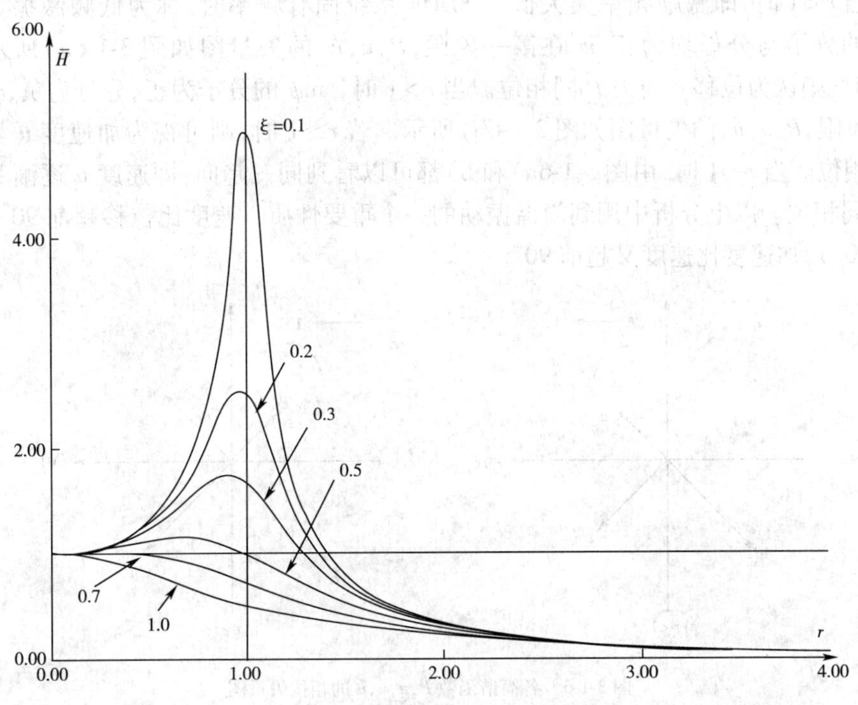

图 3-1-4　简谐激励下 SDOF 系统幅频曲线

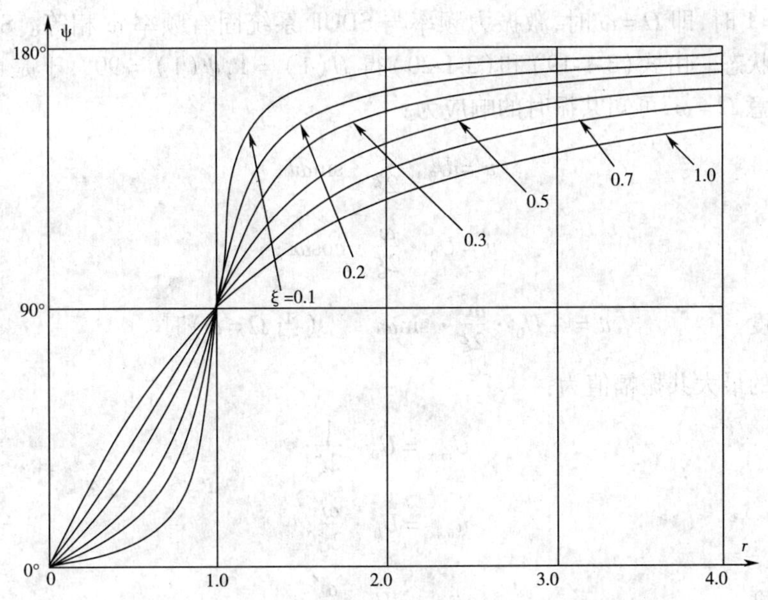

图 3-1-5　简谐激励下 SDOF 系统相频曲线

当 $r<1$ 时，即激励频率大大低于 SDOF 系统固有频率时，称为低频激振。这时 $\tan\psi$ 的分子与分母均为正，ψ 在第一象限，$P,u,\dot{u}$，的矢量图如图 3-1-6a）所示。若 $r\ll1$ 时，则认为位移 u 与力 P 同相位。当 $r>1$ 时，$\tan\psi$ 的分子为正，分母为负，ψ 处于第二象限，$P,u,\dot{u}$，的矢量图如图 3-1-6b）所示。若 $r\gg1$ 时，则可视为加速度 $\ddot{u}$ 与激励力同相位。当 $r\to1$ 时，由图 3-1-6a）和 b）都可以看到同一趋向，即速度 $\dot{u}$ 逐渐和激振力 P 同相位。以上分析中用到简谐振动的一个重要性质。速度比位移超前 90°（即滞后 −90°），加速度比速度又超前 90°。

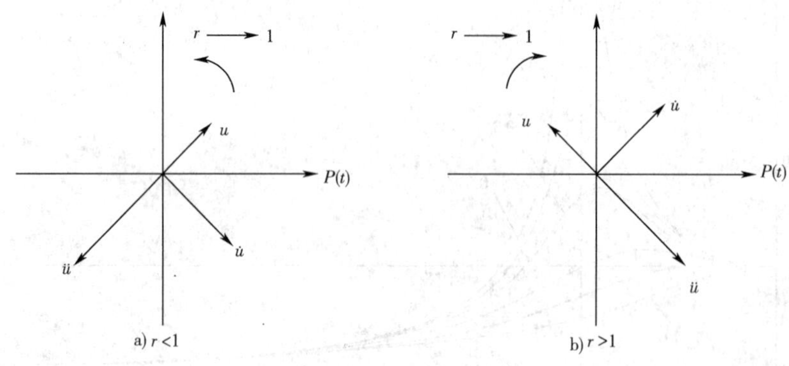

图 3-1-6　各简谐函数 $P,u,\dot{u},\ddot{u}$ 的相位矢量图
（以激励力 P 为基准，逆时针为正的相位差）

当 $r=1$ 时，即 $\Omega=\omega$ 时，激振力频率与 SDOF 系统固有频率 ω 相等。SDOF 系统进入共振状态。由式（3-1-19）和（3-1-20）得 $H(1)=1,\psi(1)=90°$，于是由式（3-1-16），且注意 $\Omega=\omega$，可知共振时的响应为：

位移 $$u=U_0\cdot\frac{1}{2\xi}\cdot\sin\omega t;$$

速度 $$\dot{u}=U_0\cdot\frac{\omega}{2\xi}\cdot\cos\omega t;$$

加速度 $$\ddot{u}=-U_0\cdot\frac{\omega^2}{2\xi}\cdot\sin\omega t\qquad（当\ \Omega=\omega）时\tag{3-1-21}$$

相应的最大共振幅值为：

位移 $$U_{max}=U_0\cdot\frac{1}{2\xi};$$

速度 $$\dot{u}_{max}=U_0\cdot\frac{\omega}{2\xi};$$

加速度 $$\ddot{u}_{max}=U_0\cdot\frac{\omega^2}{2\xi}\tag{3-1-22}$$

由式（3-1-21）再次得到共振时速度与激振力同相的结论。在共振条件 $\Omega=\omega$ 下，激振力可以改写为：

$$P(t)=P\cdot\cos\Omega t=U_0K\cdot\cos\omega t$$

$$=K\cdot\frac{2\xi}{\omega}\cdot\frac{\omega}{2\xi}\cdot U_0\cos\omega t=\frac{2\xi k}{\omega}\dot{u}$$

将上式代入式(3-1-11)有：

$$\ddot{u}+2\xi\omega\dot{u}+\omega^2u=\frac{2\xi k}{m\omega}\dot{u}=2\xi\omega\dot{u}$$

将右边项移到左边有：

$$\ddot{u}+(2\xi\omega-2\xi\omega)\dot{u}+\omega^2u=0$$

上式表明，由于共振时激振力与速度同相，而阻尼力与速度反相，导致 SDOF 系统总的等效阻尼 $2\xi\omega-2\xi\omega=0$，从而系统作无衰减的稳态振动。

在实测人行桥结构的阻尼比时，常用自由振动法和激振法。采用自由振动法时，由振动衰减信号可以计算出：

$$\delta=\frac{1}{n}\cdot\ln\frac{A_k}{A_{k+n}} \tag{3-1-23}$$

这里 A_k 是第 k 个波峰值，A_{k+n}是 $k+n$ 个波峰值。然后由式(3-1-13)可以证明：

$$\xi=\delta/2\pi \tag{3-1-24}$$

激振法是使激振频率逐渐接近结构固有频率以获得共振响应。由相位差 ψ 接近 90^0，判定已进入共振，再利用(3-1-22)反算阻尼比 ξ。

3.2　动力设计的简化分析方法

3.2.1　计算振动最大加速度以评价行人过桥的舒适度

(一)英国 BS5400 规定的方法

英国 BS5400 最早在设计规范中要求验算人行桥在行人动荷载作用下是否满足舒适度要求。限于当时的认识，BS5400 只规定了竖向动荷载下的振动加速度验算方法。2001 年修订后增加了要求验算横向加速度的规定，但没有给出计算方法。规定是基于 Blanchard 等人的研究成果，包含如下要点：

(1)考虑竖向一阶动荷载的作用，动荷载系数取自 Blanchard 测定的常数 0.257，行人标准体重力取为 700N(重 70kg)，于是单人荷载为：

$$F_p(t) = 0.257 \times 700 \cdot \sin(2\pi f_p t) \quad (\mathrm{N})$$
$$= 180\sin(2\pi f_p t) \quad (\mathrm{N}) \tag{3-2-1}$$

一般而言，应计算式(3-2-1)的集中简谐力，以速度 $v_t = 0.9f_p$(m/s)经过全桥时产生的最大加速度。

(2)当行人步频 f_p 与人行桥基频 f_1 一致时产生共振响应，将达到最大加速度。因此取 $f_p = f_1$，验算人行桥响应。

(3)针对三跨以内，总长度不超过 50m，跨径对称布置的等截面连续梁，BS5400 提出了一个简单的最大加速度验算公式，它只需要事先计算出人行桥基频 f_1 和三跨中的静刚度 k_m(N/m)。

$$a_{max} = 4\pi^2 f_1^{\,2} \cdot y \cdot k \cdot \psi \quad (\mathrm{m/s^2}) \tag{3-2-2}$$

式中，y 是标准体重力 700N 在跨中产生的静挠度，显然：$y = \dfrac{700}{k_m}$；k 是结构系数，单跨桥取 1.0，双跨桥取 0.7，三跨桥取 0.6～0.9；ψ 是综合考虑动荷载系数 0.257，共振放大系数$\dfrac{1}{2\xi}$，以及行人沿桥移动作用低于在相同时间内行人在跨中原地踏步(相应于荷载恒作用于主跨中)这一因素后的一个折减系数，按图 3-2-1 的曲线来取值。

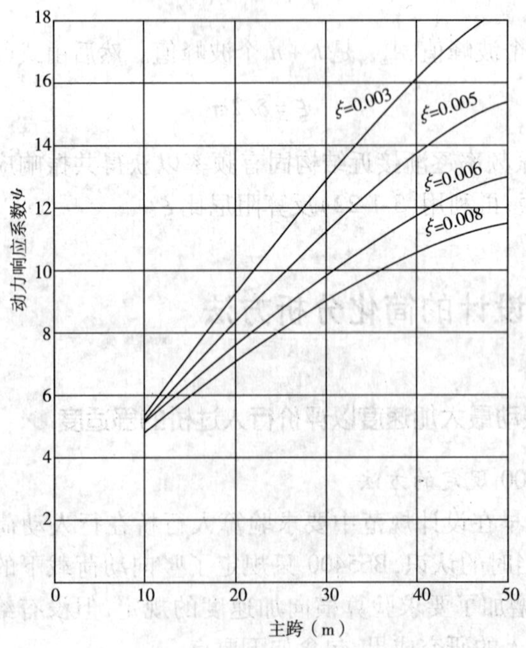

图 3-2-1　与跨径和阻尼比 ξ 相关的动力响应系数 Ψ

(4)由式(3-3-2)计算出的最大加速度应满足如下舒适度要求:

$$a_{\max} \leqslant 0.5 \cdot f_1^{0.5} \quad (\mathrm{m/s^2}) \tag{3-2-3}$$

如不满足,则应修改结构设计或增加减振措施。由上述计算过程可以看出,BS5400 只是验算单人过桥的舒适度。

算例 3-2-1　设有一个简支钢箱梁人行桥(图 3-2-2),桥长 $L=36\mathrm{m}$,桥面宽度 $B=3\mathrm{m}$,质量为 $\rho A=1500\mathrm{kg/m}$,阻尼比为 0.005。钢箱梁截面如图所示。上下板厚 12mm,腹板厚 20mm,不考虑加劲肋作用的抗弯惯性矩为 $0.0164\mathrm{m}^4$。

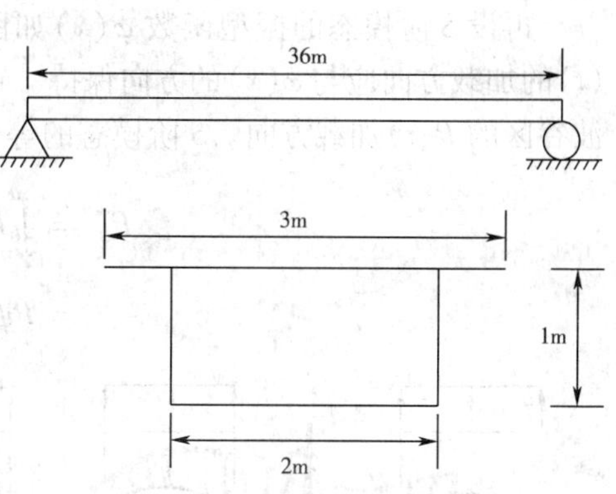

图 3-2-2　简支钢箱梁人行桥截面图

取 $E=210\mathrm{GPa}$,可以算出:

$$f_1=\frac{1}{2\pi}\cdot\frac{\pi^2}{L^2}\sqrt{\frac{EI}{\rho A}}=1.83 \quad (\mathrm{Hz}) \quad (<3\mathrm{Hz})$$

$$k_m=\frac{48EI}{L^3}=3.543\mathrm{kN/m}=3.5 \quad (\mathrm{kN/mm}) \quad (<8\mathrm{kN/mm})$$

$$y=\frac{700}{k_m}=0.19\mathrm{mm}$$

查图得,当 $\xi=0.005, L=30$ 时:

$$\psi=130, k=1$$

于是:

$$a_{\max}=4\pi^2 f_1^{\,2}\cdot y\cdot k\cdot\psi=0.326(\mathrm{m/s^2}) < 0.5 f_1^{0.5}=0.81 \quad (\mathrm{m/s^2})$$

满足舒适度要求。

本例虽然桥的基频略小于 3Hz,跨中刚度小于 8kN/mm,但仍可满足 BS5400 的单人竖向舒适度要求。注意,BS5400 没有规定人群荷载下的验算方法。

(二)德国人行桥设计指南(EN03—2007)规定的方法

法国 Setra 2006 的人行桥动力设计指南与德国人行桥设计指南 EN03(以下简称 EN03)的规定基本相同。本节介绍 EN03 计算最大加速度响应的方法。EN03 方法的基本原则是逐个振型(竖向或横向)计算它在规定的行人密度或行人数 n 下的最大加速度响应。如果这些振型的频率正好在图 2-3-1 规定的范围之内,即竖向一阶在 1.25 ~ 2.3Hz,二阶在 2.5 ~ 4.5Hz,横向一阶在 0.5 ~ 1.2Hz 以内,那么每个振型下的最大加速度响应都应在舒适度容许值范围之内。

设 S 阶模态频率 f_S 正好在规定范围内,那么在规定的行人密度下,产生最大加速度的等效均布荷载为:

$$P(t) = P\cos(2\pi f_S t) \cdot \psi \cdot n' \tag{3-2-4}$$

式中，n'的计算见式(2-4-7)或式(2-4-8)，其余各个量的规定见式(2-3-4)。

再设 S 阶模态的振型函数 $\varphi(x)$ 如图 3-2-3 所示。按 2.4 节介绍的等效原理，$P(t)$的加载方向应与 $\varphi(x)$ 的方向保持一致。图 3-2-3 中按此原理标出了每一段波峰和波谷区的 $P(t)$ 加载方向。S 阶模态的等效模态力幅值为：

$$\begin{aligned} P_S^* &= \int_0^L P \cdot |\varphi(x)| \mathrm{d}x \\ &= P\psi n' \int_0^L |\varphi(x)| \mathrm{d}x \end{aligned} \tag{3-2-5}$$

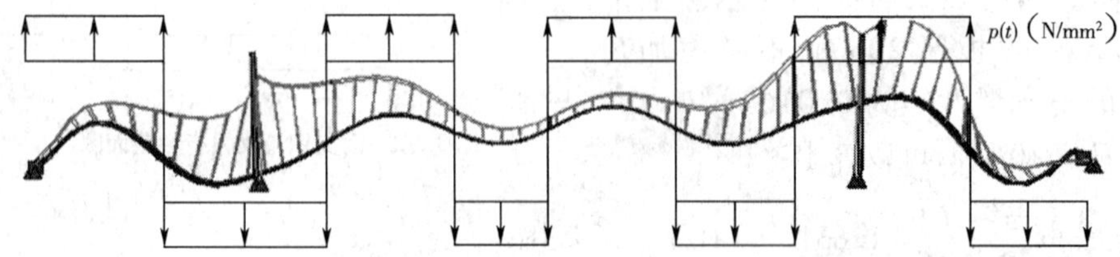

图 3-2-3　S 阶模态的振型函数 $\varphi(x)$

又设 S 阶模态的等效质量为 M^*，阻尼比为 ξ。于是由单自由度简谐荷载下的共振幅值计算方法可以得到最大加速度响应为：

$$a_{\max} = \frac{P_s^*}{M^*} \cdot \frac{1}{2\xi} \tag{3-2-6}$$

在设计阶段，以上诸式中 S 阶模态的频率 f_S，振型 $\varphi(x)$ 和等效质量 M^* 通常由设计方案有限元模型的动力特性分析得到。阻尼比可参考表 3-1-4 选取。值得注意的是 EN03 规定的方法对竖向和横向振动都适用，只要 $P(t)$ 按不同方向取值就可以了。EN03 是一个考虑了群体效应的指南，它与 BS5400 的差别可由下例看出。

算例 3-2-2　仍取算例 3-2-1 的同一人行桥计算，并设桥上行人密度为 0.5N/m² 的低密度人群，于是桥上总人数为 $n = 0.5 \times 3 \times 36 = 54$ 人。由简支梁的振动理论可知，一阶竖向模态：$f_1 = 1.83\text{Hz}$，$\varphi_1(x) = \sin\left(\frac{\pi x}{L}\right)$，$\varphi_{\max} = \varphi\left(\frac{L}{2}\right) = 1$，$M_1^* = \int_0^L \rho A \cdot \varphi^2(x)\mathrm{d}x = 1500 \times \frac{L}{2} = 2700\ \text{kg}$。

按式(2-3-4)的规定，可知 $P = 280\text{N}$，$\psi = 1$。

按式(2-4-7)的规定，当人群密度低于 1.0 人/m² 时，等效人群荷载密度为：

$$n' = \frac{10.8 \cdot \sqrt{\zeta \cdot n}}{S} = \frac{10.8 \cdot \sqrt{0.005 \times 54}}{3 \times 36} = 0.052 \qquad (\text{人/m}^2)$$

于是宽度 $B=3\text{m}$ 的单位桥长的等效简谐荷载为：

$$P(t)=280\cos(2\pi f_1 t)\cdot\psi\cdot n'\cdot B=43.55\cos(2\pi f_1 t)\qquad(\text{N/m})$$

一阶模态的等效模态力：

$$P^*=\frac{2}{\pi}\cdot P(t)\cdot L=1001\cos(2\pi f_1 t)\qquad(\text{N})$$

最大加速度响应的幅值为幅值为：

$$a_{1\max}=\frac{P_{\max}^*}{M^*}\cdot\frac{1}{2\xi}=\frac{1001}{27000}\cdot\frac{1}{2\times 0.005}=3.7\qquad(\text{m/s}^2)$$

这已经超过了 EN03 规定的舒适度标准中“不可忍受”的 2.5 m/s^2 的限制(参看下一节)。注意在算例 3-2-1 中,按 BS5400 的单人判据,该桥满足舒适度要求。这就显示出 BS5400 在人群荷载效应方面考虑不足。如果附加减振设施使该桥阻尼比提高到 0.01,则可降低最大加速度响应一倍。如果人群密度大于 1.0 人/m^2,n'的计算不同,其余相同。

由于本桥的第二阶频率为 $f_2=2\times 1.83=3.66\text{Hz}$,也在图 2-3-1 规定的范围内,于是应进一步验算二阶效应。假定阻尼比 $\xi_2=0.005$。

按 EN03 规定,二阶效应时,$P=280\times 0.25=70\text{N}$,$\psi=1$,$n'=0.052$ 人/m^2。于是单位桥长的等效荷载为 $P(t)=10.89\text{N/m}$。

振型函数 $\varphi_2(x)=\sin(\frac{2\pi x}{2})$,如图 3-2-4 所示,具有一个波峰和一个波谷。可以证明,按图示加载后,等效模态力仍为：

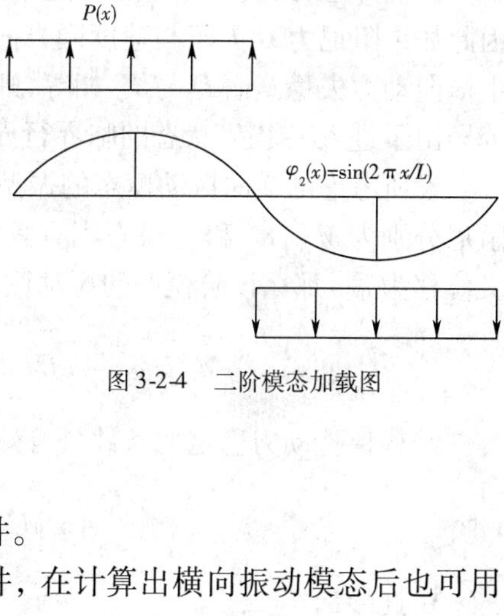

$$P^*=\frac{2}{\pi}\cdot P(t)\cdot L=250.25\qquad(\text{N})$$

$$M^*=\frac{1}{2}\rho AL=27000\qquad(\text{kg})$$

$$a_{2\max}=\frac{P^*}{M^*}\cdot\frac{1}{2\xi}=0.925\qquad(\text{m/s}^2)$$

P(x)

$\varphi_2(x)=\sin(2\pi x/L)$

图 3-2-4 二阶模态加载图

按 EN03 规定,二阶效应可满足中等舒适条件。

如果已知本桥的横向刚度 $I_{横}$ 和横向约束条件,在计算出横向振动模态后也可用上面同样的方法验算横向振动的最大加速度。

对于均质等截面的人行桥,如果其振型函数 $\varphi(x)$ 为正弦函数,模态之间互不耦合,EN03 还规定了一种响应谱方法,可以通过查表计算加速度均方差,进而换算出最大加速度。因其应用不及以上单自由度模态法广泛,就不介绍了,可参加本书附录。

3.2.2 横向动力失稳的"锁定"临界人数验算

在2.4节已经讲到,横向基频低于1.2Hz的桥梁,当桥上人群达到一定数量后,都可能出现横向动力失稳的"锁定"现象。Dallard等人依据伦敦千禧桥的实桥试验资料,提出了一个估计可能出现"锁定"状态的临界行人数的公式。近两年的德、法人行桥设计指南都采用了这一公式。

行人与桥梁横向振动模态同步时,按共振理论,横向脚步力与速度同方向,并成一定比例。设桥上有N个行人,横向振动模态的振型函数为$\varphi(x)$,那么第二章第4节已导出整桥N个行人产生的模态激励力公式:

$$F_e = \sum_{i=1}^{N}(\varphi_i^2 kV) = k\dot{q}\sum_{i=1}^{N}(\varphi_i)^2 \tag{3-2-7}$$

式中,$\dot{q}$为模态广义速度,k为比例因子。由伦敦千禧桥实桥数据整理出的拟合值为:

$$k = 300 \quad (\mathrm{N \cdot s/m}) \tag{3-2-8}$$

φ_i是第i个行人所处x_i点对应的振型函数值,即:

$$\varphi_i = \varphi(x_i) \tag{3-2-9}$$

以上推导详细过程见式(2-4-10)。

我们知道,按线性黏滞阻尼假定,阻尼力D也与速度成正比,但方向与速度相反。因此如果阻尼力D大于与速度同方向的行人脚步力F_e,振动是衰减的。反之,就会发生横向动力失稳。而D与F_e相等,则是动力失稳的临界状态。按照这一思路,Dallard等导出了进入"锁定"状态的临界行人数公式。

设所考虑的横向振动模态的振型函数为$\varphi(x)$,相应的等效质量、等效刚度和模态阻尼分别为M^*,K^*和ξ,模态固有频率为f,模态激励力则由公式(3-2-7)规定,模态广义位移为q。那么该阶模态的振动微分方程为:

$$M^*\ddot{q} + (4\pi f M^* \cdot \xi - k\sum_{i=1}^{N}\varphi_i^2)\dot{q} + K^* q = 0$$

结构保持动力稳定的条件是等效阻尼大于零,即:

$$4\pi f M^* \cdot \xi - k\sum_{i=1}^{N}\varphi_i^2 > 0$$

由此导出:

$$\xi > \frac{k\sum_{i=1}^{N}\varphi_i^2}{4\pi f M^*} \tag{3-2-10}$$

为方便计算，我们可以假定振型函数 $\varphi(x)$ 为正弦曲线，它可以在桥长范围内有多个相等的波峰和波谷（简支梁和多等跨连续梁可以近似满足条件）。那么当 N 个行人均布于桥上时，长 $\mathrm{d}L$ 的桥上的行人数为：

$$\mathrm{d}N = \frac{N}{L}\mathrm{d}L$$

由此可以近似计算出：

$$\sum_{i=1}^{N}\varphi_i^2 = \int_0^N \varphi^2(x)\mathrm{d}N = \frac{N}{L}\int_0^N \varphi^2(x)\mathrm{d}L = \frac{N}{2}$$

将此结果代入式(3-2-10)有：

$$\xi > \frac{k \cdot N}{8\pi f M^*} \tag{3-2-11}$$

或者：

$$N < \frac{8\pi f M^* \xi}{k} \tag{3-2-12}$$

式(3-2-11)可以用于已知人数 N 的条件下，确定人行桥所需要的结构横向模态阻尼比 ξ，常用于减振设计。而式(3-2-12)则可导出结构保持动力稳定的最大行人数，即临界行人数：

$$N_{\max} = \frac{8\pi f M^* \cdot \xi}{k} \tag{3-2-13}$$

式中，$k = 300\mathrm{N \cdot s/m}$ 是取自 Dallard 等人依据伦敦千禧桥有限实桥数据得来的结果。其广泛适用性还有待进一步研究证实。目前，德法等国新的人行桥动力设计指南都采用了公式(3-2-13)作为横向动力稳定临界行人数的验算公式。当结构振型复杂时，我们建议直接用式(3-2-10)验算，φ_i 的值可由有限元分析得到。

3.3　人行桥人致振动精细算法

3.3.1　基于强迫振动理论的人行桥人致振动分析

随着现代人行桥向大跨轻柔方向发展，人行桥结构日趋复杂，有必要建立更精细的人致振动分析方法。从结构动力学及有限元理论角度考虑，对于一个复杂的桥梁结构，人们总可以经过若干合理的简化处理建立其力学模型，应用有限元理论进行相关分析。

对于现代人行桥的动力响应分析,同样可采用类似的方法。不同之处在于:(1)人行动力荷载时程的特殊性;(2)荷载作用方式的特殊性;(3)人—桥、人—人相互作用。其中,第(1)方面的问题已经在第二章中进行了系统的阐述,第(3)方面的问题则属于人行桥自激振动理论范围内的问题,本书第四章将详细地论述。按照强迫振动理论,对于一个给定的动力系统(如人行桥简化模型),如果能够写出外荷载列向量 $F(t)$(如步行力)的表达式,那么结构的动力响应就可以按式(3-1-1)进行求解计算。因此,基于强迫振动理论的人行桥人致振动响应分析关键在于解决第(2)方面的问题。

(一)人行桥强迫振动理论基本假设

为了简化人行桥人致振动的物理问题,建立简化后的力学模型,这里首先引入人行桥强迫振动理论基本假设:(1)桥上行人并不影响人行桥固有动力特性(如系统频率、阻尼);(2)单步人行荷载为集中荷载。

对于假设(1),当桥上行人密度较小时或桥梁自重较大时,与人行桥自重相比,行人总的质量可忽略不计,因此可忽略桥上行人对人行桥固有动力特性的影响;当然,若桥上行人密度很大,且人行桥自重较小,那么行人的加入势必会改变人行桥固有动力特性,此时可引入质量修正因子对计算结果进行修正,或者采用其他计算理论进行分析。无论从宏观角度还是等效观点来看,假设(2)也是成立的,与人行桥桥面面积相比,行人与桥面的接触面积很小(按 1.5 人/m^2 计算,行人实际接触面积率约为 6%),因此行人单步荷载可视为集中点荷载。

(二)步行荷载作用方式的主要特征

在假设(2)的基础上,结合图 3-3-1 可以看出:正常行走情况下,单人步行荷载作用方式的最大特征是时空差异性,即步行荷载在时间上是连续的,也就是说行人在步行过程中始终与桥面保持接触状态;在空间上步行荷载则是离散的,也就是说行人与桥面的接触位置是一系列按照一定规律分布于空间中的离散点。为了保证分析结果的可靠性与真实性,在建立人行桥人致振动的有限元模型时,步行荷载在时空上必须有着严格意义的对应关系。

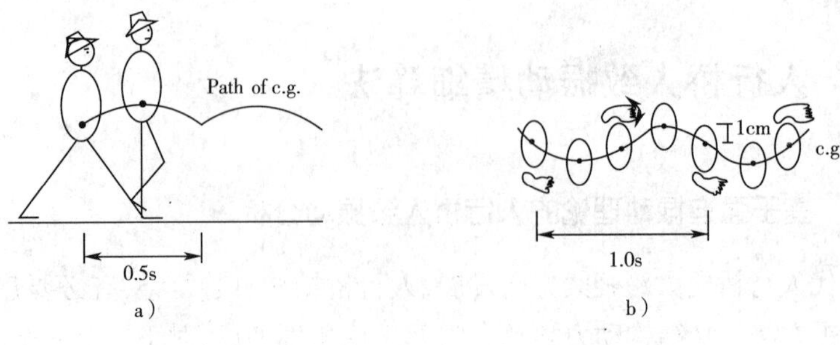

图 3-3-1　人步行示意图

（三）步行荷载作用的数学模型

基于以上分析，可将行人在桥面上的步行激励用数学模型进行描述。设单步落足时程为$\tilde{f}(t)$，$0\leqslant t\leqslant t_e$，$t_e$为人足部与地面接触时间，$t_s$为步伐周期，等于步频的倒数，对于正常步行有$t_e > t_s$，那么第$i$步的激励时程及空间作用位置可分别定义为$f_i(t)$、$Loc_i(x)$：

$$\begin{cases} f_i(t)=\begin{cases}\tilde{f}(\tau), & 0\leqslant\tau=t-(i-1)\cdot t_s\leqslant t_e \\ 0\ , & \text{其他}\end{cases} ; \quad i=1,2,3,\cdots,N \\ Loc_i(x)=\sum_{j=1}^{i} l_{pj} \end{cases} \tag{3-3-1}$$

其中，l_{pj}表示行人第j步步长，一般认为l_{pj}服从$N(\mu,\sigma)$的正态分布。

这样一来，行人的整个走动过程可以理解为若干激励$f_i(t)$依次作用于桥面$Loc_i(x)$处，人行桥的振动响应因此可以按照式(3-1-1)进行求解。在对该方程进行积分求解时，尤其要注意时间积分步长的选择，如果时间积分步长过大（如$\Delta t > t_e$），则无法正确反映人行激励荷载的“双峰形”（double hump）；反之若积分步过小则需要耗费大量的计算机资源、导致计算效率很低甚至数值上无法运算。通常可以将积分步长取为$\Delta t=(\frac{1}{5}\sim\frac{1}{8})t_e$，这样可兼顾计算精度要求及计算效率。

根据动力计算结果提取人行桥人致振动加速度响应，运用统计方法对提取结果进行后相应处理（如峰值加速度、加速度均方值等），并以舒适度指标为判据对结构正常使用性能进行评价。

3.3.2　基于反应谱方法的人行桥人致振动分析

在人行桥动力设计中，行人动力效应所考验的往往不是材料的极限承载能力，而是结构正常使用性能[3-11]的各项指标（如峰值加速度、结构最大变形、耐久性等），其中峰值加速度响应是一项用于衡量振动舒适度的重要参数。因此，对于人行桥设计而言，在静力分析的基础上，我们可以参照广泛应用于结构抗震设计规范中的反应谱方法对人行桥人致振动加速度响应进行计算[3-12]。人行桥人致振动反应谱方法的基本思路是：首先建立人致振动加速度响应参考谱，然后依次定义各项修正系数（如质量修正系数、阻尼修正系数、跨长修正系数等）对参考谱进行修正，最终得到一个适用性较强的响应谱，该谱可用于计算人行桥人致振动加速度响应。下面将详细阐述这一方法。

（一）参考谱的建立

某一跨径$L_0=50\text{m}$、对应一阶（假设该振型为半正弦波$\varphi_0(x)=\sin(\frac{\pi x}{L})$）模态质量$M=100000\text{kg}$、模态阻尼比$\zeta_0=0.005$的等截面简支梁桥，采用蒙特卡洛法（Monte

Carlo Method)生成桥面总人数为 N、步频 f_P 服从 $N(\mu,\sigma)$ 的正态分布、同一时刻上桥人数 k 符合泊松分布的随机人流（其中，$\mu=1.8\sim2.0$；$\sigma=0.10\sim0.19$），结合 3.3.1 节中介绍的方法进行人致振动加速度响应分析，按时长 $t=T_R$（这里取 $T_R=10\text{min}$）将分析结果离散成 n 个独立的随机过程，提取每个随机过程的极大值，最后利用 II 型极值分布函数对极大值进行拟合（图 3-3-2 中的黑线所示），得到极值分布函数的位置参数、尺度参数及形状参数（亦称尾部参数），从而建立加速度响应参考反应谱：

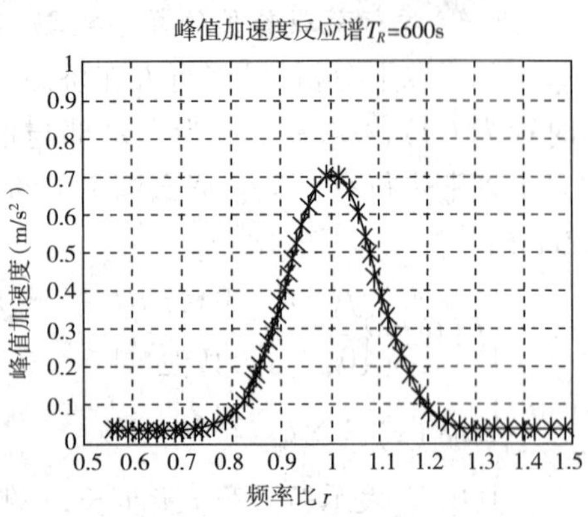

图 3-3-2 拟合峰值加速度

$$\hat{a}_R(T_R)=A_\mu\exp\left\{\frac{-(D_\mu-r)^2}{B_\mu}\right\}+C_1\exp\left\{\frac{-(D_\psi-r)^2}{B_\psi}\right\}+C_2 \tag{3-3-2}$$

式中：$r=\dfrac{f_s}{f_P}$表示结构频率与行人步频之比；其他各参数均为时长 T_R、步频均值 f_P 的函数，表 3-3-1 给出时长 $T_R=10\text{min}$、频率比 $r=1$ 时其他各参数的取值。

参考反应谱系数 表 3-3-1

f_P(Hz)	A_μ	B_μ	B_ψ	D_μ	D_ψ	C_1	C_2	$\hat{a}_R$(m/s²)
1.80	0.6113	0.0151	0.0202	1.0075	1.0138	0.0661	0.0338	0.708
2.00	0.6739	0.0130	0.0176	1.0051	1.0077	0.0707	0.0430	0.786

人行桥人致振动响应很大程度上取决于结构固有频率及行人步频两者之间的关系（后者既影响步行力的量值大小，也影响了结构的频响函数 FRF），因此公式 3-3-2 对不同步频、结构固有频率及频比较为敏感，如图 3-3-3 所示。对于步频位于 1.80～2.00Hz 范围内的其他加速度响应谱，可通过图 3-3-3 内插得到。

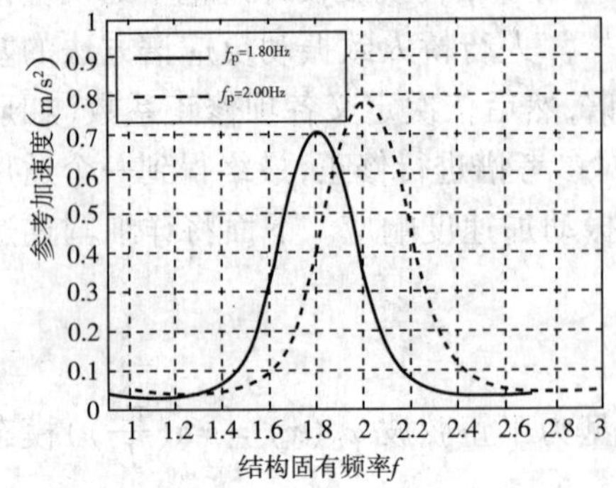

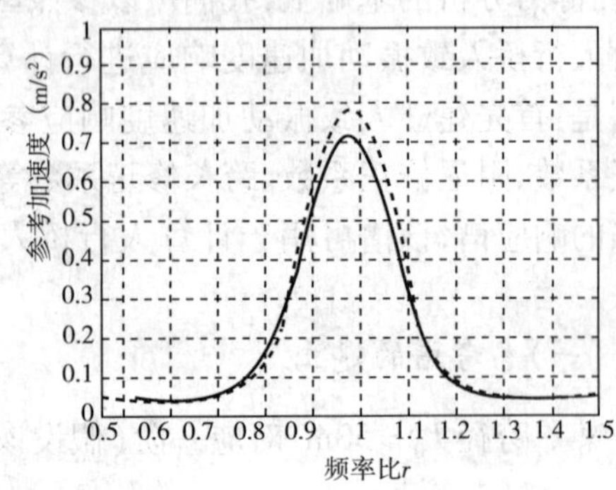

图 3-3-3 加速度参考反应谱

（二）广义反应谱的建立

参考反应谱中并没有考虑桥梁跨径、结构模态质量、模态阻尼比、行人人流密度、采样时长等因素变化时对加速度响应的影响，为了增强反应谱的实用性，有必要引入各项影响因子对参考反应谱进行修正，从而建立广义反映谱：

$$\hat{a}_j = \hat{a}_R \beta_M \beta_\zeta \beta_L \beta_\phi \beta_\lambda R \tag{3-3-3}$$

式中：β_M、β_ζ、β_L、β_ϕ、β_λ、R 均为改正系数，下面逐一进行介绍。

1. 模态质量改正系数

在参考反映谱的建立过程中，参考模态质量（$M_0 = 100000\text{kg}$）是基于最大位移归一振型进行计算的；而根据量纲分析可知，加速度与模态质量成反比。因此，如果实际结构的模态质量（M）与参考模态质量不同，则可以通过模态质量修正系数 β_M 进行修正：

$$\beta_M = \frac{M_0}{M} \tag{3-3-4}$$

2. 阻尼比、桥梁跨径改正系数

Svenden[3-13]在大量试验及仿真的基础上提出，实际模态阻尼比 ζ 对结构加速度响应的影响可通过 β_ζ 进行修正，其影响程度随着行人步频远离结构共振频率而逐渐减小；用同样的方法，Svenden[3-13]针对桥梁跨径的不同提出了跨度对人行桥人致振动加速度响应的影响系数 β_L。

$$\begin{cases} \beta_\zeta = \left(\dfrac{\zeta_0}{\zeta}\right)^{\eta_\zeta} \\ \beta_L = \left(\dfrac{L}{L_0}\right)^{\eta_L} \end{cases} \tag{3-3-5}$$

式中：$\eta_\zeta = \begin{cases} 1.25r - 0.743 \geqslant 0, r \leqslant 1 \\ 1.758 - 1.25r \geqslant 0, r > 1 \end{cases}$；

$\eta_L = \begin{cases} 0.622r - 0.11 \geqslant 0, r \leqslant 1 \\ 1.134 - 0.622r \geqslant 0, r > 1 \end{cases}$；

r 表示结构频率与行人步频之比。

3. 振型修正系数

为了便于说明不同振型对峰值加速度的影响，首先引入振型因子 ε_0 供参考，即：

$$\varepsilon_0 = \int_0^L |\phi_0(x)| \mathrm{d}x = \frac{2L}{\pi} \tag{3-3-6}$$

其中 $\phi_0(x)=\sin\frac{\pi x}{L}$ 为建立参考加速度反应谱所取的振型函数。事实上对于任意半波正弦函数 $\phi(x)=\sin\frac{m\pi x}{L}$，上式依然成立，这说明互不相关的人行荷载在不同的振型下（假设均为半波正弦）所产生的模态力是相同的。

由于实际桥梁结构的振型通常并不是规则的半正弦波，为了考虑这一因素的影响，Svenden[3-13]研究了在总跨径不变的情况下不同的桥型布置对峰值加速度反应谱的影响，并提出振型改正系数 β_ϕ，即：

$$\beta_\phi=\sqrt{\frac{\varepsilon}{\varepsilon_0}}\qquad \varepsilon=\int_0^L|\phi(x)|\mathrm{d}x \tag{3-3-7}$$

4. 人流密度修正系数

根据人行桥所处的地理位置不同，桥上人流密度代表值（$\lambda Ped/s$）可能有较大的差异（如市区人行桥桥上人流密度较大、而郊外人行桥桥上人流密度很小），从而直接影响人行桥的人致振动响应。对于人流密度为 $\lambda Ped/s$ 的人行桥而言，其激励荷载功率谱密度为单人激励的 λT_0 倍，加速度响应均方值为单人激励的 $\sqrt{\lambda T_0}$ 倍（T_0 表示行人过桥所需时间）。因此针对不同的人流密度可引入人流密度修正系数 β_λ 对加速度响应予以修正：

$$\beta_\lambda=\sqrt{\lambda} \tag{3-3-8}$$

式中，β_λ 与结构频率无关。为了说明这一点的合理性，图 3-3-4 示出了不同结构频率下人流密度对加速度响应的影响。从图中可以看出，加速度响应曲线并没有表现出明显的频率相关性，因此假定 β_λ 与结构频率无关是合理的；另外还可以看出：公式（3-3-8）不仅与仿真结果吻合较好，而且具有良好的下边界性，如人流密度趋于 0 时，β_λ 也趋于 0。

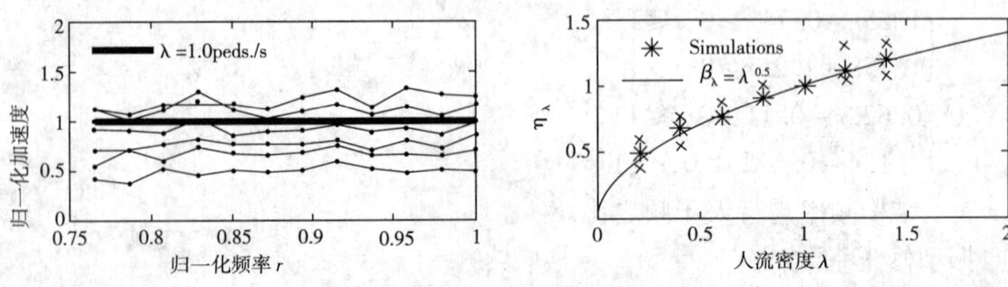

图 3-3-4 频率—峰值加速度图

5. 离散时长修正系数

参考峰值加速反应谱给出了离散时长（亦称“重现期”）为 10min 时的峰值加速度，显然离散时长越大，峰值加速度越大。这里引入离散时长修正系数 R 考虑重现期对峰值加速度的影响[3-12]：

$$R=\left[0.77+\frac{\ln(T/60)}{10}\right]+\gamma \qquad (3\text{-}3\text{-}9)$$

式中：$\gamma=0.3\sin[\ln(T)(2\pi)0.02-0.1]-0.19$；

$10<T<10^{11}\mathrm{s}$。

3.3.3　精细算法应用

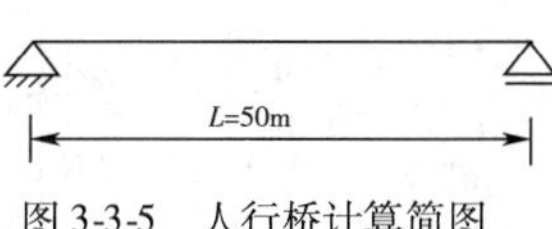

图 3-3-5　人行桥计算简图

下面以一跨径 50m 的简支梁人行桥（图 3-3-5）为例，分别采用本节介绍的两种方法进行人致振动响应分析，该桥的主要参数如表 3-3-2。

人行桥基本参数表　　表 3-3-2

桥长 L（m）	桥面宽（m）	线密度（m/L）	竖向刚度 EI_{ver}（kNm^2）	横向刚度 EI_{lat}（kNm^2）	阻尼比 ζ	行人密度 ρ（P/m^2）
50	3	2500	2.05×10^7	2.53×10^5	1.5%	1.0

根据表 3-3-2 中提供的基本参数，用结构力学方法求解人行桥的动力特性，如表 3-3-3 所示。

人行桥动力特性参数表　　表 3-3-3

模态质量（kg）	竖向振动频率（Hz）		横向振动频率（Hz）	
	$f_{1,ver}$	$f_{2,ver}$	$f_{1,lat}$	$f_{2,lat}$
62.5×10^3	1.8	7.2	0.2	0.8

假定每秒钟上桥人数符合泊松分布，利用本节介绍的精细算法对该人行桥的人致振动响应进行计算，表 3-3-4 列出了不同方法对应的加速度响应计算结果，其中基于强迫振动理论的加速度响应时程如图 3-3-6 所示（灰色线表示竖向加速度，黑线表示横向加速度）。

人行桥人致振动峰值加速度响应（m. s^{-2}）　　表 3-3-4

算法	强迫振动理论	反应谱分析	德国人行桥设计指南
横向加速度 a_1	0.041	—	0.20
竖向加速度 a_2	0.313	0.858	0.42

从表中可以看出，三种方法的计算结果差别较大，其中强迫振动理论计算结果明显偏小，主要原因在于该理论忽视了人群同步及人桥相互作用。由于强迫振动理论法概念明确，方法成熟，因此该方法适用面较广。

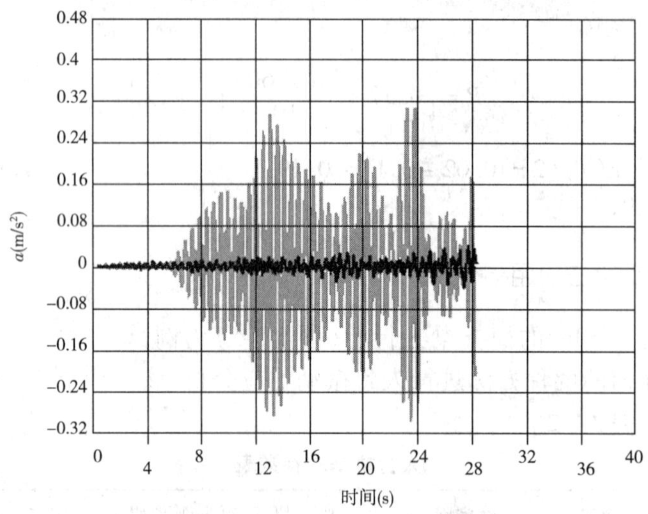

图 3-3-6 人行桥跨中加速度响应时程图

3.4 行人过桥的舒适度

人行桥在步行力的作用下，可能会发生较大的振动，从而引起行人的不舒适。英国伦敦的千禧桥就是一个著名的例子。

人类对振动的感受是一个非常复杂的问题。不同的人对相同的振动源会有不同的感受，甚至相同的人在不同时刻对同一振动源的感受也会不同(Lippert, 1947 年)[3-14]。在进行行人舒适性评价之前，首先需要解决的问题是人体所能承受的振动限值。

3.4.1 早期研究

人们较早就开始关注振动引起的人体舒适度问题。最早的研究可追溯到 1931 年，Reiher 和 Meister 进行了人体舒适度的试验研究(Wright and Green, 1959 年)[3-15]。他们研究了不同姿态(卧姿、坐姿、站姿)的人对简谐振动的感受，试验人数为 10 人，振动平台可以输出不同振幅、频率和方向的振动。在试验的基础上，Reiher 和 Meister 将人对振动的感受分为 6 种类型：无感觉(imperceptible)、稍微有感觉(just perceptible)、明显的感觉(clearly perceptible)、使人感到厌烦(annoying)、使人感到不愉悦(unpleasant)、不可忍受(intolerable)。Reiher 和 Meister 将上述 6 种感受类型的振动限值表示成振幅和频率的函数，如图 3-4-1[3-16] 所示。

20 世纪 40 年代，一些系统的研究成果开始得以发表。Postlethwaite (1944 年)总结了前人已有的研究成果，给出了人类可承受振动的限值[3-17]。他认为，在 1Hz 以下的频率区间内，可感觉到的加速度限值取为 $0.003\mathrm{m/s^2}$ 比较合理。Mallock 则研究了居民对 10 ~ 15Hz 频率区间的振动(车辆通过引起的房屋振动)的感知情况,结果表明:虽然使人感到不愉悦(unpleasant)的振动振幅比较小(0.025mm),但对应的加速度却较大($0.23m/s^2$)。Mallock 建议将 $0.1m/s^2$ 作为人类能感知(noticeable)的加速度限值;将 $0.5m/s^2$ 作为使人厌烦(nuisance)的加速度限值[3-18]。Goldman(1948年)[3-18]根据其他研究者的结果,将人类对振动的感受分为 3 种类型:可察觉(perception level)、不舒适(discomfort level)、不可忍受(maximum tolerable level),其中可察觉的加速度限值为 $0.025m/s^2$;不舒适的加速度界限为 $0.46m/s^2$。Dieckmann(1958年)[3-19]则认为:人体的共振频率为 5Hz 左右,当振动的频率为 5Hz 左右时,人类所能忍受的加速度限值最小。Dieckmann(1958 年)[3-19]同时还研究了人类对 4Hz 以下的水平振动和竖向振动的敏感性,结果表明,人类对水平方向振动的敏感性要大于对竖向方向振动的敏感性。

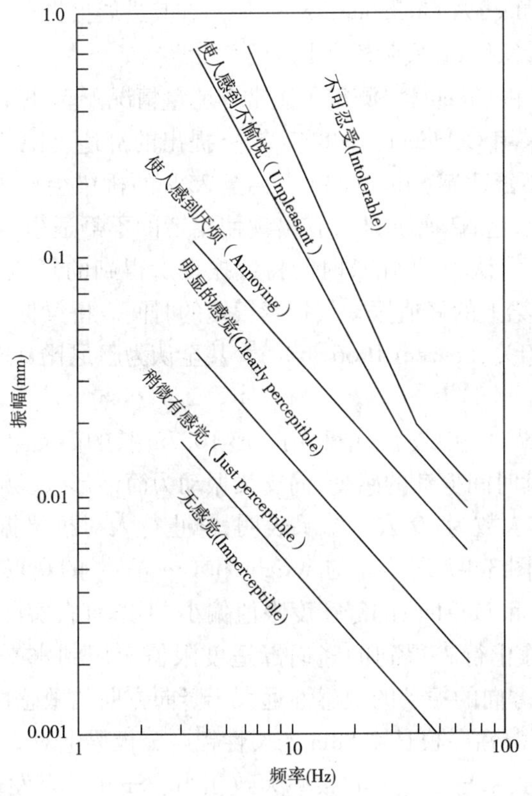

图 3-4-1　Reiher 和 Meister 的舒适度限值[3-16]

早期的研究并不是直接针对人行桥振动进行,但却为人行桥行人舒适度研究奠定了一定的基础。

桥梁的振动可分为竖向振动和水平振动,人们对竖向振动和水平振动的敏感性不一样。下面分别对这两个方向的行人舒适度进行介绍。

3.4.2 桥梁振动的竖向舒适度

对桥上行人舒适度的研究主要集中于竖向舒适度。

实际上,人们在研究桥梁上的行人舒适度时,采取了大量的假定,这些假定可能与实际桥梁上的情况不一致,从而导致研究结果不能直接在实桥上得以应用。Wright 和 Green[3-15]在1959年就提出了当时桥梁舒适度研究存在的几个问题:(1)研究中桥梁振动形式一般采用简谐振动,而实际桥梁上的振动频率非常复杂;(2)研究一般在试验室内进行,试验室的环境与实际桥上有较大的差异,将试验室研究结果直接应用于实桥上值得进一步商榷;(3)研究中没有充分考虑桥上行人舒适度的特殊性,比如:桥上行人是运动、脚步激励的瞬时特性、人类承受短持续时间振动的能力,等等。1958年,美国的桥梁变形控制委员会(the Committee on Deflection Limitations of Bridges)在其进展报告中甚至认为,当时的桥梁舒适度研究的结果还不适合在实际桥梁上应用[3-20]。

1963年,Wright 和 Green[3-21]测量了正常车流量情况下52座高速公路桥梁的峰值振动,他们发现,若采用 Goldman(1948年)[3-18]提出的舒适度限值进行分级,这52座桥梁均会引起人的不舒适感(discomfort),甚至25%的桥梁会出现不可忍受(intolerable)的振动。事实上,这52座桥梁没有出现使用者的不舒适事故发生。因此,Wright 和 Green(1963年)[3-21]认为,采用长时间持续振动所得到的舒适度限值,在实桥上并不适用,因为实际桥梁上的峰值振动仅持续很短的时间。桥梁振动的持续时间与桥梁的阻尼比大小密切相关,Lenzen(1966年)[3-22]甚至认为阻尼比是影响行人舒适度的最重要的因素。

1966年,Leonard[3-23]在试验室中利用一座10.7m长的简支梁桥,研究了静止行人和走动行人对短持续时间振动的感受,简支梁振动为简谐形式,频率1~14Hz,振动持续时间为1min,样本人数为40人。结果表明:静止行人对桥梁振动的敏感程度远远超过了走动行人,如图3-4-2所示。与 Wright 和 Green[3-21]的观点相同,Leonard[3-23]也认为早期(如 Reiher 和 Meister)的舒适度限值偏小,不适宜在实际桥梁上应用。Leonard[3-23]建议将根据静止行人得到的竖向舒适度限值应用到水平方向的舒适度评价中,因为人类对水平方向的振动的敏感性远大于竖向方向的敏感性。

1974年,Smith[3-24]在一根长4.88m的柔性铝合金板梁上对26人进行了舒适度试验,铝合金板的固有频率与步行力的频率大致相当。Smith[3-24]发现,即使铝合金板持续振动,行人也仅在跨中附近才能感觉到其上的最大振动。Smith 将人对振动的感受分为3种类型:可接受(acceptable)、使人不愉悦(unpleasant)、不可忍受(intolerable)。并提出了可接受和不可接受振动的分界限值,如图3-4-2所示。从图3-4-2中可以看出,Smith 提出的加速度限值远大于 Leonard[3-23]提出的值,其中的原因可能是 Leonard

采用的是下限值，而 Smith 采用的是平均值，也可能是 Smith 采用的铝合金板太短所致。

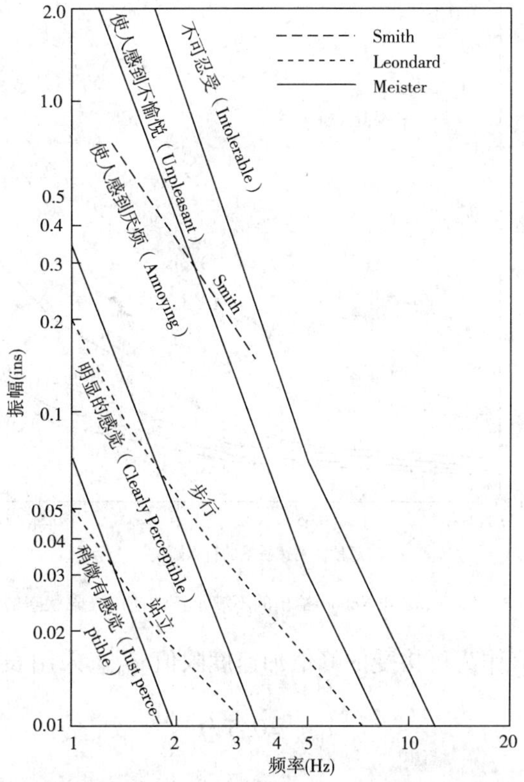

图 3-4-2　Leonard 和 Smith 的舒适度限值

1974 年，日本学者 Kobori 和 Kajikawa[3-25] 也进行了与 Leonard[3-23] 类似的试验。桥梁的振动频率为 1 ~ 10Hz，样本为 10 人。与以往的研究不同的是，Kobori 和 Kajikawa[3-25] 认为桥梁的振动速度是影响行人舒适度的最主要参数，并将振动速度作为桥梁舒适度的评价指标。他们提出了行人舒适度的速度限值，并比较了行人对单简谐振动、双简谐振动和随机振动感受的区别。Kajikawa 和 Kobori（1977 年）[3-26] 还研究了人群荷载作用下，人行桥的满足正常使用极限状态的概率。假设到达桥梁的行人人数服从 Poisson 分布、行人对振动的感受服从正态分布，结果表明，桥梁的正常使用极限状态不能得到满足，桥梁振动会使一部分桥上行人感受到不舒适（unpleasant）。以一座基频为 2Hz 的 40m 简支梁为例，图 3-4-3 给出了钢桥和混凝土桥梁不满足行人舒适度的概率和每秒到达桥上的人数、桥梁的阻尼比的关系。从图 3-4-3 可以看出，随着桥梁阻尼比的减小、桥梁上行人流量的增加，不满足行人舒适度的概率增加。需要注意的是，日本规范就是将速度作为桥梁上行人舒适度的评价指标（Yoneda，2002 年）[3-27]。

1977 年，Blanchard 和 Davies 等[3-28] 将 Leonard（1966 年）[3-23] 和 Smith（1974

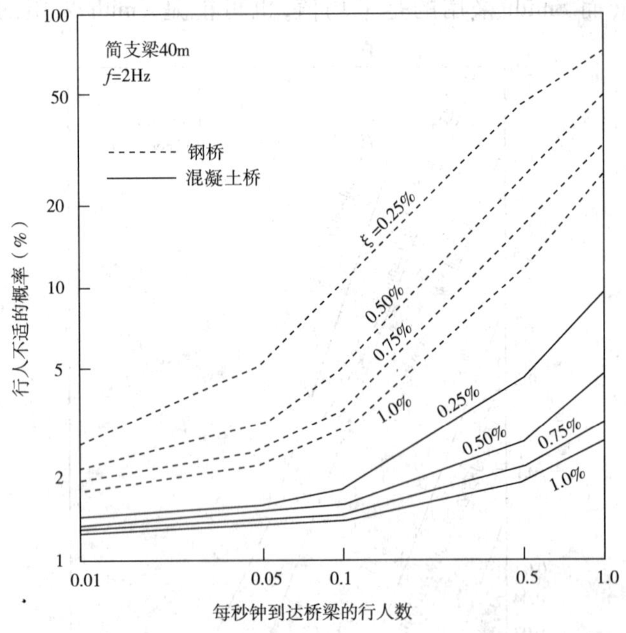

图 3-4-3　Kajikawa 和 Kobori 给出的不满足正常使用极限状态的概率

年)[3-24]结果的平均值作为可接受的峰值加速度限值 a_{limit}，采用表达式表示为：

$$a_{\text{limit}} = 0.5\sqrt{f} \tag{3-4-1}$$

其中 f 为桥梁的基频。但 Tilly 和 Cullington 等(1984 年)[3-29]则认为，在 1.7 ~ 2.2Hz 频率范围之外，峰值加速度限值取为 $\sqrt{f}$ 更为适合。

1978 年，Irwin[3-30]通过收集了大量的试验结果和现场实测结果，总结了不同类型结构、不同类型振动的人体舒适度限值。对桥梁结构而言，Irwin 建议采用加速度的根方差值作为行人舒适度的控制指标，并针对日常条件下(everyday usage condition)和暴风雨情况下(storm condition)给出不同的加速度根方差限值，如图 3-4-4 所示。日常条件下人类对桥梁竖向振动最敏感的频率区域为 1 ~ 2Hz，有感觉的加速度根方差限值约为 0.05m/s^2(换算到峰值加速度为 0.07 m/s^2)，这比规范 ISO 2631-2[3-31]中楼面振动敏感频率 4 ~ 8Hz 要低得多。Irwin 提出的暴风雨情况下的加速度根方差限值，实际上是在普通条件下乘以 6 的系数。需要注意的是，暴风雨条件下仅考虑水平振动，而在普通条件下仅考虑竖向振动。Irwin 提出了一条舒适度基本限值曲线，不同目的的限值曲线由基本限值曲线乘以一定的系数来获得。与当时已有的研究不同的是，Irwin 采用加速度根方差值作为舒适度的评价指标，加速度均方差可由加速度时程得到：

$$RMS = \sqrt{\frac{\int_{t_1}^{t_2} \ddot{x}(t)^2 dt}{t_2 - t_1}} \tag{3-4-2}$$

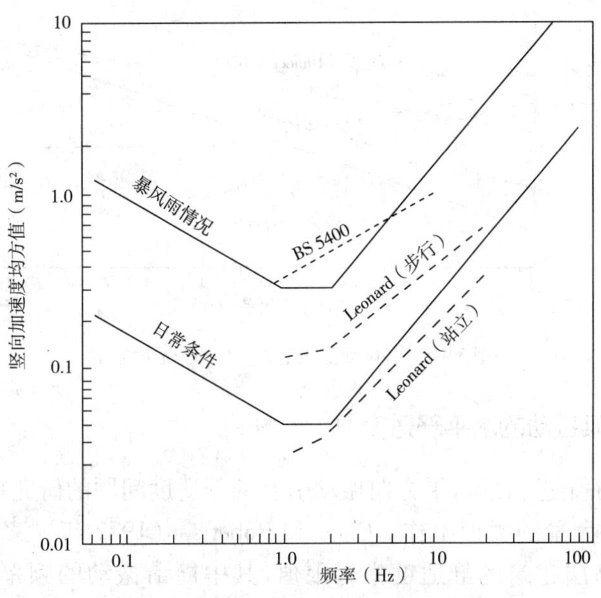

图 3-4-4　人行桥舒适度的加速度根方差限值

其中，$\ddot{x}(t)$为加速度时程，t_1、t_2 为时间序列的起点与终点。将加速度的均方差值作为行人舒适度的评判指标，已在较多的规范中得以应用。这主要是因为加速度或加速度均方差，比较容易采用模拟方法或数字方法得到。但是，由于动力设计采用的一些简化的动力响应计算方法得到的是桥梁最大振动加速度，因此，包括近年发布的德国人行桥设计指南（EN03-08）[3-32] 等规范性文件，仍采用峰值加速度来规定舒适度指标。

Wheeler(1982 年)[3-33]认为，人群对振动的感受与单个人对振动的感受是不同的。Ellis 和 Ji(2002)[3-34]则通过试验证明：跳动的人群感受不到即便是 5.5m/s^2 的加速度。但却不能解释为什么噪声、人群等会使人们在如此高的加速度下无不舒适的感觉。

与 Kobori 和 Kajikawa[3-25]类似，Obata 和 Hayashikawa 等（1995 年）[3-35]也将振动速度作为行人舒适度的评价指标。Obata 和 Hayashikawa 等[3-35]认为：当人行桥的峰值振动速度不超过 1cm/s 时，其正常使用功能不会受到影响，当峰值振动速度达到 1.4cm/s 时，行人会感到不舒适。若考虑振动频率为 2Hz，将上述峰值速度换算为峰值加速度，则分别为 0.13m/s^2 和 0.18 m/s^2，这远低于其他研究者给出的峰值加速度限值（图 3-4-5）。

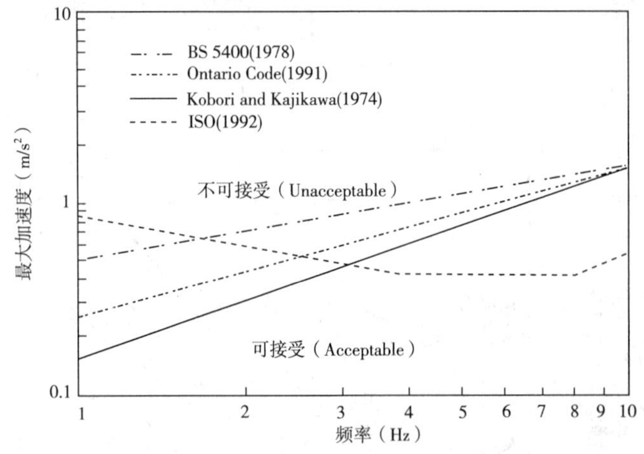

图 3-4-5　各国规范规定的人行桥舒适度限值

3.4.3　桥梁振动的水平舒适度

目前，针对桥梁进行的水平方向振动引起的舒适度问题的研究很少。但研究者对高层建筑进行了大量的类似工作。Chen 和 Robertson（1972 年）[3-36]研究了在水平简谐振动作用下高层建筑的舒适度指标限值，其中简谐振动的频率为 0.067 ~ 0.2Hz（风荷载作用下高层建筑响应的典型频率），但人行桥的振动频率远大于上述频率区间。Chen 和 Robertson（1972 年）[3-25]研究了多种因素的影响，其中包括振动频率、人体运动、人体姿态和预期的振动。结果表明：尽管在这样低的频率区间，走动行人的舒适度指标限值远高于静止行人的值；在预期振动的情况下，舒适度指标限值也比毫不知情时要大。Nakata 和 Tamura 等（1993 年）[3-37]也进行过类似的试验，40 人参与了试验，水平简谐振动的频率范围为 1 ~ 6Hz，参与试验的人员“坐”在振动装置上。Nakataa 和 Tamura 等（1993 年）[3-37]的研究结果表明：在 1 ~ 3Hz 的频率区间内，前后的加速度限值高于左右的加速度限值；但在 3 ~ 6Hz 频率区间内，左右的加速度限值要高于前后的加速度限值。

Nakamura（2003）[3-38]研究了人群荷载作用下人行桥的侧向舒适度标准。他指出，将桥面的横向振幅 45mm（对应的加速度为 1.35m/s²）作为行人舒适度的控制限值比较合理。并同时认为，桥面振幅在 10mm（对应的加速度为 0.3m/s²）时，行人基本不会有不舒适感；当桥面振幅达到 70mm（对应的加速度为 2.1m/s²）时，大部分人会出现不安全感，并严重影响行人的行走。

3.4.4　相关规范对舒适度指标的规定

相关规范对人行桥竖向振动舒适度指标的规定较多。英国规范 BS 5400（1978

年)[3-39]采用了 Blanchard[3-28]在 1977 年提出的人行桥竖向振动舒适度限值曲线($a_{\lim}=0.5\sqrt{f}$)。加拿大安大略省规范(OHBDC, 1983 年)[3-40]继承了 BS 5400 (1978 年)关于人行桥振竖向舒适度限值的表达式形式,但规定了更为严格的振动限值,即竖向加速度峰值不大于 $0.25f^{0.75}$。澳洲公路规范(Austroads, 1996 年)将振动速度作为舒适度评价指标,对站姿取为 0.073m/s,对行人取 0.024m/s。ISO 10137 (1992 年)[3-41]采用 ISO 2631-1:1989[3-31]中规定的舒适度基本曲线乘以 60 作为人行桥舒适度限值,峰值加速度根据频率的不同介于 0.5~1.0m/s² 之间。欧洲规范 EN 1990 规定人行桥桥面任意位置的竖向振动加速度峰值应小于 0.7m/s²,但新的修订草案建议采用 BS 5400 的竖向加速度峰值。

图 3-4-5 同时绘出了 BS 5400 (1978 年)、加拿大安大略省规范(OHBDC, 1983 年)、Kobori 和 Kajikawa (1974 年)、ISO 10137 (1992 年)中人行桥竖向振动限值(Pimentel, 1997 年)[3-42]。从比较结果可以看出,英国规范 BS 5400 在人行桥的主要振动频率范围内给出的峰值加速度限值最大。

ISO 10137 (1992 年)[3-41]是最早对人行桥侧向舒适度限值进行规定的规范,其加速度根方差限值曲线在图 3-4-6 中给出。从图 3-4-6 中可以看出,最敏感的频率区间为 2Hz 以下,峰值加速度的限值约为 0.31m/s²。BS 5400 (BD/01)增加了对人行桥侧向振动限值的规定,即侧向加速度最大值应小于 0.25m/s²。EN 1990[3-43]规定,在通常使用情况下桥面侧向加速度不应超过 0.2m/s²,在行人较拥挤的使用情况下不应超过 0.4m/s²。而 EN 1990 的修订草案的建议取值则更为严格,认为人行桥侧向振动加速度峰值应小于 $0.14\sqrt{f}$ 和 0.15m/s²。

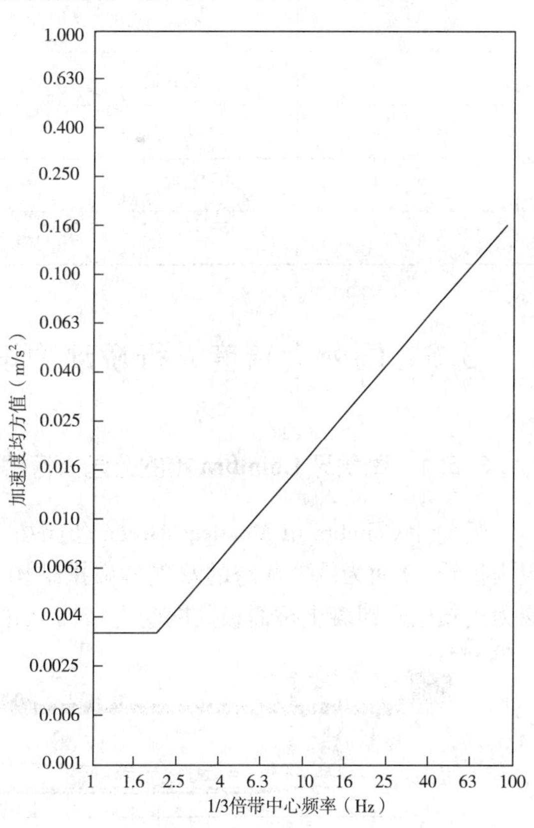

图 3-4-6　ISO 10137 (1992 年)对人行桥侧向舒适度限值的规定

自英国伦敦千禧桥、法国巴黎 Solferino 桥等人行桥相继发生过量的振动后,欧洲各国加强了对人行桥振动的研究和相应的动力设计规范(指南)的修订工作。德国人行桥设计指南 EN03(2007)[3-32]吸收了2000年以来的新的研究成果,采取桥梁自振频率与行人承受的峰值加速度限值相结合的方法规定舒适度等级。按照这一方法,动力设计应首先验算人行桥自振频率是否在竖向1.25~2.3Hz、横向0.5~1.2Hz的振动敏感频率范围之内。若在这一范围内,应根据不同行人稠密度等级确定动力荷载的行人密度,稠密度等级最高为异常密度,如通车典礼等,这时密度可超过1.5人/m^2。然后按相应的行人密度和指南建议的方法验算峰值振动加速度,并按表3-4-1的限值来判定竖向和横向振动的行人舒适度。由于EN03(2007年)建议的动力响应简化分析方法是计算最大加速度,因此相应的舒适度指标也是用峰值加速度定义。EN03(2007年)还特别说明,舒适度的加速度限值与人行桥出现横向动力失稳是两回事,当桥面横向加速度超过0.1~0.15m/s^2时,存在横向动力失稳的可能性,尽管行人对这一加速度的感觉还在中度舒适这一等级上。

EN03-8 中行人舒适度定义(单位:m/s^2)　　表3-4-1

等　级	名　称	竖　向	横　向
1	很舒适	<0.50	<0.10
2	中度舒适	0.50~1.00	0.10~0.30
3	不舒适	1.00~2.50	0.30~0.80
4	不可忍受	>2.50	>0.80

3.5 国外大跨度人行桥动力设计实例

3.5.1 葡萄牙 Coimbra 市的公园人行桥——折线拱桥

葡萄牙Coimbra市Mondego Green公园桥[3-44]是一座超大跨度人行桥,其平面布置为折线、立面为带平衡跨的双飞燕扁拱结构,桥宽4m,总长275m,主跨110m,主拱圈为钢箱梁和混凝土桥面板共同受力结构,如图3-5-1所示。

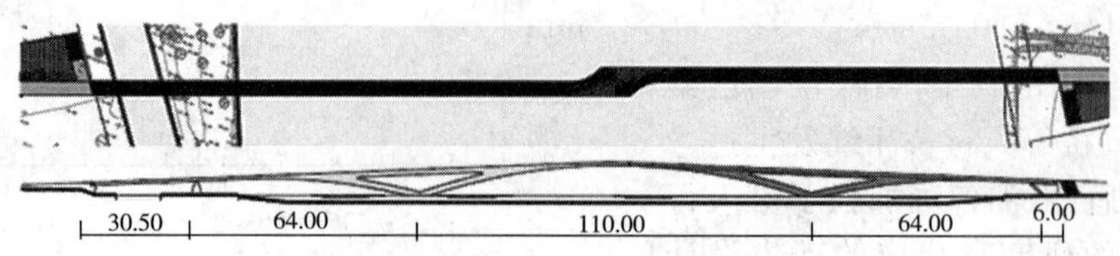

图3-5-1　葡萄牙 Coimbra 市的公园人行桥

采用了多种有限元模型计算了该桥的静、动力特性。由于桥址处为软土地基，桩基的刚度对动力特性有很大的影响。依据地质资料和桩土相互作用分析，最后确定主拱墩底刚度为10^5kN/m。经比较后，采用考虑了几何非线性、墩底刚度以及1.5人/m^2人群荷载的GEF模型进行动力设计。由GFE模型计算的主要模态见表3-5-1。

各级模态固有频率及振型　表3-5-1

阶次	壳单元GFP	频率GFP (Hz)	频率GFF (Hz)	模态描述（壳单元结果）
1	0.64	0.765	0.704	Lateral SYM
2	0.91	0.942	0.854	Vertical SYM
3	1.12	1.182	1.083	Vertical SYM
4	1.3	1.519	1.403	Vertical SYM + Laterl ASM
5	1.64	1.692	1.548	Vertical
6	1.67	1.836	1.703	Lateral
7	2.01	2.191	2.001	Vertical
8	2.08	2.435	2.261	Vertical + Lateral
9	2.23	2.526	2.336	Vertical + Lateral
10	2.27	2.602	2.375	Vertical
11	2.45	2.683	2.498	Vertical
12	2.77	2.736	2.522	Vertical
13	3.22	2.832	2.705	Vertical + Lateral(Vertical)
14	3.26	3.321	3.060	Vertical(Torsion)
15	3.45	3.931	3.625	Vertical + Lateral(Vertical + lateral)
16	3.88	4.153	3.847	Vertical + Lateral(Vertical)
17	4.23	4.633	4.260	Vertical + Lateral
18	4.89	5.157	4.768	Vertical + Lateral(Torsion + Vertical)

（一）单人荷载计算

单人荷载模型的行人重力为800N，只考虑一阶简谐分量，竖向动力因子0.35，横向动力因子0.1，频率与所考虑的模态频率f_i相等，于是简单人荷载为：

竖向　$P_V(t)=280\sin(2\pi f_i t)$　$(f_i \leqslant 2.5\text{Hz})$

横向　$P_L(t)=80\sin(2\pi f_i t)$　$(f_i \leqslant 1.25\text{Hz})$

采用固定荷载法和移动荷载法计算了单人荷载下的最大响应。固定荷载法将单人荷载固定施加在模态振型最大值的位置上，例如对一阶横向模态，横向荷载固定作用在主跨中。移动荷载法是依据BS5400规定，假定竖向荷载以$0.9f_i$的速度移动经过全桥（相当于步长0.9m，横向荷载则是以$2\times0.9f_i$的速度）。经比较后认为：当频率

$f_i \leqslant 2.5$Hz 时，固定荷载法的结果更为保守（即响应略大），计算也最简单。

（二）小组荷载

考虑 13 个人同时过桥，假定这 13 人完全同步。因此结构相应是单人荷载相应的 13 倍，结果列入表 3-5-2。

小组荷载作用下人行桥振动响应　　表 3-5-2

阶次	频率 (Hz)	节点	d_{gmax} (N=13) (mm)	a_{gmax} (N=13) (cm/s^2)	d_{gmax} ($1p/m^2$) (mm)	a_{gmax} ($1p/m^2$) (cm/s^2)	a_{gmax} (BS5400)/(EC5) (cm/s^2)
1	0.704	52Y	8	21	66	128	42/20
4	1.403	32Y	3	24	8	62	59/20
5	1.548	17Z	10	94	41	389	62
7	2.001	6Z	7	110	20	314	71
8	2.261	56Z	2	33	3	57	75
10	2.375	6Z	10	205	23	511	77
11	2.498	33Z	8	193	21	490	79
12	2.522	71Z	11	255	31	767	79
13	2.705	51Z	1	43	4	119	82
14	3.060	16Z	2	65	7	267	87

注：节点位置见图 3-5-2，Y 表示横向，Z 表示竖向。

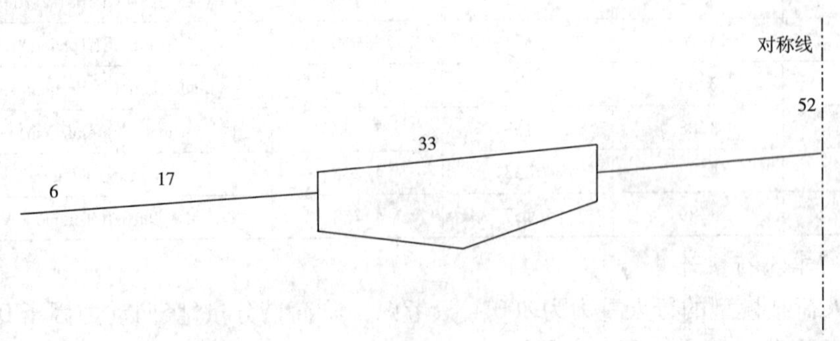

图 3-5-2　节点位置示意图

（三）连续人群流荷载

假定全桥均布密度为 1 人/m^2 的持续人群流动的响应相当于其中 20% 的人完全同步时所产生的响应。因此，作用于全桥的等效均布荷载为：

竖向　$4 \times 0.2 \times 280\sin(2\pi f_i t) = 224\sin(2\pi f_i t)$　(N/m)

横向　$4 \times 0.2 \times 80\sin(2\pi f_i t) = 64\sin(2\pi f_i t)$　(N/m)

用模态法计算了逐个模态的最大响应，也列入表 3-5-2。由表 3-5-2 可见，由于本桥跨度大，人群荷载为控制荷载，最大响应超过了 BS5400 与 EC5 的要求。

（四）横向“锁定”临界人数

假定阻尼比为 1%，用 Dallard 的公式 $N_L = \frac{8\pi\zeta M^*}{k}$ 计算了横向动力失稳的临界人数，最小值由一阶模态决定，仅为 145 人，对应等效跨径 174m。若要满足全桥均布 1 人/m^2 时的动力稳定性，N_L 应大于 $174 \times 4 \times 1 = 696$ 人，因此需要将阻尼比增加到 5%。

（五）全桥减振方案设计及效果仿真

虽然黏滞阻尼器特别适合多个密集振型结构的减振，但本桥连接的箱梁结构很难安装黏滞阻尼器，因此采用了 TMD 减振方案。全桥共安装了 8 个 TMD，总质量 33t，约占全桥上部结构自重的 3.8%，对于每一阶要抑制的模态，TMD 质量为该阶模态质量的 2%。

对加设 TMD 后的全桥结构重新建模，按同样 20% 行人同步的等效均布荷载重新计算了各个控制模态的最大加速度。除了 3 个频率在 2.3 ~ 2.5Hz 的竖向模态的最大加速度略超过 BS5400 的限制外，其余模态都能满足要求。因此减振方案基本满足要求，方案实施后可根据现场实测结果进一步改进。

3.5.2　比利时学院人行桥——S 形悬索桥

比利时 Kortrijk 市跨 Ijzer 河的学院桥是一座在建（2005 年时）的大跨人行桥，如图 3-5-3 所示。学院桥平面布置为 S 形曲线，单索面悬索结构支撑，总长 202m，主要结构参数见表 3-5-3。

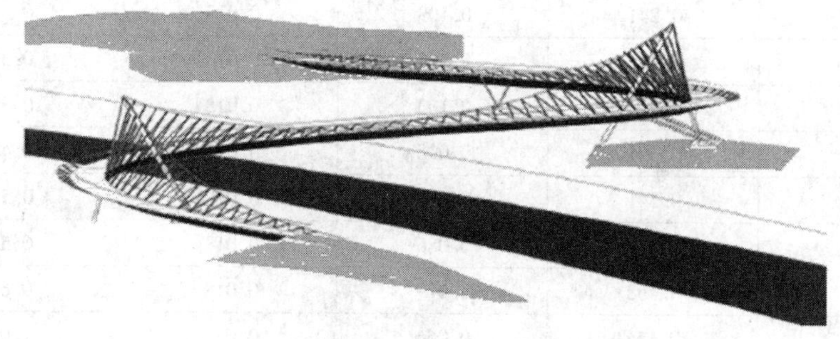

图 3-5-3　比利时学院人行桥

学院桥设计方案结构参数　　表 3-5-3

总长（m）	中跨（m）	边跨（m）	过渡跨（m）	总质量（t）	加劲梁竖向刚度（cm^4）	加劲梁横截面面积（cm^2）	中跨跨中刚度（kN/mm）
202	86	42	32	400	1.3 × 107	760	1.7

为了评价学院桥的动力使用性能，建立了全桥结构有限元模型，主跨结构使用了壳、梁和杆单元，过渡跨只用梁和杆单元。抗局部荷载的加劲肋的刚度没有记入。由于加劲梁板厚度在 5 ~ 10mm，为了防止在计算中出现板局部屈曲现象，计算中人为地将壳单元增大 10 倍，同时将单元弹性模量降低为原来的 1/10 以保持结构性能不变。

由于学院桥是一座曲线桥，几乎每一个主结构振型都同时含有竖向、横向和扭转变形。因此表 3-5-4 只列出了前 8 阶模态的频率。

学院桥前 8 阶模态频率(Hz) 表 3-5-4

1	2	3	4	5	6	7	8
0.795	0.983	1.212	1.540	1.756	1.829	2.212	2.554

可能是由于振型不纯的原因，研究者没有采用逐个模态验算的方式，而是采用竖向单人荷载固定施加在跨中位置，用时程法对全桥结构计算，求出最大响应，然后乘上 13 倍，相当于 13 人小组产生的最大响应。计算中结构阻尼比取为 0.6%。单人竖向荷载模型采用式(2-3-5) Petersen 模型，考虑了脚步力的前三阶分量。步频范围取 1.68 ~ 2.30Hz，它覆盖了 97% 的步频范围，按频率分成 12 个工况，每种工况的频率、动荷载系数和相位差由 Petersen 给出的基准系数插值给出，列于表 3-5-5。

12 种步频下的 Petersen 模型脚步力系数 表 3-5-5

步频（Hz）	C1	C2	C3	相位角
1.68	0.194	0.117	0.018	0.226
1.70	0.207	0.114	0.018	0.251
1.71	0.214	0.113	0.018	0.264
1.72	0.220	0.112	0.018	0.276
1.75	0.241	0.109	0.018	0.314
1.78	0.261	0.105	0.018	0.352
1.80	0.274	0.103	0.018	0.377
1.84	0.301	0.098	0.018	0.427
1.90	0.341	0.091	0.018	0.503
1.94	0.386	0.086	0.018	0.553
2.00	0.408	0.079	0.018	0.628
2.30	0.474	0.066	0.032	1.005

表 3-5-6 和表 3-5-7 分别给出了各跨跨中的最大动位移和最大加速度，结果发现所有工况中最大动位移和加速度均发生在步频为 1.72Hz 的激励下。当激励频率大于 1.75Hz 后，结构相应全部低于 Bochmarm 建议的最大竖向动位移小于 10mm 的标准。研究者认为由于 84% 的行人步频高于 1.75Hz，因此全桥基本满足竖向振动使用要求，只需在建成后视情况作必要的减振措施。

不同步频激励下的各跨跨中的最大动位移值　　表 3-5-6

步频（Hz）	中跨中	左边跨中	右边跨中
1.68	6.600	6.670	7.700
1.70	7.050	7.220	8.200
1.71	12.400	14.000	14.050
1.72	12.300	14.450	13.450
1.75	6.480	8.550	6.780
1.78	5.040	5.410	5.590
1.80	4.240	4.030	5.100
1.84	3.180	3.100	3.700
1.90	2.530	2.570	3.190
1.94	2.485	2.280	3.080
2.00	2.290	2.600	2.880
2.30	1.650	1.355	1.545

不同步频激励下的各跨跨中的最大加速度值　　表 3-5-7

步频（Hz）	中跨中	左边跨中	右边跨中
1.68	0.395	0.400	0.560
1.70	0.425	0.420	0.575
1.71	0.780	0.850	0.870
1.72	0.760	0.890	0.930
1.75	0.425	0.540	0.470
1.78	0.330	0.340	0.390
1.80	0.292	0.263	0.330
1.84	0.240	0.190	0.275
1.90	0.193	0.163	0.258
1.94	0.180	0.150	0.242
2.00	0.205	0.188	0.268
2.30	0.300	0.124	0.165

作者认为，文献[3-45]报道的以上研究仅是动力设计的一小部分，尚未满足学院桥动力设计的全部要求。以上研究不仅没有考虑横向脚步力荷载产生的最大响应和动力失稳效应，而且竖向荷载模式还应考虑全桥均布行人的行人流荷载。从 3.5.1 节中介绍的葡萄牙公园桥的研究看，大跨度人行桥的竖、横向最大响应一般都由全桥均步的行人流荷载控制。此外，对于竖向与横向振动高度耦合的振型，最合理的加载方式是竖向荷载和横向荷载同时施加，而不是只施加竖向荷载。

参 考 文 献

[3-1] 克拉夫，彭津著．王光远译．结构动力学．北京：科学出版社，1985

[3-2] Craig Jr R. J. 著．常岭，李振邦译．结构动力学．北京：人民交通出版社，1996.

[3-3] Pimentel R. L, Pavic A., Waldron, P.. Evaluation of design requirements for footbridges excited by vertical forces from walking. Canadian Journal of Civil Engineering, 2001, 28:769-777.

[3-4] Dallard P., Fitzpatrick A. J., Flint A. R., Bourva S. L., Low A., Smith R. M. R., Willford M.. The London Millennuim Footbridge. The Structural Engineer, 2001, 79 (22):17-33.

[3-5] Bachmann H.. Vibration Problem in Structures-Practical Guidelines, 1995.

[3-6] Blanco C. M., Bourllard P., Bodarwe E., Ney L.. Structural dynamic design of a footbridge under pedestrian loading. 9th SAMTECH Users Conference 2005.

[3-7] Elsa. Caetano, etc.. Assessment and control of human-induced vibrations in the new Coimbra footbridge. Proceedings of Footbridge 2005.

[3-8] Brownjohn J. M. W., Fok P., Roche M., and Omenzetter P.. Long span steel pedestrian bridge at Singapore Changi Airport-part 1: prediction of vibration serviceability problems. The Structural Engineer, 2004, 29: 22-27.

[3-9] Zivanovic, S., Pavic A., Reynolds P.. Vibration serviceability of footbridges under human-induced excitation: a literature review. Journal of Sound and Vibration, 2004, 279(1-2): 1-74.

[3-10] Bachmann H, Pretlove AJ, Rainer H.. Vibrations induced by people, in: Vibration Problems in Structures: Practical Guidelines. Birkha user Verlag. Basel, 1995.

[3-11] Zivaovic S., Pavic A., Reynolds P.. Human-structure dynamic interaction in footbridge. Bridge Engineering. Proceedings of ICE, 158: 165-177.

[3-12] Georgakis C. T., Ingolfsson E. T.. Vertical footbridge vibrations: the response spectrum methodology. Proceedings of the International Conference on Footbridge 2008, Porto, 2008.

[3-13] Svendsen M. N.. Pedestrian-induced vertical vibrations-development of a response spectrum serviceability design method for footbridge subjected to random crowd loading. Phd Thesis. Technical University of Denmark, 2007.

[3-14] Lippert S.. Human response to vertical vibration. S. A. E. Journal, 1947, 55 (5): 32-34.

[3-15] Wright D. T., Green R.. Human sensitivity to vibration. Report No. 7. Queen's University, Kingston, Ontario, Canada, February, 1959.

[3-16] Smith J. W.. Vibrations in Structures. Applications in Civil Engineering Design, Chapman & Hall, London, 1988.

[3-17] Postlethwaite F.. Human susceptibility to vibration. Engineering, 1944, 157 (4072): 61-63.

[3-18] Goldman D. E.. A review of subjective responses to vibratory motion of the human body in the frequency range 1 to 70 cycles per second. Report NM-004-001. Naval Medical Research Institute, Washington, USA, 1948.

[3-19] Dieckmann D.. A study of the influence of vibration on man. Ergonomics, 1958, 4 (1): 347-355.

[3-20] Deflection limitations of bridges. Progress report of the committee on deflection limitations of bridges of the structural division. Journal of the Structural Division, ASCE, 1958, 84 (ST3).

[3-21] Wright D. T., Green R.. Highway bridge vibrations—part II: Ontario test programme. Report No. 5. Queen's University, Kingston, Ontario, Canada, September, 1963.

[3-22] Lenzen K. H.. Vibration of steel joist-concrete slab floors. American Institute of Steel Construction Engineering Journal, 1966, 3: 133-136.

[3-23] Leonard, D. R.. Human tolerance levels for bridge vibrations. TRRL Report No. 34, Road Research Laboratory, 1966.

[3-24] Smith J. W.. The vibration of highway bridges and the effects on human comfort. Phd Thesis. University of Bristol, Bristol, UK, 1969.

[3-25] Kobori T, and Kajikawa Y.. Ergonomic evaluation methods for bridge vibrations. Transactions of JSCE, 1974, 6: 40-41.

[3-26] Kajikawa Y., and Kobori T.. Probabilistic approaches to the ergonomic serviceability of pedestrian-bridges. Transactions of JSCE. 1977, 9: 86-87.

[3-27] Yoneda M.. A simplified method to evaluate pedestrian-induced maximum response of cable-supported pedestrian bridges. Proceedings of the International Conference on the Design and Dynamic Behaviour of Footbridges. Paris, France, 2002.

[3-28] Blanchard J., Davies B. L., and Smith J. W.. Design criteria and analysis for dy-

namic loading of footbridges. Proceedings of the DOE and DOT TRRL Symposium on Dynamic Behaviour of Bridges. Crowthorne, UK, May 19, 1977, pp. 90-106.

[3-29] Tilly G. P., Cullington D. W., Eyre R.. Dynamic behaviour of footbridges, IABSE Surveys S-26/84, IABSE Periodica, No. 2/84, 1984, pp. 13-24.

[3-30] Irwin A. W.. Human response to dynamic motion of structures. The Structural Engineer, 1978, 56A (9): 237-244.

[3-31] ISO, Evaluation of human exposure to whole-body vibration—part 2: continuous and shock-induced vibration in buildings (1 to 80 Hz), ISO 2631-2, International Standardization Organization, Geneva, Switzerland, 1989.

[3-32] Design of Footbridges Guideline EN03(2007), Germany, September, 2008.

[3-33] Wheeler J. E.. Prediction and control of pedestrian induced vibration in footbridges. Journal of the Structural Division, ASCE, 1982, 108 (9): 2045-2065.

[3-34] Ellis B. R., Ji T.. On the loads produced by crowds jumping on floors. Proceedings of the Fourth International Conference on Structural Dynamics. EuroDyn, Vol. 2, Munich, Germany, 2002, pp. 1203-1208.

[3-35] Obata T., Hayashikawa T., Sato K.. Experimental and analytical study of human vibration sensibility on pedestrian bridges. Proceedings of the Fifth East Asia-Pacific Conference on Structural Engineering and Construction Building for the 21st Century, Vol. 2, Griffith University, Gold Coast, Australia, 1995, pp. 1225-1230.

[3-36] Chen P. W., Robertson L. E.. Human perception thresholds of horizontal motion. Journal of the Structural Division, ASCE, 1972, 98 (8): 1681-1695.

[3-37] Nakata S., Tamura Y., Otsuki T.. Habitability under horizontal vibration of low rise buildings. International Colloquium on Structural Serviceability of Buildings, Goteborg, Sweden, June, 1993.

[3-38] Nakamura S.. Field measurements of lateral vibration on a pedestrian suspension bridge. The Structural Engineer, 2003, 81 (22): 22-26.

[3-39] BS 5400, Steel, Concrete and Composite Bridges—Part 2: Specification for Loads; Appendix C: Vibration Serviceability Requirements for Foot and Cycle Track Bridges, UK: British Standards Association, London, 1978.

[3-40] OHBDC, Ontario Highway Bridge Design Code, Highway Engineering Division. Ministry of Transportation and Communication, Ontario, Canada, 1983.

[3-41] ISO 10137: 1992, Bases for design of structures – Serviceability of buildings against vibration, International Standardization Organization, Geneva, Switzerland,.

[3-42] Pimentel R. L.. Vibrational performance of pedestrian bridges due to human-induced loads, Phd Thesis, University of Sheffield, Sheffield, UK, 1997.

[3-43] BS EN 1990:2002, Eurocode. Basis of structural design.

[3-44] Elsa Caetano. etc. Assessment and control of human-induced vibrations in the new Coimbra footbridge. Proceedings of Footbridge 2005.

[3-45] Blanco C. M., Bourllard P., Bodarwe E., Ney L.. Structural dynamic design of a footbridge under pedestrian loading. 9th SAMTECH Users Conference 2005.

第四章　人行桥横向振动理论

4.1　概述

在前三章中，我们已不止一次地指出：行人激励引起的桥梁结构振动具有明显的相互作用特征。这种相互作用表现在两个方面：一个方面是行人因桥梁振动而调整步伐；另一个方面是行人受周围人群影响而改变步伐与他人同步。这种人桥相互作用下的动力响应过程，不仅有结构的因素，而且有心理和生理的因素。因此，直接建立人桥相互作用的数学模型是非常困难的事情。第二章和第三章建立起来的人行桥动力设计方法，实质上是将一个相互作用问题简化为通常的荷载与响应问题，人桥相互作用因素通过某些参数的设置来体现。

虽然人行桥也存在竖向振动问题，但已有的大跨度人行桥过度振动事件几乎无一例外都是横向振动。直至伦敦千禧桥关闭事件，人们才深刻认识到人行桥在行人激励下，可能发生横向动力失稳，并将这种失稳称之为“锁定”现象。因此，自千禧桥事件后，很多学者致力于横向振动理论研究。

目前，关于人行桥发生行人激励的过量横向振动问题的解释，或者说横向动力失稳的锁定现象的机理，主要有三种理论：直接共振理论，认为行人激励频率正好与桥梁某一阶模态的频率相同而引起共振；动力相互作用理论，它基于桥梁运动与桥上行人的运动之间的某种适当的模型；内共振理论，认为是结构的非线性导致结构的不同模态之间进入内共振状态。

如果人行桥某一阶横向振动模态频率，正好在 0.8 ~ 1.2Hz 这一行人脚步动荷载横向频率范围之内，直接共振条件可以满足。人行桥的横向振动是简谐振动，振动频率等于行人激励频率。Fujino 最早用直接共振理论解释日本 T 桥的大幅横向振动[4-1]。

动力相互作用模型在研究文献中得到特别的关注，由这一模型可以导出不致发生使用性问题的最大行人数限制条件。基于伦敦千禧桥上现场试验结果，Dallard 等人提出了行人对桥的作用模型[4-2]，认为作用力与桥梁振动速度成正比，由此模型可以导出横向振动失稳的临界条件是结构总的阻尼将为零，进一步可以导出可能发生失稳现象的临界行人数，这就是第三章 3.2.2 节介绍的方法，并已写入德、法等国的人行桥设计指南。其实 Dallard 模型不能轻易推广到所有人行桥，因为模型中有一个参数 $k=300\text{N}\cdot\text{s/m}$〔见式(3-2-2)〕是由伦敦千禧桥振动实测资料经反分析后得到的。Nakamura[4-3]提出了相互作用力的一个类似的模型，考虑了同步现象的自我限制特征。不过 Nakamura 模型同样是基于某些由实验估算的参数，这些参数在设计阶段是难以预计的。同济大学孙利民和袁旭斌针对 Nakamura 模型的不足之处，提出了自己的方法。其特点是同时考虑同步行人和不同步行人两部分的作用，并且建立了一个同步概率函数模型。模型参数由室内试验拟合，由实桥数据反复试算调整[4-4]。Roberts 分别建立行人和桥梁振动方程，用耦合振动表达人行桥相互动力作用[4-5]。他假定当桥梁结构横向位移大于行人横向位移时同步发生，由此可得到临界行人数。由于相互作用力以 1Hz 左右的频率作简谐变化，这一模型仅能激发横向基频接近 1Hz 的桥梁的大幅振动，即满足直接共振条件。Newland 提出的荷载模型[4-6]是行人在静止平台上的作用力与随桥振动的惯性力之和，而惯性力作用于行人本身，假定行人质心按桥梁相同运动规律而运动，但相位上有滞后。用这种方式，Newland 发现了结构丧失动力稳定的限制条件。但是 Newland 关于行人与桥梁具有同样的简谐运动成分的假设，仅当桥梁横向振动频率接近于行人脚步动荷载的横向振动频率时才是正确的，这其实也是直接共振的条件。

如果桥梁竖向振动频率与横向振动频率之比接近 2.0 时，内共振有可能发生，并且竖向振动模态频率要接近行人脚步荷载频率，即 2Hz 左右。

伦敦千禧桥的现场试验表明：当行人数量增加到一定值时，不仅激发了 0.9Hz 的模态振动，而且也激发了 0.48Hz 的横向一阶模态振动。但是，上述各种模型都不可能导出比行人荷载正常横向频率低一倍的 0.48Hz 的横向振动，除非假定行人本能地每隔 3 ~4 步稍微改变行进方向，即沿“之”字路线行走。为更好地解释 0.48Hz 的横向振动失稳现象，依据运动平台的实验结果，Piccardo 提出了一种新的作用力模型[4-7]。Piccardo 模型认为位于振动的桥上的行人脚步荷载力是一种简谐力，其幅值与桥梁振动位移相关。由此假定建立的运动方程转化为一种 Mathieu 型的参数激振系统，当行人横向荷载激振频率是桥梁横向振动模态频率的两倍左右时，这个参数激振系统可以进入不稳定状态，因而可以较好地解释伦敦千禧桥的频率为 0.48Hz 的一阶横向振动进入失稳状态的锁定现象。

将密集的行人流持续经过桥梁的过程比拟为连续可压缩流体对桥梁的作用，则是人行桥横向振动研究中的另外一条途径，可简称为可压缩流体比拟法。Venuti 等人在

2006 年提出了一个数学模型和相关的计算方法[4-8]。Venuti 将人桥振动问题分解为两个子系统,应用流体运动方程模拟行人流的连续系统和桥梁结构振动系统。通过两个子系统的相互作用描述人桥振动。这一数学模型可以用交叉迭代的方法求解数值解。法国学者 Bodgi 等人在 2007 年也提出了类似的方法[4-9]。

4.2 人行桥直接共振理论

4.2.1 人—桥横向耦合振动的基本方程与模态共振

一简支梁人行桥如图 4-2-1 所示,假定行人沿桥长 L 均匀分布,于是行人对桥的横向作用力可以视为沿桥长分布的动荷载 $q_p(x,t)$。通过结构力学的方法,可以得到桥梁的质量分布函数 $M_S(x)$、结构阻尼分布函数 $C_S(x)$、结构横向刚度分布函数 $K_S(x)$。记桥的横向动挠度为 $u(x,t)$,那么人行桥的振动方程可以记为

$$M_s(x)\cdot\ddot{u}(x,t)+C_s(x)\cdot\dot{u}(x,t)+K(x)u(x,t)=q_p(x,t) \qquad (4\text{-}2\text{-}1)$$

式中:$\ddot{u}(x,t)=\dfrac{\partial^2 u(x,t)}{\partial t^2}$;

$\dot{u}(x,t)=\dfrac{\partial u(x,t)}{\partial t}$。

应当指出,任何一种结构形式的人行桥,都可以通过适当的力学方法,导出形如式(4-2-1)的人桥振动基本方程。例如对一座斜拉桥,可以通过自由度凝聚等方法,将塔索的刚度、质量、阻尼的影响,分别计入到式(4-2-1)的相应参数中。

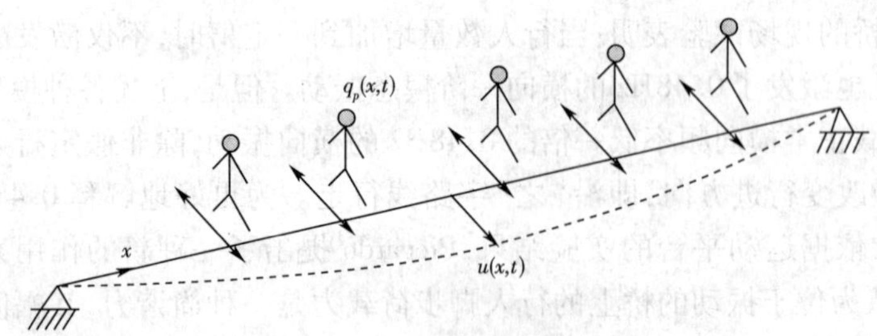

图 4-2-1 人桥横向振动示意图

令式(4-2-1)中 q_p 等于零,且略去 $C_S(x)$ 的影响,可以求得人行桥前 N 阶的振动模态的圆频率 ω_i 和相应的振型 $\varphi_i(x)$,$i=1,2,\cdots,N$。应用模态叠加法,设:

$$u(x,t)=\sum_{i=1}^{N}\varphi_i(x)v_i(t) \qquad (4\text{-}2\text{-}2)$$

代入式(4-2-1)后再左乘 $\varphi_i(x)$，由振型的正交性得到解耦后的各阶模态振动方程：

$$\ddot{v}_i + 2\zeta_i\omega_i\dot{v}_i + \omega_i^2 v_i = \frac{1}{M_{si}}P_i(t) \tag{4-2-3}$$

式中：v_i 是第 i 阶模态的广义位移，M_{si}是桥梁的第 i 阶广义质量，ζ_i 是第 i 阶模态阻尼比，$P_i(t)$是行人横向动荷载的第 i 阶模态力，即：

$$P_i(t) = \int_0^L q_p(x,t)\varphi_i(x)\mathrm{d}x \tag{4-2-4}$$

如果 P_i 正好是第 i 阶模态频率的简谐力荷载，就会发生直接共振。设：

$$P_i(t) = P_{i0}\cos\omega_i t \tag{4-2-5}$$

那么共振时桥梁横向动挠度为：

$$u(x,t) = \frac{P_{i0}}{M_{si}}\cdot\frac{1}{2\zeta_i}\cdot\frac{1}{\omega_i^2}\varphi_i(x)\cos\left(\omega_i t - \frac{\pi}{2}\right) \tag{4-2-6}$$

式中：$\frac{1}{2\zeta_i}$——共振时的放大系数；

$\frac{\pi}{2}$——共振时动挠度滞后激振力 P_i 的相位角。

4.2.2　直接共振法分析日本 T 桥横向振动

从现有文献看，日本 T 桥是世界上第一个完整地报道、研究人行桥横向振动并采取了减振措施的工程实例。这一研究由日本学者 Fujino 主持[4-1]。只考虑一阶谐波的单人横向动荷载(见第二章)可以表示为：

$$P_{ps} = \alpha m_p g\cdot\cos(2\pi f_p t + \varphi) \tag{4-2-7}$$

式中：α 是动荷载因子，m_p 是行人质量，g 是重力加速度，f_p 是行人横向动荷载的频率，φ 是行人的初相位。

日本 T 桥振动的录像表明，振动时有一部分人处于完全同步状态，即频率、相位都相同，设桥长为 L，均布有总数为 N_p 的行人，处于同步的行人比例为 λ，那么振动时同步行人的动荷载密度为：

$$q_p = \lambda\cdot\frac{N_p}{L}\alpha m_p g\cdot\cos(2\pi f_p t) \tag{4-2-8}$$

式中略去了相位角 φ，是因为 λN_p 个人的相位角也都相同。将式(4-2-8)代入式(4-2-4)，可得：

$$P_i = \lambda \cdot \alpha \cdot N_p m_p 1/L \cdot g \cdot \cos(2\pi f_p t) \cdot \int_0^L \varphi(x)\,\mathrm{d}x \tag{4-2-9}$$

如果λN_p个行人的圆频率$2\pi f_p$正好等于桥梁第i阶振型的频率ω；那么直接共振条件满足，桥梁共振的横向动挠度为由式(4-2-6)确定：

$$u(x,t) = \frac{1}{M_{si}} \cdot \frac{1}{\omega_i^2 \cdot L}\lambda \cdot \alpha \cdot N_p m_p g \cdot \frac{1}{2\zeta_i} \cdot \varphi(x) \cdot \int_0^L \varphi(x)\,\mathrm{d}x \cdot \cos\left(\omega_i t - \frac{\pi}{2}\right) \tag{4-2-10}$$

Fujino 用式(4-2-10)计算出 T 桥一阶横向振动最大振幅并与实测值相比较。计算时各参数的取值如表4-2-1 所示，其中$\lambda = 0.2$来源于实桥观测资料，相当于有20%的桥上行人处于同步状态。

T 桥一阶横向共振计算参数 表4-2-1

共振因子 λ	0.2	模态圆频率 ω_i	$0.91 \cdot 2\pi$
动载因子 α	0.05	模态阻尼比 ζ_i	0.01
行人平均质量 m_p	70kg	模态振型 $\varphi_1(x)$	$\sin\frac{\pi x}{L}$
桥上总人数 N_p	2000	模态等效质量* M_{S1}	800×10^3kg

* 等效质量计入了拉索振动影响，数值与$\varphi(x)$的最大值等于1 相对应。

由于一阶振型为半个正弦波，所以：

$$\int_0^L \varphi_1(x)\,\mathrm{d}x = \int_0^L \sin\frac{\pi x}{L}\mathrm{d}x = \frac{1}{2}$$

且最大动挠度发生在跨中$\frac{L}{2}$处。按表4-2-1 参数，计算的横向最大振幅为1.5cm，与实测最大振幅1cm 接近。

4.2.3 直接共振法的改进与评论

如果i阶振型是多个半波，例如$\varphi_i(x) = \sin\frac{2\pi x}{L}$，那么式(4-2-9)中因子$\int_0^L \varphi_i(x)\,\mathrm{d}x = 0$显然与实际情况不符。为了克服这一缺点，可以将式(4-2-9)中因子改写为$\int_0^L |\varphi_i(x)|\,\mathrm{d}x$。其力学意义是处于负半波的行人动荷载的相位与正半波的相反，或者说处于不同半波上的行人动荷载都是指向荷载增大的方向。

当人行桥发生横向动力失稳时，桥上同步行人数可能因桥型而异，即同步因子λ对于不同的桥可以有不同的值。日本T 桥分析取$\lambda = 0.2$，是依据该桥现场实测数据进行分析后的结果。在设计阶段，对于一座尚未建造的桥梁，λ值取多少才能合理预测振动的幅值，是直接共振法尚未解决的问题。

由于行人横向动荷载一阶分量的频率范围为 0.8 ~ 1.2Hz 之间，因此直接共振法只能解释在这同一频率范围内的桥梁共振现象。英国伦敦千禧桥主跨横向一阶频率为0.5Hz，并且在行人作用下产生了大幅一阶振动，就很难用直接振动法解释。

4.3　人桥相互作用理论

4.3.1　经验参数模型

(一)Dallard 模型

本书第二章介绍了 Dallard 等人从伦敦千禧桥现场实验数据中经反分析得到的人桥相互作用力模型。在第三章由这一模型导出了按模态横向动力稳定判据导出的临界人行数公式。Dallard 方法的要点归纳于表 4-3-1 中[4-2]。

Dallar 的实验参数模型　　表 4-3-1

单人激振力	$P_i = k \cdot \dot{v}\varphi_i$	$k = 300\text{N} \cdot \text{s/m}$ 是源于千禧桥的实验参数；$\dot{v}$ 为模态速度。φ_i 为第 i 人所处位置的振型函数值，N 为总的行人数，M^* 模态质量，ζ 为模态阻尼比
模态等效激振力	$F_p = k\dot{v}\sum_{i=1}^{N}\varphi_i^2$	
动力稳定条件	结构阻尼力 = 激振力	
临界人行数公式	$N < \dfrac{8\pi f M^* \cdot \zeta}{k}$	

Dallard 模型是一个动力失稳判据模型，由此判据可计算临界行人数，但不能计算振动幅值。模型的关键参数 k 是否也适合其他人行桥，是一个尚待证明的问题，但是 Dallard 模型计算方便，因此近来的法、德、日等国的人行桥设计都采用了这一公式。

(二)Nakamura 模型

Dallard 公式中经验参数 $k = 300\text{N} \cdot \text{s/m}$ 是一个定值，这意味着激振力随着模态速度线性增长，那么人行桥的振幅也就会越来越大，这与已知的观测事实不符。实际上，一旦人行桥发生摇摆。就会有部分行人停止或放慢前进步伐，相当于激振力减少，阻尼增加，使桥的振动幅度能稳定在一定范围内。为了将这一人桥相互作用因素考虑进去，日本学者 Nakamura 提出了他的模态共振激振力模型[4-3]。

$$M_B\ddot{v} + C_B\dot{v} + K_B v = F_p(t) \tag{4-3-1}$$

$$F_p = K_1 K_2 H(\dot{v}) G(f) \cdot M_p \cdot g \tag{4-3-2}$$

$$H(\dot{v}) = \frac{\dot{v}}{k_3 + |\dot{v}|} \tag{4-3-3}$$

$$G(f) = 1.0 \tag{4-3-4}$$

式中：v ——是横向振动模态坐标；

K_1 ——动荷载因子 α ；

K_2 ——处于同步状态的桥上行人的百分比,依据上节 Fujino 的日本 T 桥实测分析结果, $K_2 = 0.2$ 。

与 Dallard 模型相比,Nakamura 模型的最大不同点是用一个分式函数 $H(\dot{v})$ 代替了 Dallard 模型中的线性因子 $\dot{v}$ 。$H(\dot{v})$ 中的 k_3 是用试算法确定。显然,当 $\dot{v} \ll K_3$ 时, $H(\dot{v})$ 近似与 $\dot{v}$ 成比例,即随 $\dot{v}$ 线性增长;当 $\dot{v} \gg K_3$ 时, $H(\dot{v})$ 逐渐趋近于1,从而激振力 F_p 不再随 $\dot{v}$ 线性增加,较 Dallard 模型更接近实际情况。当 $K_1 = 0.04$, $K_2 = 0.2$, $k_3 = 0.01$ m/s,单人质量为70kg 时,用 Nakamura 公式和 Dallard 公式计算的单人激振力(单人位于最大模态位移处 $\varphi = 1$)随模态速度 $\dot{v}$ 变化的曲线对比可见图 4-3-1。

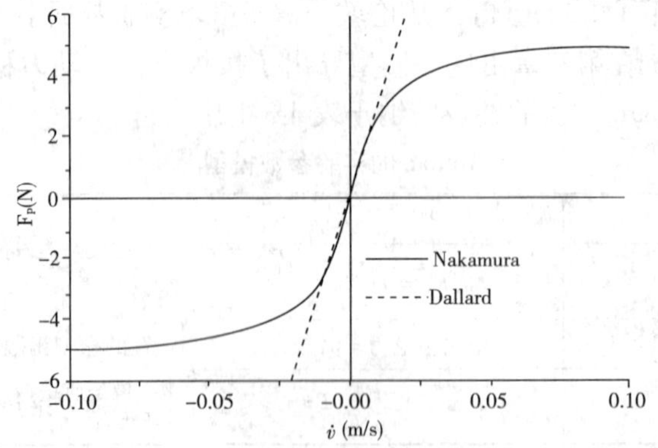

图 4-3-1 Nakamura 与 Dallard 的单人激振力对比

式(4-3-2)中的 M_p 是行人模态质量,若假定全桥行人数 N 沿桥长均布,行人质量 m_p 近似相等,对于一阶横向模态:

$$M_p = Nm_p \frac{1}{L} \cdot \int_0^L \varphi(x)\,\mathrm{d}x \tag{4-3-5}$$

Nakamura 应用公式(4-3-1)至(4-3-4)采用龙格—库塔法模拟研究了人行桥横向振动随各种参数变化的情况,计算以日本 T 桥的一阶横向振动为背景,主要参数取值见表 4-3-2。

日本 T 桥一阶转向振动模态参数和激振力参数 表 4-3-2

模 态 参 数		激 振 力 参 数
结构模态质量 M_B	2.37×10^3 kg	$K_1 = 0.04$
结构阻尼比 ζ_B	0.008	$K_2 = 0.2$
一阶模态频率 f_B	0.93Hz	$k_3 = 0.01$ m/s
主跨长	174m	行人密度 0.2 人/m² ~1.5 人/m²
宽	5.25m	行人质量 70kg

图 4-3-2 是 T 桥在行人密度为 0.8 人/m^2 时的振动响应时程。在前 20s 振幅增加缓慢。20 ~ 80s 振幅增加较快,以后逐渐进入稳定振动状态,振幅约为 10mm,速度约为 50mm/s,模拟的时程与 T 桥实测时程(图 4-3-3)趋势基本一致,说明激振力参数取值较为合理。

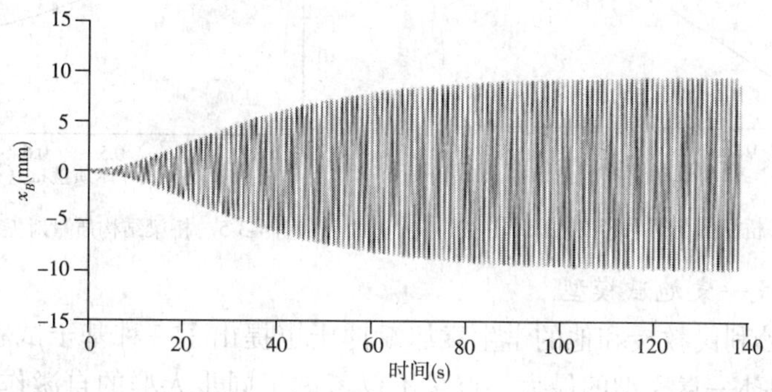

图 4-3-2　日本 T 桥一阶横向振动模拟时程

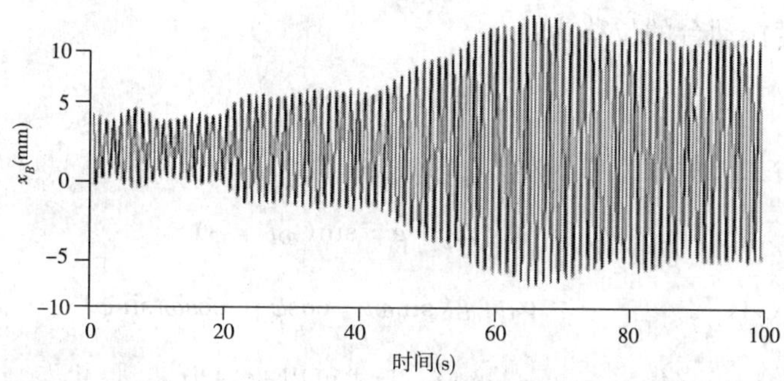

图 4-3-3　日本 T 桥一阶横向振动实测时程

图 4-3-4 是行人密度由 0.2 人/m^2 增加至 1.5 人/m^2 时日本 T 桥的振幅变化情况,基本上是线性曲线,说明在此范围内,T 桥都不会发生动力失稳现象。假定桥上行人密度为 0.8 人/m^2,如果桥梁结构本身质量由 300kg/m^2 增加到 800kg/m^2〔式(4-3-1)中的 M_B 相应变化〕,则横向振动幅值会单调减少,如图 4-3-5 所示。这可以部分解释伦敦千禧桥振幅比日本 T 桥大的原因,虽然 T 桥主跨径 174m 大于千禧桥的 144m,但 T 桥质量 800kg/m^2 比千禧桥 500kg/m^2 大了 60%。Nakamura 的研究还表明,只要结构阻尼比由 0.008 提高到 0.014,最大振幅可以下降到 5mm 左右,这也是该桥后来采用 TLD 水箱减振效果显著的一个证明。

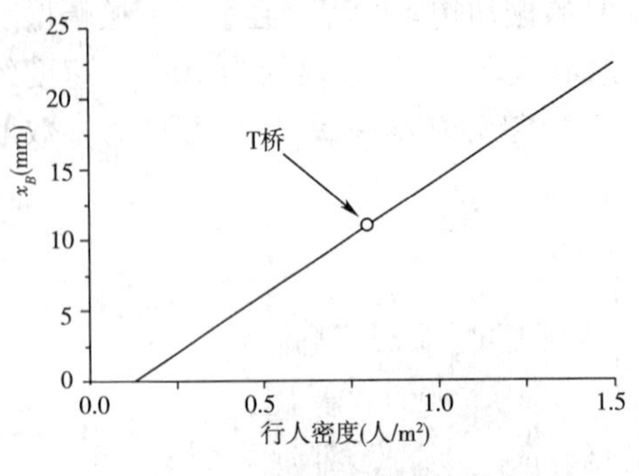

图 4-3-4　T 桥振幅与行人密度的关系

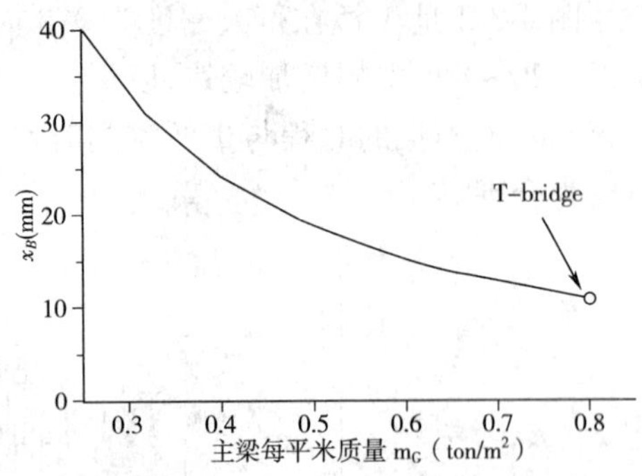

图 4-3-5　桥梁结构质量对振幅的影响

(三)孙利民—袁旭斌模型

同济大学孙利民教授和他的学生袁旭斌博士也提出了一种基于试验的人桥相互作用模型[4-4]。孙—袁模型的最大特点是不仅考虑了同步人群的自激作用,也考虑了未同步人群的强迫振动作用。另外,模型还考虑了同步人群作用力与结构振动的相位差,他们的试验在同济大学进行,设计了一套专门的试验装置,用来先确定单人激振力模型。

设单自由度振动台的位移为:

$$y = A \cdot \sin\omega t$$

在此振动台上的步行力可表示为

$$F_p = \alpha_1 \cdot m_p \cdot g \cdot \sin(\omega t + \varphi)$$

$$= \alpha_1 m_p g(\sin\omega t \cdot \cos\varphi + \cos\omega t \sin\varphi)$$

注意到 $\sin\omega t = y/A$, $\cos\omega t = \dot{y}/\omega A$,上式可以改记为:

$$F_p = \frac{\alpha_1 m_p g}{A}\left(y\cos\varphi + \frac{\dot{y}}{\omega}\sin\varphi\right) \tag{4-3-6}$$

式中:α_1 即是动荷载系数,与振幅 A 有关;m_p 是行人质量;A 为振动台振幅。

式(4-3-6)说明同步的步行力包含两部分:第一项与位移同相,产生附加刚度;第二项与速度同相,产生附加阻尼。依据他们在同济大学的试验结果得到如下试验参数的值:

$$\begin{aligned} \alpha_1 &= 1.1811A + 0.0517 \\ \varphi &= 140.8° \quad (\text{稳定区拟合值}) \end{aligned} \tag{4-3-7}$$

在单自由度振动台上设计电动走步机,依据行人试验结果,孙—袁提出了同步概

率与振幅的关系 $P_S(A)$：

$$P_S(A) = \frac{A}{A + C_1} \cdot \exp[-c_2(f-1)^2] \tag{4-3-8}$$

式(4-3-8)由两部分的乘积组成,即分式部分和指数部分。分式部分反映了同步概率与振幅的关系,其中 C_1 由试验值拟合得到,$C_1 = 0.022$。指数部分表示结构振动频率偏离行人横向摆动的中心频率而产生的同步概率折减系数。行人横向摆动的中心频率假定为1Hz,系数 $C_2 = 20$。

综合式(4-3-6)、式(4-3-7)和式(4-3-8)因结构振动引起的同步行人平均侧向力可以表示为：

$$F_p = \frac{P_S(A)\alpha_1(A)m_p g}{A}\left(y\cos\varphi + \frac{\dot{y}}{\omega}\sin\varphi\right) \tag{4-3-9}$$

现在考虑人行桥的一阶横向振动,圆频率为 ω,振型为 $\varphi(x)$,模态广义坐标为 v,单个行人位于人行桥 x 处时,设该处的振幅为A,那么：

$$A = \sqrt{y^2 + \left(\frac{\dot{y}}{\omega}\right)^2} = |\varphi(x)| \cdot A_0$$

$$y = \varphi(x) \cdot v$$

模态广义坐标的振幅：

$$A_0 = \sqrt{v^2 + \left(\frac{\dot{v}}{\omega}\right)^2}$$

桥上均布的 N 个行人产生的同步激振力的模态广义荷载为：

$$F_s = \int_0^l F_p \cdot \varphi(x)\,\frac{N}{l}\mathrm{d}x$$

$$= \frac{Nm_p g}{A_0} \cdot \left(v\cos\varphi + \frac{\dot{v}}{w}\sin\varphi\right) \cdot \int_0^l P_s(A)\alpha_1(A)\,\frac{|\varphi(x)|}{l}\mathrm{d}x$$

为简化上式,可偏保守地设桥上任意位置的步行力都等于振幅最大处的步行力,上式简化为：

$$F_s = \frac{r_{\varphi s}P_s(A_0)\alpha_1(A_0)Nm_p g}{A_0}\left(v\cos\varphi + \frac{\dot{v}}{\omega}\sin\varphi\right) \tag{4-3-10}$$

由于桥梁振动幅值 v 很小,所以(4-3-10)式的第一项即附加刚度项可以略去,$r_{\varphi s} = \int_0^l \left|\frac{\varphi(x)}{l}\right|\mathrm{d}x$。

另一方面,未与桥梁振动同步的桥上行人数为$[1-P_s(A_0)]N$。假定这一部分人频率相同,但相位在0~2π随机分布,则根据随机过程理论,这部分人的总的等效模态力为:

$$F_r = r_{\varphi r}\sqrt{[1-P_s(A_0)]N}\cdot\alpha_1(A_0)\cdot m_p\cdot g\sin\omega t \tag{4-3-11}$$

式中:$r_{\varphi r}=\left[\int_0^l \frac{\varphi(x)^2}{l}\mathrm{d}x\right]^{\frac{1}{2}}$为振型均方差值。

于是,一阶模态横向振动的方程为:

$$M_B\ddot{v}+C_B\dot{v}+K_Bv=F_s+F_r \tag{4-3-12}$$

注意$C_B=M_B\cdot 2\zeta_B\omega$,$K_B=M_B\omega^2$,将$F_s$和$F_r$的表达式代入,略去$F_s$中的附加刚度项,将附加阻尼移到方程的左边,最后得到模态振动方程:

$$\ddot{v}+2\zeta_e\omega\dot{v}+\omega^2v=\frac{r_{\varphi r}\sqrt{[1-P_s(A_0)]N}\cdot\alpha_1(A_0)m_pg}{M_B}\cdot\sin\omega t \tag{4-3-13}$$

式中ζ_e为等效阻尼,即:

$$\zeta_e=\zeta_B-\frac{r_{\varphi s}\cdot P_s(A_0)\alpha_1(A_0)N\cdot m_p\cdot g\cdot\sin\varphi}{2\omega^2A_0M_B} \tag{4-3-14}$$

于是可以认为,式(4-3-13)是一个单自由度变阻尼的强迫振动方程,其共振人振幅为:

$$A_0=\frac{1}{2\zeta_e}\cdot\frac{r_{\varphi r}\sqrt{[1-P_s(A_0)]N}\cdot\alpha_1(A_0)m_pg}{M_B\cdot\omega^2} \tag{4-3-15}$$

振动稳定的临界状态由式(4-3-14)的$\zeta_e=0$确定,由此式可以计算临界行人数。由于式(4-3-14)和式(4-3-15)均是非线性方程,需要采用迭代法求解。

袁旭斌取试验确定的参数由式(4-3-7)和式(4-3-8)计算日本T桥和英国伦敦桥的响应,结果都与实测不符。经分析原因后改取$C_1=0.06$(实验室拟合值为$C_1=0.022$),获得了较为满意的结果,由此可见孙—袁模型本质上也是一种经验参数模型,并且由单自由度振动台试验得到的参数不一定与实桥一致。

4.3.2 简化的人桥耦合振动分析法

(一)人桥耦合振动方程

本章前面介绍的方法都是基于图4-2-1的模型,行人对桥的作用处理成一个荷载,建立相应的荷载模型分析人桥相互作用的桥梁横向振动。事实上,行人本身也是一个振动系统,有自己的刚度、阻尼和质量,行人横向振动,至少也是一个单自由度振动系统。行人振动与桥梁振动由行人与桥梁之间的作用力和反作用力耦合。按照这一观点，人桥耦合振动模型的示意图应如图4-3-6所示，相应的耦合振动方程组为

$$\begin{cases} m_{pi}\ddot{u}_{pi}(x,t) + c_{pi}\dot{u}_{pi}(x,t) + k_{pi}u_{pi}(x,t) = -P_i(x,t) \qquad i = 1,2,\cdots,N & (4\text{-}3\text{-}16) \\ m_s(x)\ddot{u}_s(x,t) + C_s(x)\dot{u}_s(x,t) + k_s(x)u_s(x,t) = \sum_{i=1}^{N}P_i(x,t) & (4\text{-}3\text{-}17) \end{cases}$$

此方程组由 N 个行人振动方程(4-3-16)和一个桥梁振动方程(4-3-17)组成。由于每个行人都在沿桥长方向移动且作用力 $P(x,t)$ 受多因素影响，要直接求解这一方程组是极其困难的。应当指出，此方程组尚未考虑桥上行人数 N 也是随时间改变的这一因素。

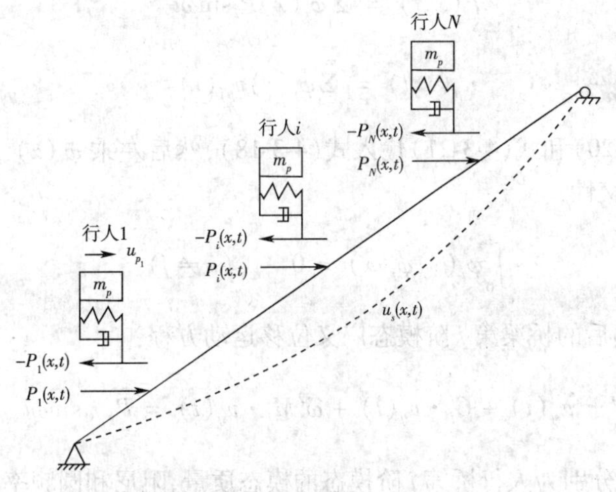

图4-3-6　人行桥耦合振动模型示意图

(二)Roberts 的简化分析法

英国学者 Roberts T. M. 提出了一种简化分析方法[4-5]，现分步介绍如下。

(1)假定桥上维持 N 个行人不变，且沿桥长均匀分布。于是可以将 N 个行人作用力之和化为沿桥长分布的连续作用力 $P(x,t)$，式(4-3-17)简化为：

$$m_s(x)\cdot\ddot{u}_s(x,t) + C_s(x)\dot{u}_s(x,t) + k_s(x)u_s(x,t) = P(x,t) \qquad (4\text{-}3\text{-}18)$$

相应的 N 个行人的运动简化为在均布质量密度 $\frac{N}{L}m_p$ 下的一个连续运动 $v_p(x,t)$，并且忽略人体刚度与阻尼的作用，于是式(4-3-16)简化为：

$$\frac{N}{L}m_p\ddot{v}_p(x,t) = -P(x,t) \tag{4-3-19}$$

式中：m_p 是行人的平均质量，通常取为 70kg。

（2）设 $\varphi_i(x)$ ，i = 1,2,…,∞，是桥梁的 i 阶模态振型函数，于是桥梁振动位移可以依模态分解为：

$$u_s(x,t) = \sum_{i=1}^{\infty}\varphi_i(x)\cdot v_{si}(t) \tag{4-3-20}$$

这里 $v_{si}(t)$ 是桥梁主阶振动模态 i 的广义坐标。

设桥上有 N_p（$N_p < N$）个人进入同步状态，同步频率为 ω_i，Roberts 进一步假定在这 N_p 个同步人群作用下，连续化的作用力 $P(x,t)$ 和行人位移 $u_p(x,t)$ 也可用同样的方式加以分解，即：

$$P(x,t) = \sum_{i=1}^{\infty}\varphi_i(x)P_i\sin\omega t \tag{4-3-21}$$

$$u_p(x,t) = \sum_{i=1}^{\infty}\varphi_i(x)v_{pi}(t) \tag{4-3-22}$$

（3）将式（4-3-20）和式（4-3-21）代入式（4-3-18），然后左乘 $\varphi_j(x)$，再从 0 到 L 积分，注意振型的正交性：

$$\int_0^L\varphi_i(x)\varphi_j(x) = 0 \qquad (i \neq j) \tag{4-3-23}$$

可以得到分离后的桥梁第 j 阶模态广义位移运动方程：

$$M_j\cdot\ddot{v}_{sj}(t) + C_j\cdot\dot{v}_{sj}(t) + \omega_j^2M_j\cdot v_{sj}(t) = P_j\cdot\sin\omega t \tag{4-3-24}$$

式中：M_j，C_j，ω_j 分别为人行桥第 j 阶模态的模态质量，阻尼和圆频率。

$$M_j = \int_0^L m_s(x)\varphi_j^2(x)\,\mathrm{d}x \tag{4-3-25}$$

$$C_j = \int_0^L C_s(x)\varphi_j^2(x)\,\mathrm{d}x = 2\zeta_j\omega_jM_{sj} \tag{4-3-26}$$

而广义模态力 P_j 为：

$$P_j = \int_0^L P_j\varphi_j^2(x)\,\mathrm{d}x \tag{4-3-27}$$

由单自由度系统在简谐荷载下的受迫振动理论，可知式（4-3-24）的解为：

$$v_{sj}(t) = \frac{P_j D_j}{M_j \omega_j^2} \cdot \sin(\omega t - \psi_j) = v_{sj} \cdot \sin(\omega t - \psi_j) \tag{4-3-28}$$

式中：D_j 为放大系数，ψ_j 为相位差，它们是频率比 $r = \omega/\omega_j$ 和阻尼比 ζ_j 的函数。

$$D_j = \frac{1}{\sqrt{(1 - r^2)^2 + (2\zeta_j r)^2}} \tag{4-3-29}$$

$$\tan\psi_j = \frac{2\zeta_j r}{1 - r^2} \tag{4-3-30}$$

(4)因只考虑 N 中一部分同步人群 N_p（$N_p < N$）的作用，故改写式(4-3-19)为

$$\frac{N_p}{L} m_p \ddot{u}_p(x,t) = -P(x,t)$$

将式(4-3-21)与(4-3-22)代入上式，重复(3)的步骤，得到 j 阶模态下的行人模态位移为：

$$v_{pj}(t) = \frac{L}{N_p M_{pj}} \cdot \frac{P_j}{\omega^2} \sin\omega t = v_{pj} \cdot \sin\omega t \tag{4-3-31}$$

式中：

$$M_{pj} = \int_0^L m_p \cdot \varphi_j^2(x)\mathrm{d}x \tag{4-3-32}$$

(5)Roberts 提出，当行人振幅 v_{pj} 大于人行桥振幅 v_{sj} 时，人行桥的 j 阶模态振动是稳定的，反之则是不稳定的，因此人行桥 j 桥模态振动稳定的临界判据为 $v_{pj} = v_{sj}$，于是由式(4-3-28)和式(4-3-31)可得：

$$\frac{L}{N_p M_{pj}} \cdot \frac{P_j}{\omega^2} = \frac{P_j D_j}{M_j \omega_j^2}$$

两边消去 P_j 且注意 $r = \omega/\omega_j$，得到确定同步人行数 N_p 的方程：

$$\frac{N_p}{L} = \frac{M_j}{M_{pj}} \cdot \frac{1}{r^2 D_j} \tag{4-3-33}$$

(6)当行人只分布在人行桥的部分长度 $\alpha L(\alpha < 1)$ 时，可以证明式(4-3-33)应当修正为

$$\frac{N_p}{\alpha L} = \frac{(1 + \alpha^2)}{2\alpha} \frac{M_j}{M_{pj}} \cdot \frac{1}{r^2 D_j} \tag{4-3-34}$$

(7)行人步行横向力 $P(x,t)$ 的频率在 0.7 ~ 1.2Hz 之间，如果 j 阶横向振动模态

频率 ω_j 也在这一范围内，那么 $r = \omega/\omega_j$ 接近于1，而 D_j 在 $r \to 1$ 时取极大值，从而由式(4-3-33)知 N_p 取最小值。

由于 D_j 值在 $r = 1$ 附近变化非常大，Roberts 认为假定行人频率与桥梁振动频率完全相符即 $r = 1$ 不太合乎实际，他建议取 r 在0.8～1.2的范围内计算 $r^2 D_j$ 的平均值。当 $\zeta = 0.0075$ 时，$r^2 D_j$ 在此范围内的平均值为9.98，用这个值按式(4-3-34)计算伦敦千禧桥北边跨横向振动的临界人行数 N_p 与该桥现场实测值165人较为接近。有关计算参数列于表4-3-3。

Roberts 法计算伦敦千禧桥北边跨临界人行数 表4-3-3

桥梁质量 m_s	2000kg/s
行人质量 m_p	70kg/m
北边跨长 L	81m
北边跨1阶横向振动频率 ω_j	1.03Hz
模态阻尼比 ζ	0.0075
$r^2 D_j$ 平均值	9.98(0.8≤r≤1.2)
临界人行数 N_p	142～232人(0.5≤ α ≤1.0)
实桥现场试验值 N_p	165人

(8)当人行桥未进入横向动力失稳状态时，Roberts 也提出了一个行人横向荷载模型，可以计算 N 个行人产生的桥梁振动。假定桥上 N 个行人沿桥长均布，每个行人的横向频率都相同，设为 ω，但行人之间的相位差不同，于是单个行人 i 的横向振动可以设为：

$$u_{pi}(t) = u_{pi} \cdot \sin(\omega t + \varphi) \tag{4-3-35}$$

于是 $u_{pi}(t)$ 是一个关于 φ 的随机过程，随机变量 φ 在0～2π之间均匀分布。按随机过程理论，$u_{pi}(t)$ 可视为各态历经过程，它对所有样本的均值可用一个样本对时间 t 的均值来计算。于是很容易证明 $u_{pi}(t)$ 的均值 $E[u_{pi}(t)]$ 为零，方差 $\sigma(u_{pi}(t)) = \sqrt{E[u_{pi}^2(t)]}$ 为 $\frac{u_{pi}}{\sqrt{2}}$：

$$E[u_{pi}(t)] = \frac{1}{T}\int_0^T u_{pi} \cdot \sin(\omega t + \varphi)\mathrm{d}t = 0 \tag{4-3-36}$$

$$\sigma[u_{pi}(t)] = \left[\frac{1}{T}\int_0^T u_{pi}^2 \sin^2(wt + \varphi)\mathrm{d}t\right]^{\frac{1}{2}} = \frac{u_{pi}}{\sqrt{2}} \tag{4-3-37}$$

对式(4-3-16)略去行人刚度、阻尼的影响，有：

$$m_{pi} \cdot \ddot{u}_{pi}(t) = -P_i(x,t)$$

将式(4-3-35)代入后得到单个行人的作用力：

$$P_i[t] = m_{pi}u_{pi}\omega^2 \cdot \sin(\omega t + \varphi) \tag{4-3-38}$$

按此式计算当 $m_{pi} = 70\ \mathrm{kg}$、$u_{pi} = 0.025\ \mathrm{m}$、$\omega = 2\pi$（即 1Hz）时，单人力幅值 $m_{pi}u_{pi}\omega^2$ 等于 70N，相当于动荷载因子 $\alpha = 0.1$。

式(4-3-38)中 $P_i(t)$ 已不含空间变量 x，这是因为式(4-3-35)假定行人正常行走横向振动与其在桥上的位置无关。显然，单人横向作用力 $P_i(t)$ 也是关于 φ 的随机过程，均值为零而均方差为：

$$\sigma[P_i(t)] = \frac{m_{pi}u_{pi} \cdot \omega^2}{\sqrt{2}} \tag{4-3-39}$$

现在考虑桥上 N 个行人的同时作用，$\sum\limits_{i=1}^{N}P_i(t)$ 它是形如式(4-3-38)的 N 个相同的各态历经随机过程之和，显然它的均值也是零，而方差为：

$$\sigma(\sum_{i=1}^{N}P_i) = \left[\frac{1}{T}\int_0^T(\sum_{i=1}^{N}P_i)^2\mathrm{d}t\right]^{\frac{1}{2}}$$

上式的被积函数展开后，将出现两类积分。由三角函数积化和差公式可以证明：

$$\frac{1}{T}\int_0^T\sin^2(\omega t + \varphi_i)\mathrm{d}t = \frac{1}{2}$$

$$\frac{1}{T}\int_0^T\sin(\omega t + \varphi_i)\sin(\omega t + \varphi_j)\mathrm{d}t = 0 \quad (\varphi_i \neq \varphi_j)$$

于是 N 个行人作用力之和的方差为：

$$\sigma[\sum_{i=1}^{N}P_i(t)] = \left[(\sum_{i=1}^{N}m_{pi}^2u_{pi}^2)\frac{\omega^4}{2}\right]^{\frac{1}{2}}$$

设每个行人的质量与振幅都相同，记为 m_p 和 μ_p，那么 N 个行人作用力的均方差为：

$$\sigma[\sum_{i=1}^{N}P_i(t)] = \sqrt{N} \cdot \frac{m_pu_p\omega^2}{\sqrt{2}} \tag{4-3-40}$$

这说明 N 个形如式(4-3-38)的随机过程之和的方差为单个随机过程方差的 $\sqrt{N}$ 倍，这一结论很早就用于估计连续行人流过桥的振动幅值。

再注意到 N 个行人是均匀分布在桥长 L 上，因此沿桥均布的作用力 $P(x,t)$ 方差为：

$$\sigma\left[P(x,t)\right] = \frac{\sqrt{N}}{L} \cdot \frac{m_pu_p\omega^2}{\sqrt{2}} \tag{4-3-41}$$

按95%的保证率,沿桥均布的作用力 $P(x,t)$ 的幅值可取为2倍方差,于是得到:

$$\begin{aligned} P(x,t) &= 2 \cdot \frac{\sqrt{N}}{L} \cdot \frac{m_p u_p \omega^2}{\sqrt{2}} \cdot \sin\omega t \\ &= \frac{\sqrt{2N}}{L} \cdot m_p u_p \omega^2 \cdot \sin\omega t \end{aligned} \tag{4-3-42}$$

式(4-3-42)是 N 个行人沿桥均布,横向振幅 u_p 、频率 ω 及质量 m_p 均相同,行人相位差在 $0 \sim 2\pi$ 之间随机均匀条件下得到的均布横向作用力表达式。将它替代式(4-3-17)的右边项,即可用时程分析法或模态叠加法求得桥梁的稳态振动响应 $u_s(x,t)$ 。Roberts 没有给出具体算例结果。

(三)对 Roberts 法的评论

Roberts 法的最大优点是分别建立人桥两个振动体系的方程,通过作用力与反作用力的耦合联立求解,但是他的方法有很多不够合理的地方。

(1)式(4-3-21)和式(4-3-22)的假定与实际不符,行人作用力和横向位移不满足桥梁边界条件,不能像桥梁位移那样用满足边界条件的函数列 $\varphi_i(x)$ 来分解,例如在 $\varphi_i(x) = 0$ 的点, $P(x,t)$ 和 $u_p(x,t)$ 按此假定会等于零,而实际上即使行人走在固定地面上, $P(x,t)$ 和 $u_p(x,t)$ 均不为零。

(2)横向动力失稳的临界人数估计式(4-3-33)是基于行人模态位移幅值和桥梁模态位移幅值相等的假定,这一假定本身具有直觉的成分,缺乏严密的证明。

(3)在预测北边跨的临界人行数时取 r 在一定范围的平均值,虽然较为合理,但具体取值范围如何确定是个问题。算例取0.8~1.2之间的平均值,似乎覆盖了行人步频的全部范围,未免太宽了,离共振概念相关太远。若取 $0.9 < r < 1.1$,则 r^2D_j 的平均值为16.1,那么预测的 N_p 值就是88~142,低于试验值165人。

(4)对于伦敦千禧桥其他模态,不论其频率为多少,Roberts 都按 $0.8 < r < 1.2$ 的范围的 r^2D_j 平均值9.98计算相应模态的临界行人数,因此导致不合理的结果:中跨一阶模态频率0.48Hz,二阶模态频率0.95Hz,临界行人数都相同。事实上,只有模态频率在1Hz附近时,取 $0.8 < r < 1.2$ 才合乎实际情况,因为它相当于假设行人横向频率在0.8~1.2Hz之间。中跨一阶模态频率只有0.48Hz,如果仍假定 r 在0.8~1.2Hz之间,相当于假定行人横向频率在0.384~0.576Hz之间,这样低的行人频率几乎是不可能的。

(5)虽然 Roberts 法有如上的一些缺点,本节仍对它作了十分详细的介绍,主要是让读者看到,人行桥横向振动问题还有很大的研究空间,也为有兴趣的读者提供入门的材料。为便于阅读,本节在表达方式和数学符号上较 Roberts 原文有所改动。

4.3.3　基于运动叠加假定的分析法

在分析他人实验资料的基础上，Newland[4-6]假定行人运动由两部分组成，一是在静止的台板上行走的固有运动；二是由桥面运动引起的与桥面振幅成比例，但是滞后于桥面振动。当时滞处于最差情况时，行人就产生负阻尼导致动力失稳现象。根据这一假定，稳定准则可以通过一个无量纲的参数得以表达，这个参数包含了桥梁阻尼和行人与桥梁的质量比。这也类似于用于描述风致桥梁振动的 Scruton 数。从形式上看，Newland 方法对竖向与侧向振动都可以进行分析。

（一）Newland 行人荷载模型

行人荷载由两部分位移各自对应的加速度产生的惯性力构成。第一部分是在静止台板上行走时身体质心的自然位移；第二部分是台板运动引起的附加位移。令 $x(t)$ 为静止台板上的行人质心的运动，$y(t)$ 为台板本身的运动；如果人均质量为 m，传递在台板上的荷载为 $f_0(t)$，于是：

$$f_0(t) = m\ddot{x} + m\alpha\ddot{y}(t-\Delta) \tag{4-3-43}$$

这里的 Δ 是指行人质心运动比桥面运动滞后的时间，α 是行人运动与台板运动的比例因子。行人步频为 0.85Hz（1.7 步/s）时，Dallard[4-2] 显示侧向荷载的 α 值是 2/3，$x(t)$ 振幅大约为 $|x| = 15$ mm。

如果桥上行人较多，并且他们行走保持一致，那么公式(4-3-43)亦适用于模态分析。此时，用模态荷载 $f(t)$ 代替人均荷载 $f_0(t)$，m 相应地变成行人模态质量，x 和 y 表示模态位移。

然而，试验发现行人并不是一直处于同步状态，只有同步荷载才会引发桥梁振动，非同步荷载相互抵消掉了。因此定义相关系数 β 描述在静止台板上行人横向摆动的相关性，γ 为运动的台板上行人横向摆动的相关性。将这些参数引用到公式(4-3-43)，有：

$$f(t) = m\beta\ddot{x}(t) + m\alpha\gamma\ddot{y}(t-\Delta) \tag{4-3-44}$$

对于小摆动（小于 10mm）状况，目前还没有立足的试验数据证明 β、γ 是否是不同的，因此假定他们是一样，即：

$$\gamma = \beta = \text{const} \tag{4-3-45}$$

因此，假定人行激励荷载取决于人和桥的模态加速度以及行人的模态质量。它包括了两个经验系数 α 和 β。α 是指行人质心运动与桥面运动的比值，β 是指人行同步运动的相关系数。于是人行激励荷载模拟如下：

$$f(t) = m\beta\ddot{x}(t) + m\alpha\beta\ddot{y}(t-\Delta) \tag{4-3-46}$$

这里假定行人的出现在小阻尼理论下并没有改变桥梁的模态特性。对于桥梁模态而言行人只是一个荷载。式(4-3-46)用于桥梁振动响应计算。

(二)人—桥相互作用的分析

上述小振幅荷载模型,可用于探索行人(有效模态质量为 m)与桥(振动模态质量为 M,阻尼系数 C,刚度为 K)的相互关系。人行桥相互作用的模态分析模型如图 4-3-7 所示。

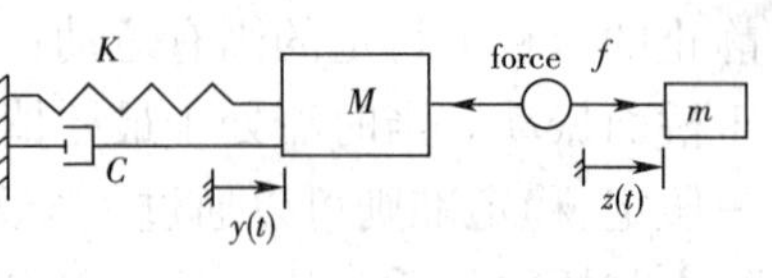

图 4-3-7 桥与行人间的相互作用

模态荷载从行人传递到桥,由 f 表示,圆表示人桥之间存在复杂的相互作用,由式(4-3-46)的参数 α,β 及 Δ 来体现。$z(t)$ 表示行人质心的有效模态位移,$y(t)$ 表示桥面或人行道的模态位移。运动方程为:

$$M\ddot{y}(t) + C\dot{y}(t) + Ky(t) = -f(t) \tag{4-3-47}$$

$$f(t) = m\ddot{z}(t) \tag{4-3-48}$$

将式(4-3-46)代入式(4-3-48)和式(4-3-47)后分别得到:

$$m\ddot{z} = m\beta\ddot{x}(t) + m\alpha\beta\ddot{y}(t-\Delta) \tag{4-3-49}$$

$$M\ddot{y}(t) + C\dot{y}(t) + Ky(t) + m\alpha\beta\ddot{y}(t-\Delta) = -m\beta\ddot{x}(t) \tag{4-3-50}$$

这里 x 和 y 是模态位移,α 和 β 如前面所定义的,如果模态固有频率为 $\omega_n = \sqrt{K/M}$,阻尼由阻尼比 ζ 表示,式(4-3-50)写成下面的形式:

$$\ddot{y}(t) + 2\zeta\omega_n\dot{y} + \omega_n^2 y(t) + \frac{m}{M}\alpha\beta\ddot{y}(t-\Delta) = -\frac{m}{M}\beta\ddot{x}(t) \tag{4-3-51}$$

如果行人在固定台面上的固有运动 $x(t)$ 已知,那么就可以求解桥梁的模态位移 $y(t)$。当然,只考虑桥梁的小振幅运动以便行人不会因为桥梁的振动而停止。滞后时间 Δ 考虑了身体相对脚步的延时。由于当身体与脚步运动不同相时,身体可以很容易有微小的摆动,这就使得侧向振动比竖向振动大成为可能。为了接下来分析的方便,质量比参数 m_r 定义为:

$$m_r = \frac{\alpha\beta m}{M} \tag{4-3-52}$$

频率比定义为:

$$\bar{\omega} = \frac{\omega}{\omega_n} \tag{4-3-53}$$

这里的 m/M 是指行人与桥梁模态质量比,α 是指身体重心运动与桥梁运动的比,

β 指同步运动人群比例，$\bar{\omega}$ 指激励频率与桥梁固有频率比值。

对式(4-3-51)两边做 Fourier 变换，令：

$$Y(i\omega)=\frac{1}{2\pi}\int_{-\infty}^{+\infty}y(t)\exp(-i\omega t)\,\mathrm{d}t \tag{4-3-54}$$

于是有：

$$Y(i\omega)\left[-\omega^2+2\zeta\omega_n i\omega+\omega_n^2-m_r\omega^2\exp(-i\varphi)\right]+X(i\omega)\frac{m_r}{\alpha}(-\omega^2)=0 \tag{4-3-55}$$

这里的 ϕ 定义如下：

$$\phi=\omega\Delta \tag{4-3-56}$$

(1) $X(i\omega)=0$ 时的平凡解

首先，假定 $x(t)=0$ 使得 $X(i\omega)=0$，这表示在固定台面上，行人不产生任何动力荷载。也就是说行人质心沿行走方向滑行，没有上下与左右的波动，只向桥梁传递静重荷载。如果没有时间滞后使得 $\Delta=0$，那么式(4-3-51)中的 $\phi=0$，于是 $Y=0$ 便是唯一解，也就没有振动发生。然而，只要有滞后时间的存在，Y 就有非零解。

这个非零解可用如下方法求解。通过对公式(4-3-55)的实部与虚部的分离，变为：

$$Y(i\omega)\left[(-\omega^2+\omega_n^2-m_r\omega^2\cos\phi)+i\omega(2\zeta\omega_n+m_r\sin\phi)\right]=0 \tag{4-3-57}$$

上式只要方括号中的实部与虚部都为零，Y 就有非零解。即：

$$-\omega^2+\omega_n^2-m_r\omega^2\cos\phi=0 \tag{4-3-58}$$

$$2\zeta\omega_n+m_r\omega\sin\phi=0 \tag{4-3-59}$$

根据上两式消除 ϕ，于是得到以下阻尼比 ζ 的表达式：

$$4\zeta^2=2+\bar{\omega}^2(m_r^2-1)-\frac{1}{\bar{\omega}^2} \tag{4-3-60}$$

对于这个解，相位角 ϕ 可以由式(4-3-58)或式(4-3-59)计算得到：

$$\phi=\sin^{-1}\left(\frac{-2\zeta}{\bar{\omega}m_r}\right) \tag{4-3-61}$$

式(4-3-60)、式(4-3-61)绘制如图 4-3-8 和图 4-3-9。

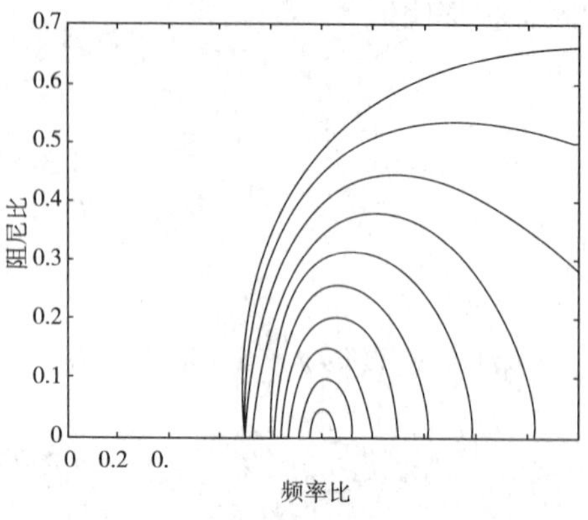

图 4-3-8 不同质量比下稳定所需的阻尼比与频率比的数关系图(曲线以下的部分是不稳定的区域)

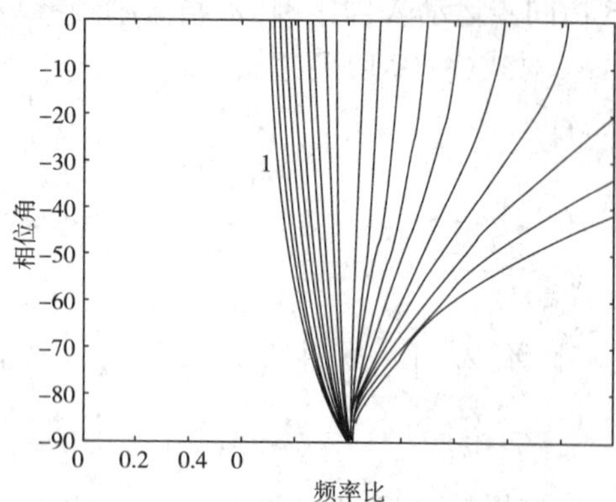

图 4-3-9 不同质量比下行人与桥梁运动的相位角与频率比的关系图

由图可以看出,对于人—桥质量比 m_r 很小时,只需要很小的阻尼就能保证稳定,并且只有很小一段频率区间会产生自激振动。但是,对于大质量比,维持稳定的阻尼比变大了,并且自激振动产生的频率范围变大了。行人与桥运动的相位差如图 4-3-9 所示。当频率比趋于一时,也就是说行人激励频率与桥面运动固有频率很接近相位差接近 90 度。

(2)稳定临界阻尼

图 4-3-8 给定了任何质量比 m_r 下稳定所需的最小阻尼比。例如 $m_r=0.5$ 的曲线所示,在 0.8 ~ 1.4 的频率比范围内系统将有可能发生自激现象,除非阻尼比超过最大值(大约为 0.27)。

通过计算图 4-3-8 曲线的极值,可以确定出保持稳定的临界阻尼比和失稳开始发生的频率。对式(4-3-60)关于 ω 进行微分,假定 m_r 为常数,极值发生的临界频率 ω_c 应满足下式:

$$\left(\frac{\omega_c}{\omega_n}\right)=\frac{1}{1-m_r^2} \tag{4-3-62}$$

这时的临界阻尼比 ζ_c 是:

$$\zeta_c^2=\frac{1}{2}\left(1-\sqrt{1-m_r^2}\right) \tag{4-3-63}$$

当质量比 m_r 很小时,式(4-3-63)的右边通过多项式展开且忽略高阶部分得到:

$$2\zeta_c \approx m_r \qquad m_r \ll 1 \tag{4-3-64}$$

类似的,式(4-3-62)对应的临界频率 ω_c 可转换为

$$\frac{\varphi_c}{\omega_n} \approx 1 + \frac{m_r^{\ 2}}{4} \tag{4-3-65}$$

体心与脚在稳定状态下相对运动的临界相位角可由式(4-3-61)求得：

$$\varphi_c \approx -\frac{\pi}{2} + \frac{m_r}{2} \tag{4-3-66}$$

理论上讲，在式(4-3-63)或式(4-3-64)规定的临界阻尼比下，结构可以以任何振幅做常幅振动。如果大于临界阻尼比，振动会慢慢衰减；当小于临界阻尼比时，结构振动会增大。结果如图4-3-10，图4-3-11所示。

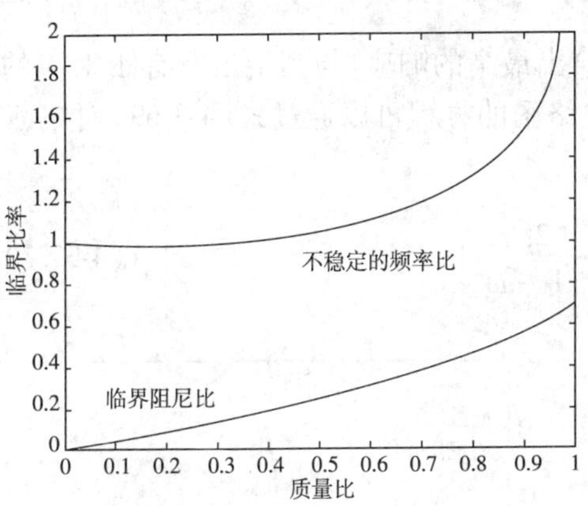

图4-3-10　稳定所需的临界阻尼比与质量比曲线（下面线条）以及失稳首次发生的频率比与质量比的曲线

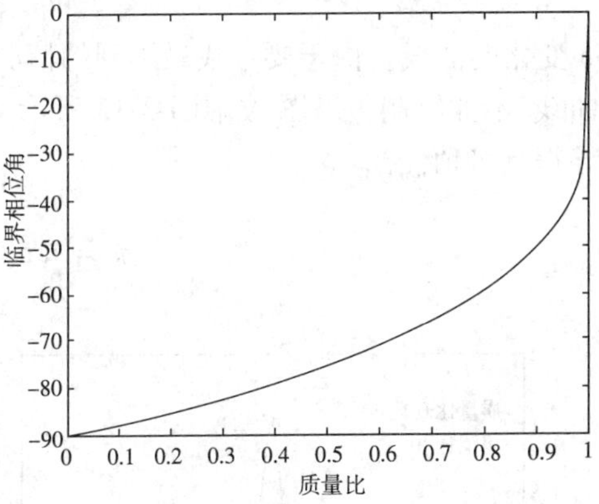

图4-3-11　质量比与临界相位角的关系曲线

图4-3-8中 $m_r = 1$ 条件下的曲线是一条以 $\zeta = 1/\sqrt{2} = 0.7071$ 为渐近线的曲线，对于更高的质量比大于1的曲线将会是单调递增的，而没有极大值。对于这些大的质量比，根据响应模型，系统不可能有稳定解，不管阻尼比多大。

(3)强迫振动解

当 $X(i\omega) \neq 0$ 时应采用强迫振动求解。在固定的桥梁上稳定行走时，假定行人质心的固有运动是：

$$x(t) = X\exp(i\omega t) \tag{4-3-67}$$

那么桥梁的响应就是：

$$y(t) = Y\exp(i\omega t) \tag{4-3-68}$$

将式(4-3-67)、式(4-3-68)代入式(4-3-51)或者式(4-3-55)，桥梁响应振幅为：

$$\left|\frac{\alpha Y}{X}\right| = m_r\,\overline{\omega}^{\,2}\left\{\left[1-\overline{\omega}^{\,2}(1+m_r\cos\phi)\right]^2+\left[2\zeta\,\overline{\omega}+\overline{\omega}^{\,2}m_r\sin\phi\right]^2\right\}^{-1/2} \tag{4-3-69}$$

桥梁滞后激励的相位角 θ 为：

$$\theta = \tan^{-1}\left[\frac{2\zeta\,\overline{\omega} + \overline{\omega}^2 m_r \sin\phi}{1 - \overline{\omega}^2(1 + m_r\cos\phi)}\right] \tag{4-3-70}$$

由式(4-3-69)、式(4-3-70)描述结构整体的运动隐含着结构的瞬态运动必须是衰减的。这种情况也只有在桥梁的阻尼比大于式(4-3-63)或式(4-3-64)给出的临界阻尼比才会发生。

式(4-3-69)给定的响应幅度取决于体心运动滞后脚步运动(即桥梁运动)的相位角 ϕ。图 4-3-12 绘制了 $m_r = 0.1$，$\zeta = 0.1$，$\phi = 0, -\pi/2, -\pi, \pi/2$ 情况下 $\left|\frac{\alpha Y}{X}\right|$ 随 $\overline{\omega}$ 变化的曲线。由于要寻找最不利的情况，给出最高的响应，与其给出所有 ϕ 对应的曲线，不如绘制包络图，如图 4-3-13 所示。包络图的方程可以通过式(4-3-69)对 ϕ 求导得到极值。当

$$\phi = \tan^{-1}\left[-\frac{2\zeta\,\overline{\omega}}{1 - \overline{\omega}^2}\right] \tag{4-3-71}$$

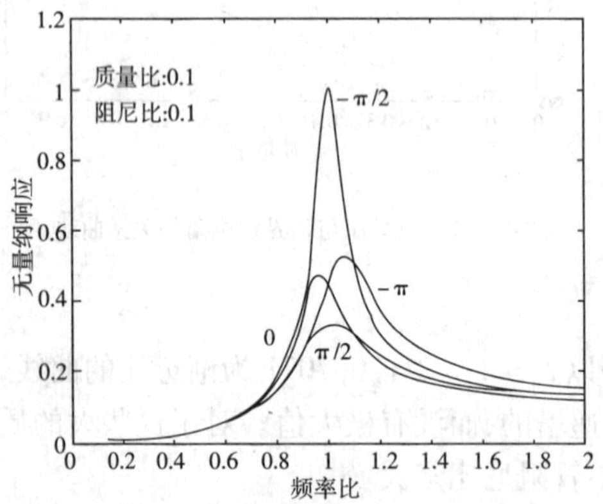

图 4-3-12 $m_r = 0.1$，$\zeta = 0.1$ 与四种不同相位角 ϕ 下的桥梁强迫振动。纵坐标是公式(4-3-69)定义下的无量纲响应 $\left|\frac{\alpha Y}{X}\right|$

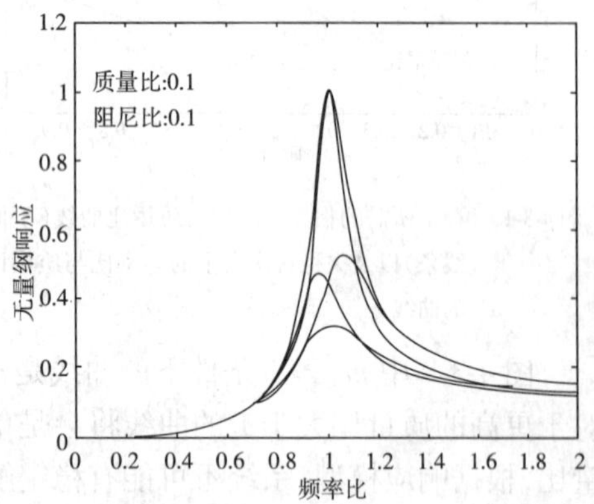

图 4-3-13 与图 4-3-12 一样，只是绘制了最大值的包络曲线

得到的极值为：

$$\left|\frac{\alpha Y}{X}\right| = m_r\,\overline{\omega}^2\left\{(1 - \overline{\omega}^2)^2 + 4\zeta^2\,\overline{\omega}^2 + m_r^2\,\overline{\omega}^4 - 2m_r\,\overline{\omega}^2\sqrt{(1 - \overline{\omega}^2) + 4\zeta^2\,\overline{\omega}^2}\right\}^{-1/2} \tag{4-3-72}$$

式(4-3-72)用于计算图 4-3-14、图 4-3-15 中的结果。这些结果假定只要 $\zeta > \zeta_c$，

那么就存在稳定解，其中 ζ_c 是由式(4-3-63)计算得到的临界阻尼比，或者当 $m_r \ll 1$ 由式(4-3-64)计算得到。图 4-3-14、图 4-3-15 分别绘制了 $m_r = 0.1$，$m_r = 0.3$ 的结果。对于两个图，都绘制了 $\zeta/\zeta_c = 1.1, 1.3, 1.5, 2, 3, 5$ 情况下的曲线。其中的临界阻尼根据式(4-3-63)、式(4-3-64)可知取决于 m_r。

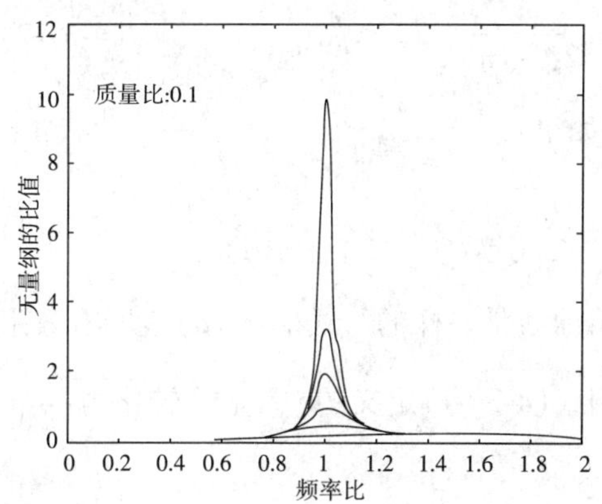

图 4-3-14　$m_r = 0.1$ 时六种不同的阻尼比 $\zeta/\zeta_c = 1.1, 1.3, 1.5, 2, 3, 5$ 下桥梁的强迫振动响应。纵坐标的无量纲响应 $\left|\frac{\alpha Y}{X}\right|$ 由式(4-3-72)定义

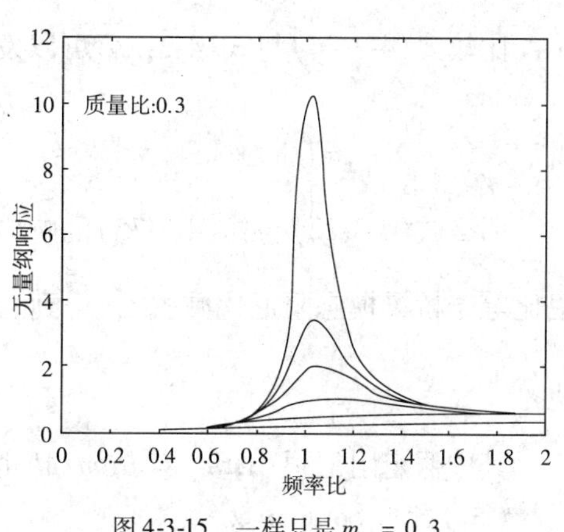

图 4-3-15　一样只是 $m_r = 0.3$

(4)有效阻尼比

从图 4-3-14、图 4-3-15 可知，强迫振动响应从形式上看与单自由度系统的强迫共振非常类似。如果桥梁的阻尼只比临界阻尼大一点，那么振动频率与相关的模态固有频率接近。

考虑到单自由度系统在简谐荷载 $F\exp(i\omega t)$ 作用下的响应位移为 $Y\exp(i\omega t)$。那么稳态响应幅值为：

$$\left|\frac{kY}{F}\right| = \left[(1-\overline{\omega}^2)^2 + (2\zeta_{eff}\overline{\omega})^2\right]^{-1/2} \tag{4-3-73}$$

其中 k 是刚度，$\overline{\omega}$ 是频率比[公式(4-3-53)]，ζ_{eff} 有效阻尼比。当力 $F(t)$ 是质量 (βm) 具有谐波位移 X 所产生的惯性荷载时：

$$F(t) = -\beta m\omega^2 X\exp(i\omega t) = F\exp(i\omega t) \tag{4-3-74}$$

将式(4-3-74)代入式(4-3-73)中的 F，且注意应用式(4-3-52)：

$$\left|\frac{\alpha Y}{X}\right| = m_r\overline{\omega}^2\left[(1-\overline{\omega}^2)^2 + (2\zeta_{eff}\overline{\omega})^2\right]^{-1/2} \tag{4-3-75}$$

共振(即 $\overline{\omega} = 1$)时，有：

$$\left|\frac{\alpha Y}{X}\right|_{\bar{\omega}=1} = \frac{m_r}{2\zeta_{eff}} \tag{4-3-76}$$

另一方面，在式(4-3-72)中令 $\bar{\omega} = 1$，可得：

$$\left|\frac{\alpha Y}{X}\right|_{\max,\bar{\omega}=1} = \frac{m_r}{2\zeta - m_r} \tag{4-3-77}$$

比较式(4-3-76)与式(4-3-77)可以发现，如果：

$$\zeta_{eff} = \zeta - \frac{m_r}{2} \tag{4-3-78}$$

那么式(4-3-72)与式(4-3-75)的响应幅值曲线是一样的。式(4-3-78)表明有效阻尼比等于桥梁模态阻尼比减去 $\frac{m_r}{2}$ 得到。采用式(4-3-64)定义的 ζ_c，上式转化为：

$$\zeta_{eff} = \zeta - \zeta_c \tag{4-3-79}$$

其中假定阻尼很小，$m_r = \alpha\beta m/M$ 也很小。

(三)行人 Scruton 数

人行荷载与风荷载激励具有类似的特性。旋涡的脱落对结构激励振动通过无量纲 Scruton 数计算，Scruton 数是阻尼、结构质量与流体质量的比表达式。通常的定义为：

$$s_c = \frac{4\pi\zeta M}{\rho b^2} \tag{4-3-80}$$

其中 ζ 是相应模态阻尼比，ρ 是空气密度，b 是特征长度，对圆柱结构是直径，M 是结构每延米的质量。Scruton 数越大，结构的抗风能力越强。McRobie 和 Morgenthal 建议将同样的方法用于人行激励振动，并将竖向与侧向振动分开以便区分桥面竖向与侧向振动时行人不同的反应。行人 Scruton 数的定义有一定的可选性，本书参照式(4-3-80)，定义行人 Scruton 数 S_{cp} 为：

$$S_{cp} = \frac{2\zeta M}{m} \tag{4-3-81}$$

式中：ζ =模态阻尼比；

M =模态质量；对于实桥面，就是每延米的质量；

m =行人模态质量；对于人群均匀分布的桥面，为每延米的行人质量。

对于这个定义，为了使得阻尼比超过式(4-3-64)中的最小临界阻尼比，需要：

$$S_{cp} > \alpha\beta \tag{4-3-82}$$

这个分析用到公式(4-3-46)的模型。跟前面定义一样，α 指行人体心运动与桥面运动的比值，在频率 0.75～0.95Hz 之间取 2/3；β 是同步桥梁运动的相关系数，侧向振幅小于 10mm 时取 0.4。

将已有的人行桥振动资料（往往不太完整）收集整理，计算它们的 S_{cp} 数，绘制图 4-3-16（侧向振动）、图 4-3-17（竖向振动）。每个图上按式(4-3-82)都绘制了两条水平线。这些水平线表示了稳定所需的最小 Scruton 数，而这个值的大小取决于经验系数，其中下限取 $\alpha = 2/3, \beta = 0.4$，上限取 $\alpha = 1, \beta = 1$，分别代表了对行人 Scruton 数最低要求和最保守的要求。

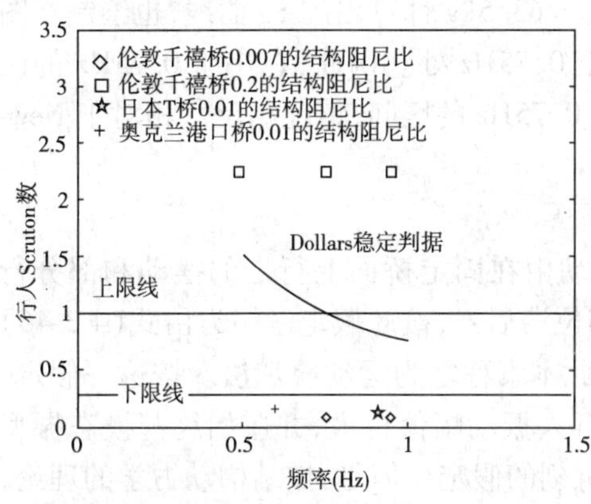

图 4-3-16　据资料计算的侧向模态的行人 Scruton 数，Dallard 的数据也绘制于图上作比较

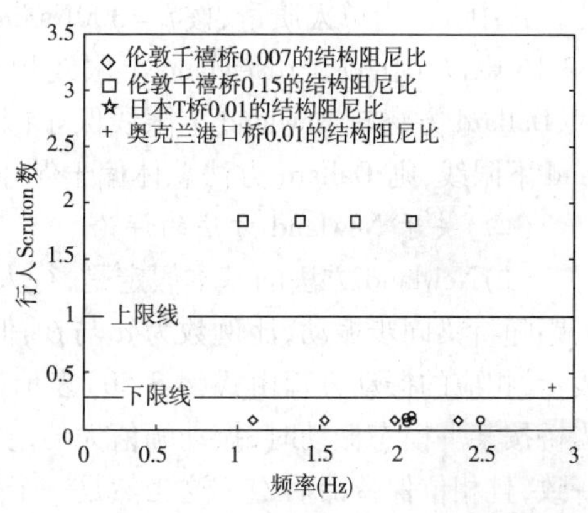

图 4-3-17　据部分资料计算的竖向模态的 Scruton 数

从伦敦千禧桥的经典模态可以看出，它的行人 Scruton 数最初很小，低于下限值。通过人工控制措施加大桥梁阻尼后，相关的行人 Scruton 数明显增大了，高于上限并且大于 Arup 建议值。当然目前的只是有限的实验数据，对于 α 与 β 的最佳值有待进一步的研究。尽管同步系数 β 值不会超过 1，但是行人质心运动对桥梁的比值 α 是有可能大于 1 的，因此上限线（$\alpha = 1, \beta = 1$）有可能会往上移。有趣的是，Roberts 对侧向振动的研究（见 4.3.2 节）认为 α 小于或等于 1 是保持稳定的条件。按照这个条件可以计算出一个已知跨度和动力特性桥梁所允许的最大行人数目。尽管两者表达形式明显不同，但是从 S_{cp} 数形式表达的 poberts 稳定准则为 $S_{cp} = 1$，即图 4-3-16 上限线。

对于侧向振动（图 4-3-16），Fujino 研究的日本 T 桥与奥克兰港口桥的行人 Scruton 数都低于按式(4-3-82)计算的下限值。对于竖向振动，McRobie 和 Morgenthal 对另外一些桥作了研究，它们的行人 Scruton 数都低于下限值。按奥克兰港口桥提供的数据，通过式(4-3-80)的计算的行人 Scruton 数，非常有趣的落在了两条限制线之间。这可能与 1992 年举行的马拉松比赛有关，这时有很多人从桥面上通过。记录到了竖向振幅达到了 3mm（跑步者可以明显感知到）。由此可以得出结论，大量的跑步者的同步可以引发大幅的桥梁振动。这就是为什么要人为地提高伦敦千禧桥的竖向与侧向模态阻尼。

Dallard 依据伦敦千禧桥试验数据提出的稳定依据〔见式(3-2-5)〕:

$$\zeta > \frac{Nk}{8\pi f_n M} \tag{4-3-83}$$

将它代入式(4-3-81)可得以行人 Scruton 数表示的 Dallard 判据为:

$$S_{cp} > \frac{k}{2\pi f_n m_0} \tag{4-3-84}$$

式中,m_0 为单人质量,按 $k = 300\text{Ns/m}$、$m_0 = 63.5\text{kg}$ 计算出的 S_{cp} 曲线,也绘制在图 4-3-16 中以作比较,与 Newland 上限线相交于 0.75Hz 处。因此,在小于 0.75Hz 的区间,Dallard 方法较 Newland 上限线保守;大于 0.75Hz 的区间,情况相反。相对于 Newland 下限线,则 Dallard 方法总体偏于保守

(四)关于 Newland 方法的评论

(1)Newland 方法的基本假定是,行人运动由在固定桥面上行走的摆动和部分行人跟随桥梁同步振动,比例数为 α 与 β,但相位滞后Δ,按此假定激振力由式(4-3-46)表示,相应的振动方程由式(4-3-50)表示,因此本书称之为运动叠加法。按这一假定,当桥按某一模态振动时,振动幅值大的地方行人振动幅值也大,并应始终与模态振型一致,且相位保持滞后Δ。这当然是一个很苛刻的假定。但是,按结构动力学的理论,任何相位的滞后,都可以看作是阻尼的作用结果,因此 Newland 的假定本质上有其合理的部分。并且由此导出了行人同步等效于 $-\frac{mr}{2}$ 的阻尼,见式(4-3-78)。

(2)由等效阻尼大于 0〔式(4-3-78)大于 0〕可以导出稳定的临界条件:

$$2\zeta > \frac{\alpha\beta m}{M} \tag{4-3-85}$$

如果桥梁结构阻尼已经确定,由上式可以导出桥梁容许的临界人数:

$$N_P < \frac{2\zeta \cdot M \cdot L}{\alpha\beta m_i} \tag{4-3-86}$$

式中 M 为桥梁模态质量,m_i 为行人平均质量 m_0 的模态质量:

$$m_i = \int_0^L m_0 \varphi_i^2(x)\,dx \tag{4-3-87}$$

(3)虽然 Newland 方法形式上也可以用于人行桥竖向振动的稳定判据,但目前没有实桥因行人导致竖向动力失稳的报道,这说明 Newland 假定可能不符合竖向振动的实际情况。

4.4 人行桥参数共振理论

在伦敦千禧桥开放当日的过度横向振动中，中跨振动主要成分之一为0.48Hz的一阶模态振动。这一步频与行人横向摆动频率范围0.7~1.2Hz相去甚远。本章上述两节的理论都难以对这一现象作出合理解释。Piccardo[4-7]为此提出了一种参数共振分析方法。

4.4.1 Piccardo的参数共振分析法

这一方法假定行人的横向摆动为简谐运动 $\cos\Omega t$，Ω 为行人横向摆动圆频率（$\Omega = 2\pi f_S$）。因为已有试验表明桥梁振动明显地增加了行人对桥梁的横向作用力，因此动荷载系数 α 假定为桥梁横向振动 $q(x,t)$ 的线性函数 $\alpha = \alpha_0 + \alpha_1 q(x,t)$。于是，作用在桥梁上的每延米行人步行力为 $f_p(x,t)$，即：

$$f_p(x,t) = \lambda[\alpha_0 + \alpha_1 q(x,t)]g m_p(x)\cos\Omega t \tag{4-4-1}$$

式中：λ 为同步比例；$m_p(x)$ 是每延米行人质量，一般可假定行人沿桥长均匀分布；g为重力加速度。

桥梁在式(4-4-1)的激励下，其横向振动方程可以写为：

$$m_s(x)\ddot{q}(x,t) + c(x)\dot{q}(x,t) + k(x)q(x,t) - \lambda\alpha_1 g m_p(x)\cos\Omega t \cdot q(x,t)$$

$$= \lambda\alpha_0 g m_p(x)\cos\Omega \tag{4-4-2}$$

式中已将激励力中与桥梁运动 $q(x,t)$ 相关的项移到方程的左边。对上式作模态坐标变换，得到关于 j 阶模态坐标 p_j 的振动方程：

$$\ddot{p}_j(t) + 2\omega_j\zeta_j\dot{p}_j(t) + \left[\omega_j^2 - g\lambda\alpha_1\frac{M_{p_j}}{M_{s_j}}\cos\Omega t\right]p_j(t)$$

$$= \left[\frac{g\lambda\alpha_0}{M_{sj}}\int_0^L m_p(x)\varphi_j(x)dx\right]\cos\Omega t \tag{4-4-3}$$

式中 M_{pj}、M_{Sj} 分别是 j 阶模态下的行人模态质量及桥梁模态质量，计算式为：

$$M_{S_j} = \int_0^L m_S(x)\varphi_j^2(x)\mathrm{d}x$$

$$M_{p_j} = \int_0^L m_p(x)\varphi_j^2(x)\mathrm{d}x \tag{4-4-4}$$

为进行参数振动分析，引入如下无量纲位移 y 和无量纲时间 $\tilde{t}$ 参数

$$y = \frac{p_j}{L}, \tilde{t} = \frac{1}{2}\Omega t \tag{4-4-5}$$

利用式(4-4-5)的定义，可以将式(4-4-3)转化为无量纲位移 y 关于无量纲时间 $\tilde{t}$ 的方程：

$$\ddot{y} + 2\eta\dot{y} + \left[\delta - 2\varepsilon\cos 2\tilde{t}\right]y = \kappa\cos 2\tilde{t} \tag{4-4-6}$$

式中：

$$\begin{aligned} \eta &= \frac{2\omega_j}{\Omega}\zeta_j \\ \delta &= \frac{4\omega_j^2}{\Omega^2} \\ \varepsilon &= \frac{2g\lambda\alpha_1}{\Omega^2}\frac{M_{p_j}}{M_{s_j}} \\ \kappa &= \frac{4g\lambda\alpha_0}{\Omega^2 M_{s_j} L}\int_0^L m_p(x)\varphi_j(x)dx \end{aligned} \tag{4-4-7}$$

因为行人模态质量 M_{Pj} 总是远远小于桥梁模态质量，参数 ε 可认为是一很小的量；同理因为阻尼 ζ_j 是一个很小的量，而频率比 $2\omega_j/\Omega$ 一般在 1 ~ 2 附近变化，因此 η 也可以认为是与 ε 同价的小量，记为：

$$\eta = \varepsilon\tilde{\eta} \tag{4-4-8}$$

将式(4-4-8)代入式(4-4-6)后可以得到：

$$\ddot{y} + 2\varepsilon\tilde{\eta}\dot{y} + \left[\delta - 2\varepsilon\cos 2\tilde{t}\right]y = \kappa\cos 2\tilde{t} \tag{4-4-9}$$

方程(4-4-9)是经典的 Mathieu 型参数振动方程。依据参数的不同，方程(4-4-9)的解可能是稳定的或者不稳定的。参数空间$(\delta, \varepsilon, \eta)$可以用临界曲线(transiton curves)区分为稳定区与非稳定区，而位于临界线上的参数可使方程(4-4-9)有周期解，周期为 π 或 2π。这一临界曲线可以使用摄动法获得解析解。

由于外部激励不会改变系统的稳定性，我们只需在线性范围内考虑方程(4-4-9)的自由振动解(即右端项为零的齐次方程解)。为此，将 y 和 δ 按 ε 展开为：

$$\begin{aligned} \delta &= \delta_0 + \varepsilon\delta_1 + \varepsilon^2\delta_2 + \cdots \\ y &= y_0 + \varepsilon y_1 + \varepsilon^2 y_2 + \cdots \end{aligned} \tag{4-4-10}$$

将式(4-4-10)代入式(4-4-9),令 ε 的每一阶系数等于零,得到下列摄动方程:

$$\varepsilon^0\text{ 阶}:\ddot{y}_0+\delta_0 y_0=0 \tag{4-4-11}$$

$$\varepsilon^1\text{ 阶}:\ddot{y}_1+\delta_0 y_1=-2\tilde{\eta}\dot{y}_0-\delta_1 y_0+2y_0\cos 2\tilde{t} \tag{4-4-12}$$

$$\varepsilon^2\text{ 阶}:\ddot{y}_2+\delta_0 y_2=-2\tilde{\eta}\dot{y}_1-\delta_1 y_1-\delta_2 y_0-2y_1\cos 2\tilde{t} \tag{4-4-13}$$

容易求解式(4-4-11)的通解为:

$$y_0=a\cos\sqrt{\delta_0}\ \tilde{t}+b\sin\sqrt{\delta_0}\ \tilde{t} \tag{4-4-14}$$

现在我们考虑 $\delta_0=1$ 的主共振条件下的解,将式(4-4-14)代入式(4-4-12),并令 $\delta_0=1$,那么若要消除其中的长期项,必须要求:

$$\delta_1=\pm\sqrt{1-4\tilde{\eta}^2} \tag{4-4-15}$$

将这一条件代入式(4-4-10),我们可以得到:

$$\delta=1\pm\sqrt{\varepsilon^2-4\eta^2} \tag{4-4-16}$$

由上式可以解出 ε,从而得到临界曲线的一阶近似 $\varepsilon_{\lim}$:

$$\varepsilon_{\lim}=\sqrt{(\delta-1)^2+4\eta^2}=\sqrt{(\delta-1)^2+4\zeta_j^2\delta} \tag{4-4-17}$$

将式(4-4-14)代入式(4-4-12)可以解出 y_1,将 y_1,δ_1 代入式(4-4-13)后,由消除长期项条件可以导出:

$$\delta_2=-\frac{1}{8} \tag{4-4-18}$$

将 δ_1、δ_2 的表达式(4-4-15)和式(4-4-18)代入式(4-4-10),我们得到 δ 的二阶近似解:

$$\delta=1\pm\sqrt{\varepsilon^2-4\eta^2}-\frac{\varepsilon^2}{8} \tag{4-4-19}$$

由式(4-4-19)可以解出临界曲线 $\varepsilon_{\lim}$ 的二阶近似解:

$$\varepsilon_{\lim}=2\sqrt{2}\sqrt{5-\delta-\sqrt{-4\eta^2-8\delta+24}}=2\sqrt{2}\sqrt{5-\delta-\sqrt{-4\zeta_j^2\delta-8\delta+24}} \tag{4-4-20}$$

为了求二阶参数共振解,应令 $\delta_0=4$(相当于频率比 $\overline{\omega}=\dfrac{2\omega_j}{\Omega}$ 在2附近),但这时由 y_1 阶振动方程将会导出有解条件为:

$$16\tilde{\eta}^2 + \delta_1^2 = 0 \tag{4-4-21}$$

但这是永远无法满足的条件，除非 $\tilde{\eta} = \delta_1 = 0$ 。因此方程不存在二阶参数共振的周期解，图4-4-1绘出了主共振条件下的临界曲线 $\varepsilon_{\mathrm{lim}}$ 的一阶近似（用虚线表示）和二阶近似（用实线表示）的比较。按式(4-4-16)和(4-4-19)计算 $\varepsilon_{\mathrm{lim}}$ 时取 $\zeta_j = 0.005$ 。两条曲线十分接近，说明解已有很高的近似程度。由曲线形状可以看出，$\varepsilon_{\mathrm{lim}}$ 对 δ 的变化非常敏感，当 δ 偏离1时，$\varepsilon_{\mathrm{lim}}$ 迅速增加。图4-4-2绘出了一阶近似下临界曲线随阻尼比变化趋势：在 $\delta = 1$ 附近，阻尼比影响很大，大的阻尼比导致大的 $\varepsilon_{\mathrm{lim}}$ 值，但是偏离 $\delta = 1$ 后，阻尼影响迅速减小。

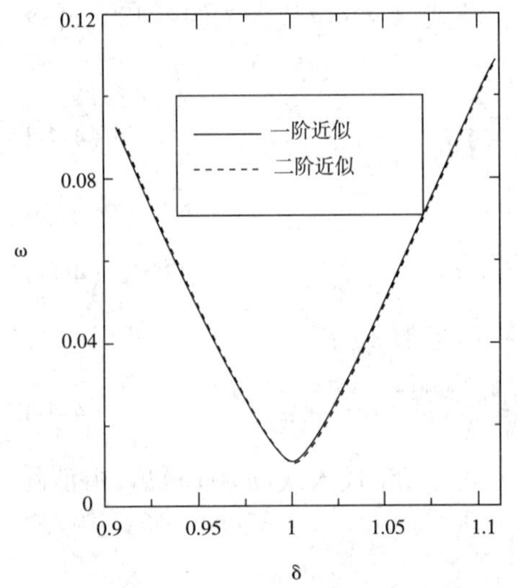

图4-4-1 $\zeta = 0.005$ 时临界曲线 $\varepsilon_{\mathrm{Lim}}$ 的一阶与二阶近似

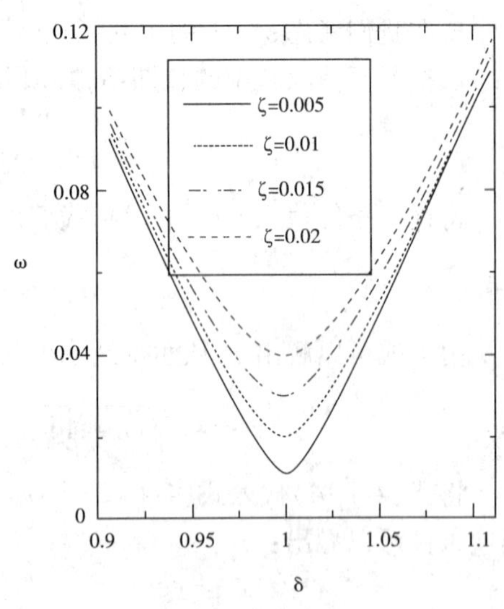

图4-4-2 不同阻尼比下的 $\varepsilon_{\mathrm{Lim}}$ 的一阶近似曲线

Piccardo还用差分法直接求解式(4-4-9)，验证了 $\varepsilon_{\mathrm{lim}}$ 具有足够的精确度：当 $\delta = 1$ 时，如果 $\varepsilon < \varepsilon_{\mathrm{lim}}$，计算的时程曲线是衰减的。$\varepsilon = \varepsilon_{\mathrm{lim}}$ 时，时程曲线是等幅振荡。而 $\varepsilon > \varepsilon_{\mathrm{lim}}$ 后，时程曲线是发散的。

4.4.2 参数共振解的物理意义

由 ε 与 δ 的定义式(4-4-7)可以看出，去掉常数项，ε 是同步人群模态质量（λM_{p_j}）与桥梁模态质量之比，而 δ 是桥梁模态频率 ω_j 的2倍与行人步频 Ω 的比。实际的桥梁结构 ε 不会超过0.1，由图4-4-1可见相应的 δ 区间为0.9~1.1。由此可见，仅当那些频率接近行人步频的1/2倍的桥梁模态，才有可能被激发出共振。由于伦敦千禧桥的一阶横向频率为0.48Hz，而行人横向摆动频率接近1Hz，所以参数共振条件得以满足，该桥出现了0.5Hz的大幅横向振动。由于 $\varepsilon_{\mathrm{lim}}$ 的一阶近似已有足够的精度，我们可以将 ε、η、δ 的定义式代入式(4-4-17)，由 $\varepsilon < \varepsilon_{\mathrm{lim}}$ 得到如下稳定性判别条件：

$$\frac{M_{p_j}}{M_{S_j}} < \frac{\Omega^2}{2g\lambda\alpha_1}\sqrt{\left(4\frac{\omega_j^2}{\Omega^2}-1\right)^2+16\frac{\omega_j^2}{\Omega^2}\zeta_j^2} \tag{4-4-22}$$

而最不利条件是 $2\omega_j=\Omega$，这时相应的稳定条件是：

$$\frac{M_{p_j}}{M_{s_j}} < \frac{4\omega^2}{g\lambda\alpha_1}\zeta_j \tag{4-4-23}$$

应用上述理论，Piccardo 对伦敦千禧桥过度振动现象作了分析。计算时所取的参数为桥质量 $m_s=2000\text{kg/m}$，行人平均质量 $m_{ps}=70\text{kg}$，$\alpha_1=2/\text{m}$，$\lambda=0.3$（即有30%的行人同步），桥梁一阶横向振动模态频率 $\omega_j=2\pi n_1$（$n_1=0.48\text{Hz}$），阻尼比分别取 0.005，0.007 和 0.01 三种情况。由式(4-4-22)可计算出行人横向摆动频率 n（$n=2\pi/\Omega$）在 0.9～1.1 之间的最小质量比 $\dfrac{M_{pj}}{M_{sj}}$。假定行人质量分布 m_p 与桥梁质量分布 m_s 规律完全相同，那么，$\dfrac{M_{pj}}{M_{sj}}=\dfrac{M_p}{M_s}$。定义 N_{Lim} 为保持稳定的临界（最多）行人数，那么：

$$N_{\text{lim}} = m_p L/m_{ps} \tag{4-4-24}$$

于是可以直接绘出 N_{Lim} 随行人步频 n 变化的临界曲线如图 4-4-3 所示。

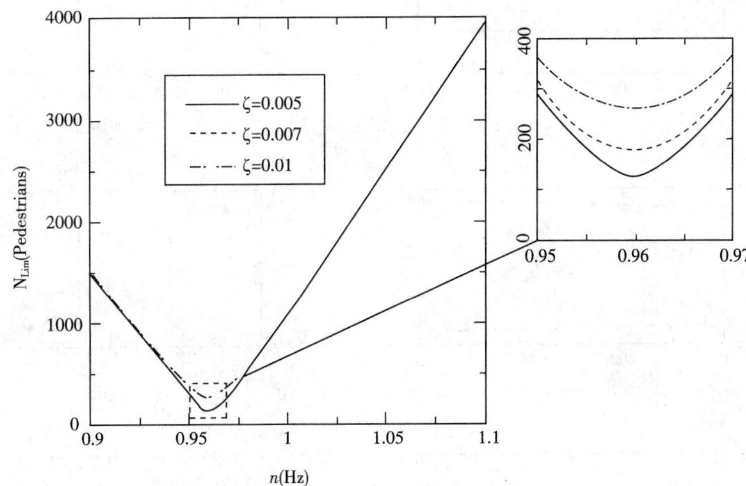

图 4-4-3　伦敦千禧桥临界行人数与行人步频以及结构阻尼比的关系曲线图

显然，最不利情况为 $n=0.96$ 从而 $\delta=1$ 的情况，对应不同阻尼的临界行人数分别为 127，178 和 254。其中阻尼比为 0.007 为实桥实测阻尼值，而对应的临界人数 178 也正好与 Dallard 在伦敦千禧桥上组织的试验吻合。

Piccardo 还直接用数值解法求解模态振动方程(4-4-3)。计算只对一阶模态进行，即 $\omega_j=\omega_1=2\pi n_1$，并设一阶振型函数 $\phi_1(x)=\sin\dfrac{\pi x}{L}$。其他参数为 $\alpha_0=0.04$，

$\alpha_1 = 2/\text{m}$，$\lambda = 0.3$，$m_s = 2000\text{kg/m}$，$m_{ps} = 70\text{kg}$，$\xi = 0.007$，行人步频为 ω_1 的两倍，即 $\Omega = 0.96 \cdot 2\pi$，行人数目 N_p 是可变的，对应的行人分布密度 $m_p = \dfrac{Nm_{ps}}{L}$ 是随之变化。计算得到的桥梁模态位移幅值即为桥梁跨中的极大值，这相当于将实际振动形态近似为一阶模态，二阶横向振动是反对称振型，它不会被全跨均布行人所激发。

图4-4-4显示了桥梁跨中的时程曲线和相应的频谱。当 $N_p = 50$ 人时〔图4-4-4a)〕，跨中位移幅值很小，约为0.0001m，相应的频率成分也只有0.97Hz一条谱线，说明桥梁完全处于稳定的受迫振动状态。当行人增加到 $N_p = 180$ 人时〔图4-4-4a)〕，即达到参数振动临界值时，参数振动被激发，振幅增大了3倍达到0.0005m，相应的频谱图中出现有0.48和0.96Hz两条谱线。进一步增加行人数到 $N_p = 250$ 人时，超过了临界行人数，参数振动不再是等幅周期振动，而是发散振动且完全为参数振动所控制，频谱图中只有0.48Hz一条谱线。至1200s时，振幅可达8m（实际上因行人自我调节功能，不会发生振幅无限增大现象）。

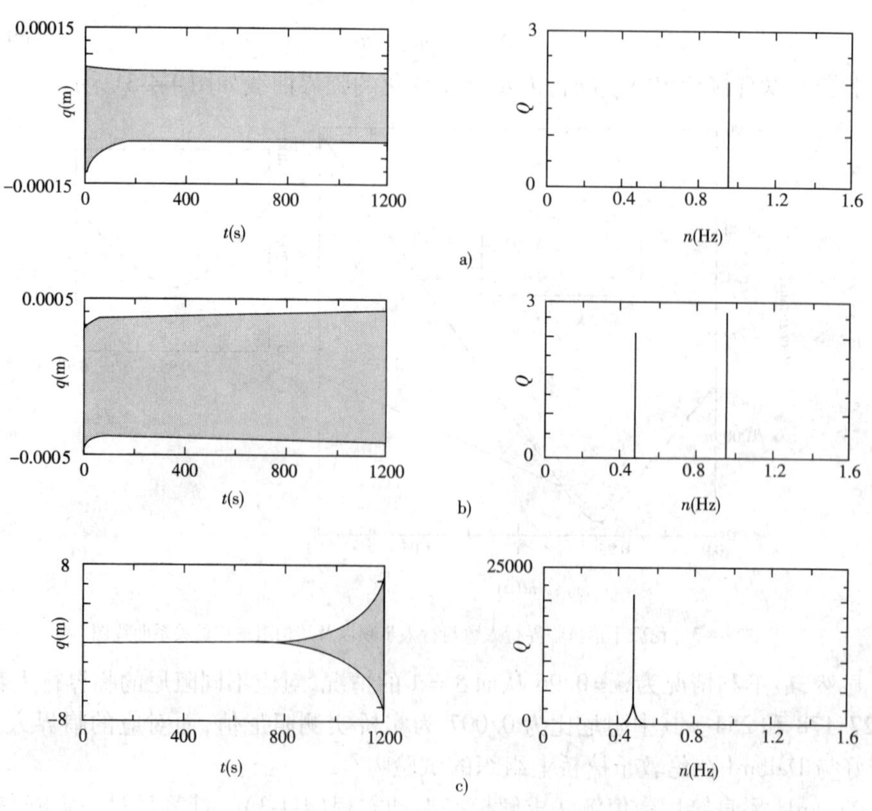

图4-4-4　三种不同人数下桥梁跨中相应时程及其频谱

a) $N_p = 50$；b) $N_p = 180$；c) $N_p = 250$

图4-4-5是仿真伦敦千禧桥上在行人逐渐增加时的振动响应。如图4-4-5a)所示，假定行人每400s增加50人，在1600~2000s时达到250人。图4-4-5b)是桥梁跨中位移幅值的时程曲线，图4-4-5c)是相应的加速度曲线，两条曲线均随着行人数增加而增加，至2000s位移振幅达到12mm，加速度达到0.1m/s^2，与该桥组织的实桥试验值基本在同一量值。

Piccardo的参数共振方法较好地解释了伦敦千禧桥以0.48Hz的一阶模态振动的现象，但其基本假设式(4-4-1)尚缺乏有力的实验证明。

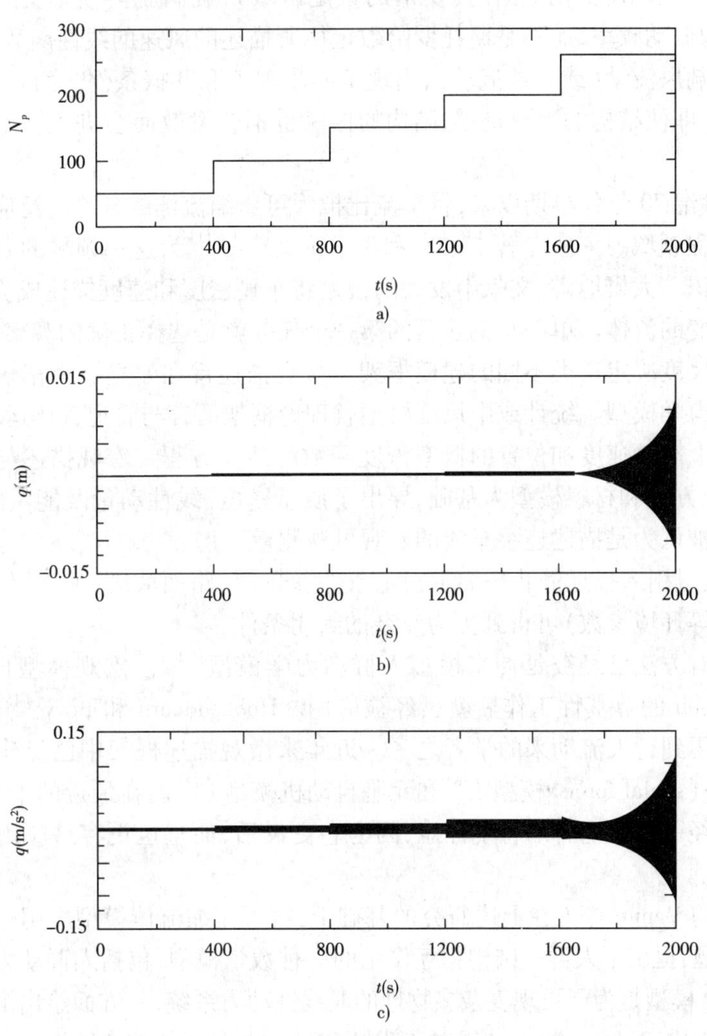

图4-4-5 伦敦千禧桥行人振动试验仿真

a)行人数增加的时程曲线；b)跨中位移时程曲线；c)跨中加速度时程曲线

4.5 桥上人群移动的可压缩流体模型

有些学者在研究人群与结构的相互作用机理时,注意到这一现象与桥梁风致振动中的涡激共振现象非常相似。后者在风工程领域进行了广泛的研究,通常叫做“锁定”现象。尽管涡致振动和人致振动起因不同,但是它们引起结构响应的特点却类似。在给定来流风速变化范围内(所谓的锁定区域),旋涡脱落频率实际上是一个常数,等于结构振动频率,而不是斯托罗哈数定律所描述的风速的线性函数。换句话说,结构振动影响风流动(或人群流动),出现了同步现象和共振条件。而且,两种现象都是自限幅的,即使结构的阻尼是零,结构的振荡也不会发散而会进入一个有限幅度的循环。

自20世纪70年代早期以来,将车流比拟为可压缩流体的理论广泛应用于数学和交通运输工程领域。一些专著[4-10,4-11]和学术论文[4-12,4-13]为这一领域的研究提供了有用的背景知识。大概地讲,文献中发展的模型将车辆密度和速度描述成流体状态在时间和空间演变的流体。单一车辆建模的第一个任务就是选择正确的观察和再现尺度,选择不同的尺度决定三类不同的建模框架。微观描述旨在建立单一车辆在周围车辆影响下的动力学模型。统计或中尺度模型就理论框架而言与管道气体运动理论接近,给出了道路上车辆速度和位置的概率密度函数的演变方程。宏观描述与流体动力学相似,以守恒方程和材料模型为基础,导出了质量密度、线性动量及能量的演化方程,这三个参数被认为是描述连续车流的宏观可观测量。

此外,通过引入描述静止桥面上行走条件参数(如路面坡度、铺装层材料、沿桥跨方向全视线等环境参数)可得到更为复杂的封闭条件。

上述所有方法已经被延伸来模拟人群动力学模型[4-14]。宏观模型自20世纪70年代Henderson的尊基性工作后就已经被应用。Hoogendoorn和Bovy[4-15]是把中尺度描述方法应用到行人流动来的学者之一。近年来微观描述框架中已经建了众多的模型,如群体力(social force)模型[4-16]和元胞自动机模型[4-17]。在最近的十年中,人群的微观模拟已经引起研究者的特别注意,因为它更灵活,而且也更容易应用到惊慌情况和紧急撤退。

意大利的Venuti等人在上述研究的基础上,将可压缩流体模型应用于人群与结构相互作用问题,提出了人群—结构相互作用的一种数学模型,包括人群动力学模型的模拟[4-17]。这个模型是为了再现复杂多物理的非线性动力系统,一方面给出沿主梁人群流动的一个详细描述,另一方面,获得对工程师和设计者有用的综合结果。该模型的主要特点是把一个耦合系统通过数学和数值分解为两个物理子系统并考虑了两个子系统之间的两种相互作用方式[4-18]。在水动力学建模框架中的质量守恒方程[4-19]的一阶模型被应用到宏观描述人群动力学模型。结构系统通过一个广义单自由度模型来模拟[4-20]。

本节主要介绍 Venuti 模型及其计算模拟。内容由四个部分组成：第一小节介绍控制人群和结构系统的一系列方程；第二小节介绍解方程的一些计算方法；第三小节给出了静止和振动桥面最优计算方法的一些应用并对主要结果进行了讨论；第四节是结论与展望。

4.5.1　控制方程

(一)人群系统

人群系统通常可以根据三种不同尺寸的数学方法进行模拟，这三类方法分别基于微观分析、数理统计以及宏观描述[4-12]。其中宏观描述方法将连续描述流体的质量密度演变方程应用到人群荷载的研究，该法将人群假设为连续可压缩流体。需要指出的是，与真实情况相比，该假设带有一定的近似性，因为行人之间的距离较大，与流体力学中的连续介质假定尚有较大的差异。但另一方面，由于缺乏人群特性的试验及统计数据，使得基于微观分析以及数理统计的两类方法很难应用到实际工程中去。而相比之下，宏观描述方法引入将人流比拟为连续可压缩流体的假定，因而可以采用简单的模型来研究复杂的人群—结构耦合系统。鉴于此，本小节介绍连续行人流的一维空间流体力学模型。

对于某一具体的研究对象，为方便起见，在理论模型中宜采用无量纲参数进行描述。这些无量纲参数与人桥耦合系统中几个控制参数成比例关系，分别是步长 L、最大容许人群质量密度 u_M 以及最大人群平均速度 v_M。此外，再引入特征时间 $T_c = L/v_M$，特征时间 T_c 为以最大平均速度 v_M 走过步长 L 所需的时间。对于 $v_M = 1.5\text{m/s}$ 和 $u_M = 120\text{kg/m}^2$ 的人流，相应的人群密度约为 1.6 ~ 1.8 人/m²，对应体重为 65 – 70kg/人。

定义以下独立或非独立的无量纲变量：

与时间无关的变量　$t = t_r/T_c$；

与空间无关的变量　$x = x_r/L$；

人群质量密度　$u = u_r/u_M$；

人群速度　$v = v_r/v_M$；

线性平均流量　$q = u \cdot v$

于是，比拟为流体的人流一维质量守恒方程可按欧拉方程的形式给出：

$$\frac{\partial u}{\partial t} + \frac{\partial}{\partial x}(uv) = 0 \tag{4-5-1}$$

如果还能建立质量密度与平均速度之间关系的方程，上述质量守恒方程应该是闭合的。但事实上，由于缺少试验数据，使得对行人流没有合适的特别闭合的方程。因此，利用人流和车流之间的可类比性，可以建议一些定量的闭合方程。当人群密度小

于临界值 $u_c=0.17$ 时,可以假设行人是以最大速度行走的[4-21],即 $v=1$。而随着 u 的增加,v 在最大值 1($u=u_c$ 时)与 0($u=1$ 时)之间单调递减。文献[4-12]采用这一假定研究了车辆交通流量,得出以下线性表达式:

$$v(u)=\begin{cases}1 & u\leqslant u_c\\ \dfrac{1-u}{1-u_c} & u>u_c\end{cases}\tag{4-5-2}$$

此外,通过引入描述静止桥面上行车条件的参数可以得到更复杂的模型(如路的坡度,铺装层材料,沿桥跨方向的景点等周围环境)。文献[4-22]根据车辆交通的试验数据拟合得到第一个封闭表达式如下:

$$v(u)=\begin{cases}1 & u\leqslant u_c\\ \exp\left(-\alpha\dfrac{u-u_c}{1-u}\right) & u>u_c\end{cases}\tag{4-5-3}$$

上式中参数域为 $\alpha\in[0,2.5]$。文献[4-22]中还提出了另一个封闭表达式(原文有误,本书已作改正):

$$v(u)=\begin{cases}1 & u\leqslant u_c\\ 1+\dfrac{\exp[-\beta(u-u_c)/(1-u_c)]-1}{1-\exp(-\beta)} & u>u_c\end{cases}\tag{4-5-4}$$

参数 β 的变化范围为[0,10]。两个表达式与文献[4-22]的试验数据符合较好,如图 4-5-1 所示,相对较大的 α 和 β 值表示平均速度随着局部密度急剧递减,这种情况对应相对不利的行走条件。以下采用表达式(4-5-4),式中 β 等于 0 时可以得到式(4-5-2)。

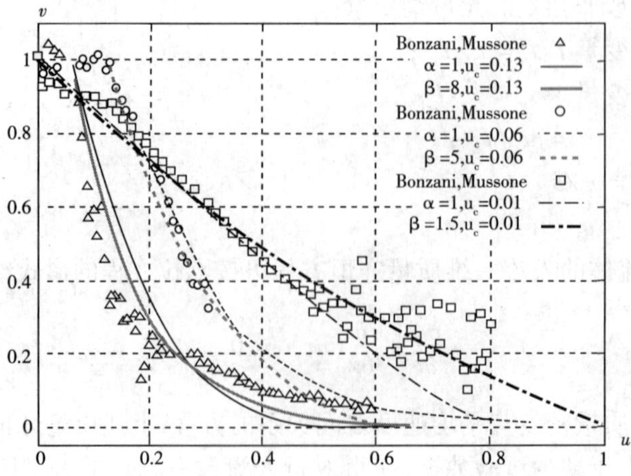

图 4-5-1 α 和 β 不同取值,文献试验数据的拟合

由于所处理的动力系统是一个开放系统,因此要特别注意密度边界条件的设置。在下游(出口)的边界处,可采用零值的牛曼(von Neumann)边界条件。在流体中还有另一种边界条件,即狄利赫莱(Dirichlet)边界条件,但在本节的分析中,如果在上游(进口)采用狄利赫莱边界条件,则当反向人流以大于进口处人流的密度向后移动至边界时会产生非现实的情形。因此,通过采用 von Neumann 边界条件取代 Dirichlet 边界条件可防止进出口附近出现人流阻塞的情形。

(二)结构系统

结构可以用长为 L,宽为 B 的一维梁来模拟。首先,必须对结构进行模态分析以便选择和提取所需要的振型函数 $\varphi(x)$,横向振动模态的选取通常在某一频率"锁定"区间进行。文献[4-23]指出,合理的圆频率锁定区间应为[1.6π,2.4π],即 0.8 到 1.2Hz。确定了锁定模态后,根据动量守恒定律,可采用无量纲拉格朗日形式建立一个广义单自由度动力学模型:

$$m^*\ddot{z}(t)+c^*\dot{z}(t)+k^*Z(t)=F^*(t) \tag{4-5-5}$$

式中 $z(t)$ 为描述系统运动的广义无量纲模态坐标,其他参数的定义如下:

$$m^*=\int_0^L m(x,t)\varphi(x)^2\mathrm{d}x \tag{4-5-6}$$

$$k^*=\int_0^L k(x,t)\varphi(x)^2\mathrm{d}x \tag{4-5-7}$$

$$c^*=\int_0^L c(x,t)\varphi(x)^2\mathrm{d}x \tag{4-5-8}$$

$$F^*=\int_0^L F(x,t)\varphi(x)\mathrm{d}x \tag{4-5-9}$$

式中 m 为总质量分布(结构质量与附加质量),$c(m,k)$ 为结构的黏性阻尼[4-20]。

(三)人群—结构相互作用

人群系统和结构系统之间作用是相互的。为了模拟这种复杂的相互作用,采用以下假设:

·桥面的振动速度会减小步行速度。

·行人调整步伐和桥面振动同步需要一个延迟时间 $\Delta\tau$,一般情况下,该延迟时间要大于连续走两步的时间。

·假设在时刻 t_s 由于侧向振动太大使得行人停止步伐,则在行人下一次开始行走之前,会有一个停—走间隔时间 Δt_r。

结构—人群的相互作用可以通过对表达式(4-5-4)的适当修正来考虑。修正后的人群速度 v 是在式(4-3-4)计算值上再乘以一个和桥面速度相关的修正系数 h。为了定义 h,引进参数 ζ_p,它表示桥面速度的局部最大值:

$$\zeta_p = \max(|\dot{z}|) \tag{4-5-10}$$

通过速度局部最大值 ζ_p 可以拟合出一个连续函数 $\zeta(t,x)$,它表示桥面每一点的速度时程的包络线,如图 4-5-2 所示。

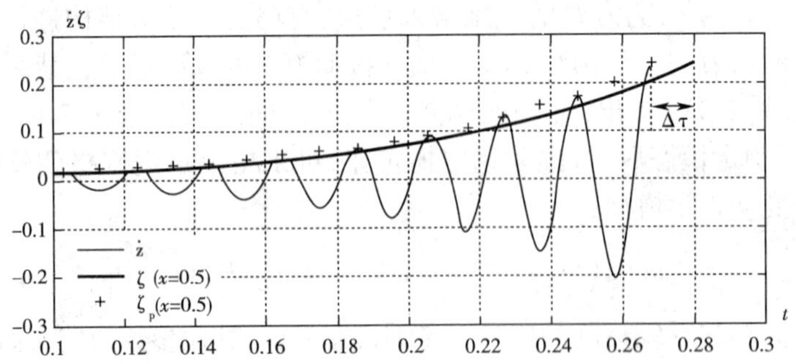

图 4-5-2　广义速度 $\dot{z}$ 的时程与局部最大速度 ζ 的包络线

修正系数 $h(t,x)$ 定义如下:

$$h(t,x) = \begin{cases} 1 - \dfrac{\zeta(t-\Delta\tau,x)}{\bar{\dot{z}}} & \zeta \leqslant \bar{\dot{z}} \cap t \geqslant t_s + \Delta t_r \\ 0 & \zeta > \bar{\dot{z}} \cap t_s < t < t_s + \Delta t_r \end{cases} \tag{4-5-11}$$

式中 t_s 为行人停止前进的时刻,$\bar{\dot{z}}$ 表示行人停止步伐速度临界值,Nakamura 在文献[4-24]中根据桥面位移幅值得出该临界值。即当侧向振动达到或高于该幅值时,行人会感觉到不安全而停止下来。值得指出的是,$h(t,x)$ 定义在区域[0,1]内。封闭方程的完整表达如图 4-5-3 所示,它由式(4-5-4)乘以式(4-5-11)后形成。由图可见,当 $\dot{z} > 0.25$ 后 $v = 0$ 表示行人完全停止前进,而当桥面静止即 $\dot{z} = 0$ 时,v 是完全由式(4-3-4)确定的一条斜线,且在 $u = 0.2$ 处转为水平,在其余情况下,速度由 u 和 $\dot{z}$ 共同决定。

人群—结构相互作用表现在质量与作用力两方面。一方面,结构质量分布 $m_s(x,t)$ 在考虑人群质量 $m_c(x,t)$ 分布后是不断变化的。另一方面,由行人产生的总侧向力 F 可按下式表达:

$$F(x,t) = fuS \tag{4-5-12}$$

表达:f 为单个行人产生的侧向力,S 为同步系数。

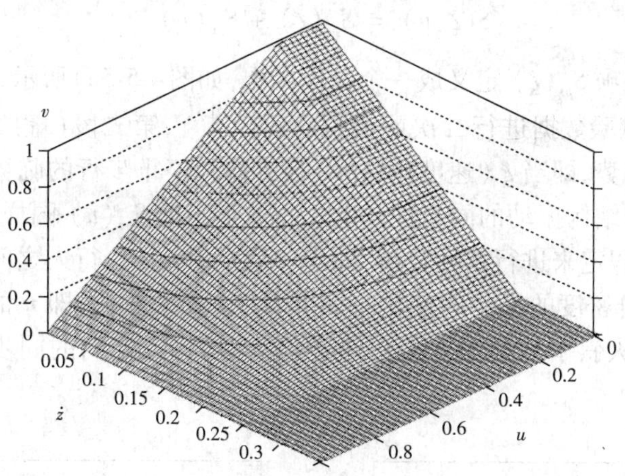

图 4-5-3 闭合方程 $v = v[u,\dot{z}]$

按照文献[4-25]的试验数据拟合结果,该侧向力大小假设为与桥面振动速度线性相关。在图 4-5-4(a)中,力 $f(\dot{z})$ 以动力荷载系数 DLF(力与人群重量的比值)的形式表达。此外,Wheeler 在文献[4-26]中指出,行人产生的竖向步行力和行走速度有关。至于侧向力与行走速度之间的关系,可用一个指数函数表达式来考虑侧向力修正因子与行走速度的关系:

$$g(v) = 1 - \exp(-\gamma v) \tag{4-5-13}$$

γ 为通过试验获得的参数,以下取为 20。$f(\dot{z},v) = f(\dot{z}) \cdot g(v)$ 的 DLF 完整表达形式如图 4-5-4(b)所示。

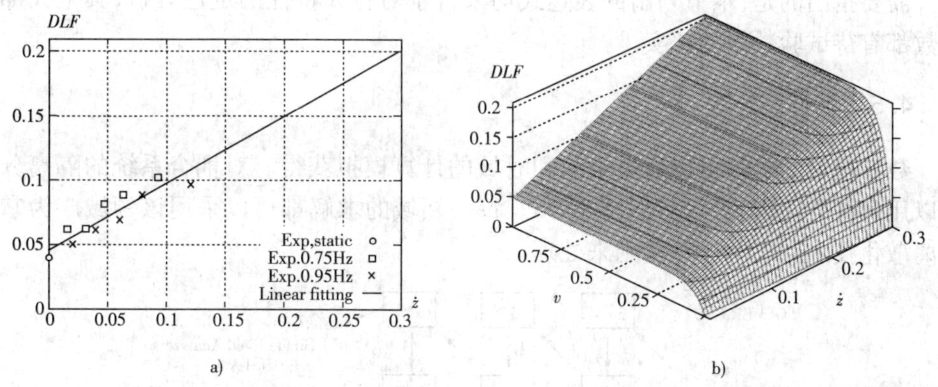

图 4-5-4 单个行人的侧向力

由图可见,沿 $\dot{z}$ 增大方向,*DLF* 线性增大,沿 v 增大方向,DLF 按式(4-5-13)呈指数变化。同步系数 S 表达为考虑行人之间的同步和行人与结构之间的同步两种情况之和:

$$S(\zeta,u) = S_{ps}(\zeta) + S_{pp}(u) \tag{4-5-14}$$

上式右边第一项 $S_{ps}(\zeta)$ 定义成一个分段函数,如图 4-5-5a) 所示,该函数的第一段(实线部分)根据试验数据进行二次函数拟合得出[4-25],第二段(虚线部分)则考虑了一种定性的分布趋势,即当 ζ(速度包络线)接近行人停止步行的临界值时,可以认为行人步伐失去了与结构振动的同步性。上式右边第二项 $S_{pp}(u)$ 同样由于缺少试验数据,也是基于以下假定来进行定性分析,即当 u 值小于 u_c 时,行人之间没有同步发生,u 取中间值时,人群密度的很小的变化会引起 S_{pp} 很大的变化,即 u 的增加会引起 S_{pp} 迅速增加(表现为大斜率),而当 u 接近边界值 1 时,行人之间的同步增加很慢,如图 4-5-5b) 所示。

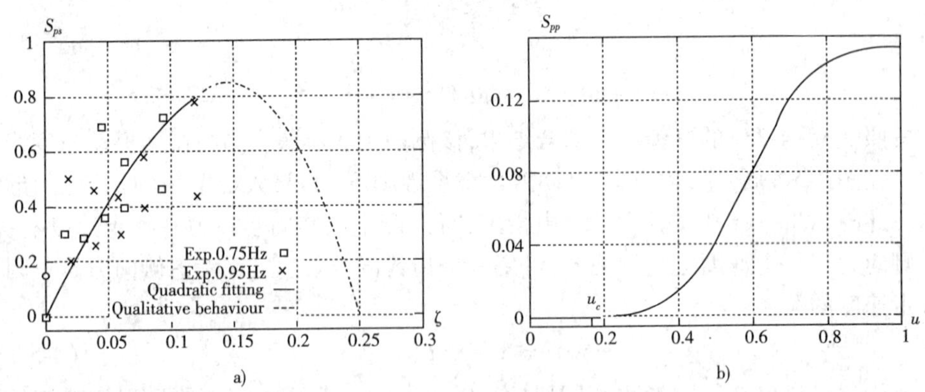

图 4-5-5　同步系数

需要指出的是,本节列出的表达式均来自于对行人特性的定性分析,其中大部分参数都有待试验数据的证实。

4.5.2　计算方法

数学模型的求解可以通过空间和时域的计算模拟获得。对耦合系统的隔离分析可以用两种方法求解,示意如图 4-5-6。每一领域的求解都可以采用该领域广为掌握的离散化技术和求解运算法则来处理。

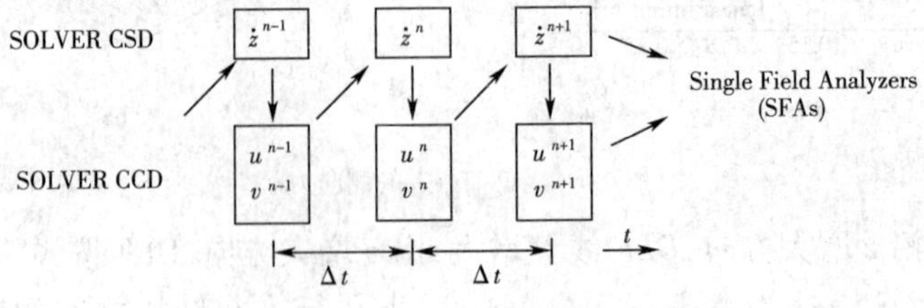

图 4-5-6　两种求解方法的流程图

计算人群动力学(CCD)的求解是应用有限差分法来得到控制人群动力特性的偏微分方程(PDE)的近似解。试验四种不同的计算方法来选取一种合适的方法。每种方法都是在它们保持平衡的状态下进行的,以保证求解的收敛性[4-27]。UP(Upwind)和LF(Lax – Friederichs)两种方法都是一阶的;另外两种方法,LW(Lax – Wendroff)和MC(MacCormack)利用两步分解技术可以达到二阶精度。计算结构动力学(CSD)的求解是利用四阶龙格—库塔方法来求解描述单自由度结构子系统的常微分方程(ODE)。

在求解之前,应先对计算网格进行考虑,人群和结构动力特性有着非常不同的空间和时间尺度。考虑空间离散步长 Δx 时,实际上的交通现象需要一个密集的计算网格,因为可能会出现高密度梯度。另一方面,通常是所考虑的结构的第一阶模态频率落入锁定区,可以用比较粗糙的网格来描述相应的一阶模态形状。为了考虑这种网格尺度差别,空间域首先被离散为一块一块的,然后每一块再被单独离散。对人群和结构领域进行不同的离散得到不一样的网格,可以减少模态分析的计算成本。不匹配网格之间的数据插值是通过特征向量 φ_s 的二次插值得到的。另外,无量纲步长 Δx_c 应该满足模型的连续性假设。Δx_c 的下限 $\underline{\Delta x_c}$ 等于拥挤状态下一个人占有的空间,即 $\underline{\Delta x_c} = 1/(u_m \cdot BL)$。对时间离散步长也有类似的问题。结构的特征时间,也就是感兴趣的振动周期满足 $0.83s \leqslant T_s \leqslant 1.25s$,比2.1节定义的人群特征时间 T_c 要小很多。为了能描述的结构动力特性,结构域需要一个更好的时间网格尺寸。考虑到这一点,推荐一个可以同时满足结构和人流模拟的无量纲时间步长 $\Delta t \approx T_s/20T_c$。

图4-5-7的流程图总结了两个子系统之间的两种相互作用方式。值得强调的是,前面描述的几种不同数学工具与不同的模型和问题有关。每种特别的工具都可以根据众多领域可能的发展来改进。处理复杂的几何问题可能需要应用到有限差分来求解[4-28]。另一方面,每种技术的发展都和上面描述的几种尺度求解有关。

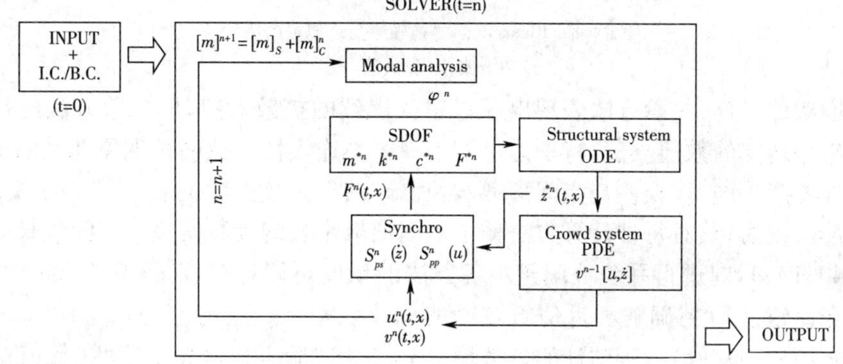

图4-5-7　人群—结构相互作用流程图

4.5.3 应用与结论

(一)计算优化

本节以下的分析中,桥的长度 L 取 90m,桥宽 B 取 4m,结构质量密度 m_s 取 $500\mathrm{kg/m^2}$,阻尼比 ζ 取 0.005,结构振动圆频率 ω 取 1.8π rad/s。因为模型涉及一个复杂的非线性耦合问题,所以一开始不太可能选择出最优的计算方法和计算网格。因此,在参数优化方面,最开始时可只考虑一个模型方程上进行优化,然后可单独针对人群系统进行优化,最后考虑人群与结构之间的相互作用进行优化。

人群系统:Burgers 模型方程。

为了选择出最合适的计算方法和计算网格,将 4.5.2 中提到的四种方法在一个非线性双曲线模型方程(Burgers 方程,$v=u$)上进行测试,其初始条件为 Heaviside 条件。

$$u(x,0)=\begin{cases}u_l & x<0.2\\ u_r & x>0.2\end{cases} \tag{4-5-15}$$

此方程在冲击波 $u_l>u_r$ 以及衰减波 $u_l>u_r$ 两种情况下,可以求得解析解(黎曼问题)。图 4-5-8 画出了当 $t=0.5$ 时精确解和数值解之间的比较,图中不同的求解方法具有相同的空间和时间步长($\Delta t=1/1000$,$\Delta x=1/320$)。

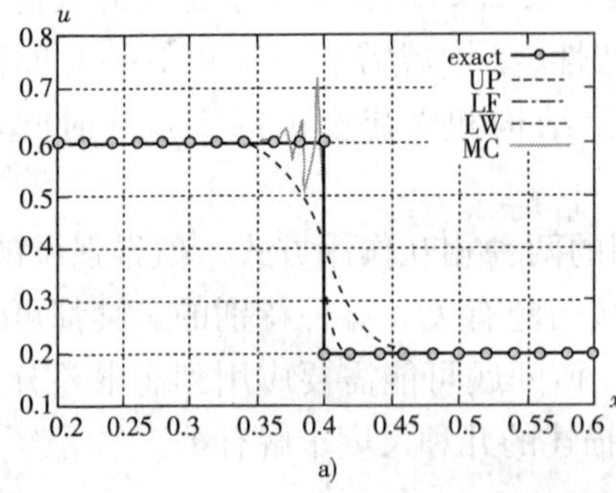

a)

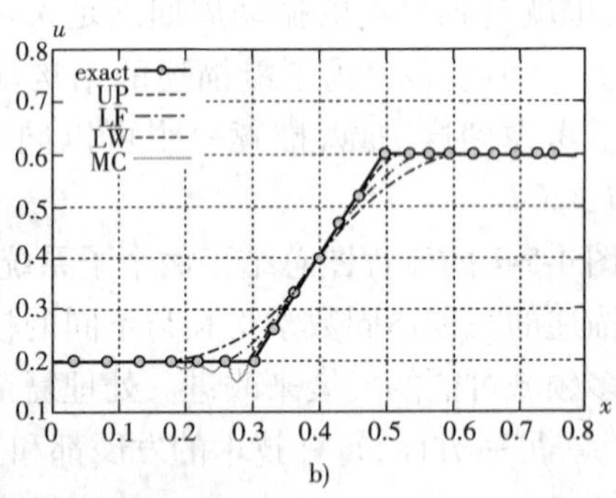

b)

图 4-5-8 Riemann 问题精确解与近似解的比较

a)冲击波;b)衰减波

与期望的一样,一阶方法表现出了普遍认识到的扩散效应,而二阶方法的计算结果表现出非现实的数值振荡,特别是上游出现了不连续性。这两种现象都是由于计算的截断误差产生的,该误差与空间离散步长 Δx_c 的平方成正比关系。

以冲击波为例,对每种计算方法作了空间离散步长的参数研究。空间步长 Δx_c 区间[1/640;1/40]内进行系统地调整。各方法的精度可以通过在 $x=0.4$ 和 $t=0.5$ 三个参数来比较:(1)精确解和近似解之间的相位误差 $\varepsilon_{ph}=(u_{approx}-u_{exact})/(u_l-u_r)$;(2)根据 $\varepsilon_d=(\partial u/\partial x)^{-1}$ 所估计的扩散量;(3)作为二阶方法的典型特性(数值振荡),按 $\varepsilon_o=(u_{\max}-u_l)/(u_l-u_r)$ 所计算出的最大振幅,如图 4-5-9 所示。

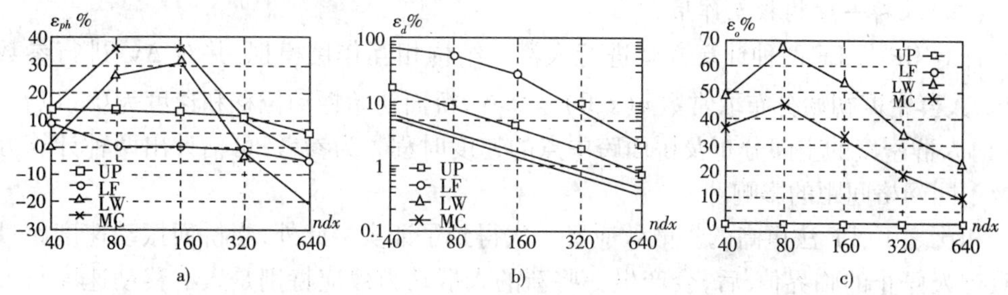

图 4-5-9　各种计算方法精度的估计($t=0.5, x=0.4$)

为了确定各方法的最优空间步长 Δx_c，容许误差取固定值5%。图4-5-9c)表明LW和MC方法不满足所要求的振荡限制，因此这两类方法不宜应用在本节模型的数值分析中。值得指出的是，Burgers表达式一般应用在初始不连续向前传播的情况，而不适合模拟所有不同流向的流体。因此，以下就逆向流的问题分别对采用UP和LF两种方法求解闭合表达式(4-5-4)进行讨论。

(二)人群系统：实际的闭合方程

以下分析中，闭合方程(4-5-4)的行走条件参数 β 设为0，u 的初始条件用误差函数erf表示为，误差函数后应用到封闭表达式(4-3-4)后可得：

$$u(x,0) = u_r + \frac{\Delta u}{2}\left\{1 - \mathrm{erf}\left[\frac{0.2}{L}(x - 0.5L)\right]\right\} \tag{4-5-16}$$

式中 $\Delta u = (u_l - u_r)$。通过选择 u_l 和 u_r 的值可得到负扩散求解结果(行人流反向移动)，在这里，$u_l = 0.8$，$u_r = 0.7$ 可满足这一要求。图4-5-10描述了关于空间离散的参数分析结果。由于不可能得到完全精确的解，因此图中的误差均为通过与设置小步长 $\Delta x_c = 1/1280$ 按Richardson外推法的计算结果进行比较得到[4-29]。

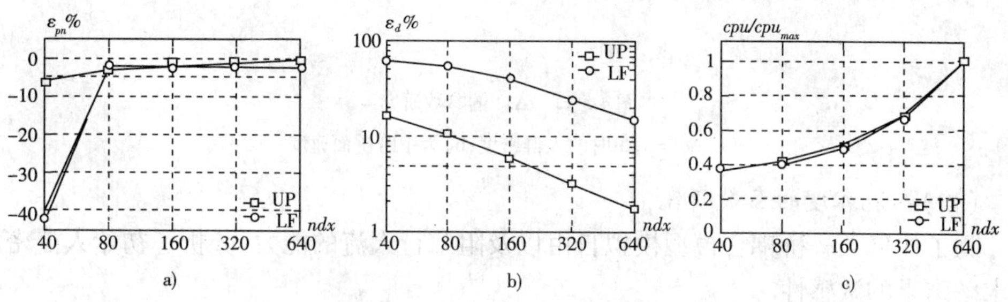

图 4-5-10　UP和LF法的精度估计($t=0.3, u=0.75$)

分析表明，各种方法的所有阶数都通过实际闭合方程得到证实。特别的，当 $\Delta x_e \leqslant 1/320$ 时UP法满足前面提到的扩散极限值。

通过以下的人群-结构模拟，可最后确定最优计算方法和空间步长 Δx_c 的值。

(三)人群—结构相互作用

针对 UP 与 LF 两种计算方法进行人群—结构相互作用模拟,并对 Δx_c 进行参数分析,人群密度初始分布取常数 $u(x,0) = 0.6$,桥面初始振动位移和速度为0。以 $t = 1.5$ 时人群密度的空间分布及桥面跨中点的速度时程 ζ 为参考,可估计出两种计算方法及不同网格间距的影响。

相比之下,LF 法更高的扩散效应又一次得到了证实。此外,当桥面振动速度超过导致行人停止的临界值$\bar{z}$后,会产生一些新的人群动力效应特别是人群移动速度与人群密度的不连续性,如图 4-5-11a)所示。这种间断现象的持续时间取决于所采用的控制方程的双曲线特性,而实际上桥面上的行人特性应当具有相对均匀的密度梯度。此外,这种人群密度不连续产生的局部高梯度会引起计算中出现数值不稳定。上面提到的两种可能出现的问题可采用引入数值扩散来避免,但另一方面,过大的数值扩散会隐藏掉一些真实有趣的局部现象,比如经过停—走时间间隔后行人重新开始迈开步伐这一现象。如图 4-5-11b)所示,跨中点的速度时程清楚地表明,在较高的网格精度情况下,人群—结构系统的解慢慢趋于收敛。综合考虑以上种种效应,可以认为采用 UP 法结合网格尺寸 $\Delta x_c = 1/640$ 为最佳求解方案。

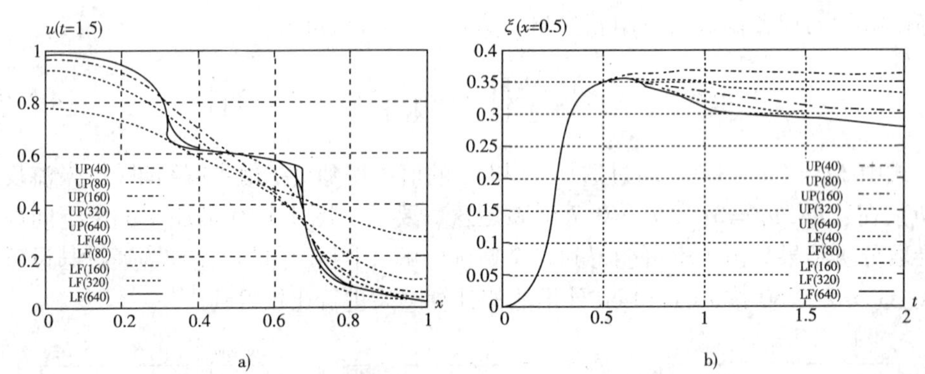

图 4-5-11 Δx_c 的参数研究

a)为 $t = 1.5$ 时的人群密度;b)为中跨桥面速度

(四)人流容度的参数研究

为了评价人—桥耦合模型模拟自由以及阻塞行人流的能力,分析了初始人流密度对求解结果的敏感性。

首先,可令 $\Delta u = 0.1$,而让 u_r 在[0,0.9]范围内变化。如图 4-5-12a)所示为 $t = 0.4$ 时的模拟结果与 Δu 的比值。从图 4-5-12b)可知,u_r 初始值的增加会导致所求解的人流扩散速度降低。由此可以推测,在自由和阻塞人流之间应当存在一个分界的初始人流密度值。

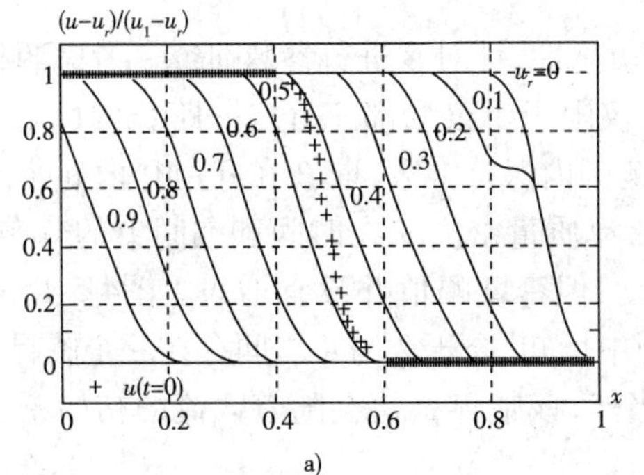

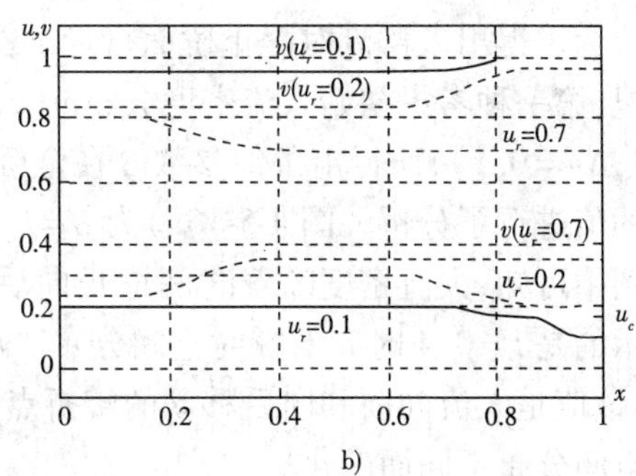

图 4-5-12　UP 法 u_r 的参数研究($t=0.4$)

因此,对 Δu 的参数研究首先取 $u_r=0.1$(图 4-5-13),然后再考虑 $u_l=0.9$(图 4-5-14)。可以观察到,增加 Δu 会使人流质量密度 u 的初始扰动后的变化更加平缓。这个结果可以用实际人流现象来解释,即进口与出口处人流密度的差别越大,则随着时间的消逝,人群分布在全桥上的均匀化将会越快。

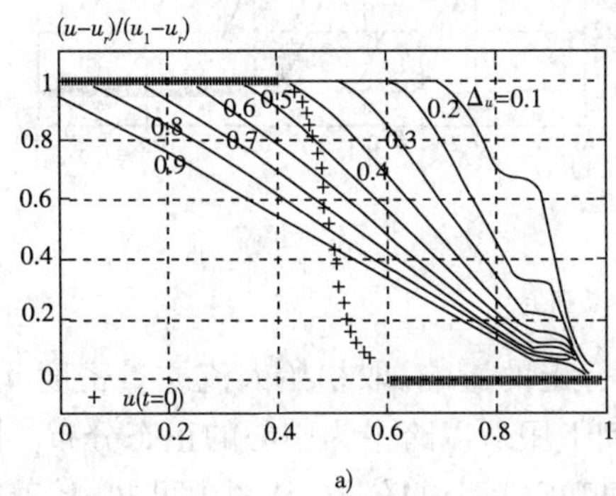

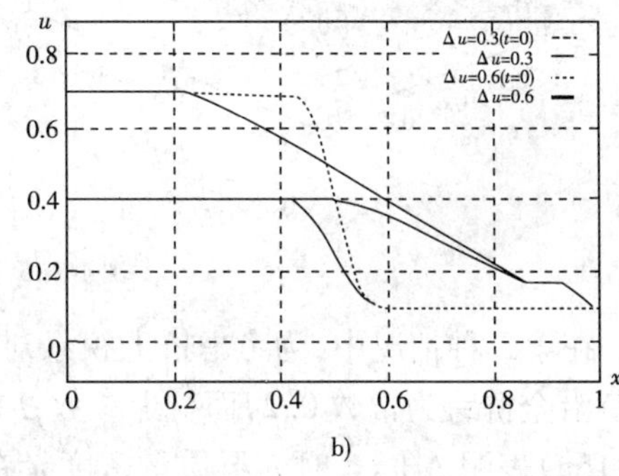

图 4-5-13　u_r 为常数的 Δu 参数研究($t=0.4$)

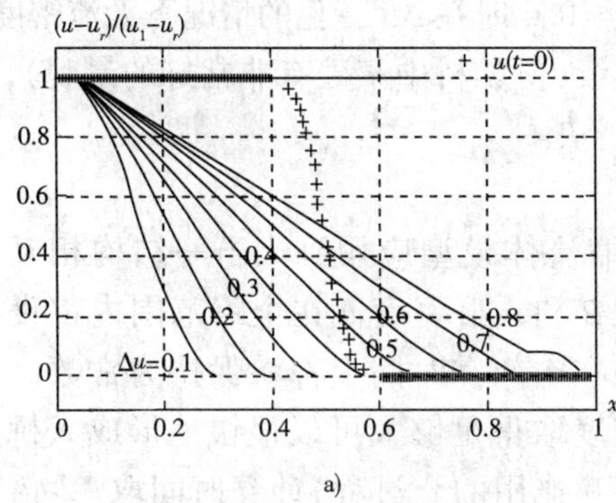

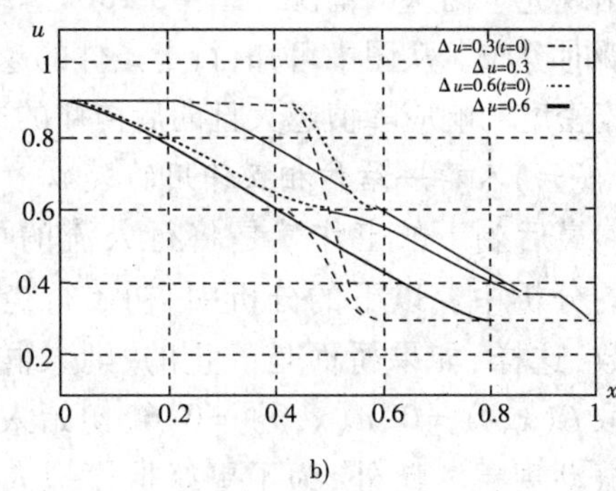

图 4-5-14　u_l 为常数的 Δu 参数研究($t=0.4$)

（五）行走条件参数研究

为了得出人群流对静止桥面行走条件的敏感性，针对 β 进行参数研究。考虑两种情况，第一种考虑初始人流密度分布 $u(x,0)$ 仅限于桥梁局部三分之一跨长内（$u_l=0.3,\Delta u=0.1$），而行走条件参数 β 在全桥长范围内保持常数，取 β 在 0～10 内 6 个不同的值进行了分析。图 4-5-15a）为 $\beta=6$ 时人流质量密度 u 在时间和空间上的分布，从图中可知，人流密度随着时间增长向后移动，但密度幅值并没有增大。图4-5-15b）表示的是 $t=0.4$ 时 u 的瞬时空间分布。从图中可知，介于 2 与 4 之间存在一个临界 β 值，该值是人流向前和向后移动的转折点。当然，该临界 β 值会随着人流的初始密度及空间分布不同而变化。

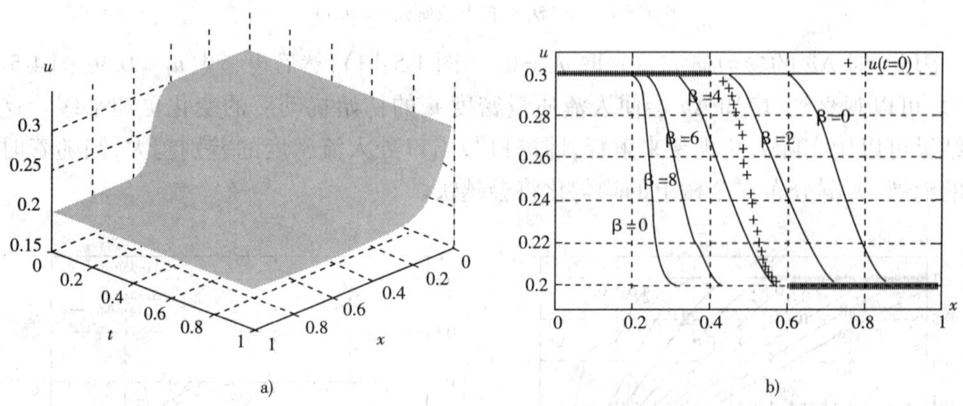

图 4-5-15 β 的参数研究

在第二种情况中，为考虑桥上视景对行人行走的影响，取初始人流质量密度 $u(t=0)$ 沿全桥跨为常数 0.2，而行走参数 β 在空间上服从以跨中为中心的正态分布。图 4-5-16a）表明 $\Delta\beta=6$ 时人群质量密度 u 在时间和空间上的分布，从图中可知，随着时间的增长从上游到跨中局部密度增加，而下游则减小。局部拥挤的交通向后移动但不会出现完全堵塞的情况。图 4-5-16b）总结了 $t=0.4$ 时在 $\Delta\beta$ 变化的情况下人流密度 u 的瞬时分布。从图中可知，行走条件的越不连续（例如桥中某处有非常好的景观），则人流密度的响应峰值越大且向后传播的速度越快。

（六）人群—结构相互作用的模拟

最后剩下的工作就是将行人流的可压缩流体模型应用到人群—结构相互作用的分析中。以下的分析中，初始行走参数 β 和人群密度 u 在全跨范围内都设为常数，这样，如果桥面是静止的，则人群流动在空间和时间上都将保持为常数。以下取 $\beta(x,t)=0$、$u(x,0)=0.6$，初始人流密度取得足够大可以很快地形成人桥同步振动现象。此外，为了更好地模拟人桥相互作用的全过程，计算时间取 12 倍的特征时间 T_c。

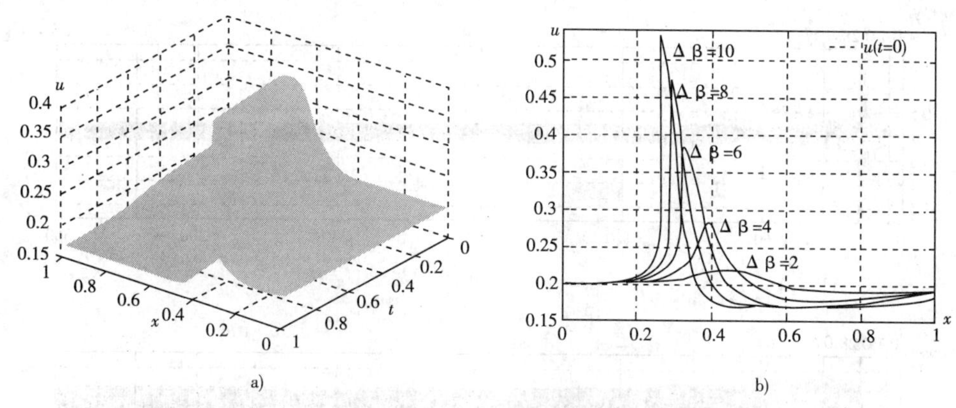

图 4-5-16　$\Delta\beta$ 的参数研究

图 4-5-17 描述的为人群系统的主要变量 u 和 v 的时空分布，从图中可知，跨中附近出现了行人静止区域，该现象是由于跨中桥面的振幅引起行人停止行走而产生的。通过图 4-5-18 可以更好地反映出分析结果。图 4-5-18a）为广义模态力时程；图 4-5-18b）为桥面振动速度时程，从这两个图可明显地看出人桥相互作用引起结构振动，振幅大到一定程度后引起一定数量行人停止步行后又降低结构的模态力以及振幅，最后达到一个平衡状态，即等幅振动；图 4-5-18c）为行人质量密度 u 和步行速度 v 的空间分布。

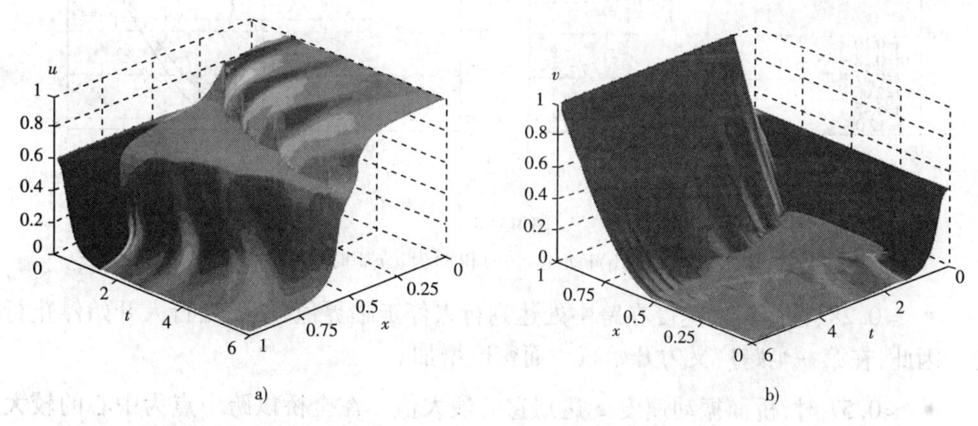

图 4-5-17　人群密度—行走速度的时空变化

a）人群密度；b）行走速度

整个响应过程的大体描述如下：

• $t=0.1$ 时，人群密度沿着桥面还是常数，但是由于桥面的振动，步行力开始增大。v 的分布曲线形状类似桥面的振型。

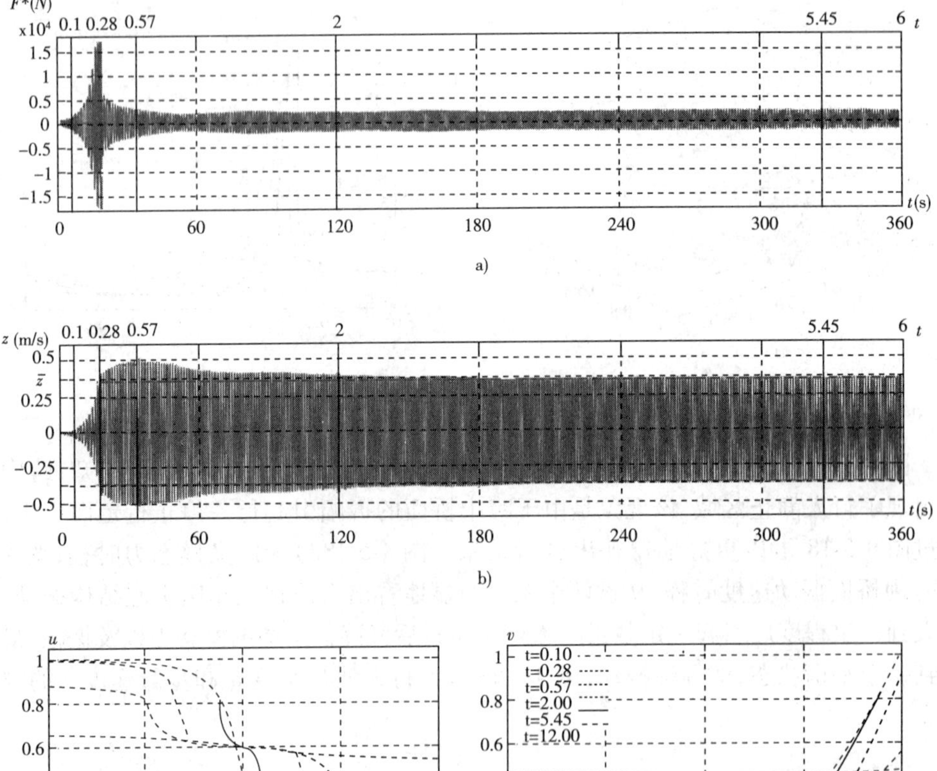

图 4-5-18

a）广义力时程；b）桥面速度；c）和 d）为 u、v 瞬时空间分布

• $t=0.28$，桥面振动速度在跨中处达到行人停走临界值，使该处行人开始停止行走。因此，在第一半跨广义力开始减小而密度增加。

• $t=0.57$ 时，桥面振动速度 $\dot{z}$ 达到它的最大值。在全桥以跨中点为中心的较大范围内，桥面振动速度都达到行人停走临界值。大量停下来的人导致总振动力减小并且在上游出现非常拥挤的现象，而下游由于人群尚能快速行走使得密度减小。

• $t=2$ 时，由于作用在结构上的广义力变小，桥面振动速度 $\dot{z}$ 也减小。桥面振动速度的下降使得先前停走的行人中的一部分又恢复行走，第一半跨中拥挤人群向前移动，而第二半跨的人群密度却进一步减小。

• $t=5.45$ 时,全跨桥面振动速度 $\dot{z}$ 均低于行人停走临界值。由于人群密度的原因,第一半跨的人流几乎没动,而行人一旦跨过了跨中部位,则其步行速度 v 很快增大而使得第二半跨桥面几乎变空。

• 如图 4-5-18b)所示,结构响应的时程表明,经过一个瞬态响应过程后形成稳态振动。表现出自激限幅振动的特性,这与发生在风与结构相互作用中的涡激锁定现象相类似。

• 最后,为了预测长期的人群动力特性,我们可以看一下在 $t=12$ 时人群密度 u 和行走速度 v 的瞬时分布。与上面所描述的最后一类相似,但是在中跨的人群不再是静止的,拥挤的现象向后移动,这意味着桥面慢慢地腾空出来。

从图 4-5-17 和图 4-5-19a)的流量 $q=u\cdot v$ 分布可以看出流量为零的分布长度非单调减小这一现象,在上下游的零流量分布区域,可以看到一些局部扰动与扰动传播,通过对 t 介于 3~4.6 且 $x>0.5$ 时流量 q 的瞬时空间分布可更好地看到这一现象,如图 4-5-19b)所示。在时间 $t=3$ 时,桥面振动速度在 $x\approx0.6$ 处超过行人停走临界值。由于结构阻尼和力的减小,桥面振动速度减小,非零流量朝跨中方向恢复,在 $t=4.2$ 时大约恢复到 $x=0.53$ 的位置。这意味着一部分行人又开始行走从而使作用在桥面上的力再次增加。在 $t=4.4$ 时,由于桥面速度增加再次超过行人停走临界值(在 $x\approx0.54$ 位置),于是,行人停止步伐使得非零流量向前移动(即零流量区又一次增加)。

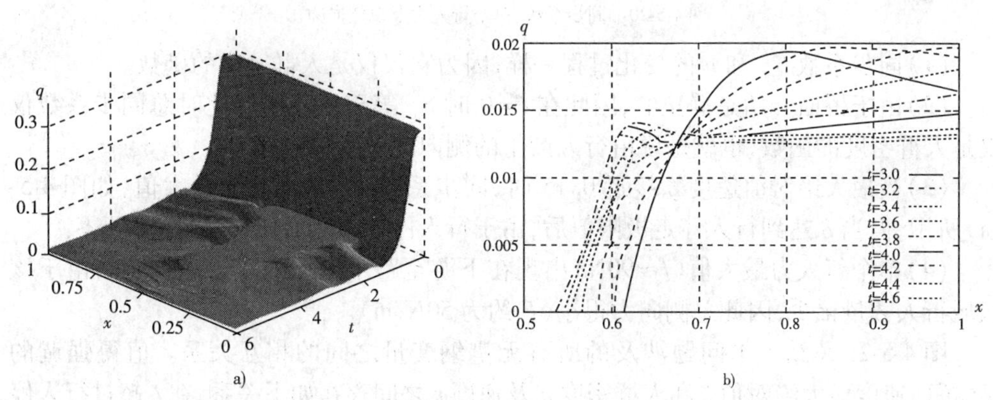

图 4-5-19　人流量时空分布

总侧向力 F 和单个人步行力、同步系数 S_{ps} 以及 S_{pp} 之间的关系可用图 4-5-20 来描述。各个力都是采用量纲形式表达。图中单个行人力指个人在位置 x 和时间 t 产生理论力,总力 F 则为单位长度实际同步人数产生的力。从图中可以得出以下结论:

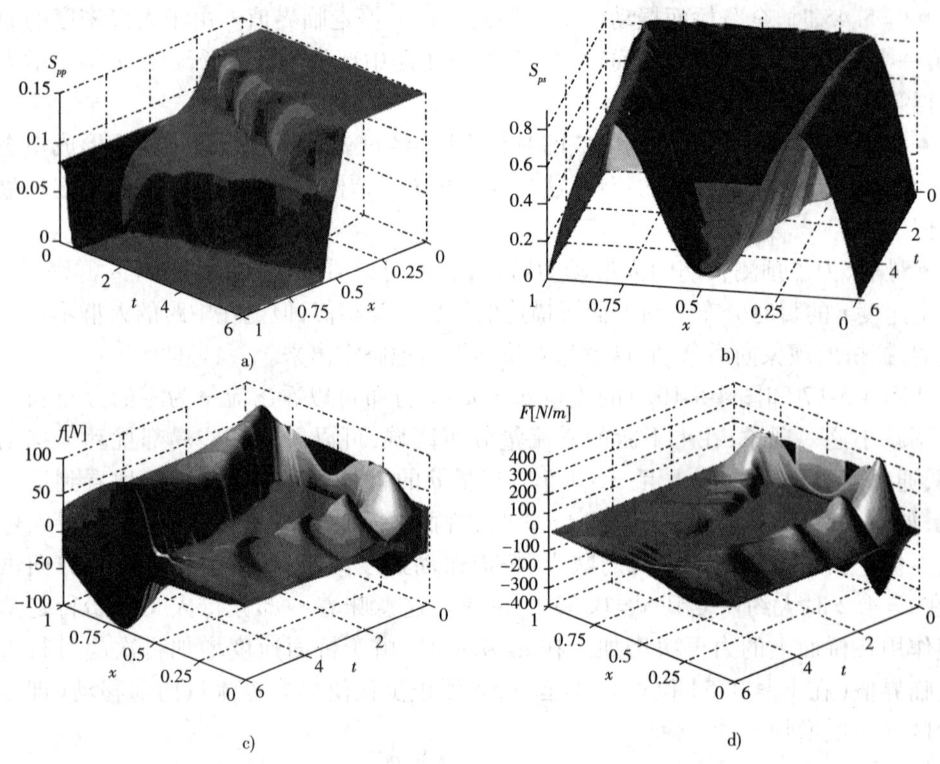

图 4-5-20 同步系数、单个行人力及总侧向力

(1)同步系数 S_{pp} 和 u 的变化过程一样,因为它仅仅是人群密度的函数。

(2)由于桥面开始是静止的,因此在 $t=0$ 时 S_{ps} 等于零。所以此时总同步系数仅仅是人群密度的函数,也就是说由行人产生的侧向力由 S_{pp} 决定。

(3)当最大绝对值速度 ζ 接近 0.15 时,同步系数 S_{ps} 达到它的最大值,如图 4-5-5a)所示,但当 ζ 达到行人停走极限值后,由于行人停止步行而使得 S_{ps} 下降到零。

(4)单个行人力最大值($f\approx 90$N)出现在下游至跨中的行人停走区,然而,由于该区域行人数量稀少,因此总侧向力很小(F 约为 50N/m)。

图 4-5-21 总结了本问题涉及的所有无量纲变量之间的相互关系。值得强调的是,桥面速度最大绝对值 ζ 和人群密度 u 及速度 v 之间存在如下关系:在 ζ 超过行人停走临界值的桥面区域,行走速度 v 为零而人群密度 u 则在该区域的边界处出现不连续的现象。

4.5.4 结论与研究展望

本节介绍了 Venuti 提出的一种对复杂多物理的非线性人群—结构耦合系统的相互作用进行了模拟的数值计算方法。提出的数学模型可以考虑若干非线性问题,如人

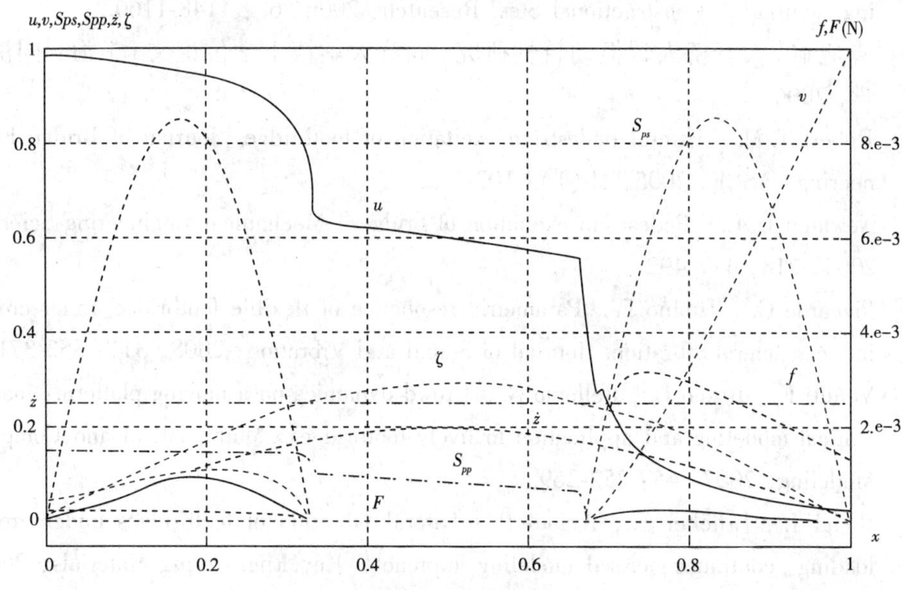

图 4-5-21　各变量之间的相互关系（$t=1.5$）

群不连续的影响、障碍物、交通拥挤、停—走现象等。由于计算工具容易进行后处理，因而根据所提出的方法可以从本质上对结构和行人之间相互作用进行解释。Venuti 模型致力于对发生在人群—结构相互作用中的大尺度现象进行分析，迄今为止，这一大尺度现象还没有被完全认识。由于缺少试验数据，该模型仅对人群动力特性给出较满意的定性描述。进一步的研究应该着力于通过特别的试验测试确定所涉及到的参数取值，而更深一步的研究则应将微观或中尺度人流模型归纳到人群—结构相互作用系统中去。

参 考 文 献

［4-1］ Fujino Y. , Pacheco B. M. , Nakamura S. . Synchronization of human walking observed during lateral vibration of a congested pedestrian bridge. Earthquake Engineering and Structural Dynamics, 1993, 22, 741-758.

［4-2］ Dallard P. , Fitzpatrick T. , Flint A. , Low A. , Smith R. R. , Willford M. , and Ro M. . London Millennium Bridge: pedestrian induced lateral vibration. Journal of Bridge Engineering, ASCE, 2001, 12: 412-17

［4-3］ Nakamaura S. , Kawasaki T. . Lateral vibration of footbridge by synchronized walking. Journal of Constructional Steel Research, 2006, 62: 1148-1160.

[4-4] 袁旭斌.人行桥人致振动特性研究.同济大学博士学位论文.上海:同济大学, 2006.

[4-5] Robert T. M.. Lateral pedestrian excitation of footbridge. Journal of Bridge Engineering, ASCE, 2005, 10(1): 107-112.

[4-6] Newland D. E.. Pedestrian excitation of bridges. Mechanical Engineering Science, 2004, 218, 477-492.

[4-7] Piccardo G., Tubino F.. Parametric resonance of flexible footbridge under crowd-induced lateral vibration. Journal of Sound and Vibration, 2008, 311: 353-371.

[4-8] Venuti F., Bruno L., Bellomo N.. Crowd dynamics on a moving platform: mathematical modeling and application to lively footbridges. Mathematical and Computer Modeling, 2007, 45: 252-269.

[4-9] Bodgi J., Erlicher S., Argoul P.. Lateral vibration of footbridges under crowd-loading: continuous crowd modeling approach. Key Engineering Materials, 2007, 347: 685-690.

[4-10] Prigogine I., Herman R.. Kinetic Theory of Vehicular Traffic, Elsevier, New York, 1971.

[4-11] Leutzbach W.. Introduction to the Theory of Traffic Flow, Springer, 1988.

[4-12] Bellomo N., Delitalia M., and Coscia V.. On the mathematical theory of vehicular traffic flow i. fluid dynamic and kinetic modeling. Mathematical Models and Methods in Applied Sciences, 2002, 12 (12): 1801-1843.

[4-13] Helbing D., Hennecke A., Shvetsov V., Treiber M.. Micro and macro simulation of freeway traffic. Mathematical and Computer Modelling, 2002, 35: 517-547.

[4-14] Helbing D.. Traffic and related self-driven many-particle systems. Review of Modern Physics, 2001, 73: 1067-1141.

[4-15] Hoogendoorn S. P., Bovy P. H. L.. A gas-kinetic model for pedestrian flows. Transportation Research Record, 2000, 1710: 28-36.

[4-16] Helbing D.. A mathematical model for the behavior of pedestrians. Behavioral Science, 1991, 36: 298-310.

[4-17] Blue V., Adler J.. Emergent fundamental pedestrian flows from cellular automata micro- simulation. Transportation Research Board, 1998, 1644: 29-36.

[4-18] Park K. C., Felippa C. A.. Partitioned analysis of coupled systems, in: Belytschko T., Hughes T. J. R. (Eds.), Computational Methods for Transient Analysis,

Amsterdam, 1983, pp. 157-219 (Chapter 3).

[4-19] Bellomo N., Coscia V.. First order models and closure of mass conservation equations in the mathematical theory of vehicular traffic flow. CR-Mecanique, 2005, 843-851.

[4-20] Clough R., Penzien J.. Dynamics of Structures, McGraw-Hill, New York, 1987.

[4-21] Zivanovic S., Pavic A., Reynolds P.. Vibration serviceability of footbridges under human-induced excitation: a literature review. Journal of Sound and Vibration, 2005, 279: 1-74.

[4-22] Bonzani I., Mussone L.. From experiments to hydrodynamic traffic flow models I - modeling and parameter identification, Mathematical and Computer Modelling, 2003, 37: 109-119.

[4-23] FIB, Guidelines for the Design of Footbridges, November 2005 (Bullettin N. 32).

[4-24] Nakamura S.. Field measurement of lateral vibration on a pedestrian suspension bridge. The Structural Engineer, 2003, 81(22): 22-26.

[4-25] Dallard P., Fitzpatrick T., Flint A. Bourva S. L., Low A., Ridsdill R. M., Willford M.. The London Millennium Footbridge. The Structural Engineer, 2001, 79 (22): 17-33.

[4-26] Wheeler J. E.. Prediction and control of pedestrian induced vibration in footbridges. Journal of the Structural Division, ASCE, 1982, 108 (9): 2045-2065.

[4-27] Leveque R. J.. Numerical Methods for Conservation Laws, Birkhauser, Zurich, 1992.

[4-28] Brezzi F., Lipnikov K., Simoncini V.. A family of mimetic finite difference methods on polygonal and polyhedral meshes. Mathematical Models and Methods in Applied Sciences 2005, 15 (10): 1533-1552.

[4-29] Ferziger J. H., Peri'c M.. Computational Methods for Fluid Dynamics, Springer, Berlin, 2002.

第五章 人行桥的被动耗能减振设计

5.1 人行桥的减振

5.1.1 结构被动消能减振技术

结构消能减振是通过在结构上安装耗能/吸能装置或者直接将非承重构件设计成耗能元件来减轻结构由外荷载作用引起的动力响应。这一技术早在20世纪20年代起源于机械和船舶等工业领域,而后又广泛应用于航空航天和运输工程中。消能减振技术在土木工程中的应用相对较晚,至今有近四十年的历史。最早应用减振技术的土木工程结构可能为美国的原世贸中心双子楼,每座楼安装了10000个黏弹性阻尼器来满足其在台风作用下的振动使用性要求。自美籍华裔学者姚治平(J. T. P. Yao)于1972年首次提出土木工程结构控制概念以来,振动控制的研究与应用越来越得到人们的广泛关注和重视,目前已成为结构工程领域最具前沿性的发展方向之一,并已在世界各国的高层建筑、大跨结构、长大桥梁等柔性工程结构的抗风抗震设计与加固工程中得到应用。

结构振动控制按照是否需要外部能量输入,一般可分为消能被动控制技术、主动控制技术、半主动控制技术和混合控制技术等[5-1,5-2]。消能被动控制指在结构的某些部位附加耗能/吸能元件或装置等附属系统来减轻结构本身的动力响应。被动控制不需要外界系统提供能量,控制过程不依赖于结构反应及外界干扰信息,而且具有构造简单、造价低、易于维护等诸多优点,所以引起工程界的广泛关注,是目前应用最为广泛的控制技术。主动控制指应用现代控制技术,对结构外部激励和结构响应进行实时监测,再将按照控制算法计算出的反馈控制力通过作动器施加到结构某些部位,从而将结构在外界动力荷载作用下的结构响应控制在容许范围之内。主动控制系统包括数据采集元件、主动控制算法及软件系统和施力作动器元件等。主动控制具有很好的控制效果,已进行了大量的理论研究和少数的工程应用。但主动控制系统结构复杂、造价昂贵、需要的外界输入能量大,从理论到实际工程应用还有一定的距离,在实际工程实施中还有一些问题需要解决,如失效—安全措施、软件硬件集成,传感元件和作动器的鲁棒性等。目前研究中常用的主动控制系统有主动质量阻尼器、主动拉索系统、主动支撑系统和主动空气挡风板系统等。半主动控制指以被动控制为基础,根据结构响应利用控制机构来主动调节控制装置本身的参数,对被动控制器的工作状态进行切换,使控制器处于最优状态,因此半主动控制也称为可变的被动控制。与主动控制相比,半主动控制既具有被动控制系统的构造简单、造价低、易于维护和不会对结构造成不利影响等优点,又具有主动控制系统的强适应性。因半主动控制系统中的控制机构是用于调节控制装置本身的参数而不是直接给结构施加作动力,半主动控制需要提供的外界能量小,已经有一些实际工程应用。目前典型的半主动控制装置有可变刚度系统、可变阻尼器系统、主动调谐质量阻尼系统和可控摩擦式隔振系统。顾名思义,混合控制系统指系统中包含两种或两种以上控制技术,文献报道有被动—半主动混合控制系统、被动—主动控制系统。

在上述几种控制技术中,被动消能减振技术不需要通过外界提供能量,其分析理论和设计方法较为完善,并具有构造简单、可靠性高、造价低和易于维护等优点,已逐步纳入有关的设计规范、规程和指南中,如美国《NEHRP Recommended Provisions for Seismic Regulations for New Buildings and Other Structures》(FEMA 450)[5-3]和我国建设部颁布的《建筑消能阻尼器》[5-4],形成了较为成熟的被动减振技术。被动消能减振技术已在实际工程设计与加固中广泛应用,各种类型消能减振装置已有商业化的产品。目前已被广泛应用的被动控制装置主要有耗能减振装置和动力吸振装置。这两类装置的耗能原理有所不同:耗能装置将结构的振动能量通过耗能元件转为热能来实现结构的减振,而吸能装置通过将结构振动能量转移到辅助系统(即吸能装置)本身来消振。

(一)耗能减振装置

耗能减振装置是把结构物的某些非承重构件设计成耗能元件或在结构物的某些部位装设耗能装置,通过这些装置大量耗散振动能量而转化为热能,使主体结构的动力反应减小。20 世纪 70 年代初 Kelly 等人通过试验研究了在抗震结构中设置扭转梁、弯曲梁和 U 钢器件形式的金属软钢屈服阻尼器,以减少结构构件自身需要耗散的能量,将结构构件的延性破坏转化为阻尼器元件的耗能屈服破坏,为结构减振提出了新的思路。此后,各国研究者纷纷研究出各种形式的耗能装置,主要包括:X 型和三角型金属阻尼器、摩擦阻尼器、黏滞液体阻尼器和黏弹性固体阻尼器等。从理论上说,这些耗能减振装置是基于结构动力反应中阻尼力与刚度的变化来产生耗能减振效果的。金属耗能阻尼器通过金属材料的非弹性屈服耗能来达到保护结构免受地震/台风损伤或破坏的目的,主要包括软钢阻尼器、铅棒阻尼器及形状记忆合金阻尼器,已被日本、新西兰、墨西哥、意大利和美国等国用于建筑、桥梁等工程结构的抗震设计和加固。摩擦阻尼器通过固体接触面间的摩擦来耗能,早期在美国和加拿大有不少建筑结构工程应用。黏弹性阻尼器一般通过黏弹性固体的剪切变形来耗能,它能够同时提供给结构附加阻尼和附加刚度。一般来说，如果除了需要附加阻尼，还需要较大的附加刚度来满足位移限值的减振结构，可考虑选用黏弹性阻尼器。纽约原世贸中心大厦、哥伦比亚中心大厦、西雅图中心广场大厦等几座超高层建筑上已经相继安装了黏弹性阻尼器。黏滞阻尼器通过黏滞流体的黏性或密闭容器内的黏滞流体流经小孔时形成的阻尼来耗能的。前者的耗能原理类似于黏弹性固体的剪切变形耗能，因此通常需要流体具有很好的动黏性，代表性的产品为黏滞阻尼墙，主要用于基础隔震。与黏弹性阻尼器同时提供刚度和阻尼不同，黏滞阻尼器在工程结构的响应频率通常范围内（$0<f<3.0\text{Hz}$）只具有很小的刚度，因此在分析时黏滞阻尼器通常被简化为只具有阻尼的耗能单元。黏滞流体阻尼器在世界各国的高层建筑、桥梁、体育馆、海洋石油平台等结构工程上有大量应用。表5-1-1给出了各类耗能阻尼装置的结构图、滞回特性、物理模型和优缺点的比较[5-5]。阻尼器的耗能能力主要取决于它们的阻尼力—位移曲线（也称为滞回曲线或滞回环）所包围的面积，在幅值、频率等其他参数相同条件下，滞回环的面积越大，耗能能力越强。在实际应用中，需要同时兼顾阻尼器的耗能能力、制造、安装和维护等要求。

常用耗能阻尼器的比较[5-5] 表5-1-1

产品	金属阻尼器	摩擦阻尼器	黏滞流体阻尼器	黏弹性固体阻尼器
基本结构				
理想滞回（力—位移）曲线	Force / Displacement	Force / Displacement	Force / Displacement	Force / Displacement
理想物理模型	无	Force / DispL	Force / DispL	Force / DispL
优点	稳定的滞回曲线； 长期稳定性； 对温度变化不敏感； 材料与性能为工程师所熟悉	耗能很大； 对温度不敏感	小位移工作； 恢复力小； 对于线性黏滞阻尼器建模方便； 耗能基本上不随温度、频率变化； 具有良好的军事应用背景	小位移工作； 提供恢复力； 线性阻尼器，建模方便
缺点	地震荷载后破坏，需要重换； 需要非线性结构分析	摩擦表面退化； 强非线性； 能诱发结构高阶响应及要求非线性分析方法； 可能有永久残留摩擦位移	黏滞流体可能发生泄漏	有限的剪切变形； 耗能特性随温度、频率变化大； 黏弹性材料可能发生剥离和撕裂

(二)动力吸振器

动力吸振器是指在主体结构设置一辅助系统,将主结构的振动能量转移到辅助系统,从而实现主结构的消能减振。这一类被动控制装置的代表是调谐质量阻尼器(TMD)、调谐液体阻尼器(TLD)和调谐液体柱型阻尼器(TLCD)。

调谐质量阻尼器系统由固体质量、弹簧和阻尼组成,它将阻尼器系统自身的振动频率调谐至结构振动的主要频率,通过TMD与主结构间的相互作用,可实现能量从主结构向调谐质量阻尼器系统的转移,达到减小主结构振动的目的。调谐质量阻尼器中的阻尼一般由油阻尼器、黏滞阻尼器和黏弹性阻尼器提供,在使用黏弹性阻尼器时应注意阻尼器提供的附加刚度不能使调谐系统的频率偏离设计值。包括悉尼的Centerpoint电视塔、纽约的Citicorp中心大厦、波士顿的John Hancock大厦、东京的Chiba Port大厦、台北101大厦、加拿大CN电视塔、迪拜Burj al-Arab大厦、上海金融中心等世界各国很多高层建筑和高耸结构安装了调频质量阻尼器系统。

调谐液体阻尼器(TLD)和调谐液体柱型阻尼器(TLCD)则以容器内液体的晃动来进行结构的减振,通过调节液体的高度来使得容器内液体晃动频率与结构的主要振动频率基本一致,装置内用液体主要是生活用水,它同时提供调谐系统需要的质量和阻尼,通常水自身提供的黏性阻尼不能达到优化阻尼,需要采用附加的带孔隔板来增加阻尼。TLD和TLCD在日本的高层建筑、机场通讯塔等结构上应用比较广泛。

为提高减振效率,这类动力吸振装置一般安装于结构的顶部或其他振动剧烈的部位,已被用于很多工程减振系统。

5.1.2　人行桥的减振研究

随着人行桥跨度的不断增大、新型轻质高强材料的日益运用以及对桥梁美学和城市景观的追求,人行桥的基频不断降低,其振动问题也相继日益突出。人行桥的振动主要指横向振动和竖向振动。人行桥横向振动的典型例子有英国伦敦千禧桥、法国Solferino桥及日本T桥。前两座桥梁在通桥典礼当天因人群荷载作用发生了大幅横向振动,导致行人无法正常行走,而后不得不暂时关闭以研究其振动原因及减振措施;日本的T桥是赛船比赛结束后大量人群离开赛场时主梁出现了大幅横向振动。这种大幅横向振动被认为是由侧向同步激励(synchronistic lateral excitation)引发的一种横向动力失稳。现有研究表明,即使在很小的横向振动加速度下($0.10 \sim 0.15 m^2/s$)都可能发生侧向同步激励而导致"集体同步"和"人桥同步"这种同步锁定现象,显著地增加了步行侧向荷载,使得振动幅值不断增大。人行桥的竖向振动问题不如横向问题突出,这主要是因为行人能够容忍的竖向加速度约为横向加速度的 5 倍,因此不易发生集体同步和人桥同步共振现象,但过大的竖向振动加速度会导致行走舒适性问题。目前人行桥的振动问题还没有受到足够重视,人行桥振动问题还时有发生。

人行桥的振动尤其是横向振动具有两个特点:(1)由于步行力的窄带特性,结构振动响应主要集中在某一个结构频率上;由于行人步频的自调节性,一定步频范围内的桥梁振动模态都有可能发生共振;(2)振动具有自限性,振动幅值不会无限增大。早期防止人行桥大幅振动主要是通过限制通行人数及防止整齐、规则的步频等方法来实现的,这种方法通过控制等效行人荷载来实现减振。这在很大程度上违背了人行桥建设的初衷,伦敦千禧桥也考虑过使用这种减振措施,但最后并没有被采用。因此,更好的减振措施应该从结构自身考虑,主要有以下两种方法。

1. 频率调整法

频率调整法是指通过回避敏感范围内的频率来达到振动舒适性要求,即满足使用要求的桥梁振动允许值指标。这种方法为 SIA160(1989 年)、ENV(1991 年)、CEB(1993 年)、BS5400(1992 年)和"立体横断施设技术基准·同解说"(1979 年)等众多国家的人行桥设计指南所采用。CEB(1993 年)和 SIA160(1989 年)建议设计时尽量避免使人行桥的竖向振动固有频率 f_0 落在 1.6~2.4Hz 和 3.5~4.5Hz 的范围内。这些限制是基于正常的人行步频处于 1.6~2.4Hz、其二阶谐波频率大约在 3.2~4.8Hz 之间的假设。日本规范仅要求 f_0 不应该落在 1.5~2.3Hz 范围之内。德国规范对频率敏感范围定义更为苛刻,对避免一阶谐波共振,竖向频率应该避免落入 1.25~2.3Hz;对小阻尼结构,应同时避免一阶和二阶谐波共振,竖向频率应该避免落入 1.25~4.6Hz。法国规范则认为若人行桥频率落入 1.0~2.6Hz,人桥共振的风险都比较大。我国人行桥设计规范《城市人行桥与人行地道技术规范》建议人行桥的竖向频率大于 3Hz。

纵向步行力的频率与竖向步行力的频率相等(只需要一个步子就可完成一个力的周期),因而上述对于竖向频率的要求也适用于人行桥的纵向振动频率。而横向步行力的频率为竖向力频率的一半(需要两个步子才能完成一个横向步行力的周期),大多数规范规定横向敏感频率范围为竖向敏感频率范围的一半。德国规范规定人行桥横向频率的敏感范围为 0.5~1.2Hz。我国人行桥设计规范没有限制侧向振动频率。根据英国伦敦千禧桥的研究结果,对于横向频率小于 1.3Hz 的人行桥,都有可能发生由横向同步激励诱发的横向动力失稳。

图 5-1-1 给出了文献中报道的人行桥的一阶横向振动频率和竖向振动频率,横向振动频率随跨度的增加而降低。当跨度达到 100m 后,各种形式人行桥的基频一般都会小于 1.3Hz。以伦敦千禧桥为例,一阶横向振动频率为 0.49Hz,为避免大幅横向振动,需使其横向频率最少达到 1.5Hz,这要求在结构质量不变的前

提下结构的刚度需要增加到9倍。实际上结构的刚度增加会导致质量增加，因此刚度增加的倍数会显著地超过10。这对于结构设计显然是经济上不可行的，也会影响到桥的柔美线形。

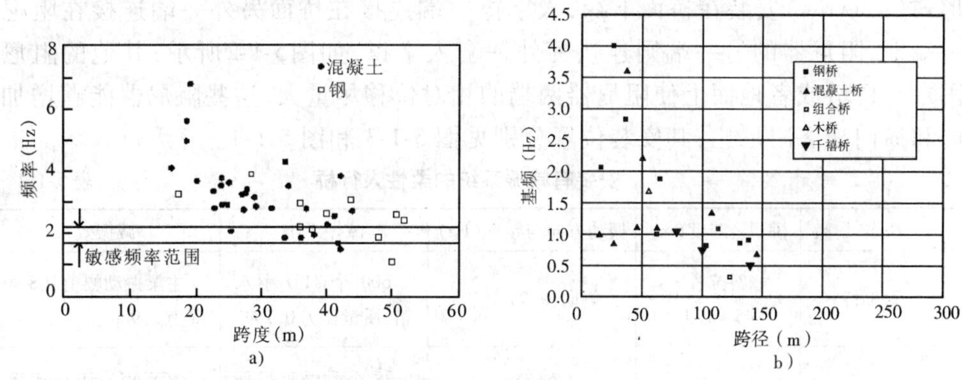

图5-1-1　人行桥的横向和竖向基频随跨度变化

a)竖向;b)侧向

针对目前城市中轻型的大跨曲线人行桥，若要满足上述的频率敏感范围需要将合理的结构静力刚度增加几倍乃至数十倍，势必引起人行桥建设成本急遽增加，难以被桥梁建设单位采用。

2. 阻尼减振

附加阻尼是抑制振动行之有效的措施，已用于一些人行桥的动力减振设计和加固。人行桥的减振系统绝大多数以被动消能减振为主，也有少量的半主动和主动控制尝试。应用于人行桥减振的被动消能装置包括黏滞阻尼器、黏弹性阻尼器、MR磁流变阻尼器、调谐质量阻尼器、调谐摆式阻尼器、调谐液体阻尼器等，其中最常用的是黏滞阻尼器和调谐质量阻尼器。黏滞阻尼器一般能够提高多阶模态的阻尼，但阻尼器两端必须有较大的相对位移；TMD能够显著地提高相关模态的阻尼比，安装在模态位移最大处，但必须针对每阶敏感模态单独设计各自的TMD单元。

表5-1-2给出了安装有减振装置的人行桥。伦敦千禧桥主跨和两个边跨安装了7种不同量程共37个美国Taylor公司的黏滞阻尼器和58个GERB公司的调谐质量阻尼器，从而使横向/横向扭转耦合模态、竖向/竖向扭转耦合模态阻尼比分别达到15% ~20%和5% ~10%，其中水平模态的阻尼比由黏滞阻尼器和调谐质量阻尼器共同提供，而竖向模态的阻尼比主要由调谐质量阻尼器提供。采用这种组合减振方案主要基于以下两点考虑：(1)容易发生共振的频率个数多：仅仅千禧桥的中跨就有7个模态(包括2个横向、4个竖向和1个扭转模态)可能发生共振，这就要求分别设计7套TMD减振装置来控制各个模态，附加在桥面的质量将相当可观，桥面的位移和通航净空都会受到影响而没有采用；(2)黏滞阻尼器

本身需要阻尼器两端发生相对位移来耗能，但该桥中跨没有实际可行的竖向传力途径，黏滞阻尼器难以有效地提高中跨竖弯模态的阻尼比。图 5-1-2 ~ 图 5-1-4 给出了千禧桥上黏滞阻尼器的安装位置设计图和实景图。大部分阻尼器以人字撑形式（Chevron）安装在桥面下缘，人字撑一端连接在桥面另外一端连接在阻尼器一端上，阻尼器的另一端则连接另外一套人字撑，如图5-1-2所示；其他的阻尼器固定在桥墩或者地面上使阻尼器两端的相对位移尽量大，这些阻尼器能够增加竖向和横向模态阻尼比，其安装位置分别见图 5-1-3 和图 5-1-4。

安装有减振系统的柔性人行桥　　表 5-1-2

桥名	桥型及跨度(m)	振动方向与频率(Hz)	减振系统	减振效果
日本 T 桥	斜拉桥 45 + 134	侧向:0.93	600 个 TLD 小水箱，质量比为 0.7%	主梁振动幅值从8.3cm降为 2.9cm
英国伦敦千禧桥	扁平悬索桥 108 + 144 + 80	侧向:0.80,0.5,1.0	38 个黏滞阻尼器和8 个 TMD 控制水平振动；52 个 TMD 控制竖向振动	水平模态阻尼比提高到 15% ~20%，竖向模态阻尼比提高到 5% ~10%，无可感知的振动
法国 Solferino 桥	拱桥 106	侧向:0.81 竖向:1.94,2.22	6 个水平 TMD，重共 14.8t；8 个竖向 TMD	水平模态阻尼比从0.5%增加至3.5%；竖向阻尼比从 0.5% 增加至3% 和 2.0%
葡萄牙 Combia 桥	拱桥 110	侧向:0.85Hz 竖向:1.74,1.80,2.34,2.74,3.07,3.17	1 个重为 15t 的水平 TMD；6 个竖向 TMD	水平模态阻尼比从0.5%增加至4.0%；竖向阻尼比从 0.3% ~2.2%增加至3% ~6.0%
德国一人行桥	S 形拱桥 110	侧向:1.1	TMD	无可感知的振动
德国 Britzer Damn 桥	拱桥 33.8	竖向:5.6	两个 TMD，每个重 520kg	—
德国 Schwedter Strate 桥	斜拉桥 209	竖向:1.9	4 个 TMD，每个重 600kg	—
德国 Minden 桥	悬索桥 103	竖向、水平和扭转:0.25 ~1.05	两个液压阻尼器	阻尼显著增加
挪威 Mjomne-sundet 桥	三跨连续梁	竖向:1.8	安装了重 6000kg 的 TMD	—

续上表

桥名	桥型及跨度(m)	振动方向与频率(Hz)	减振系统	减振效果
拉斯维加斯三座人行桥	简支梁43~50	竖向:1.48~1.90	每座桥安装了6个TMD,每个TMD重1300kg	模态阻尼比增加10倍以上
法国Stade de France桥		竖向:1.95	在每跨安装了重2400kg的TMD	模态阻尼比从0.2%~0.3%增加至4.3%~5.3%
德国Forchheim桥	斜拉桥117.5	竖向:1.0,2.7	基于MR阻尼器的TMD,半主动控制	—
美国Simone de Beauvior桥	拱桥194	侧向 竖向	黏滞阻尼器,4个竖向、2个侧向、2个纵向	—
美国Bellagio桥	钢梁桥	竖向:1.7~2.2	安装了5个竖向TMD	模态阻尼比增加了约16倍
韩国Sun-Yu桥	拱桥120	横向:0.69 竖向:1.93	2个水平TMD,重共3t; 2个竖向TMD,重共3.3t	模态阻尼从原来的0.4%和0.6%提高到3.0%
北京人行天桥	简支箱梁42	竖向:2.44	6个TMD,每个TMD重540kg	共振时减振率为70%

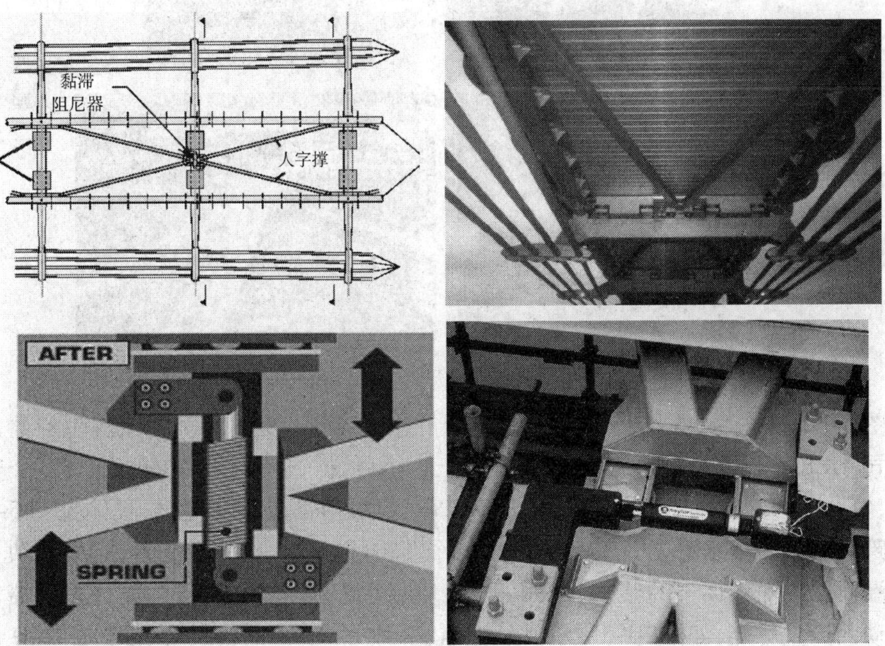

图5-1-2 安装在桥面下缘的人字撑形式的黏滞阻尼器

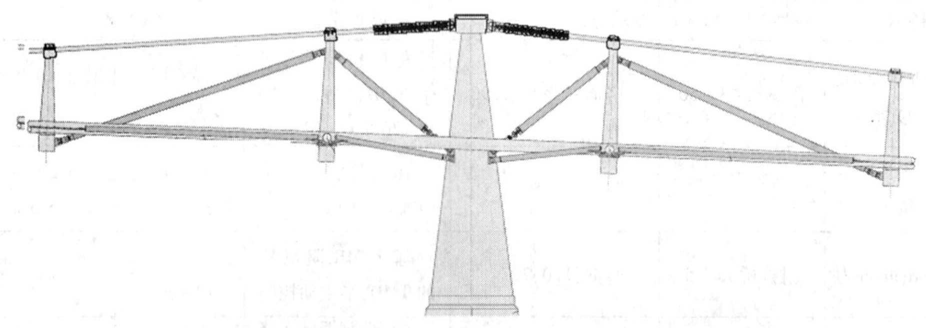

图 5-1-3　一端固定在桥墩的黏滞阻尼器

图 5-1-5 和图 5-1-6 给出了千禧桥竖向和水平 TMD 装置的安装图。阻尼器由德国公司 GERB 提供,安装在横梁上。在千禧桥的三个跨径内共安装了 52 个竖向 TMD,每个 TMD 装置的质量块重为 1.0 ~ 3.0t,阻尼由黏滞流体提供,具体见图 5-1-5。在中跨安装了 8 个水平摆式 TMD 装置,每个 TMD 装置的质量块重 2.5t,质量块连接了一浸没在黏滞流体中的桨页(paddle),当质量块发生水平位移时,桨页在黏滞流体中运动而产生耗能,如图5-1-6所示。从图看出,水平 TMD 的构造要比竖向 TMD 的构造复杂很多。

图 5-1-4　一端固定在地面的黏滞阻尼器

图 5-1-5　伦敦千禧桥竖向 TMD 装置

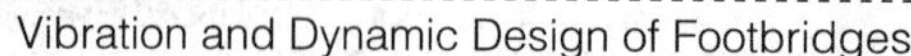

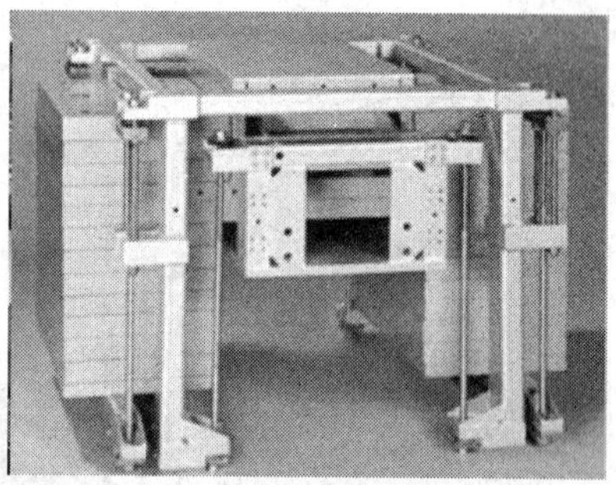

图 5-1-6　伦敦千禧桥水平 TMD 装置

图 5-1-7 给出了巴黎 Solferino 桥的减振装置,共包含 14 个 TMD 单元。6 个 TMD 用于提高侧弯模态的阻尼比,重共 15t;4 个竖向 TMD 用于提高频率为 1.94Hz 的竖弯模态阻尼比,另外 4 个竖向 TMD 用于提高频率为 2.22Hz 的竖弯模态阻尼比。安装减振装置后,第一阶横向弯曲模态的阻尼比从原来的 0.4% 增加到 3.5%,另外两阶竖向弯曲模态的阻尼比分别增加到 3.0% 和 2.0%。

图 5-1-7　巴黎 Solferino 桥的 TMD 减振装置

图 5-1-8 为拉斯维加斯三座人行桥采用的 TMD 减振装置,减振器安装在工字型梁的腹板位置,TMD 中的阻尼元件采用 Taylor 公司的黏滞阻尼器。图 5-1-9 给出了英国 Port Tawe 人行桥的水平 TMD 装置及安装位置。与摆式 TMD 不同,TMD 的刚度由弹簧提供,TMD 的频率为 1.16Hz,质量块重 1900kg。

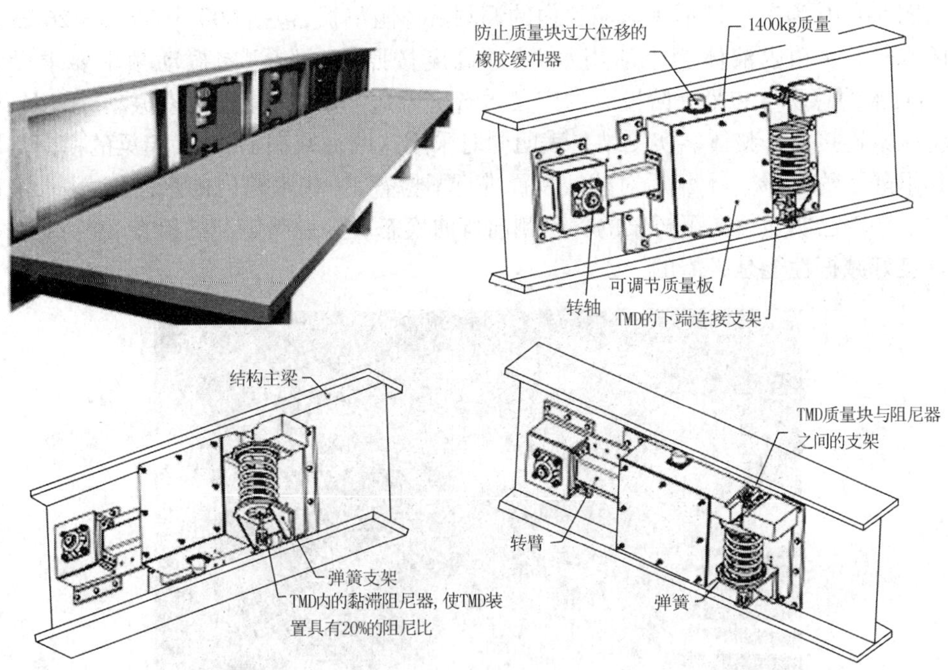

图 5-1-8　拉斯维加斯人行桥竖向 TMD 装置的结构图

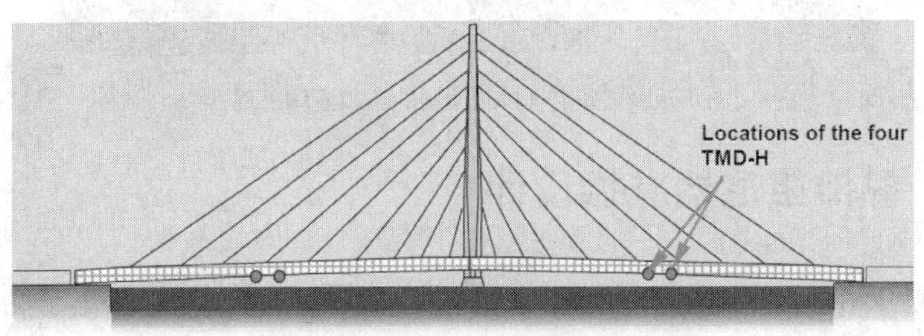

图 5-1-9　Port Tawe 人行桥的水平 TMD 减振装置

图 5-1-10 为安装日本 T 桥箱梁内的调频液体阻尼器，包括 600 个 39cm × 26cm 的密闭水箱。水箱内液体为生活用水，液面高度按照第一阶侧向振动频率要求设为 3.4cm，水的总质量和第一阶模态的广义质量比为 0.7%。为减少拉索振动，采用辅助索将拉索连接为一整体。实测结果表明同时采用这两种减振措施后，箱梁的横向振动位移下降了约 65%。十年后对减振装置进行了检查，一些水箱内的水已经蒸发，液面晃动的频率已明显偏离了桥梁的一阶侧向弯曲模态。这说明定期的检查、维护对保持 TLD 良好减振性能是必需的。

图 5-1-10　日本 T 桥箱梁内的调频液体阻尼器

5.2　黏滞阻尼器减振设计

本节首先介绍了黏滞阻尼器的减振原理与阻尼器的构造。然后给出了黏滞阻尼器的滞回曲线概念及常用的恢复力模型，对线性恢复力模型进行了较为深入的阐述。在此基础上，介绍了黏滞阻尼器用于提高结构阻尼的动力设计方法，以实例说明了附加黏滞阻尼器后结构等效模态阻尼比的计算方法。最后对阻尼器的测试进行了简要介绍。

5.2.1　黏滞阻尼器减振原理

如图 5-2-1 所示，黏滞阻尼器一般由缸体、导杆、活塞、阻尼孔和黏滞流体阻尼材料等部分组成，缸筒内装满黏滞阻尼流体材料，由导杆带动下活塞在缸筒内作反复运动，活塞上有容许黏滞流体通过的小孔。当活塞与缸筒发生相对运动时，受挤压的一侧压力增加而另外一侧的压力将降低，黏滞流体在这个压力差作用下流过阻尼孔并可能产生相当可观的阻尼力，将振动的机械能转为热能耗散，从而实现结构减振的目的。

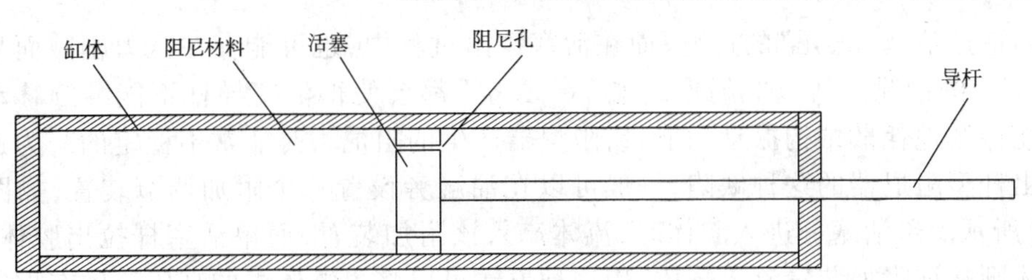

图 5-2-1 典型的黏滞阻尼器示意图(单出杆形式)

黏滞阻尼器的耗能特性,取决于黏性阻尼材料和阻尼器本身构造等因素。由于土木工程结构所处的温度、风雨气候等环境变化较大,而且还具有结构巨大和使用年限很长的特点,因此能够在土木工程中应用的黏性阻尼材料应该具有以下特性:(1)具有较强的黏性;(2)压缩性小;(3)化学稳定性好;(4)具有在温度或其他环境因素变化下的良好稳定性;(5)不易燃、不挥发和无毒害等。流体的黏性主要指流体在运动时因流体运动速度差异引起的内摩擦力,运动较快的流层可以带动运动较慢的流层,运动较慢的流层反之则阻滞运动较快的流层,流体的黏性主要由运动黏度 v 反映。影响流体黏性的主要外界因素是温度。温度升高,黏性流体的黏度降低,对阻尼器的性能有较大影响,例如 0℃时水的运动黏度为 $1.783\times10^{-6}\mathrm{m^2/s}$,而 100℃时其运动黏度只有 $0.282\times10^{-6}\mathrm{m^2/s}$。另一方面,振动物体的机械能最终是通过热能形式耗散的,因此尽可能选用具有良好热稳定性的黏滞液体来设计结构使用的黏滞阻尼器。此外,黏滞材料的压缩会形成一定大小的弹性力,使黏滞阻尼器表现出弹性性能,可能导致阻尼器的耗能能力下降,因此黏滞液体一般应该具有较小的压缩性。目前用于黏滞液体阻尼材料主要有液压油、有机硅油和硅基弹性胶体等。液压油的热稳定性欠佳,现在这类阻尼器在土木结构中应用相对较少。后两种阻尼材料因具有较低的热敏感性和可调的黏性而备受青睐,硅胶是一种胶泥状物质,有机硅油为无色透明黏性液体。美国 Taylor 公司和法国 Jarret 公司生产的黏滞阻尼器主要采用了这两种材料。在采用液体的有机硅油时,阻尼器的密封要求很高以防止阻尼器内的高压油发生漏油现象。

5.2.2 黏滞阻尼器构造

黏滞阻尼器根据其缸体构造不同通常可分为单出杆黏滞阻尼器和双出杆黏滞阻尼器[5-2]。传统的流体阻尼器通常采用单出杆形式,这类阻尼器构造相对简单,如图 5-2-1 所示。当活塞向左侧运动时,由于原来在液压缸右侧的部分活塞进入缸体,使左侧缸体中的流体受到挤压而通过阻尼孔流向另一侧;反之,当活塞杆向右侧运动时,由于部分活塞从左侧缸体中拉出,使流体又在压差作用下流向另一侧,流体在活塞两侧反复流动的过程中产生阻尼力,从而消耗连接阻尼器结构的振动能量。然而,在活塞压缩过程中,可能存在因活塞压缩量过大和压力剧增而造成活塞"顶死"的情况;而在活塞拉出过程中,也可能存在压力剧减而形成"真空"的情况。活塞"顶死"和缸内"真空"都会使得活塞导杆不能继续移动而不能持续地耗散结构振动的能量,阻尼器产生的阻尼力是非常不稳定的。为避免单出杆型阻尼器的这种缺陷,一般可以在油缸旁设置一个附加调节装置,如图5-2-2所示。单活塞杆进入腔体时,流体流入该附加装置,而单活塞杆拉出腔体时,流体则从该附加装置流入缸体,用这种方法可以将主缸体中的高压流体有控制地向附加调节腔体流动或反向流动,来调节主缸内的压力。但这种附加调节装置的阻尼器构造和加工复杂,且不能提供较大的阻尼,如抗震设计中需要的阻尼。图5-2-3给出了美国Taylor公司早期生产的带调节贮油腔的单出杆形式黏滞阻尼器。如图所示,阻尼器的右端带有调节油库和控制阀门。单出杆形式的阻尼器如果调节油腔缸体结构设计不当,容易造成漏油问题,从而影响阻尼器的可靠性和长期稳定性。目前这类阻尼器在抗震为目的的减振系统中已经应用很少。

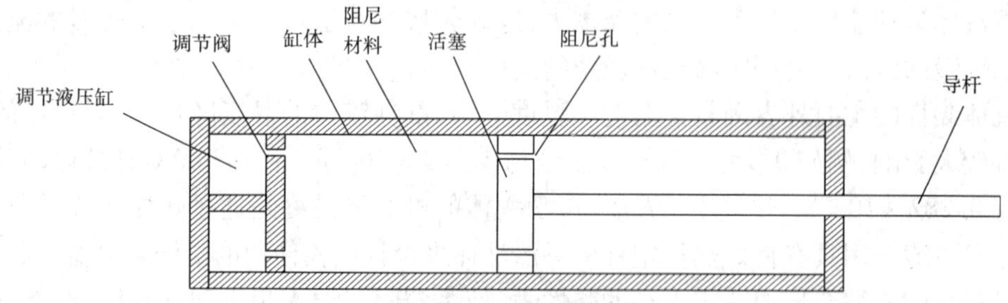

图5-2-2 带压力调节装置的黏滞阻尼器

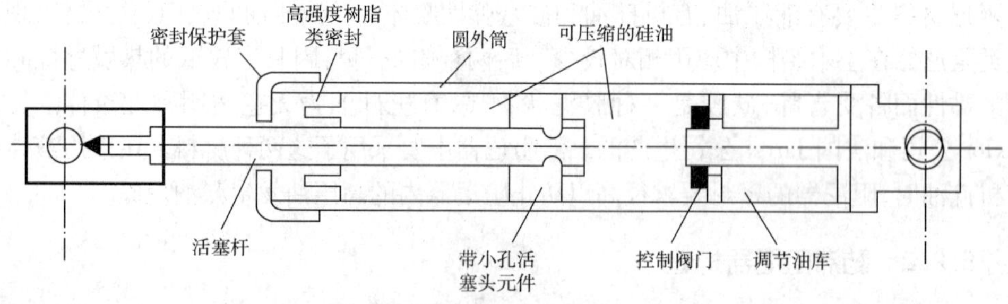

图5-2-3 Taylor公司单出杆形式的黏滞阻尼器

单出杆流体阻尼器的上述缺陷可采用双出杆形式加以解决,如图5-2-4所示。主缸内装满黏滞流体阻尼材料,副缸内无阻尼填充材料,单活塞向左运动时,原来在液压缸外的部分活塞进入阻尼器腔体内,而活塞背面同样体积的活塞杆则被推出主缸而进入副缸,反之亦然。这样主缸内始终保持体积恒定。由于双出杆型流体阻尼器在活塞运动时,液压缸内的总体积不会发生变化,这样油腔内的压强也不会产生过大变化,从而避免了前述单出杆流体阻尼器的缺陷。双出杆黏滞阻尼器不用附加油缸和控制阀门,密封件较少,给加工使用和维护带来了很大的方便,增加了阻尼器本身的可靠性,同时阻尼器的性能可满足长期稳定的要求。

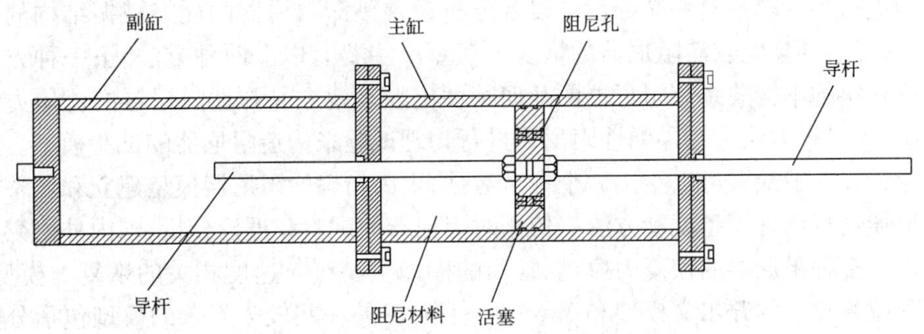

图 5-2-4　双出杆形式的黏滞阻尼器

依据活塞上阻尼孔耗能构件的构造形式不同,又可将其分为孔隙式、间隙式和混合式阻尼器三种类型。孔隙式黏滞阻尼器是活塞上留有小孔,活塞与缸筒内壁实行密封的黏滞阻尼器,如图 5-2-1 所示;间隙式黏滞阻尼器是指活塞杆与缸筒内壁留有间隙的阻尼器,如图 5-2-5 所示。混合式黏滞阻尼器是指活塞上既有小孔、又在活塞与缸筒内壁之间留有间隙的阻尼器。图 5-2-6 给出了美国 Taylor 公司黏滞阻尼器阻尼孔的形状,通过调节活塞头上阻尼孔的形状,可以调整阻尼器的速度指数 m[见式(5-2-7)]在 0.3 ~ 1.0 之间变化。

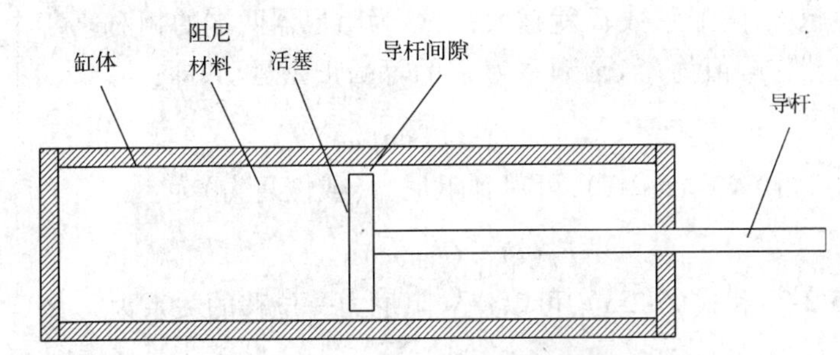

图 5-2-5　间隙式黏滞阻尼器示意

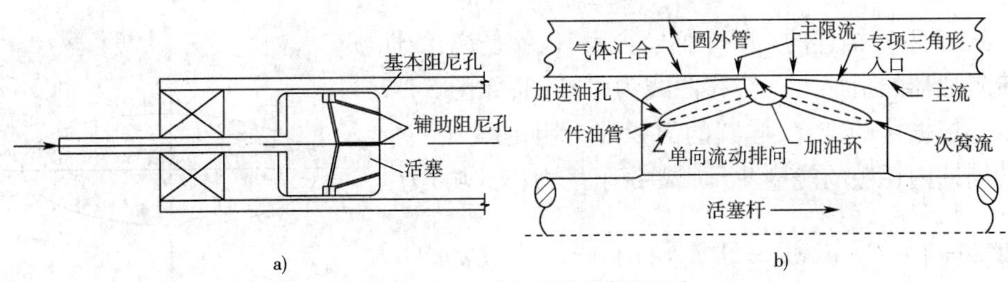

图 5-2-6　Taylor 公司的阻尼器阻尼孔

a)单出杆阻尼器;b)双出杆阻尼器

5.2.3 黏滞阻尼器的恢复力模型和滞回曲线

为进行黏滞阻尼器的减振设计以及分析设置黏滞阻尼器的耗能减振结构的动力响应,首先必须建立黏滞阻尼器的恢复力模型。主要有以下两种方法:第一种方法是从阻尼材料的本构关系和阻尼器的几何特性出发来建立黏弹性阻尼器的流体力学解析模型,第二种方法是对黏弹性阻尼器进行物理试验来构造阻尼器的试验模型。第一种理论计算一般最多可以给出一个参考数据,更为精确的阻尼器模型建立和调整需要对阻尼器进行物理模型试验方法。依据对阻尼器的试验和理论分析,国内外研究人员已提出了多种阻尼器的恢复力模型,常用的模型主要有与速度相关的恢复力模型、与速度和位移相关的开尔文模型和 Maxwell 模型,另外一些较为复杂的模型包括分数导数模型、忽略介质压缩性的恢复力模型和考虑介质压缩性的恢复力模型等。

(一)与速度相关的恢复力模型

与速度相关的恢复力模型假定阻尼器的出力只取决于运动速度而跟阻尼器经受的相对位移无关,此时阻尼器的恢复力就等于阻尼器的阻尼力。理想的线性恢复力模型认为阻尼力与速度成正比,此时:

$$F_d(t) = C\dot{u}(t) \tag{5-2-1}$$

式中 C 为黏滞阻尼器的阻尼系数,它与油缸直径、活塞直径和流体黏度、阻尼孔的构造等因素有关,活塞有效面积越大、阻尼孔越小、环境温度越低(在工作温度范围内)、阻尼材料黏性越大,阻尼系数 C 就越大;$\dot{u}(t)$ 为阻尼器两端的相对速度。

假定阻尼器作幅值为 u_0、圆频率为 ω 的等幅正弦运动,即:

$$u(t) = u_0\sin(\omega t) \tag{5-2-2}$$

将式(5-2-2)代入式(5-2-1),可得到阻尼力(或恢复力)为:

$$F_d(t) = Cu_0\omega\cos(\omega t) \tag{5-2-3}$$

比较式(5-2-2)和式(5-2-3),可以建立阻尼力—位移的关系为:

$$\left(\frac{F_d}{Cu_0\omega}\right)^2 + \left(\frac{u}{u_0}\right)^2 = 1 \tag{5-2-4}$$

式(5-2-4)描述的是一个椭圆方程,也就是说,线性黏滞阻尼器的阻尼力—位移曲线为一椭圆,如图 5-2-7 所示。根据功的定义,椭圆的面积即为阻尼器在一个运动周期内耗散的能量 W_d(或者说阻尼力作的功)为:

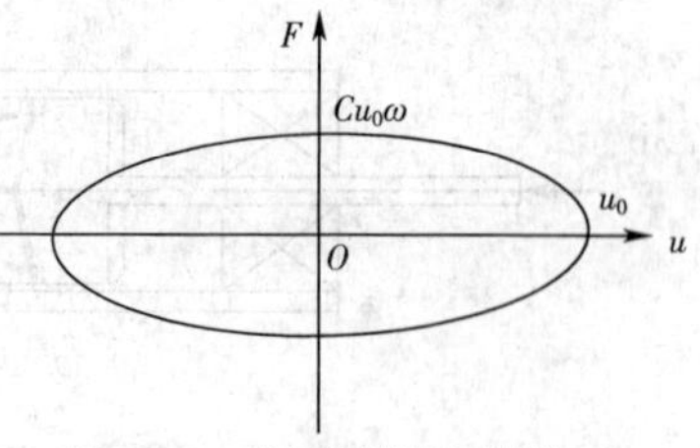

图 5-2-7 线性黏滞阻尼器的阻尼力—位移曲线

$$W_d = \int_{-u0}^{+u0} F_d(u)\,\mathrm{d}u = \int_0^T F_d(t)\,\mathrm{d}u(t) = \pi C\omega u_0^2 \tag{5-2-5}$$

实际上,阻尼器的阻尼力和活塞运动速度 $\dot{u}(t)$ 一般成非线性关系。若干研究者针对自己提出和试制的黏滞阻尼器,建立了适用于各自阻尼器的非线性模型。

(1)日本武田寿一给出单出杆式黏滞阻尼器的恢复力模型:

$$F_d = \frac{A^3}{(\beta A_0)^2}\frac{\rho}{2}v^2 \tag{5-2-6}$$

式中:β——流量修正系数;

A_0——阻尼孔面积;

A——活塞面积;

ρ——流体密度;

v——活塞运动速度。

(2)美国 Taylor 公司的恢复力模型:

$$F_d = Cv^m \tag{5-2-7}$$

式中:C——零频率时黏滞流体的阻尼系数;

m——可调的速度指数,$0.3 \leqslant m \leqslant 1.0$,取决于阻尼孔的形状。

(3)G. W. Housner 恢复力模型认为阻尼力和活塞速度的关系可表达为:

$$F_d = C|v^\gamma|^m \tag{5-2-8}$$

式中:C——零频率时黏滞流体的阻尼系数;

γ——速度修正系数,因此 v^γ 实际上表示等效活塞速度;

m——速度指数,其值在 0.30 ~ 0.75 之间。

(4)欧进萍院士研制的油缸间隙式黏滞流体阻尼器的恢复力可表示为:

$$F_d = Cv^m \tag{5-2-9}$$

式中:C——零频率时黏滞流体的阻尼系数,与活塞直径、油缸直径、导杆直径和流体黏度等参数有关;

m——速度指数,其值在 0.79 ~ 0.87 之间。

(5)李爱群教授等研制的双出杆型黏滞阻尼器的恢复力表达式为:

$$F_d = Cc_q v^2 \tag{5-2-10}$$

式中:C——零频率时黏滞流体的阻尼系数;

c_q——流量系数;

v——活塞运动速度。

需要指出,上述各种阻尼器模型都是针对特定的黏滞的阻尼器建立的,这些公式及公式中的参数都有各自的应用范围,美国 Taylor 公式对每个出厂的阻尼器都进行了试验和标定,得到了阻尼系数 C 和速度指数 m。上述各种非线性黏滞阻尼虽然能够比理想的线性黏滞阻尼模型更为精确的描述阻尼器的力—位移曲线，然而引入非线性黏滞阻尼后使得对耗能减振结构的动力响应分析及减振性能的评估相当烦琐，通用商业结构分析软件如 ANSYS、ABAQUS 等无法直接分析设置有非线性黏滞阻尼的耗能减振结构。因此，为便于工程应用，宜采用等效线性化方法通过耗能能力相等的原则将其转为线性黏滞阻尼，求出等效线性阻尼器系数。等效线性化方法可参照文献[5-6]。

在实际中应用非线性阻尼器较线性阻尼器优越，因为对于非线性阻尼器（$F = Cv^m, m < 1.0$），当活塞速度大于 1m/s 时，阻尼器的出力相对小，从而可以保护到减振装置以及结构构件以免阻尼器受到很大的阻尼力而失效。而且，相同振幅和振动频率下，非线性阻尼器的滞回曲线比线性阻尼器的滞回曲线饱满（不再是椭圆），因此非线性阻尼器的耗能也更大一些，如图 5-2-8 所示。

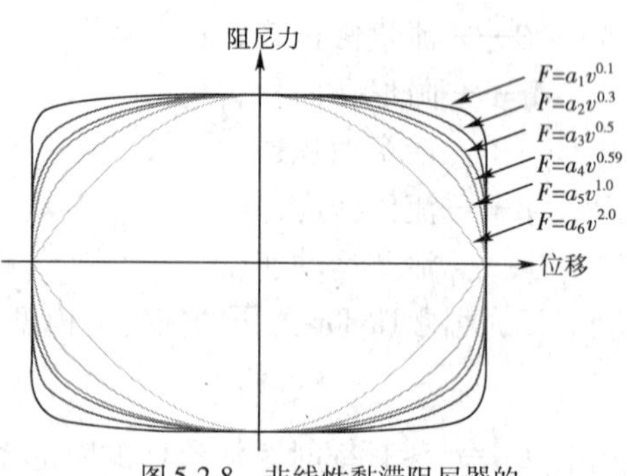

图 5-2-8　非线性黏滞阻尼器的滞回曲线随速度指数的变化

（二）与速度和位移相关的恢复力模型

与速度和位移相关的恢复力模型假定阻尼器的出力取决于活塞杆的速度和位移，此时阻尼器的恢复力是阻尼器的阻尼力和弹性力之和，这种模型称为开尔文模型。卡尔文模型的恢复力可表示为：

$$F_d(t) = ku(t) + C\dot{u}(t) \tag{5-2-11}$$

式中 k 为阻尼器的储存刚度；C 为阻尼器的阻尼系数。

当阻尼器作幅值为 u_0、圆频率为 ω 的等幅正弦运动时，按照前述方法可以得到开尔文模型中恢复力—位移之间的关系，为：

$$\left(\frac{F_d - ku}{Cu_0\omega}\right)^2 + \left(\frac{u}{u_0}\right)^2 = 1 \tag{5-2-12}$$

可以看出，开尔文模型中恢复力—位移图为一斜椭圆，如图 5-2-9 所示。阻尼器在一个运动周期内耗散的能量 W_d 为：

$$W_d = \int_{-u_0}^{+u_0} F_d(u)du = \int_0^T F_d(t)du(t) = \pi C\omega u_0^2 \tag{5-2-13}$$

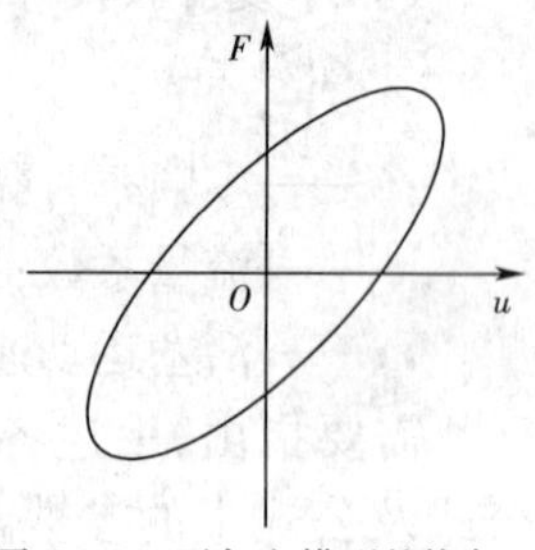

图 5-2-9　开尔文模型的恢复力—位移曲线

因此若通过对一阻尼器进行拟静力物理试验，测定了该阻尼器在频率 ω 和位移幅值 u_0 时的力—位移曲线后，求得阻尼器在一个运动周期内的耗能 W_d（力—位移滞回曲线包含的面积），即可根据能量反算出阻尼器的阻尼系数和存贮刚度以供减振结构分析之用。阻尼系数和存贮刚度与阻尼器耗能、运动频率和位移幅值的关系为：

$$C = \frac{W_d}{\pi C\omega u_0^2} \qquad k = \frac{F_0}{u_0}\sqrt{1 - \left(\frac{Cu_0\omega}{F_0}\right)^2} \tag{5-2-14}$$

5.2.4 设置黏滞阻尼器的减振设计方法

对于一般的柔性工程结构，结构的振动频率一般小于3Hz，结构在风及地震荷载作用下的振动均为低频振动。这样，黏滞阻尼器的刚度可以忽略，可以近似认为阻尼器的出力与活塞位移无关[5-1]。在进行减振设计时，黏滞阻尼器的恢复力模型采用线性恢复力模型，如式(5-2-1)所示。设置黏滞阻尼器实质上是只给结构提供附加阻尼，从而提高结构的模态阻尼比。耗能减振结构总的模态阻尼比可以表示为：

$$\xi_r = \xi_{sr} + \xi_{dr} \tag{5-2-15}$$

式中 ξ_{sr}为原结构的第 r 阶模态阻尼比，减振设计时可根据结构材料类型和结构形式按照规范取值；ξ_{dr}为耗能减振装置附加的模态阻尼比。在获取了耗能减振结构的模态阻尼比后，即可采用无控制结构有限元模型和基于模态叠加原理的时程分析方法来求解减振系统的动力响应及评估减振效果。当然，也可以避开求解式(5-2-15)中所述的附加模态阻尼比，而直接对结构—阻尼器组合系统进行建模及基于物理坐标的时程积分法，但计算耗时大。需要指出，因为设置黏滞阻尼器后的结构阻尼矩阵仍然是对称的，所以应用模态叠加法时广义阻尼矩阵仍然是解耦的，也就是说广义阻尼矩阵的非对角元素总为0。因此，基于振型叠加原理的时程分析方法的误差主要集中在附加阻尼比的计算误差以及振型叠加法自身的误差。

计算附加的模态阻尼比主要有两种方法：第一种为模态应变能方法，这种方法认为安装黏滞阻尼器前后的结构频率与振型变化很小，是一种简化计算方法；第二种是复模态计算方法，这种方法需要在结构有限元模型中增加模拟阻尼器的单元，并计算安装了耗能装置后结构的复特征值，从复特征值中确定各个模态频率和模态阻尼比。本节主要介绍模态应变能方法，复模态计算方法将在5.4节中阐述。

(一)模态应变能方法

模态应变能是一种近似简化方法，它认为安装黏滞阻尼器前后结构频率与振型的变化很小，直接应用安装减振装置前的模态计算结果及阻尼器的特征参数来计算减振结构的模态阻尼比。

对于设置黏滞阻尼器前的无控结构，求解结构模态参数的特征方程为：

$$\boldsymbol{M}\ddot{\boldsymbol{X}} + \boldsymbol{K}\boldsymbol{X} = 0 \tag{5-2-16}$$

式中 $\boldsymbol{M}$ 和 $\boldsymbol{K}$ 分别为结构的质量和刚度矩阵；$\ddot{\boldsymbol{X}}$ 和 $\boldsymbol{X}$ 分别为节点的加速度和位移向量。根据上式可以求出无控结构的前 m 阶模态频率及振型矩阵，即：

$$\boldsymbol{\Omega} = [\omega_1 \quad \cdots \quad \omega_r \quad \cdots \quad \omega_m]^{\mathrm{T}} \tag{5-2-17}$$

$$\boldsymbol{\Phi} = [\phi_1 \quad \cdots \quad \phi_r \quad \cdots \quad \phi_m] \tag{5-2-18}$$

其中 ω_r 和 ϕ_r 分别为第 r 阶模态频率和振型列向量。振型一般按照最大值规一化或按照质量规一化。按照最大值规一化时，某阶振型的最大模态位移为 1；按照质量规一化时，有 $\phi_r^{\mathrm{T}}\boldsymbol{M}\phi_r = 1$。

对于第 r 阶振型，一个线性黏滞阻尼器在一个运动周期内的耗能为：

$$W_d = \pi C\omega_r u_r^2 \tag{5-2-19}$$

式中 u_r 为第 r 阶振型中阻尼器两端节点的相对位移。从上式可以看出，为提高第 r 阶模态阻尼比，应将阻尼器安装在该阶振型中阻尼器相对位移大的位置。对于安装了共 n_d 个黏滞阻尼器的耗能结构，阻尼器在一个周期内耗散的总能量为：

$$W_{dr} = \sum_{i=1}^{n_d} W_{di} = \pi\omega_r \sum_{i=1}^{n_d} C_i u_{ir}^2 \tag{5-2-20}$$

式中：C_i 为第 i 个黏滞阻尼器的阻尼系数；u_{ir} 为在第 r 阶振型中第 i 个阻尼器两端节点的相对位移。当阻尼器以对角撑形式设置在剪切型结构中时，如图 5-2-10a）所示，阻尼器两端的相对位移与层间模态位移关系为：

$$u_{ir} = [\phi_{jr} - \phi_{(j-1)r}]\cos\theta_{ij} \tag{5-2-21}$$

当阻尼器以图 5-2-10b）所示的人字撑形式设置时，阻尼器两端的相对位移为：

$$u_{ir} = [\phi_{jr} - \phi_{(j-1)r}] \tag{5-2-22}$$

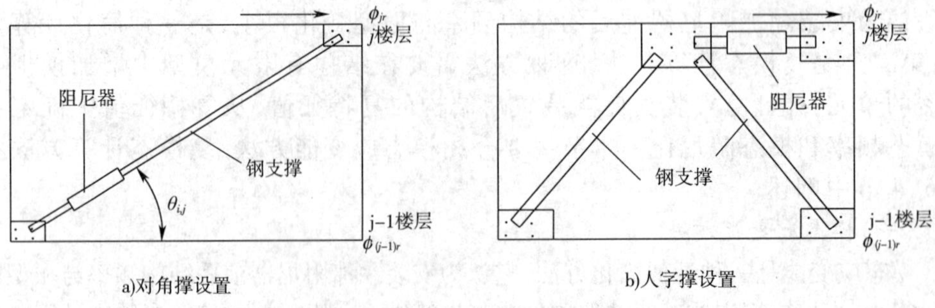

图 5-2-10　黏滞阻尼器的相对位移

根据无控结构的模态分析结果,第 r 阶模态应变能 W_{sr} 为:

$$W_{sr}=\frac{1}{2}\phi_r^{\mathrm{T}}K\phi_r=\frac{1}{2}\omega_r^2\phi_r^{\mathrm{T}}M\phi_r \tag{5-2-23}$$

因此,安装黏滞阻尼器后第 r 阶模态的附加模态阻尼比为:

$$\xi_{dr}=\frac{W_{dr}}{4\pi W_{sr}}=\frac{\pi\omega_r\sum_{i=1}^{n_d}C_iu_{ir}^2}{4\pi W_{sr}} \tag{5-2-24}$$

将式(5-2-20)和式(5-2-21)代入式(5-2-22)即可求得阻尼器附加给第 r 阶模态的振型阻尼比。美国 NEHRP 发布的 FEMA450 指出[5-3],由式(5-2-24)获得的附加阻尼比必要时应该折减以考虑发生在铰、螺钉、撑板等非完全刚性阻尼器支撑构件上的位移损失,且当附加振型阻尼比超过 30% 时,应取 30%。从式(5-2-20)和式(5-2-21)的阻尼器两端位移表达式看出,上述公式是针对以剪切变形为主的工程结构,忽略了弯曲刚度的影响。对于以剪切—弯曲或者弯曲变形为主的结构,阻尼器的耗能能力将显著降低[5-7]。

以一示范性简支梁例子说明上式的应用。桥长 $L=30\text{m}$,宽 $B=4\text{m}$,两端扭转自由度均固定。加劲梁的竖向刚度和横向刚度分别为 $EI_z=2.1\times10^6\text{MPa}\cdot\text{m}^4$,$EI_y=1.8\times10^7\text{MPa}\cdot\text{m}^4$,扭转刚度 $GI_t=4.1\times10^5\text{MPa}\cdot\text{m}^4$。每延米长度质量 $m=20{,}000\text{kg}$,质量矩 $I_m=4.5\times10^6\text{kg}\cdot\text{m}^2/\text{m}$。为增加该桥的振型阻尼比,在跨中安装一黏滞阻尼器,为简化计算假定阻尼器一端连接跨中节点而另外一端直接固定(此时阻尼器的位移 u_0 即为跨中节点的各阶模态位移),阻尼器线性阻尼系数 $C=67.4\text{kN}\cdot\text{s/m}$。建立了设置阻尼器的有限元模型,如图 5-2-11 所示。表 5-2-1 给出了依据模态应变能方法得到的前三阶面内模态阻尼比和由复模态法得到的模态阻尼比。可以看出,模态应变能方法具有很好的精度。

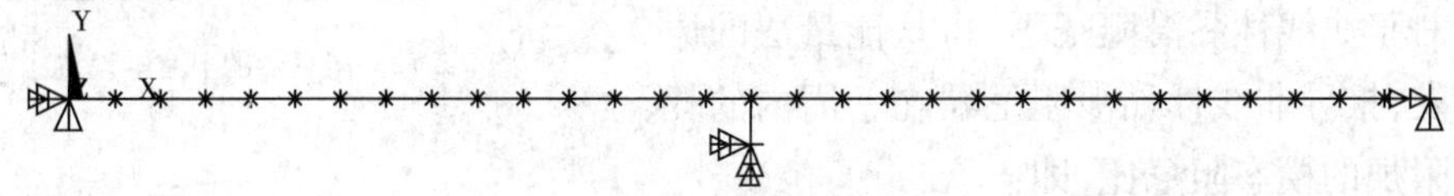

图 5-2-11　简支梁模型

附加阻尼计算的模态应变能方法与复模态法　　表 5-2-1

模态号	频率(Hz)	振型位移	阻尼器耗能(J)	模态应变能(J)	模态阻尼比(%)	
					模态应变能法	复模态法
1	1.5901	1.0	2116697	3368855	5.0	5.0
2	3.1759	0.0	0		0	0
3	4.7529	1.0	4027849	30098915	1.06	1.05

从式(5-2-22)及(5-2-20)可看出,在给定了阻尼系数后,附加的模态阻尼比取决与黏滞阻尼器两端的相对位移:相对位移越大,阻尼器附加的模态阻尼比就越显著;若阻尼器的位移很小或者由于摩擦等原因没有发生相对位移,那么阻尼器就不能发挥很好的作用甚至失效。为增加阻尼器两端的相对位移,Constantinou 教授提出了剪刀型支撑、上部套索和下部套索型支撑的阻尼器设置方式。定义阻尼器相对位移和层间模态位移放大系数为f,则

$$u_{ir}=f_i[\phi_{jr}-\phi_{(j-1)r}] \tag{5-2-25}$$

其中f_i为第i个黏滞阻尼器的位移放大系数。表5-2-2给出了阻尼器在对角撑、人字撑、剪刀撑、上套索撑和下套索撑设置时位移放大系数和模态阻尼比。可以看出,对角支撑布置方式阻尼器效率最低,上套索撑布置时阻尼器耗能最大。另一方面,在相同阻尼力下,索套支撑内形成的内力最大,因此这类支撑本身的刚度也要增大以免支撑的变形导致阻尼器耗能降低。剪刀式和套索式连接可以通过增加位移放大阻尼器的控制效果,在国外已有工程采用,如图5-2-12所示。后三种阻尼器设置方式的支撑装置复杂,在工程中以对角撑和人字撑布置居多。

图5-2-12　阻尼器的上套索设置

对于非线性黏滞阻尼器,可从能量法的原理出发,推导非线性黏滞阻尼器在一周内的耗能及附加的模态阻尼比,即:

$$W_{dr}=\sum_{i=1}^{n_d}\lambda_i C_i \omega_r^{m_i} u_{ir}^{1+m_i} \tag{5-2-26}$$

$$\xi_{dr}=\frac{W_{dr}}{4\pi W_{sr}}=\frac{\sum_{i=1}^{n_d}\lambda_i C_i \omega_r^{m_i} u_{ir}^{1+m_i}}{4\pi W_{sr}} \tag{5-2-27}$$

式中:C_i和m_i分别为第i个阻尼器的阻尼系数和速度指数;

$\lambda_i=\dfrac{\Gamma^2(1+m_i/2)}{\Gamma(2+m_i)}$;

Γ为伽马函数。

阻尼器的常见设置方式下的位移放大系数和模态阻尼比　　表 5-2-2

名　称	示意图	放大系数	示　例
对角撑	W U F C_0 θ	$f=\cos\theta$	$\theta=37^0$ $f=0.8$ $\xi=\xi_0$
人字撑	W U F C_0	$f=1$	$f=1.0$ $\xi=1.56\times\xi_0$
剪刀撑	W U F θ C_0 ψ	$f=\dfrac{\cos\psi}{\tan\theta}$	$\theta=9°,\psi=70°$ $f=2.16$ $\xi=7.29\times\xi_0$
上套索撑	W U F C_0 90° θ_2 θ_1	$f=\dfrac{\sin\theta_2}{\cos(\theta_1+\theta_2)}+\sin\theta_1$	$\theta_1=31.9°,\theta_2=43.2°$ $f=3.2$ $\xi=15.91\times\xi_0$
下套索撑	W U F θ_1 90° C_0 θ_2 al l	$f=\dfrac{a\cos\theta_1}{\cos(\theta_1+\theta_2)}-\cos\theta_2$	$\theta_1=30°,\theta_2=49°,\alpha=0.7$ $f=2.52$ $\xi=9.93\times\xi_0$

（二）黏滞阻尼器减振设计

在减振结构的黏滞阻尼器设计时，可预先设定结构的减振模态需要达到的模态阻尼比 ξ_{target}，再根据式（5-2-24）估算黏滞阻尼器在一个运动周期内所需要的总耗能 W_{dr}。然后，通过试算选定黏滞阻尼器的类型（即初定阻尼系数 C 和速度指数 m）、安装位置和阻尼器的个数以达到阻尼器所需要的总耗能要求。黏滞阻尼器的布置位置跟结构形式有关，原则上一般将阻尼器布置在相对位移较大的位置使相同耗能条件下阻尼器的数量尽量少。阻尼器的布置应遵循一定的规则。以高层建筑为例，阻尼器通常是各层均匀布置，其次是隔层布置，也可以在薄弱层布置。在结构中均布阻尼器不仅能使结构各阶模态阻尼比均获得较大的提高，而且使结构保持合理的受力状态，在抗震时宜采用这种方式布设；而在关键部位集中布置阻尼器则使在布置部位有显著变形的模态能获得很大的附加阻尼，这对以第一阶模态为主的高层结构风振响应是一种合适的布置方式。当阻尼器沿结构现有构件的轴线方向布置时，若结构的响应由某一阶（经常为第一阶）模态控制时，可先计算该阶模态中各个构件的模态应变能，然后将阻尼器设置在那些具有大模态应变能的构件上来获最优的附加阻尼。

若假定阻尼器比较均匀地分部在结构各部分且每个阻尼器的耗能大致相同时，黏弹性阻尼器的个数可以估算为：

$$n_d \geqslant \frac{4\pi W_{sr}\xi_{target}}{\tilde{E}_d} \tag{5-2-28}$$

式中 $\tilde{E}_d$ 为单个阻尼器在一个周期内耗散的能量，按照式（5-2-19）估算。由于阻尼器两端的相对位移不同，不同位置处的阻尼器耗能是不相等的。因此，为达到指定的模态阻尼比，最终的阻尼器的类型、设置位置和个数等参数需要多次试算和综合分析合理确定。

黏滞阻尼器能够显著地提高原结构的同一方向的多阶模态阻尼比，如果结构的模态是两个或者更多方向的耦合模态，那么安装黏滞阻尼器还能同时提高多个方向的模态阻尼比。但对于以弯曲型振型为主的结构，阻尼器两端的相对位移远远比剪切型结构要小，黏滞阻尼器就不能明显地提高模态阻尼比。

阻尼器的选择一般由以下几个参数控制：阻尼系数 C、速度指数 m、最大出力 F 和最大冲程 S。系数 C、m 是由阻尼器内部流体、活塞开孔等因素决定的，在进行减振设计时应初步确定这两个参数。所以，最大出力和最大行程完全是由阻尼器活塞的最大速度决定的。基本过程如下：（1）如前所叙计算出阻尼器附加的模态阻尼比；（2）按照规范采用时程分析法对其中一个阻尼器安装位置进行最不利荷载作用下的动力响应分析，得到该安装位置处的相对位移和相对速度；(3)根据计算得到的最大相对速度，根据 $F=C\times v^m$ 求出阻尼器的最大阻尼力；(4)对所有阻尼器重复第二步和第三步，求出每个阻尼器的最大阻尼力；(5)根据最大位移和最大阻尼力，选择阻尼器的型号，实际阻尼器的最大阻尼力和最大冲程宜超过计算值的30%。应用于人行桥的黏滞阻尼器要具有良好行程。发生横向同步激励的加速度阀值为 $0.10\sim0.15\text{m/s}^2$，按照横向振动频率为1.0Hz计算，相应的振动最大位移不超过4mm，阻尼器两端的相对位移将会更小，因此用于人行桥减振的黏滞阻尼器的正常行程将会是毫米级的或者更小。

除了对阻尼器最大位移要求外，NEHRP发布的FEMA450还对阻尼器提出了以下考虑：(1)在风、温度等其他反复荷载作用产生的高频率、小位移的运动引起阻尼器性能退化(疲劳)；(2)阻尼器自重产生的力和位移的影响；(3)裸露在温度、湿度、紫外线辐射等变化环境下阻尼器的性能退化；(4)阻尼器的磨损和化学侵蚀等；

(三)黏滞阻尼器的测试

FEMA450 对抗风及减振用的黏滞阻尼器提出了以下阻尼器测试要求[5-4]。

(1)原型测试。对每类阻尼器选取两个样本进行测试，每次测试时记录力—位移曲线。这些测试包括在设计风荷载作用下的阻尼器最大位移和结构基频振动下的至少2000次循环测试和在最不利地震荷载作用下的阻尼器最大位移和结构基频振动下的至少5次循环测试。应测试阻尼器在三种不同特征温度(最小、平均和最大工作温度)下的特性。

当满足以下要求时，认为阻尼器是满意的：(a)阻尼器不发生漏油、屈服和断裂；(b)每个循环的测试结果(包括阻尼器出力、等效阻尼系数、等效刚度和滞回环面积等)与平均结果的差别不超过15%。

(2)生产测试。在阻尼器安装之前，应对阻尼器进行测试，确保阻尼器的参数复核减振设计的要求。

(四)对减振装置支撑构件的要求

阻尼器的支撑构件包括铰、螺钉、连杆和撑板等，应符合钢构件连接或钢与混凝土构件连接的要求。这些构件不仅要具有足够的强度来承担减振装置的最大阻尼力，还必须具有足够的刚度使得阻尼器安装部位的变形集中在减振装置上。图5-2-13给出了两种典型的阻尼器连接方式，第一种为通过支撑构件连接在结构上，第二种方式则将阻尼器用螺钉直接与结构相连。

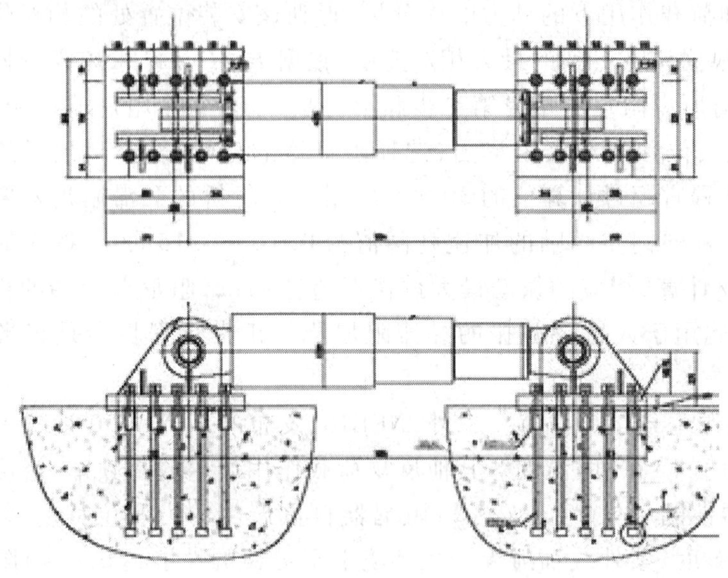

图 5-2-13　阻尼器与结构连接示意

5.3 调谐质量阻尼器减振设计

5.3.1 调谐质量阻尼器减振原理

调谐质量阻尼器(Tuned Mass Dampers,TMD)系统是另一类工程结构中常用的消能减振装置,它由固体质量、弹簧和阻尼器/阻尼材料组成,如图 5-3-1 所示。调谐质量阻尼器系统有它自身的振动频率和阻尼,通过改变质量或刚度调整阻尼器子系统的自振频率使其接近主结构的基本频率,当主结构受振动时,子结构就会产生一个与结构振动方向相反的惯性力作用在结构上,使主结构的振动反应衰减。子结构在减振控制过程中通过自身质量块的运动来减少主结构的振动,所以调谐质量阻尼器又称为"动力吸振器"。

TMD 是最古老的结构振动控制装置之一。应用 TMD 进行结构减振的概念最早起源于 1909 年 Frahm 发明的机械工程中使用的"动力吸振器",它由一个小质量 m 和一个刚度 k 的弹簧连接于弹簧刚度为 K 的主质量 M 组成,如图 5-3-2 所示。在简谐荷载作用下,当所连接的吸振器的固有频率被设置为激励频率时,主质量 M 能保持完全静止。由于 Frahm 吸振器没有阻尼,只有当吸振器的频率与激励频率非常接近时,吸振器才能发挥较好的作用;当吸振器的频率与激励频率相差较远时,它的减振效果就差很多。然而各类作用于土木结构的风和地震等环境荷载常常具有多个频率分量,因此上述机械工程中使用的动力吸振器在多频率、有阻尼的一类土木工程中的减振性能是不一样的。从20世纪70年代开始，很多研究者分析研究了调谐质量阻尼器在土木工程减振中的有效性。为了改善TMD的减振效果，将阻尼器加入吸振器中，开展了有阻尼吸振器的结构减振控制研究，从而提高TMD的耗能能力并扩大了其应用范围。

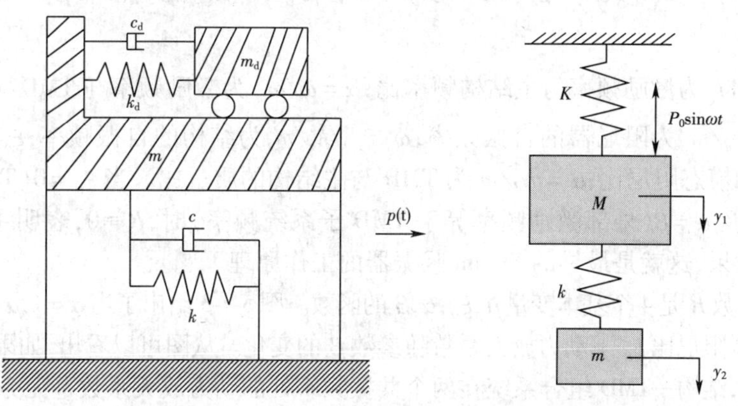

图5-3-1　单自由度结构和TMD模型

图5-3-2　Frahm“动力吸振器”

总体上来讲，调谐质量阻尼器在控制结构振动方面是一种有效的减振装置。它具有简洁、可靠、有效、安装简单方便、维修更换容易等优点，已被广泛应用于土木工程结构的减振控制，尤其是高层建筑、电视塔、大跨空间结构、及柔性桥梁的抗风抗震等动力设计。

5.3.2　单自由度结构——调频质量阻尼器系统的计算模型

考虑如图5-3-1所示的单自由度结构在外荷载$f(t)$作用下的结构响应。为减少该结构的振动响应，在结构上安装一调谐质量阻尼器。结构－TMD系统的运动方程为：

$$m\ddot{x}(t)+c\dot{x}(t)+kx(t)-c_d[\dot{x}_d(t)-\dot{x}(t)]-k_d[x_d(t)-x(t)]=f(t) \tag{5-3-1}$$

$$m_d\ddot{x}_d+c_d(\dot{x}_d-\dot{x})+k_d(x_d-x)=0 \tag{5-3-2}$$

式中：m，c和k是主结构的质量、阻尼和刚度；m_d，c_d，k_d为附加结构的质量、阻尼和刚度。$\ddot{x}$，$\dot{x}$，x分别为主结构加速度、速度和位移；$\ddot{x}_d$，$\dot{x}_d$，x_d分别为附加结构（即TMD系统）的加速度、速度和位移。

（一）无阻尼结构

Den Hartog最先从理论上研究了无结构阻尼（$c=0$）系统附加TMD后在正弦荷载作用$f(t)=f_0\sin\omega t$下的动力响应。设R为主结构响应的动力放大系数，$R=\dfrac{x_{max}}{x_{st}}$，其中

x_{st}为结构在荷载f_0作用下的静力变形，$x_{st}=f_0/k$。根据传递函数法，附加 TMD 后结构的动力放大系数为：

$$R=\frac{x_{max}}{x_{st}}=\sqrt{\frac{(\alpha^2-\beta^2)^2+(2\xi_\alpha\alpha\beta)^2}{[(\alpha^2-\beta^2)(1-\beta^2)-\alpha^2\beta^2\mu]^2+(2\xi_\alpha\alpha\beta)^2(1-\beta^2-\mu\beta^2)^2}} \tag{5-3-3}$$

式中$\beta=\omega/\omega_s$为激励频率与主结构频率比；$\alpha=\omega/\omega_\alpha$为激励频率与 TMD 子系统频率比；$\omega_\alpha=\sqrt{k_d/m_d}$为阻尼器的自振频率；$\omega_s=\sqrt{k_s/m_s}$为结构的自振频率；$\xi_\alpha=c_d/2m\omega_\alpha$为阻尼器的模态阻尼比；$\mu=m_d/m$为 TMD 与主结构的质量比。当$\xi_\alpha=0$（TMD 子系统没有阻尼）及$\alpha=\beta$（外部激励频率等于 TMD 子系统频率）时，$R\equiv0$，表明主结构达到最优控制效果，这就是最早的 Frahm 吸振器的工作原理。

放大系数R是4个基本变量$\mu,\xi_\alpha,\alpha,\beta$的函数。图5-3-3给出了当$\alpha=1,\mu=0.05$时各种不同 TMD 阻尼比$\xi_\alpha$下动力放大系数随参数$\beta$的变化。从图可以看出，如果 TMD 子系统没有阻尼，结构—TMD 组合系统在两个共振频率处的动力放大系数是无穷大；若 TMD 子系统的阻尼无穷大，TMD 质量块与结构之间就不会有相对位移，该组合系统实际上转为一个质量为1.05m的无阻尼系统，使得在共振频率处的幅值响应又变成无穷大。因此，在这两个极值之间，TMD 系统必然有一最优阻尼比使响应的峰值最小。

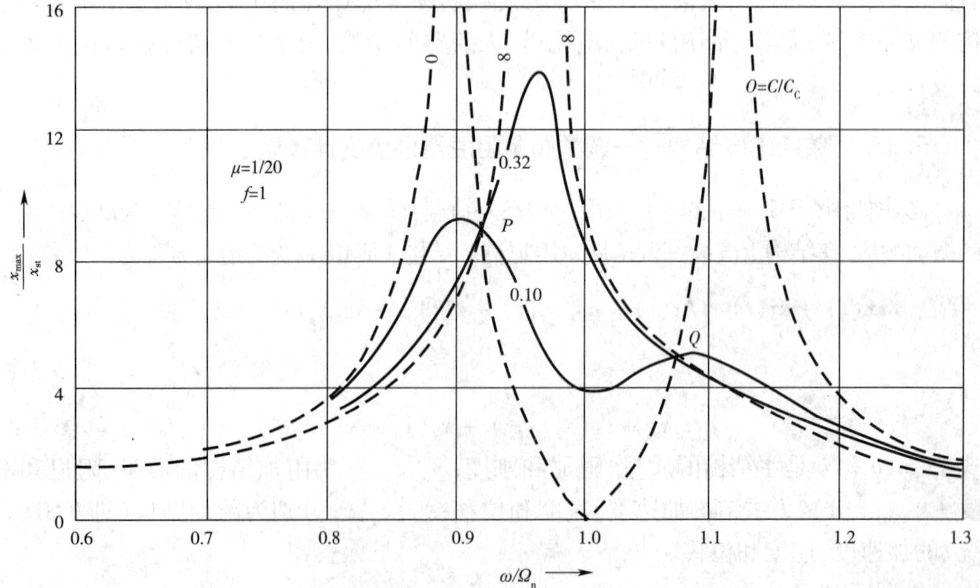

图5-3-3　位移放大系数与频率比的关系

Den Hartog 注意到了图5-3-3中的R—β曲线系中存在两个点P和Q，它们的响应放大系数R值与 TMD 的阻尼比无关。Den Hartog 提出的 TMD 最优参数设置可以通过两个步骤实现:(1)先选定频率比 α 来使得这两个不变点的纵坐标相等;(2)再调节参数 ξ_{opt} 使得 P、Q 其中一点存在水平切线(即斜率=0)。符合第一步优化过程的最优频率比 α 以及相应的动力放大系数分别为:

$$\alpha_{opt} = \frac{1}{1+\mu} \tag{5-3-4}$$

$$R = \sqrt{1+\frac{2}{\mu}} \tag{5-3-5}$$

符合第二步优化过程时存在两个最优阻尼比,其中一个值使得 P 点处的切线为水平;另一点使 Q 点处的切线为水平。ξ_α 的最优值可以取为这两个最优阻尼比的平均值,即:

$$\xi_{opt} = \sqrt{\frac{3\mu}{8(1+\mu)}} \tag{5-3-6}$$

从式(5-3-5)可以看出,对于优化设置的 TMD,增加质量块的质量总能降低动力放大系数。式(5-3-4)~式(5-3-6)的优化参数设置公式是基于最小化位移动力放大系数,并且只适用于外荷载为正弦荷载。当外荷载为其他类型的荷载或者优化目标不同时,TMD 的优化参数取值是不同的。表 5-3-1 列出了不同激励和优化目标下的 TMD 最优参数列表。

无结构阻尼时 TMD 的最优参数[5-1] 表 5-3-1

工况	激　励		优 化 响 应		优化的吸振器参数	
	荷载类型	荷载位置	优化目标	R_{opt}	α_{opt}	ξ_{opt}
1	$f_0\sin\omega t$	结构	位移$\frac{kx}{f_0}$	$\left(1+\frac{2}{\mu}\right)^{\frac{1}{2}}$	$\frac{1}{1+\mu}$	$\sqrt{\frac{3\mu}{8(1+\mu)}}$
2	$f_0\sin\omega t$	结构	$\frac{m\ddot{x}}{f_0}$	$\left(\frac{2}{\mu(1+\mu)}\right)^{\frac{1}{2}}$	$\left(\frac{1}{1+\mu}\right)^{\frac{1}{2}}$	$\sqrt{\frac{3\mu}{8(1+\mu/2)}}$
3	$\ddot{x}_g\sin\omega t$	基础	$\frac{\omega^2 x}{\ddot{x}_g}$	$\left(\frac{2}{\mu}\right)^{\frac{1}{2}}(1+\mu)$	$\frac{\left(\frac{1}{1-\mu/2}\right)^{\frac{1}{2}}}{1+\mu}$	$\sqrt{\frac{3\mu}{8(1+\mu)(1-\mu/2)}}$
4	$\ddot{x}_g\sin\omega t$	基础	$\frac{\ddot{x}_g+\ddot{x}}{\ddot{x}_g}$	$\left(1+\frac{2}{\mu}\right)^{\frac{1}{2}}$	$\frac{1}{1+\mu}$	$\sqrt{\frac{3\mu}{8(1+\mu)}}$
5	随机白噪声力	结构	$\frac{\langle x^2\rangle k^2}{2\pi S_0\omega_s}$	$\sqrt{\frac{1+3\mu/4}{\mu(1+\mu)}}$	$\frac{(1-\mu/2)^{1/2}}{(1+\mu)}$	$\sqrt{\frac{\mu(1+3\mu/4)}{4(1+\mu)(1+\mu/2)}}$
6	随机白噪声加速度	基础	$\frac{\langle x^2\rangle\omega_s^3}{2\pi S_0}$	$(1+\mu)^{3/2}\left(\frac{1}{\mu}1-\frac{1}{4}\right)^{1/2}$	$\frac{(1-\mu/2)^{1/2}}{(1+\mu)}$	$\sqrt{\frac{\mu(1-\mu/4)}{4(1+\mu)(1-\mu/2)}}$
7	—	—	模态阻尼比 ξ_{eff}	$\frac{\xi_{opt}\alpha_{opt}\mu}{1+[4\xi_{opt}^2(1+\mu)-(\mu+2)]\alpha_{opt}^2+(1+\mu)^2\alpha_{opt}^2}$	$\left(\frac{1}{1+1.5\mu}\right)^{\frac{1}{2}}$	$\sqrt{\frac{\mu}{4}\left(1-\frac{3}{4}\mu\right)}$

(二)有阻尼结构

当主结构存在结构阻尼时,同样可以采用上述方法建立动力放大系数的理论公式,但像无阻尼结构情况下的不变点 P 和 Q 不再存在。必须采用数值方法确定最优频率比和 TMD 阻尼比。

Ioi 和 Ikeda 给出了有阻尼结构在正弦荷载作用下 TMD 优化参数计算的经验公式。当以位移最小化为优化目标时,TMD 优化参数设置的计算公式为:

$$\tilde{\alpha}_{opt} = \frac{1}{1+\mu} - (0.241 + 1.7\mu - 2.6\mu^2)\xi_s - (1.0 - 1.9\mu + \mu^2)\xi_s^2 \tag{5-3-7}$$

$$\tilde{\xi}_{opt} = \sqrt{\frac{3\mu}{8(1+\mu)}} + (0.13 + 0.12\mu + 0.4\mu^2)\xi_s - (0.01 + 0.9\mu + 3\mu^2)\xi_s^2 \tag{5-3-8}$$

当以加速度最小为优化目标时,TMD 优化参数设置的计算公式为:

$$\tilde{\alpha}_{opt} = \sqrt{\frac{1}{1+\mu}} + (0.096 + 0.88\mu - 1.8\mu^2)\xi_s + (1.34 - 2.9\mu + 3\mu^2)\xi_s^2 \tag{5-3-9}$$

$$\tilde{\xi}_{opt} = \sqrt{\frac{3\mu(1 + 0.49\mu - 0.2\mu^2)}{8(1+\mu)}} + (0.13 + 0.72\mu + 0.2\mu^2)\xi_s + (0.19 + 1.6\mu - 4\mu^2)\xi_s^2 \tag{5-3-10}$$

上述两套 TMD 优化参数设置的经验公式在 $0.03 < \mu < 0.40$ 及 $0.0 < \xi_s < 0.15$ 这个常用范围内的误差小于1%。

Ioi 和 Ikeda 的公式适用于外部激励为正弦荷载的情况。Warburton 更为系统地研究了主结构在各种随机荷载激励下 TMD 的优化参数设置问题。为便于应用,表 5-3-2 和表 5-3-3 给出了随机激励荷载及最小化位移方差时的 TMD 优化参数设置。可以看出,TMD 最优的频率比和阻尼比均对结构阻尼不敏感。

Luft 以结构—TMD 组合系统的有效模态阻尼比最大化为优化目标,给出了不考虑结构阻尼时组合系统的模态阻尼比和 TMD 参数之间的解析表达式为:

$$\xi_{eff} = \frac{\xi_\alpha \alpha\mu}{1 + [4\xi_\alpha^2(1+\mu) - (2+\mu)]\alpha^2 + (1+\mu)^2\alpha^4} \tag{5-3-11}$$

根据最小值条件 $\partial\xi_{eff}/\partial\alpha = 0$ 和 $\partial\xi_{eff}/\partial\xi_\alpha = 0$,即可求解最优 α 和 ξ。忽略 μ 的二次以上高阶项后,得到优化的 TMD 参数如下:

$$\alpha_{opt} = \sqrt{\frac{1}{1+1.5\mu}} \tag{5-3-12}$$

$$\xi_{opt}=\sqrt{\frac{\mu}{4}(1-0.75\mu)} \tag{5-3-13}$$

表5-3-4给出了依此得到的不同质量比下的TMD优化参数及附加给结构的模态阻尼比。在工程中常用的调谐质量阻尼器质量比范围内（$1\% < \mu < 5\%$），调谐质量阻尼器附加的模态阻尼比一般为原结构阻尼的数倍，因此优化TMD的减振效果通常是非常显著的。

白噪声随机力激励荷载下TMD的优化参数设置　　表5-3-2

μ	ξ_s	R_{opt}	α_{opt}	ξ_{opt}
0.01	0	9.988	0.9926	0.04981
	0.01	7.632	0.9921	0.04981
	0.02	6.118	0.9916	0.04981
	0.05	3.748	0.9901	0.04981
	0.10	2.222	0.9877	0.04981
0.03	0	5.752	0.9781	0.08565
	0.01	4.893	0.9773	0.08565
	0.02	4.239	0.9765	0.08565
	0.05	2.985	0.9741	0.08565
	0.10	1.959	0.9700	0.08565
0.1	0	3.126	0.9315	0.1525
	0.01	2.856	0.9302	0.1525
	0.02	2.624	0.9289	0.1525
	0.05	2.098	0.9250	0.1525
	0.10	1.554	0.9186	0.1525
0.2	0	2.189	0.8740	0.2087
	0.01	2.053	0.8724	0.2087
	0.02	1.932	0.8708	0.2087
	0.05	1.635	0.8662	0.2087
	0.10	1.291	0.8586	0.2087

白噪声随机地震荷载下 TMD 的优化参数设置　　表 5-3-3

μ	ξ_s	R_{opt}	α_{opt}	ξ_{opt}
0.01	0	10.138	0.9876	0.04981
	0.01	7.743	0.9850	0.04981
	0.02	6.205	0.9819	0.04981
	0.05	3.798	0.9704	0.04982
	0.10	2.249	0.9436	0.04981
0.03	0	6.058	0.9636	0.08566
	0.01	5.110	0.9592	0.08566
	0.02	4.424	0.9545	0.08566
	0.05	3.109	0.9380	0.08567
	0.10	2.036	0.9032	0.08569
0.1	0	3.602	0.8861	0.1527
	0.01	3.285	0.8789	0.1527
	0.02	3.014	0.8714	0.1528
	0.05	2.399	0.8468	0.1529
	0.10	1.765	0.7991	0.1531
0.2	0	2.865	0.7906	0.2097
	0.01	2.680	0.7815	0.2098
	0.02	2.516	0.7721	0.2099
	0.05	2.113	0.7421	0.2103
	0.10	1.649	0.6862	0.2112

模态阻尼比最大化时的 TMD 参数设置及附加阻尼　　表 5-3-4

质量比	0.01	0.02	0.03	0.04	0.05	0.06	0.07	0.08	0.09	0.10
α_{opt}	0.993	0.985	0.978	0.971	0.964	0.958	0.951	0.945	0.939	0.933
ξ_{opt}	4.98	7.02	8.56	9.85	10.97	11.67	12.88	13.71	14.49	15.21
ξ_{eff}	2.50	3.54	4.35	5.02	5.62	6.17	6.67	7.13	7.58	8.00

5.3.3 调谐质量阻尼器的减振设计

设置调谐质量阻尼器 TMD 后，受控结构总的模态阻尼比可以表示为：

$$\xi_r = \xi_{sr} + \xi_{dr} \tag{5-3-14}$$

式中 ξ_{sr} 为原结构第 r 阶模态阻尼比；ξ_{dr} 为 TMD 附加的第 r 阶模态阻尼比。

在 TMD 设计之前，首先要根据要求确定需要减振的响应量，比如位移或加速度响应以及对减振响应量起主要贡献的模态阶数；如果结构在特定荷载作用下的响应量由第一阶模态控制，那么 TMD 的优化参数应该按照第一阶模态确定，布置在振型最大位移处。在确定了需要减振的响应类型和结构的外部激励类型后，可根据表 5-3-1 确定 TMD 的频率比和阻尼比关于质量比的表达式。

TMD 中需要确定的参数主要包括质量比、频率比和阻尼比（或质量、刚度）。一般来说，质量越大，减振效果越好；但是过大的质量会给 TMD 的施工造成很大的困难，有时候还会对正常运作性能产生一定影响，因此建议调频装置的质量与控制模态的广义质量的比值在 1% ~5% 之间为宜。确定了质量比 μ 后，即可依据减振目标来确定频率比 α_{opt} 和阻尼比 ξ_{opt}，从而确定 TMD 的质量、刚度和阻尼等物理参数。

应注意调谐装置中质量块的位移应该控制在容许的范围内，或者在质量块上围附贴缓冲橡胶以避免质量块给结构以很大的撞击力。如果调谐装置质量的位移过大，可以考虑增加质量比重新设计 TMD 的最优参数；另外一种方法是在不改变质量比而适当增加 TMD 的阻尼比 $\xi_\alpha=(1+\Delta)\xi_{opt}$，此时 TMD—结构系统的有效阻尼比仅仅比 TMD 最优设计时减少 $(1-\Delta^2/2)$ 倍，而 TMD 质量块的位移则减少 Δ 倍。当质量块受到移动空间限制而碰撞不可避免时，可以在质量块上贴上橡胶缓冲等材料以降低冲击效应。在滑动质量类型的 TMD 装置中，质量块与滑动导轨间的摩擦应尽量小使质量能够在较小水平的结构位移下启动。

当多阶模态对结构响应均有较大贡献时，应对每阶模态都设计各自的 TMD 单元及其优化参数，每个 TMD 单元需布置在各受控模态的最大幅值处；另外由于受安装空间或条件限制，控制一阶模态的 TMD 也可能分布在模态最大幅值附近。在这种情况下，仍可以按照式(5-3-11)计算所有 TMD 附加给结构的总模态阻尼比，但计算时质量比应该采用等效质量比，即：

$$\mu_j=\sum_{i=1}^{n_d}\frac{m_i}{\widetilde{M}_j}(\phi_j^i)^2 \tag{5-3-15}$$

其中 m_i 为第 i 个 TMD 的质量；n_d 为结构上 TMD 的个数；ϕ_j^i 为第 j 阶受控振型在第 i 个 TMD 处的位移；$\widetilde{M}_j$ 为第 j 阶受控振型的模态（广义）质量。

以控制正弦荷载激励作用下的加速度响应为例说明 TMD 优化参数的确定，过程如下：

(1) 选定 TMD 质量与减振模态广义质量的比值 μ，一般 $0.01<\mu<0.05$；

(2) 根据外荷载类型（谐波荷载）和减振响应类型（加速度），确定最优频率比和最优阻尼比，并计算调谐装置的频率 $f_d=\alpha_{opt}\times f_s$。其中最优频率比和最优阻尼比公式如下：

$$\alpha_{opt}=\sqrt{\frac{1}{1+\mu}}$$

$$\xi_{opt}=\sqrt{\frac{3}{8(1+\mu/2)}}$$

(3)计算 TMD 的物理参数：

$$m_d = \mu \times \widetilde{M}_j$$

$$k_d = (2\pi f_d)^2 \times m_d$$

$$c_d = 2m_d \times 2\pi f_d \times \xi_{opt}$$

其中刚度可以通过弹簧提供，弹簧的刚度与弹簧丝直径、中径、节距、有效长度、有效圈数和单圈刚度有关；TMD 的阻尼可以采用黏滞阻尼器提供，或者由电涡流提供。

5.3.4 调谐质量阻尼器的结构实现

调谐质量阻尼器中使用的质量可以是混凝土块、装铅的钢箱等，重量可达数百吨。阻尼一般由油阻尼器、黏滞阻尼器或黏弹性阻尼器提供；在使用黏弹性阻尼器时，应尽量避免阻尼器的刚度显著改变调谐质量系统的振动频率。目前另外一种应用较多的阻尼实现方式是电涡流阻尼。图 5-3-4 给出了电涡流耗能的工作原理。如图所示，当导体通过一磁场时，导体内部就会产生一个与导体运动速度成正比的电涡流和阻尼力，导体中的电涡流通过电阻转化为热能耗散。因此，电涡流通过将导体的动能转为热能来减振的。图 5-3-5 给出了湖南大学陈政清教授基于电涡流原理研制的 TMD 示意图和样机照片。如图所示，TMD 系统包括质量块、弹簧、磁钢和铜板、及外围铁箱组成。质量块与弹簧组成一单自由度系统，其振动频率按照需要控制模态的频率设计。系统的阻尼则由导体铜板与磁钢间相对运动引起的电磁阻尼来提供。电涡流、电磁阻尼力与相对运动速度成正比。

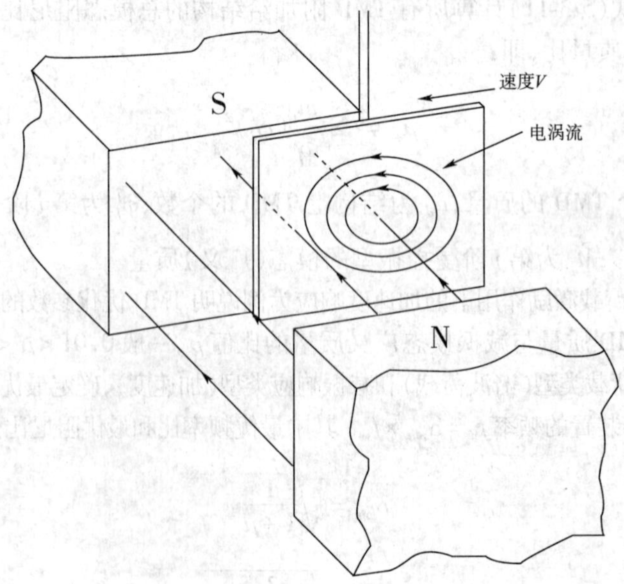

图 5-3-4 导体以速度 V 通过磁场而引起的电涡流

图 5-3-5　电涡流 TMD 阻尼器实物图

TMD 按照支撑质量的实现方式可分滑动质量式 TMD 和摇锤式 TMD。

(一)滑动质量式 TMD

滑动质量式 TMD 将质量块设置在导杆或支撑,质量块能够在导轨/支撑上滑动,其摩擦力要尽量小以保证质量块的运动灵敏度。例如,滑动式支撑系统可以用支承质量块的数个在钢板上滑动的液压千斤顶构成,用质量块与支承钢板间的增设油膜层来减小摩阻力。这类 TMD 系统的恢复力由弹簧系统提供,可以用普通的螺旋弹簧或者用气动弹簧,按照 TMD 的运动要求弹簧可以沿一个方向或者纵横两个方向安装。图 5-3-6 是纽约 Citicorp 中心大厦的质量调谐阻尼器系统,三个方向的尺寸约为 9.1m×9.1m×2.4m,它是一个双向的减振系统:东—西控制作动器和南—北控制作动器分别控制设置在压力平衡支撑上的混凝土质量块(重373t)在两个水平方向移动,最大行程为1.4m,采用防偏转连接防止质量块沿两个水平轴的扭转运动。采用充氮气动弹簧提供恢复机制,为减少TMD发生的过位移的冲击效应,质量块两端安装了减振缓冲器。

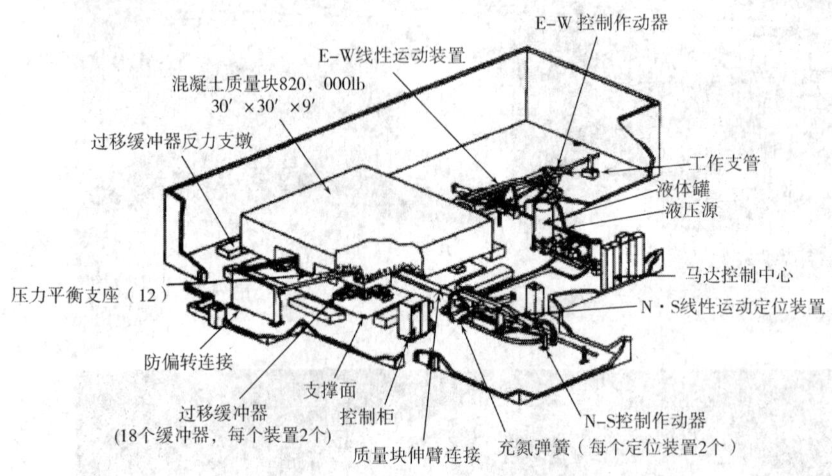

图5-3-6　纽约 Citicorp 大厦的 TMD 减振系统

John Hancock 大厦的 TMD 也采用了上述设计原理,不同的是,两个 TMD 分别布置在大厦顶楼的两侧:它们同相运动以控制侧向响应而反相运动以控制扭转响应,如图5-3-7所示。图5-3-8是安装在日本 Chiba 港口通讯塔的 TMD 双向减振系统。当 X 方向发生振动时,质量块 M_1 发生位移;当 Y 方向振动时,质量块 M_1 及其支撑系统的组合在 Y 方向运动。

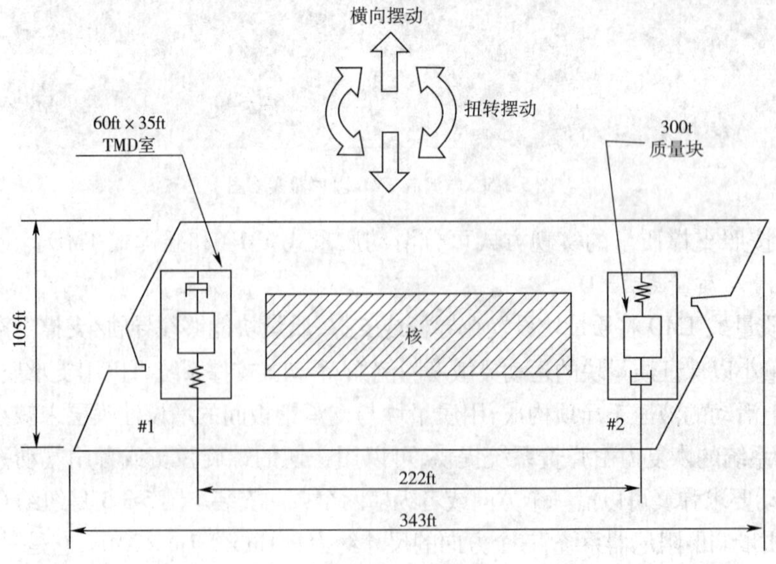

图5-3-7　波士顿 John Hancock 大厦的 TMD 布置图

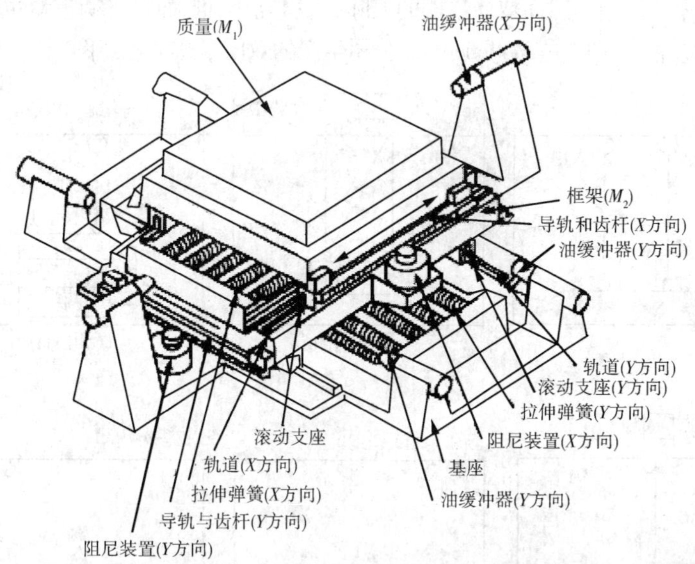

图 5-3-8　Chiba 通讯塔的 TMD 减振系统

(二)摇锤式 TMD

摇锤式 TMD 通过将质量悬挂在一定长度的绳索或连杆上来实现 TMD 需要的调谐频率，这类 TMD 系统的恢复力由质量块的重力提供。对于如图 5-3-9a)所示的单摆型 TMD,其振动频率仅取决于摆长;对于像高层建筑、大跨桥梁等柔性结构,通常需要很大的摆长才能使摆的振动频率接近于结构的基频。对于如图 5-3-9b)和 5-3-9c)所示的带平衡质量(m_1)的双质量摆,其振动频率与摆长和平衡质量有关,因此这类质量摆在安装空间受限的时通过调节平衡质量也能实现频率的调谐。然而双质量摆的实际布设非常困难,而且平衡重量也降低了这类TMD的减振效率。图5-3-10是Motioneering公司生产的双质量摆的示意图。

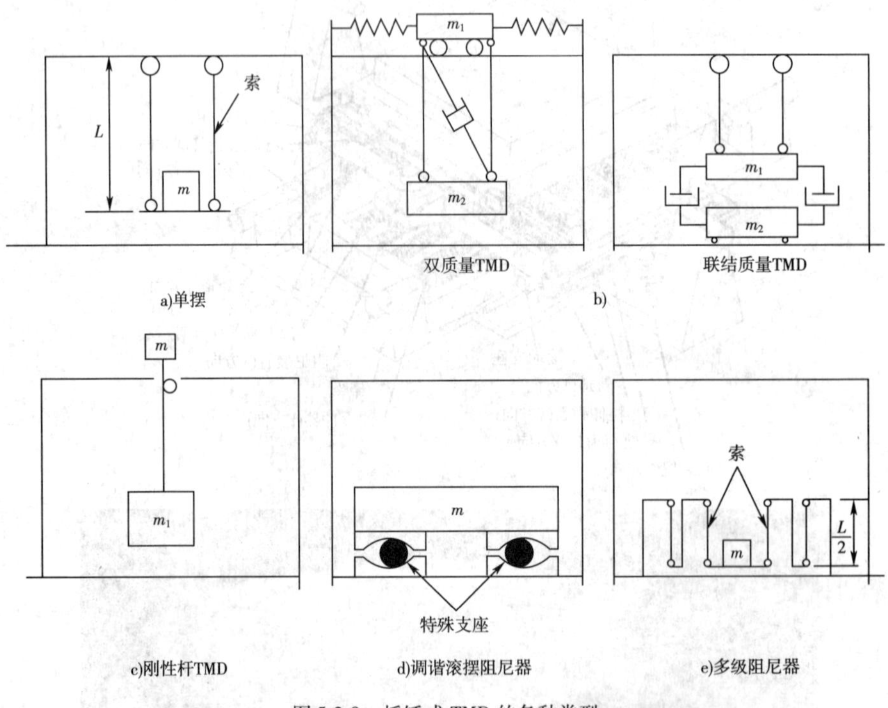

图5-3-9 摇锤式TMD的各种类型

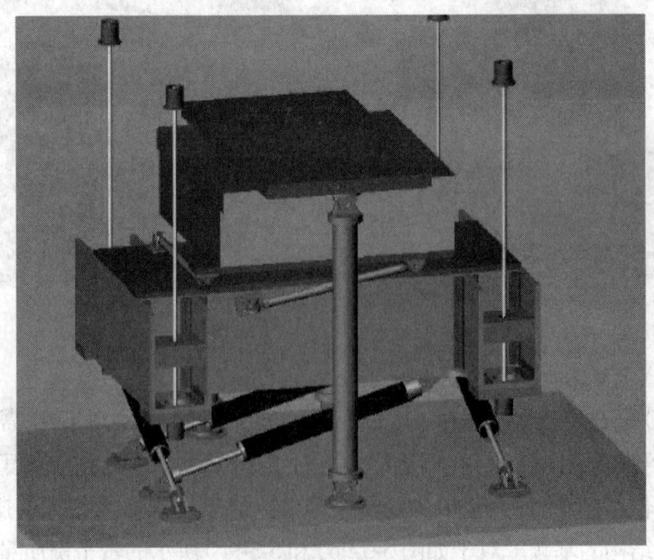

图5-3-10 加拿大Motioneering公司的双质量TMD装置

如图5-3-9d)和5-3-9e)所示的调谐滚摆式TMD(tuned roller pendulum damper)和多级悬挂式TMD是解决安装空间受限时的有效解决方案。前者通过调节滚动面的半径来改变摆动的频率,后者通过设计多级悬挂来降低摆动频率。在相同的悬挂质量及相同的调谐频率要求下,二级悬挂摆式TMD的摆长是单摆式TMD摆长的一半。下面介绍了单摆式TMD、调谐滚摆式TMD和多级悬挂式TMD设计中摆长的设计计算。

如图5-3-11,质量 m_d 水平方向的自由振动方程为:

$$T\sin\theta + m_d \ddot{u}_d = 0 \tag{5-3-16}$$

式中:T——绳索的拉力。

对于小幅振动,有:

$$u_d = L\sin\theta \approx L\theta \qquad T_d \approx W_d = m_d g \tag{5-3-17}$$

将式(5-3-16)代入式(5-3-17)得到:

$$m_d \ddot{u}_d + \frac{m_d g}{L} u_d = 0 \tag{5-3-18}$$

容易得到单摆的振动频率为:

$$\omega_d = \sqrt{g/L} \tag{5-3-19}$$

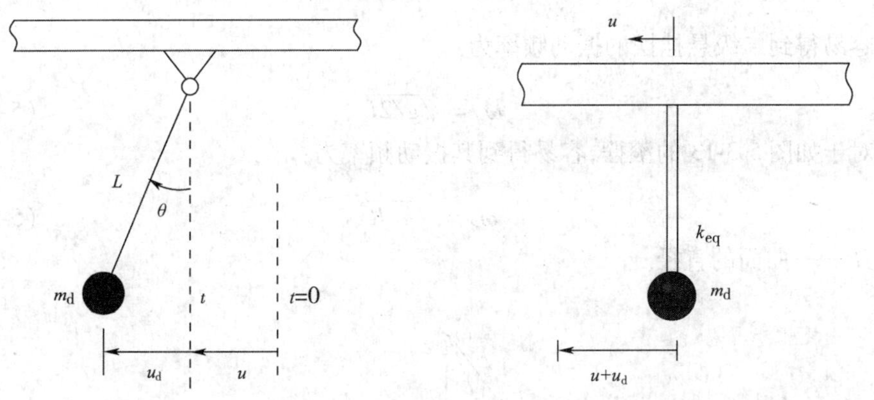

图5-3-11　单摆型TMD的等效力学模型

单摆的振动频率仅仅与摆长有关。对于低频结构,调谐摆的振动频率就需要摆长很大。例如,当需要减振的频率为0.2Hz时,摆长为6.2m,一般会远远大于建筑结构的楼层高度或者桥面箱梁的高度。

对于如图5-3-12所示的二级悬挂质量阻尼器,质量 m_d 水平方向的自由振动方程为:

$$T\sin\theta + m_d(\ddot{u}_d + \ddot{u}_1) = 0 \tag{5-3-20}$$

式中 T 为绳索的拉力;u_1 和 u_d 分别为刚性连杆对支撑的相对位移、质量 m_d 对连杆的相对位移。

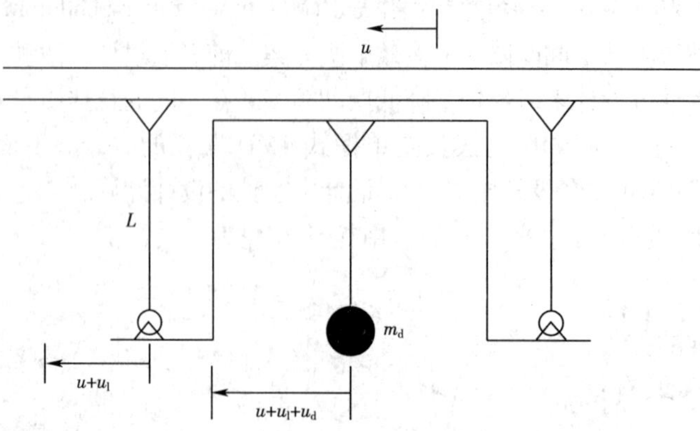

图 5-3-12　二级悬挂质量阻尼器的等效力学模型

同样，我们得到：

$$m_d(\ddot{u}_d + \ddot{u}_1) + \frac{m_d g}{L} u_d = 0 \tag{5-3-21}$$

假定刚性连杆与质量 m_d 为同相运动，那么 $u_1 = u_d$。因此：

$$m_d \ddot{u}_d + \frac{m_d g}{2L} u_d = 0 \tag{5-3-22}$$

容易得到二级悬挂摆的振动频率为：

$$\omega_d = \sqrt{g/2L} \tag{5-3-23}$$

对于如图 5-3-13 的滚摆，容易得到其振动频率为：

$$\omega_d = \sqrt{g/R} \tag{5-3-24}$$

式中：R——曲面的直径。

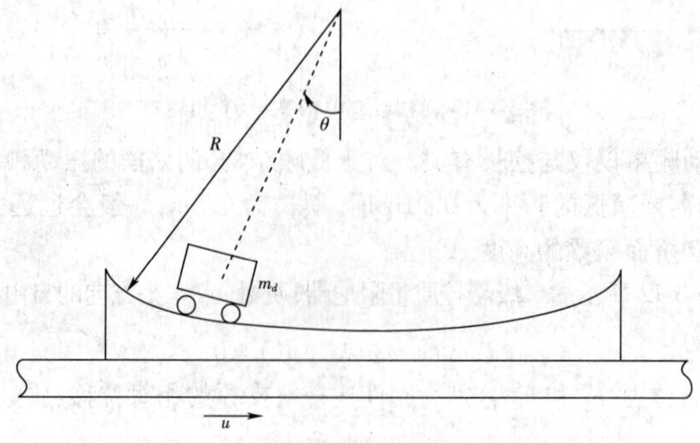

图 5-3-13　滚摆型阻尼器的等效力学模型

5.4　调谐液体阻尼器减振设计

5.4.1　调谐液体阻尼器减振原理

调谐液体阻尼器是另外一种常用的被动调谐减振装置(图 5-4-1)。当结构发生运动时液体内由于重力的作用形成的运动方向与结构运动方向相反,从而将结构本身的振动能量转移到水箱中的液体,液体的晃动能量再通过自身的阻尼来耗散,若水箱中液体的晃动频率接近于结构振动的频率,此时液体晃动幅值将非常显著,能够快速地耗散结构振动的能量。调谐液体阻尼器与调谐质量阻尼器的工作原理基本一致,主要区别是 TMD 采用固体质量如混凝土或金属块和黏滞阻尼材料来提供系统所需的质量和阻尼,而 TLD 则直接采用水箱中的液体提供所需的质量,而边界层以上液体运动时的黏性则提供了所需的阻尼。同时水箱中液体自身的重力提供了减振系统所需的恢复力。水箱中内液体多采用生活用水。TLD 减振装置具有造价低、易安装、维护少、自动激活性能好、容易匹配调频等优点。

调谐液体阻尼器主要分两类。第一类是矩形、圆柱形或圆环形的浅水水箱;第二类是 U 形管状水箱。通常所说的 TLD 是第一类,而把第二类称之为调谐液体柱状阻尼器(Tuned liquid columns damper,TLCD)。早在 20 世纪初,Frahm 提出了将两个相连的水箱中水的晃动频率调至船体摇摆的基本频率,用来减少海浪作用下船体的摇摆振动,如图 5-4-2。这些防摇摆装置应用于德国两个大型邮轮之中,该装置被认为是现代调谐液体阻尼器的先驱。基于同样概念的防转动阻尼器被安装于太空卫星以减少卫星的轴向转动。

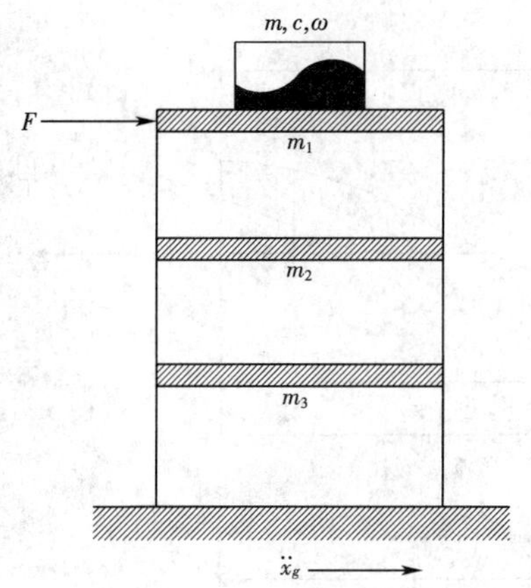

图 5-4-1　调谐液体晃动阻尼器示意图

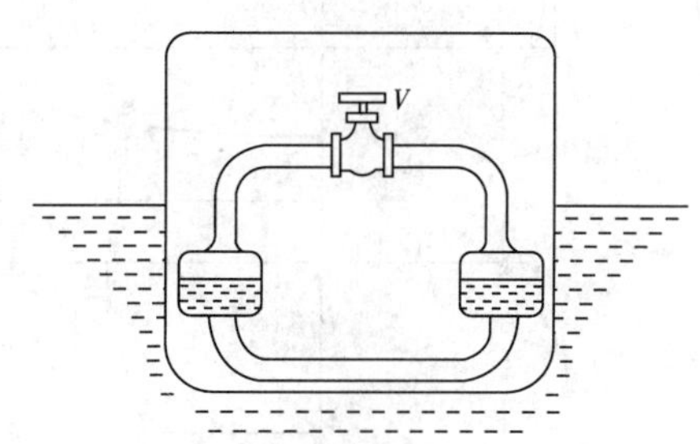

图 5-4-2　Frahm 发明的防摇摆水箱

利用调谐液体阻尼器进行土木工程减振的研究始于 20 世纪 80 年代中期。Bauer 等提出了利用装有两层不相融液体的矩形水箱进行结构减振的概念，该方法依靠两层液体间交界面的运动产生动侧压力来提供减振力。Welt 和 Modi 是最早应用调谐液体阻尼器进行建筑结构减振的研究者之一，他们采用的是矩形、圆形和圆环型的浅水水箱，都是基于水箱内液体的晃动来耗能的。

5.4.2 调谐液体阻尼器的计算方法

TLD 的响应通常因液体的晃动和阻尼孔的存在而表现出高度的非线性。由于这种固有的非线性，用于优化 TMD 参数的公式不能直接应用于 TLD 的设计。即使结构仍处于弹性响应范围，TLD 也可能具有明显的幅值依赖性。为建立更加恰当的设计准则，研究者在了解与量化 TLD 的性能方面做了大量的研究工作，这些工作主要集中在对 TLD 进行了大量的试验研究，当然也提出了几个关于 TLD 中液体晃动的数学模型。在 Airy 和 Boussinesq 提出的经典波动基础上，也有一些关于 TLD 中液体波动的理论建模研究，这些理论适用于不可压缩流体且流体在晃动中不会出现碎波的中小幅振动。这方面的参考文献可参见[5-1]。

图 5-4-3 给出了晃动液体的液面高度。如图所示，水箱中的水可分为两层，即在水箱底板附件的边界层和边界层以上的液体。对于浅液水箱，边界层厚度很小，其厚度与底板的摩擦有很大关系。边界层以上的水的内摩擦很小，它的黏滞阻尼主要是水的黏性引起的。根据浅水波浪理论，TLD 中液体晃动的基本频率和阻尼比分别为：

$$\omega_1 = \sqrt{\frac{\pi g}{2a}\tanh\left(\frac{\pi h}{2a}\right)} \approx \frac{\pi}{2a}\sqrt{gh} \tag{5-4-1}$$

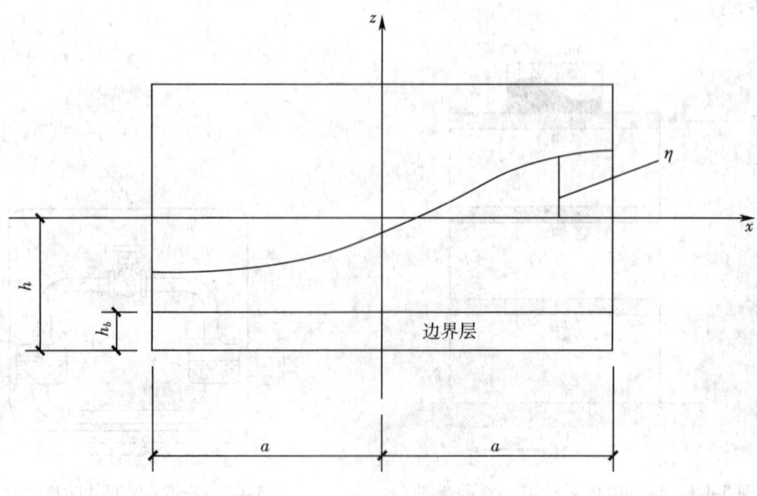

图 5-4-3 TLD 中液体的液面高度

$$\zeta_1 = \frac{C_D}{h}\sqrt{\omega_1 v}\frac{1+\frac{2h}{b}+C}{2\omega_1} \tag{5-4-2}$$

式中 a 为沿运动方向水箱长度的一半；h 为水箱中液体高度；b 为水箱的宽度；g 为重力加速度，9.8m/s^2；C_d 为一由试验结果标定的系数，取为 $1/\sqrt{2}$；系数 C 反映了由于自由液面运动引起的阻尼，常取为 1；v 为流体的运动黏性系数（m^2/s），它是黏性系数 μ 与流体密度 ρ 的比值，常见液体的黏性系数和运动黏性系数见表 5-4-1。表 5-4-2 给出了水的黏性系数随温度变化。由上表看出，液体黏性系数随温度增加而减小，耗能能力将降低，这与黏滞阻尼器的性能是一致的。

20℃及标准压力下典型流体的黏性　　表 5-4-1

流体	μ(Pa·s)	v(m^2/s)
氢	0.9×10^{-5}	10.7×10^{-5}
甲烷	1.34×10^{-5}	2.00×10^{-5}
空气	1.81×10^{-5}	1.49×10^{-5}
二氧化碳	1.48×10^{-5}	0.8×10^{-5}
水	1.00×10^{-3}	1.00×10^{-6}
汽油	0.31×10^{-3}	0.46×10^{-6}
轻油	2.0×10^{-3}	2.40×10^{-6}
甘油	14.9×10^{-3}	11.8×10^{-6}
水银	1.55×10^{-3}	0.16×10^{-6}

水黏性系数随温度的变化　　表 5-4-2

温度(℃)	μ(Pa·s)	温度(℃)	μ(Pa·s)
0	1.783×10^{-3}	40	0.653×10^{-3}
10	1.307×10^{-3}	60	0.466×10^{-3}
20	1.002×10^{-3}	80	0.354×10^{-3}
30	0.798×10^{-3}	100	0.282×10^{-3}

上式适用于流体在晃动过程中没有出现碎波的情况。但对于 TLD 出现大幅振动以致出现碎波时，TLD 的阻尼会因为碎波的耗能而导致 TLD 的阻尼显著增加。在这种情况下，孙利民等[5-8]根据一系列的试验结果，对上式的阻尼公式进行了修正，即：

$$\zeta_1 = C_{da}\frac{C_D}{h}\sqrt{\omega_1 v}\frac{1+\frac{2h}{b}+C}{2\omega_1} \tag{5-4-3}$$

$$C_{da} = 0.81h'\sqrt{\frac{\omega_1 A}{vL}} \tag{5-4-4}$$

其中 $L=2a$ 为 TLD 沿运动方向的尺寸；A 为 TLD 安装位置处结构的振动响应幅值。结果表明经过修正后的阻尼公式能较好的预测 TLD 流体晃动时出现碎波的情况。从式

(5-4-4)看出,振动幅值 A 越大,TLD 本身的阻尼就越大。另一方面,晃动流体出现碎波表明晃动液体的高阶频率振动显著,意味着 TLD 的振动频率失调,减振性能可能降低。

根据 TLD 的黏性系数公式,流体的黏性系数越大,TLD 的阻尼比也就越大。然而类似于 TMD,TLD 减振装置也同样具有最优的阻尼系数使结构达到最好的减振性能。因此需要注意采用高黏性的流体并不一定使 TLD 的减振性能达到最好。而另一方面,当液体晃动本身提供的阻尼不能达到最优阻尼时,可以通过添加如图 5-4-4 所示的网状隔板(或阻尼孔)来增加阻尼比,通过调节隔板个数、间隔和孔径的尺寸来调节 TLD 的阻尼比。当 TLD 系统设置了隔板或其他阻尼设备时,尚无理论或数值方法可求解其模态阻尼比,常常通过对 TLD 的原型进行试验来获得。

图 5-4-4 带网状隔板的 TLD 单向减振装置

对于两个水平方向具有不同基本频率的结构,可以通过选择合理的矩形水箱尺寸,使得一个水箱能够用于同时控制这两个方向的振动,如图 5-4-5 所示。但需要注意,上述浅水波浪理论是针对单方向受到激励的水面提出的,在液体多向运动情况下的适用性还有待于验证。

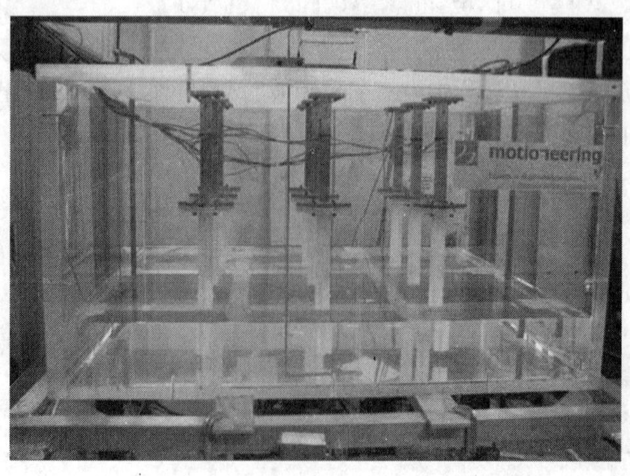

图 5-4-5 带阻尼柱的 TLD 双向减振装置

5.4.3 调谐液体阻尼器的设计方法

调谐液体阻尼器用于控制结构某阶振动频率 ω_s 时的设计方法如下：

(1)选取 TLD 的液体质量与控制模态的广义质量的比值 μ，一般 $0.01 < \mu < 0.05$。

(2)按照 TMD 的最优参数设计方法，确定 TLD 的最优模态阻尼比 ξ。

(3)选择水箱的长($2a$)、宽(b)和高(h_0)，水箱的大小应在满足施工方便的前提下尺寸尽量大以减少减振系统费用。并按照下式计算水箱中液面的高度：

$$h = \frac{16a^2 f_s^2}{g} \tag{5-4-5}$$

因为前述理论是基于浅水波动理论提出的，一般要求 $h/2a < 0.2$。

(4)计算每个水箱的质量，确定水箱的总个数。

(5)选择水箱里面的液体类型(一般选择生活用水)，按照式(5-4-3)计算每个水箱的阻尼比。当 TLD 水箱里没有使用带孔的调隔版或其他设备来增加阻尼时，仅仅由于液体本身晃动引起的阻尼较小。所以宜在水箱中增加其他设备来达到一定 TLD/模态质量比下的最优模态阻尼比。

以一示范性例子说明 TLD 的设计。某高层建筑的第一阶弯曲频率为 0.458Hz，相应的模态质量为 100t。设计过程如下：(1)取 TLD/结构的质量比为 0.01，所以 $m_{TLD} = 1t$；(2)确定 TLD 的优化模态阻尼比为 $\xi_{opt} = \sqrt{3\mu/8(1+\mu)} = 5.90\%$；(3)假定水箱尺寸 $2a = 59cm$，$b = 33.5cm$，$h_0 = 10cm$，$h = 16a^2 f_s^2/g = 3.0cm$，满足 $h/2a < 0.2$。(4)水箱的个数 $N = 1000/(1000 \times 0.59 \times 0.335 \times 0.03) = 168.6$，取为 N = 169；(5)按照式(5-4-3)计算水箱中采用生活用水时 TLD 的模态阻尼比为 $\xi = 1.5\%$，小于需要的优化阻尼值 5.9%，不能达到优化阻尼比。采用增加带孔的隔板或采用其他黏性流体使 TLD 达到最优阻尼比。

5.5 带减振系统的人行桥动力仿真分析

5.5.1 人行桥结构的运动方程及响应分析

根据有限元法，结构的运动方程可以描述为：

$$\boldsymbol{M}\ddot{\boldsymbol{X}} + \boldsymbol{C}\dot{\boldsymbol{X}} + \boldsymbol{K}\boldsymbol{X} = \boldsymbol{F} \tag{5-5-1}$$

式中 $\boldsymbol{M}$、$\boldsymbol{C}$ 和 $\boldsymbol{K}$ 分别为主结构的整体质量、阻尼和刚度矩阵，$N \times N$；$\boldsymbol{F}$ 为外荷载向量，$N \times 1$；$\ddot{\boldsymbol{X}}$，$\dot{\boldsymbol{X}}$ 和 $\boldsymbol{X}$ 分别为节点加速度、速度和位移向量，$N \times 1$。结构的整体质量和刚度矩阵通常按照各个构件的材料、几何和物理特性等常数进行直接计算；结构阻尼一般

采用瑞利阻尼矩阵形式(也称为比例阻尼矩阵),即:

$$C = \alpha M + \beta K \tag{5-5-2}$$

式中瑞利阻尼系数可通过实际结构的模态阻尼比反算,系数 α 和 β 的单位分别为 s^{-1} 和 s。如果考虑结构 k 和 l 两阶模态的模态阻尼比等效,瑞利阻尼系数的求解方程可以写为:

$$\frac{1}{2}\begin{bmatrix} 1/\omega_k & \omega_k \\ 1/\omega_l & \omega_l \end{bmatrix}\begin{Bmatrix} \alpha \\ \beta \end{Bmatrix} = \begin{Bmatrix} \xi_k \\ \xi_l \end{Bmatrix} \tag{5-5-3}$$

或者:

$$\alpha = 2\frac{\omega_k \omega_l}{\omega_l^2 - \omega_k^2}(\omega_l \xi_k - \omega_k \xi_l) \tag{5-5-4}$$

$$\beta = 2\frac{\omega_k \omega_l}{\omega_l^2 - \omega_k^2}\left(-\frac{\xi_k}{\omega_l} + \frac{\xi_l}{\omega_k}\right) \tag{5-5-5}$$

在实际应用中,应该选取对结构响应有显著贡献的两阶模态来计算瑞利阻尼系数,并由计算值按照 $\xi_r = \alpha/2\omega_r + \beta\omega_r/2$ 验证其他等效模态阻尼比是否位于合理区间。若多于两个模态对结构的动力响应都有显著影响,这一验证过程尤为重要。瑞利阻尼矩阵这类经典阻尼矩阵只适用于材料匀质、构件连接类型基本相同的结构,而不宜用于结构中各部分具有截然不同材料阻尼的情况。因为对于这类结构,每阶模态可能由于各自耗能机制的不同而导致各阶模态阻尼比存在显著差异,这种情况下若仍按瑞利阻尼形式去建立阻尼矩阵,势必会引起阻尼偏差从而引起结构响应失真。

(一)无阻尼自由振动

略去方程(5-5-1)中的结构阻尼和外荷载,即得到结构无阻尼振动方程:

$$M\ddot{X} + KX = 0 \tag{5-5-6}$$

因不考虑结构阻尼,可假定结构的振动形式为:

$$X = \phi e^{i\omega t} \tag{5-5-7}$$

将上式代入式(5-5-6),即可得到如下方程:

$$(K - \omega^2 M)\phi = 0 \tag{5-5-8}$$

上式通常称为特征值方程,特征值 ω^2 表示振动圆频率的平方,相应的位移向量 ϕ 则称为特征向量或振型。要使振型 ϕ 具有非零解,系数矩阵的行列式值必须等于0,即:

$$|K - \omega^2 M| = 0 \tag{5-5-9}$$

方程(5-5-9)展开行列式后为一个以特征值 ω^2 为参数的齐次代数方程,称为结构的频率特征方程。因为质量 M 和刚度 K 矩阵是对称正定的,该代数方程有 N 个实正根,$0<\omega_1^2\leqslant\omega_2^2\leqslant\cdots\leqslant\omega_r^2\leqslant\cdots\leqslant\omega_N^2$。将每个特征值回代特征方程(5-5-8)可求得与每个特征值对应的特征向量 ϕ_r,即振型。每阶振型 ϕ_r 的物理意义式系统以频率 ω_r 振动时,结构在各个自由度上振动幅值比值,因此振型是无量纲的。由振型的正交性,可得:

$$\widetilde{\boldsymbol{K}}\equiv\boldsymbol{\Phi}^{\mathrm{T}}\boldsymbol{K}\boldsymbol{\Phi}\qquad\widetilde{\boldsymbol{M}}\equiv\boldsymbol{\Phi}^{\mathrm{T}}\boldsymbol{M}\boldsymbol{\Phi}\tag{5-5-10}$$

式中 $\widetilde{\boldsymbol{K}}_r\equiv\phi_r^TK\phi_r$ 为第 r 阶振型的广义刚度;$\widetilde{\boldsymbol{M}}_r\equiv\phi_r^T\boldsymbol{M}\phi_r$ 第 r 阶振型的广义质量。

如果 ϕ_r 是系统的固有振型,那么任意与 ϕ_r 成比例的向量,$c_r\phi_r$,均为系统的固有模态。为方便计算和表述,常常对各阶振型分别进行正规化(规一化)处理。常用的规一化方法有两种。第一种是按振型的最大值规一化,即将每阶振型的最大值设为1。第二种方法是按质量矩阵规一化,这种方法在理论分析及动力问题的计算机编程中比较常用。按照质量规一化时:

$$\widetilde{M}_r=\phi_r^{\mathrm{T}}\boldsymbol{M}\phi_r=1\qquad\boldsymbol{\Phi}_r^{\mathrm{T}}\boldsymbol{M}\boldsymbol{\Phi}_r=\boldsymbol{I}\tag{5-5-11}$$

式中 $\boldsymbol{I}$ 是对角单位阵。

(二)阻尼自由振动

略去方程(5-5-1)中外荷载,即得到结构考虑阻尼自由振动方程:

$$\boldsymbol{M}\ddot{\boldsymbol{X}}+\boldsymbol{C}\dot{\boldsymbol{X}}+\boldsymbol{K}\boldsymbol{X}=0\tag{5-5-12}$$

因考虑结构阻尼,可假定结构的振动形式为:

$$\boldsymbol{X}=\phi e^{\lambda t}\tag{5-5-13}$$

其中 ϕ 此时为复模态或复振型,λ 为复特征值。代入式(5-5-12)得到系统的如下特征方程:

$$(\lambda^2\boldsymbol{M}+\lambda\boldsymbol{C}+\boldsymbol{K})\phi=\boldsymbol{0}\tag{5-5-14}$$

如果 ϕ 有非零解,那么系数矩阵的行列式必须等于零,即:

$$|\lambda^2\boldsymbol{M}+\lambda\boldsymbol{C}+\boldsymbol{K}|=\boldsymbol{0}\tag{5-5-15}$$

上式即为一般黏性阻尼系统的特征方程,它是 λ 的 $2N$ 次代数方程,由它可解出 $2N$ 个特征值:$\lambda_1,\lambda_2,\cdots,\lambda_{2N}$,由特征值回代特征方程(5-5-14)可以得到 $2N$ 个对应的特征向量:$\phi_1,\phi_2,\cdots,\phi_{2N}$。若 $\lambda_r=\sigma_r+j\omega_r$ 是行列式的根,容易验证其共轭 $\lambda_r=\sigma_r-j\omega_r$ 也一定是行列式方程的根。也就是说,频率方程的根必定以复共轭形式成对出现,这时对应的特征向量也是共轭成对出现。当考虑结构阻尼时,结构的第 r 阶振动圆频率和模态阻尼比为:

$$\omega_r=\mathrm{Im}(\lambda_r)\tag{5-5-16}$$

$$\xi_r = -\mathrm{Re}(\lambda_r)/\mathrm{Im}(\lambda_r) \tag{5-5-17}$$

式中 Im(·)和 Re(·)分别指复数的虚部和实部。当某阶复特征值的实部为负,说明该阶模态响应的振动成分是衰减的;反之振动发散。

（三）动力响应分析

有效而通用的动力响应分析方法包括振型叠加法和直接时程积分法。振型叠加法指首先求解模态坐标的动力时程响应,然后再计算节点的加速度、速度和位移向量;时程积分法指直接按照时程积分法如 Newmark 方法等直接求解节点的加速度、速度和位移。这里简要介绍振型叠加法。

在振型叠加法中,结构的动力响应可表示为前 m 阶模态响应叠加得到,即:

$$\boldsymbol{X} = \boldsymbol{\Phi q} \tag{5-5-18}$$

式中 $\boldsymbol{\Phi} = [\phi_1 \quad \phi_2 \quad \cdots \quad \phi_m]$为前 m 阶振型矩阵,$\mathrm{N} \times \mathrm{m}$;$q = [q_1 \quad q_2 \quad \cdots \quad q_m]^{\mathrm{T}}$ 前 m 阶振型的广义坐标列向量,$m \times 1$。

将式(5-5-18)代入运动方程(5-5-1)并左乘 $\boldsymbol{\Phi}^{\mathrm{T}}$,得到:

$$\boldsymbol{\Phi}^{\mathrm{T}}\boldsymbol{M\Phi}\ddot{\boldsymbol{q}} + \boldsymbol{\Phi}^{\mathrm{T}}\boldsymbol{C\Phi}\dot{\boldsymbol{q}} + \boldsymbol{\Phi}^{\mathrm{T}}\boldsymbol{K\Phi q} = \boldsymbol{\Phi}^{\mathrm{T}}\boldsymbol{F}(t) \tag{5-5-19}$$

利用振型矩阵的特性,上式可以重写为:

$$\widetilde{\boldsymbol{M}}\ddot{\mathrm{q}} + \widetilde{\mathrm{C}}\dot{\mathrm{q}} + \widetilde{\mathrm{K}}\mathrm{q} = \mathrm{P} \tag{5-5-20}$$

式中 $\widetilde{\boldsymbol{M}} = diag(\widetilde{M}_1, \widetilde{M}_2, \cdots, \widetilde{M}_m)$ 为按照质量归一化模态质量矩阵,取为单位阵;$\widetilde{K} = \mathrm{diag}(\omega_1^2, \omega_2^2, \cdots, \omega_{\mathrm{m}}^2)$为模态刚度矩阵;$\boldsymbol{P}$ 为广义荷载向量,$P_r = \phi_r^{\mathrm{T}}\boldsymbol{F}$。结构的阻尼矩阵一般直接采用瑞利矩阵形式,此时,广义阻尼矩阵变为:

$$\widetilde{C} = \boldsymbol{\Phi}^T(\alpha M + \beta K)\boldsymbol{\Phi} = \alpha\boldsymbol{I} + \beta\boldsymbol{\Lambda} \tag{5-5-21}$$

阻尼矩阵也可由各阶模态阻尼比 ξ_i 建立,此时:

$$\widetilde{\boldsymbol{C}} = \begin{bmatrix} 2\omega_1\xi_1 & & 0 \\ & \ddots & \\ 0 & & 2\omega_m\xi_m \end{bmatrix} \tag{5-5-22}$$

方程(5-5-20)的第 r 项可写为:

$$\ddot{q}_{\mathrm{r}} + 2\xi_{\mathrm{r}}\omega_{\mathrm{r}}\dot{q}_{\mathrm{r}} + \omega_{\mathrm{r}}^2 q_{\mathrm{r}} = \frac{P_{\mathrm{r}}(t)}{\widetilde{M}_{\mathrm{r}}} \tag{5-5-23}$$

从上式可以看出,如果结构具有经典瑞利阻尼,模态运动方程是解耦的,也就是说方程的系数只依赖于第 r 阶模态。因此,我们可得到共 m 个解耦的模态运动方程,从各个模态运动方程,可以直接解出每一阶模态响应 $q_r(t)$。结构的总响应可描述为：

$$X=\Phi q=\sum_{r=1}^{m}\phi_r^T q_r(t) \tag{5-5-24}$$

至此，我们看到振型叠加法具有两大好处：一是可以将原有的 N 自由度的方程降为只包含前 m 阶模态的方程；二是每一阶方程都是解耦的，可应用单自由度响应的求解方法。

5.5.2　减振人行桥结构的运动方程及响应分析

（一）采用组合系统模型

带耗能吸振系统的结构运动方程为：

$$M\ddot{X}+C\dot{X}+KX=F+\Gamma X \tag{5-5-25}$$

式中 Γ 是用于模拟设置于结构中的耗能吸振装置的算子。与原结构的运动方程相比，安装减振器后的运动方程多了耗能器对结构的反作用力项。对上式进行适当变换，得到：

$$M\ddot{X}+C\dot{X}+KX-\Gamma X=F \tag{5-5-26}$$

从上式可以看出，根据耗能吸振装置的类型不同，相对于提供了附加的刚度和阻尼。因此，通过在原结构中增加模拟耗能吸振装置的单元（单元具体形式在5.5.4节中阐述），即可建立减振器—结构耦合系统模型。在建立了耦合系统模型之后，即可按照传统结构动力学的方法计算安装耗能吸振装置后结构的动力响应及评价减振效果。假定阻尼器的出力能够直接表示为结构位移、速度和加速度的函数，即：

$$\Gamma X=\overline{M}\ddot{X}+\overline{C}\dot{X}+\overline{K}X \tag{5-5-27}$$

减振人行桥的运动方程变为：

$$\hat{M}\ddot{X}+\hat{C}\dot{X}+\hat{K}X=F \tag{5-5-28}$$

其中，$\hat{M}=M-\overline{M}$；$\hat{C}=C-\overline{C}$；$\hat{K}=K-\overline{K}$。

根据组合系统的有限元模型，减振人行桥的动力响应同样可采用模态迭加法和时程积分法求得。

（二）采用原结构模型

对于小阻尼情况（模态阻尼比小于20%），附加阻尼减振装置不会显著改变原结构的动力特性。因此可采用原结构有限元模型及附加减振装置后的模态阻尼比直接进行模态叠加时程分析。如5.2.4节所述，附加的模态阻尼比可由模态应变能方法和复模态分析得到。

5.5.3 减振效果评价

(一)等效模态阻尼比

设置消能减振装置实际上是给结构提供附加阻尼,从而提高结构的模态阻尼比和达到减振的目标。消能结构总的模态阻尼比可以表示为:

$$\xi_r = \xi_{sr} + \xi_{dr} \tag{5-5-29}$$

式中 ξ_{sr}为原结构的模态阻尼比,可根据建筑材料类型和结构形式按照规范取值;ξ_{dr}为消能减振装置附加的模态阻尼比。附加的模态阻尼比主要有两种计算方法:第一种为模态应变能方法,这种方法认为安装黏滞阻尼器前后的结构频率与振型变化很小,是一种简化计算方法;第二种是复模态计算方法,这种方法需要在结构有限元模型中包含模拟阻尼器的单元,并计算安装了耗能装置后结构的复模态特性,主要是模态频率和模态阻尼比。对于实际结构,可采用模态应变能方法计算,对于大阻尼比结构(附加的模态阻尼比超过20%),应采用复模态方法进行复核验证。

需要指出,安装黏滞阻尼器后,一般能够提高多阶模态的阻尼比;而采用TMD和TLD这类吸振器,则只能提高用于设计TMD参数的那一阶模态阻尼比。

(二)振动最大值比

减振效果可以通过安装减振器结构前后的振动响应的最大值反映。定义安装减振器前后结构的最大振动位移分别为x_0和x_1,定义位移的减振率R为设置减振器后(最大)位移的减少值与未设置减振器时的位移响应之比,即:

$$R_{x,max} = 1 - \frac{x_1}{x_0} \tag{5-5-30}$$

按照定义,减振率越大,减振效果越好。

同样可以计算加速度响应的减振率:

$$R_{a,max} = 1 - \frac{a_1}{a_0} \tag{5-5-31}$$

其中a_0和a_1分别安装减振器前后结构的最大振动加速度响应。

(三)振动有效值比

另外一种定义减振效果的常用指标为振动响应的均方值比。定义安装减振器前后结构的振动位移的均方值分别为σ_x^0和σ_x^1,那么位移的减振率为:

$$R_{x,rms} = 1 - \frac{\sigma_x^1}{\sigma_x^0} \tag{5-5-32}$$

同样可以计算加速度响应的减振率:

$$R_{a,\mathrm{rms}} = 1 - \frac{\sigma_a^1}{\sigma_a^0} \tag{5-5-33}$$

其中 σ_a^0 和 σ_a^1 分别为安装减振器前后结构的振动加速度响应时程的均方值。

5.5.4　耗能减振装置在 ANSYS 中有限元模拟

(一)ANSYS 简介

从 20 世纪 70 年代以来,随着计算技术的飞速发展,结构分析有了很大的突破,国外相继出现了许多大型通用有限元分析程序,如 ANSYS、ABAQUS、MARC 和 MSC/NASTRAN 等,这些程序具有良好的界面、方便的前后处理和强大的计算分析功能以及开放的二次开发系统。

ANSYS 软件是一个大型通用有限元分析软件,它是融结构、流体、电场、磁场、声场分析于一体的大型通用有限元分析软件。由世界上最大的有限元分析软件公司之一的美国 ANSYS 开发。同其他 CAE 软件一样,ANSYS 具有完备的前后处理系统,并且与其他大部分 CAD/CAE 软件都具有专用的数据接口;具有丰富的单元类型、强大的计算分析功能以及开放的二次开发系统。另外 ANSYS 还提供了以下几种方式来定制适合自己的 ANSYS 版本:(1)参数化设计语言 APDL(ANSYS Parametric Design Language),它是一种解释性语言,可以用来完成一些通用性很强的任务。APDL 类似于 FORTRAN 语言可以包含 DO 循环、IF-ENDIF 分支,向量及矩阵的操作等。宏(MACRO)可以认为是一种特殊的 APDL 语言。(2)用户可编程特性(UPFs)(User Programmable Features)是 ANSYS 给予用户最大主动权的开发工具,用户可以开发适合自己的单元、用户命令、定义用户准则和开发 ANSYS 新的计算功能等。(3)用户界面设计语言 UIDL(User Interface Design Language)使得用户可以定制适合自己的 ANSYS 界面,用户可以通过 UIDL 过滤掉一些不用的菜单,它起着用户程序和 ANSYS 之间的桥梁作用。

ANSYS 软件已广泛应用于土木工程、水利、铁路、汽车交通、航空航天、船舶、机械制造、核工业、石油化工和电子等一般工业及科学研究之中。在世界范围内,ANSY 软件已成为土木建筑行业 CAE 仿真分析软件的主流。其分析范围涵盖了静力分析、屈曲分析、模态分析、谐响应分析、瞬态响应分析、疲劳断裂分析、热分析、流场分析以及结构热场耦合分析、结构流体耦合分析等,为土木工程师提供了功能强大且方便易用的分析手段。

(二)减振元件在 ANSYS 中的模拟

作为通用的结构分析软件,ANSYS 并没有直接给出各种阻尼器单元,但 ANSYS丰富的单元库中某些单元或单元组合可用于模拟阻尼器的简化力学模型。能够用于耗能减振分析的常用单元为 Combin14、Mass21、Matrix27、Combin40 等,这些单元直接通过输入实常数来定义需要的阻尼器参数。另外一些单元如梁、杆单元等也可以用于阻尼器分析，这些单元的刚度和阻尼参数则需要通过实常数和材料参数一起定义，通过材料参数将这些单元的材料设置为耗能材料（MP，DAMP）。以下重点介绍 COMBIN14 和 MASS21 这两个单元，主要内容取自ANSYS的在线帮助文档。

（1）COMBIN14 单元

如图 5-5-1 所示，COMBIN14 是一种弹簧—阻尼器单元。它有两个节点 i 和 j，具有模拟 1 维（点）、2 维（XY 平面内的直线）或 3 维（空间直线）轴向或扭转方向问题的能力。用于模拟轴向问题的弹簧—阻尼器时，它是轴向拉伸或压缩单元，每个节点可以多达 3 个自由度，即沿 x,y,z 方向的平动，但不能考虑弯曲或扭转；用于模拟扭转方向的弹簧—阻尼器时，它是一个纯扭转单元，它的每个节点同样可多达 3 个自由度的：绕 x,y,z 轴的转角，但不能考虑弯曲和轴向力。COMBIN14 单元没有质量，质量的模拟可以通过其他合适的单元来实现，如 MASS21 单元。COMBIN14 可以只具有刚度或者阻尼，当只具有刚度时，COMBIN14 的单元与无阻尼的杆单元等价。更为通用的弹簧—阻尼器单元可以采用 MATRIX27 单元。另一种弹簧—阻尼单元是 COMBIN40，它的作用方向由节点坐标系方向决定。与 ANSYS 中其他单元类似，用于模拟二维问题时，COMBIN14 单元同样必须在 XY 平面内（或者说分析二维平面问题时，有限元模型必须建立在 XY 平面内）。

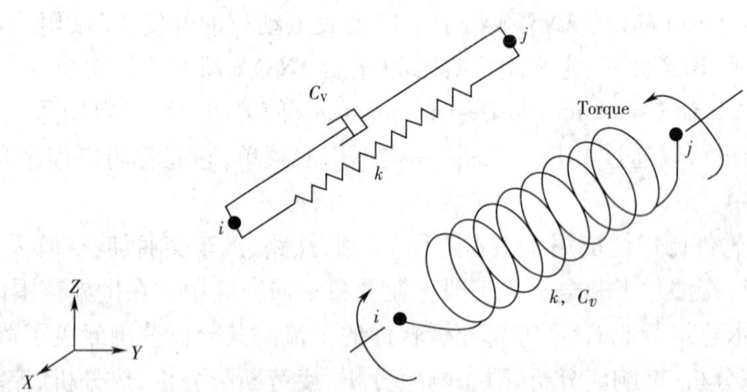

图 5-5-1　COMBIN14 单元示意

单元的实常数包括弹簧刚度 k 和阻尼系数 $(c_v)_1$ 和 $(c_v)_2$ 组成。静力分析和无阻尼的模态分析忽略了单元 COMBIN14 的阻尼。在进行考虑阻尼的分析时，该单元的刚度部分进入结构刚度矩阵；阻尼部分进入结构阻尼矩阵。阻尼力（F）或扭矩（T）由下式计算：

$$F_x = -c_v \frac{du_x}{dt} \qquad F_\theta = -c_v \frac{du_\theta}{dt} \tag{5-5-34}$$

其中 c_v 是等效阻尼系数，由式 $c_v = (c_v)_1 + (c_v)_2 |v|$ 确定；v 是上一子步计算得到的两个节点间的相对速度。引入第二个阻尼系数 $(c_v)_2$ 的目的是考虑某些液态环境下可能产生的非线性阻尼效应。

单元提供了 3 个选项（Options）来制定单元的性质，KEYOPT(1)定义是否考虑非线性阻尼；KEYOPT(2)定义 1 维弹簧阻尼单元的方向；KEYOPT(3)定义 2 维和 3 维弹簧阻尼单元。各选项参数如下表 5-5-1 所示。

Matrix27 单元的属性设置　　表 5-5-1

单元选项	值	描　述
KEYOPT(1)	0	线性解（缺省）
	1	非线性解［当 $(C_v)_2 \neq 0$，设置此参数］
KEYOPT(2)	0	使用 KEYOPT(3)选项
	1	1 维纵向弹簧—阻尼单元（UX 自由度方向）
	2	1 维纵向弹簧—阻尼单元（UY 自由度方向）
	3	1 维纵向弹簧—阻尼单元（UZ 自由度方向）
	4	1 维扭转弹簧—阻尼单元（ROTX 自由度方向）
	5	1 维扭转弹簧—阻尼单元（ROTY 自由度方向）
	6	1 维扭转弹簧—阻尼单元（ROTZ 自由度方向）
KEYOPT(3)	0	3 维纵向弹簧—阻尼单元
	1	3 维扭转弹簧—阻尼单元
	2	2 维纵向弹簧—阻尼单元

*注：若 KEYOPT(2)与 KEYOPT(3)同时定义，按照 KEYOPT(2)选取。

COMBIN14 单元输入语法如下：

ET, No. , COMBIN14

R, No. , K, CV1, CV2

其中 K 为单元刚度；CV1 为常阻尼系数；CV2 为线性阻尼系数。

根据计算的节点位移，单元的伸长可表示为：

$$\varepsilon_0=\begin{cases}\dfrac{A}{L} & \text{当 KEYOPT(2)}=0\\ u'_j-u'_i & \text{当 KEYOPT(2)}=1\\ v'_j-v'_i & \text{当 KEYOPT(2)}=2\\ w'_j-w'_i & \text{当 KEYOPT(2)}=3\\ \theta'_{xj}-\theta'_{xi} & \text{当 KEYOPT(2)}=4\\ \theta'_{yj}-\theta'_{yi} & \text{当 KEYOPT(2)}=5\\ \theta'_{zj}-\theta'_{zi} & \text{当 KEYOPT(2)}=6\end{cases}$$

式中$A=(x_j-x_i)(u_j-u_i)+(y_j-y_i)(v_j-v_i)+(z_j-z_i)(w_j-w_i)$；$L$为单元长度；$x$, y, z节点坐标；u, v, w是整体坐标下的节点位移；u′, v′, w′为单元局部坐标系下的节点位移。

单元的与位移相关的力和速度相关的阻尼力分别为：

$$F_s=k\varepsilon_0 \qquad F_d=-C_v v=-C_v\frac{d\varepsilon_0}{dt} \tag{5-5-35}$$

单元的输出结果可采用命令 ETABLE 获取：ETABLE，*lab*，ITEM，No.，其中 *lab* 是用户自己定义的变量，ITEM，No. 定义了获取的具体参数，具体见表 5-5-2，各参数物理意义见图 5-5-2。

Matrix27 单元的输出参数 表 5-5-2

物理量	输出量名字	ITEM	No.
弹簧力	FORC	SMISC	1
单元伸长	STRETCH	NMISC	1
节点相对速度	VELOCITY	NMISC	2
阻尼力	DAMPING FORCE	NMISC	3

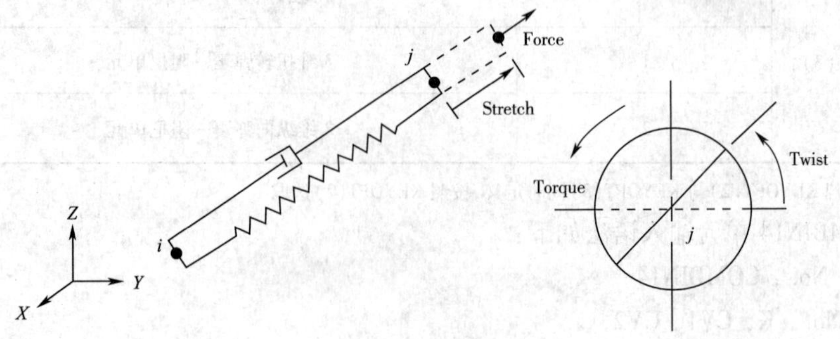

图 5-5-2 单元的输出定义

(2)MASS21 单元

MASS21 是一个具有六个自由度的支点单元：即沿 x, y 和 z 方向的移动和绕 x, y 和 z 轴的转动。每个方向可以具有不同的质量和转动惯量。另一个具有全质量矩阵(可以是非对称矩阵)的单元是 MATRIX27。

MASS21 单元由只需一个节点来定义,表示沿单元坐标系方向的集中质量和绕单元坐标系方向的转动质量矩。此元属的坐标系统可以平行于整体坐标系,也可以是节点坐标系统［通过 KEYOPT(2)设置］。MASS21 单元具有 3 个单元选项,通过设置单元选项可以选定所要的质量类型,具体见表 5-5-3。

Mass21 单元的属性设置 表 5-5-3

单元选项	值	描述
KEYOPT(1)	0	输入的实常数为质量和质量矩(默认)
	1	输入的实常数为体积和质量矩,此时,必须通过设置单元材料参数中密度,来获取单元的质量
KEYOPT(2)	0	单元坐标系为整体坐标系(默认)
	1	单元坐标系为节点坐标系
KEYOPT(3)	0	带质量矩的 3 维质量(MASSX, MASSY, MASSZ, IXX, IYY, IZZ)
	2	无质量矩的 3 维质量(MASSX, MASSY, MASSZ)
	3	带质量矩的 2 维质量(MASSX, MASSY, IXX, IYY)
	4	无质量矩的 2 维质量(MASSX, MASSY)

参 考 文 献

[5-1] Soong, T. T., and Gargush, G. F.. Passive Energy Dissipation Systems in Structural Engineering. John Wiley, New York, 1996.

[5-2] 李爱群. 工程结构减振控制. 北京:机械工业出版社,2007.

[5-3] FEMA 450. NEHRP recommended provisions for seismic regulations for new buildings and other structures, Building Seismic Safety Council, National Institute of Building Sciences, Washington, D. C. ,2004.

[5-4] 李爱群主编. 建筑消能阻尼器. 中华人民共和国建设部. 北京,2007.

[5-5] Symans, M. D., Charney, F. A., Shittaker, A. S., Constantinou, M. C., Kircher, C. A., Johnson, M. W. and McNamara, R. J.. Energy dissipation systems for seismic applications: current practice and recent developments. Journal of Structural Engineering, ASCE, 2008, 134(1): 3-21.

[5-6] 周云. 粘滞阻尼减震设计. 武汉:武汉理工大学出版社,2005.

[5-7] Hwang J. S., Huang, Y. N., Yi S. L., and Ho S. Y.. Design formulations for supplemental viscous dampers to building structures. Journal of Structural Engineering, ASCE, 2008, 134(1): 22-31.

[5-8] Sun, L. M., Fujino Y., Pacheco B. M., and Chaiseri P.. Modelling of tuned liquid dampers (TLD). Journal of Wind Engineering and Industrial Aerodynamics, 41-44: 1883-1894.

第六章　某人行曲线斜拉桥的动力设计与振动控制

6.1　工程概况

以国内在建的某人行曲线斜拉桥为例,本章阐述人行桥在步行荷载作用下的动力设计方法。该桥为三跨双层斜拉桥,上层为 *S* 形人行桥,下层为双向六车道车行桥。主桥跨径组合为 100m + 200m + 100m,全长 400m。倒 *Y* 形桥塔塔高 98m,主体结构高 84.5m,顶部装饰高 13.5m;车行桥主梁采用大悬臂预应力混凝土箱梁,现场悬浇施工。人行桥主梁采用钢箱梁,采用分段吊装施工。斜拉索为单索面,全桥共有 68 根拉索(其中车行桥 52 根,人行桥 16 根)。设计荷载等级为公路 I 级,桥梁总体布置如图 6-1-1 所示。图 6-1-2 给出了人行桥和车行桥的效果图,设计形态刚柔并济、经典优美。

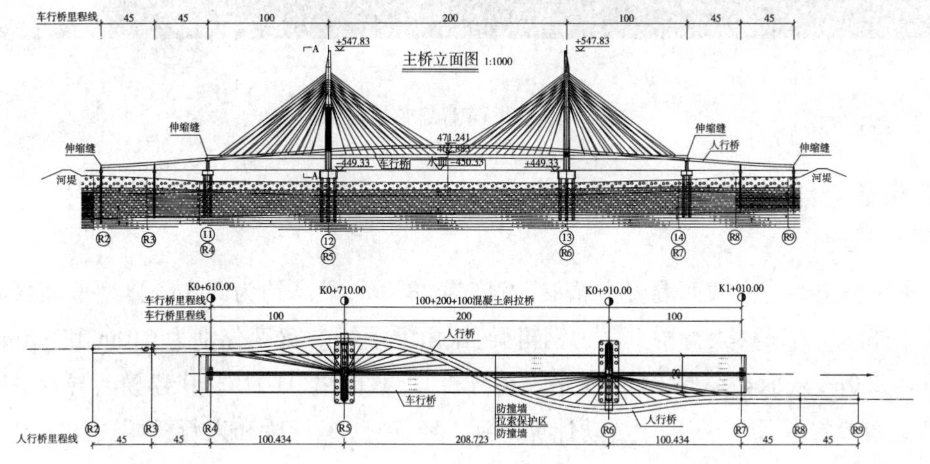

图 6-1-1　桥梁布置图(尺寸单位:m)

本工程中的人行桥为国内最大跨度人行桥，自身振动频率较低，在人行步频的激励下极易发生共振和行走舒适性不满足要求等问题。这就需要对该桥进行人致振动评估，并提出相应的减振措施来减小桥梁的振动。目前国内的大跨度人行桥设计，基本上是借用铁路桥或公路桥规范的动力冲击系数的概念，将其处理为静力等效问题来考虑，这显然是不妥的。因此，人行桥振动舒适度问题解决的好坏是该桥能否顺利实施的关键。对该问题进行专项研究能保证桥梁的使用舒适性，将可能发生的问题隐患提前发现，提前研究预防措施。

图 6-1-2　人行桥、车行桥整体效果图

6.2　结构参数

车行桥主梁为变截面混凝土箱梁，宽度为 28.0m，梁高约为 2.8m，典型截面形状及尺寸如图 6-2-1a)；人行桥主梁为钢箱梁，截面上下缘的宽度分别为 6.0m 和 5.0m，截面高 2.0m，截面如图 6-2-1b) 所示。在分析时，截面由 AUTOCAD 建模后导入 ANSYS，截面参数由 ANSYS 程序自动计算得到。经计算，车行桥和人行桥桥面的主要结构参数见表 6-2-1。

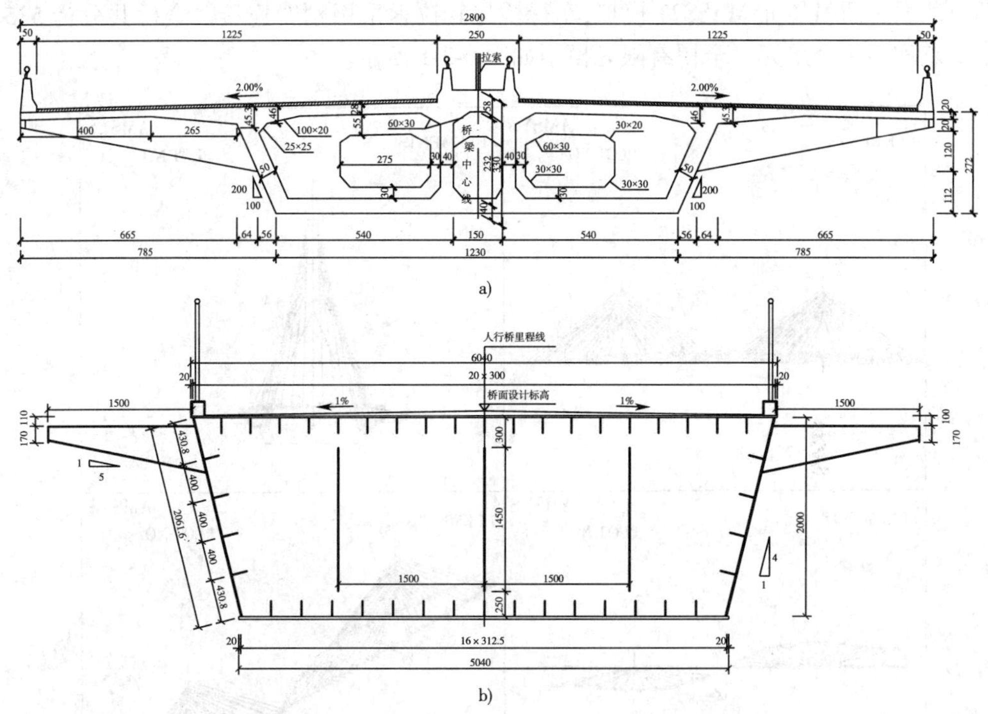

图6-2-1　车行桥和人行桥典型箱梁截面(尺寸单位:cm)

主要结构参数　　表6-2-1

主　　梁	截面参数				恒载集度	
	面积(m^2)	I_{yy}(m^4)	I_{zz}(m^4)	I_{xx}(m^4)	一期(kN/m)	二期(kN/m)
人行桥主梁	0.3834	0.3247	1.3760	0.6332	32.8	15.6
车行桥主梁	19.21	21.49	667.80	58.60	508.8	89.6

6.3　原设计方案的人致振动分析

6.3.1　原设计方案及其动力特性

在该桥的原设计方案中,人行桥与车行桥两桥共用桥塔,其他部位都无连接。

采用ANSYS11.0建立全桥有限元模型。在有限元模型中,用BEAM44模拟车行桥桥面梁单元,用BEAM188模拟人行桥桥面和桥塔梁单元,拉索采用LINK8模拟,二期恒载通过质量单元 MASS21 模拟，车行桥与其拉索采用刚臂连接。全桥共分为 535 个节点和 784 个单元。全桥有限元模型如图 6-3-1 所示。

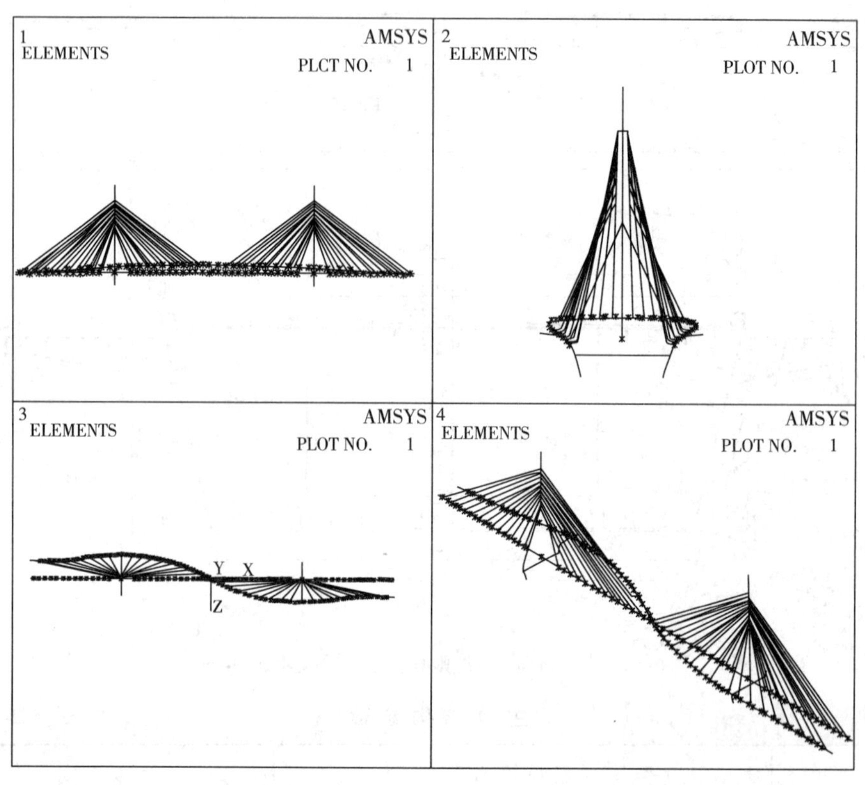

图 6-3-1 全桥有限元模型

全桥边界及约束条件：桥塔基础模拟为固结；车行桥和人行桥梁端边支座处的竖向、横向和扭转自由度约束，其他自由度释放；车行桥为纵漂体系，在塔梁连接处，车行桥节点和塔节点具有相同的竖向、横向和扭转位移；在人行桥的塔梁连接处，车行桥节点和塔节点具有相同的竖向、横向和扭转位移，两节点间的纵向自由度采用约束方程模拟。

在动力特性有限元分析中，首先考虑主缆的初始应变与结构自重并考虑几何非线性进行静力分析，然后在静力分析的基础上得到结构的初应力刚度矩阵后再进行特征值与特征向量求解，得出结构的自振频率与按各阶模态位移最大值规一化的振型（即每阶振型位移最大值为 1）。

表 6-3-1 给出了原设计方案的前 25 阶模态频率与振型。振型图见图 6-3-2 ~ 图 6-3-4。模态质量为也列于表 6-3-1，其数值按照最大值规一化（即各阶振型的位移最大值为 1）的振型计算得到。从表 6-3-1 可知：

原设计方案前25阶频率与振型描述　　表6-3-1

振型	频率(Hz)	振型描述	模态质量(t)
1	0.1963	车行桥纵漂+人行桥中跨部分侧弯	18803.8
2	0.4588	人行桥中跨对称侧弯	573.8
3	0.4684	人、车行桥对称竖弯	4513.4
4	0.7117	人、车行桥反对称竖弯	12257.2
5	0.7314	人行桥竖弯+反对称侧弯	1247.9
6	1.052	车行桥对称竖弯	4553.3
7	1.118	人行桥竖弯	160.8
8	1.168	车行桥对称侧弯	5940.7
9	1.197	人行桥边跨侧弯同竖弯	344.1
10	1.247	车行桥反对称竖弯	7865.8
11	1.289	人行桥反对称竖弯	529.6
12	1.488	人行桥侧弯同竖弯	914.4
13	1.582	人行桥边跨侧弯同竖弯	836.9
14	1.620	人行桥边跨侧弯同竖弯	512.2
15	1.678	人行桥边跨侧弯同竖弯	371.3
16	1.801	人、车行桥反对称竖弯	4189.8
17	1.832	人、车行桥边跨竖弯	3072.7
18	1.960	人行桥对称竖弯	375.3
19	2.391	人、车行桥反对称竖弯	10391.1
20	2.413	人行桥反对称竖弯	878.1
21	2.555	人行桥对称竖弯	426.4
22	2.609	人行桥反对称侧弯	4103.3
23	2.620	人行桥反对称竖弯同少量竖弯	949.9
24	2.692	桥塔振动	245.1
25	2.791	桥塔振动	102.2

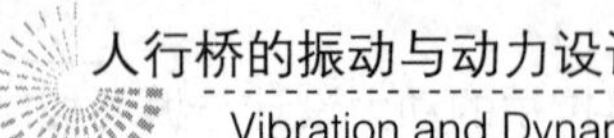

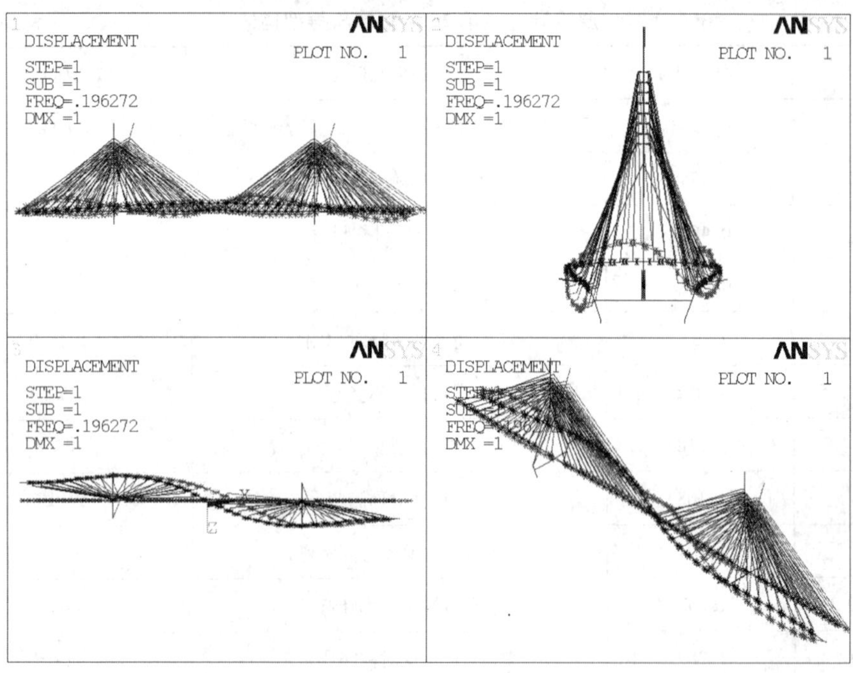

图 6-3-2　原设计方案第 1 阶振型

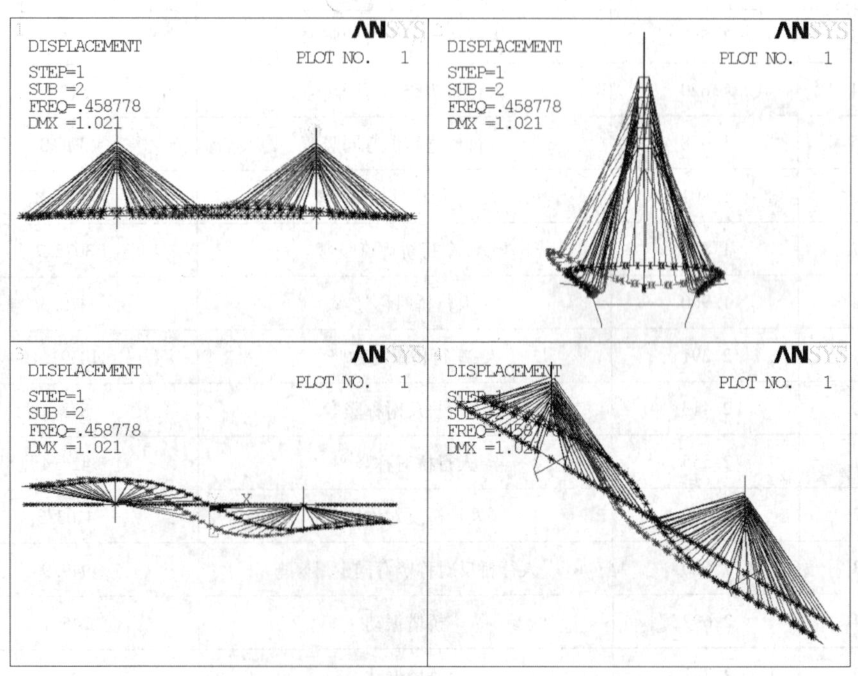

图 6-3-3　原设计方案第 2 阶振型

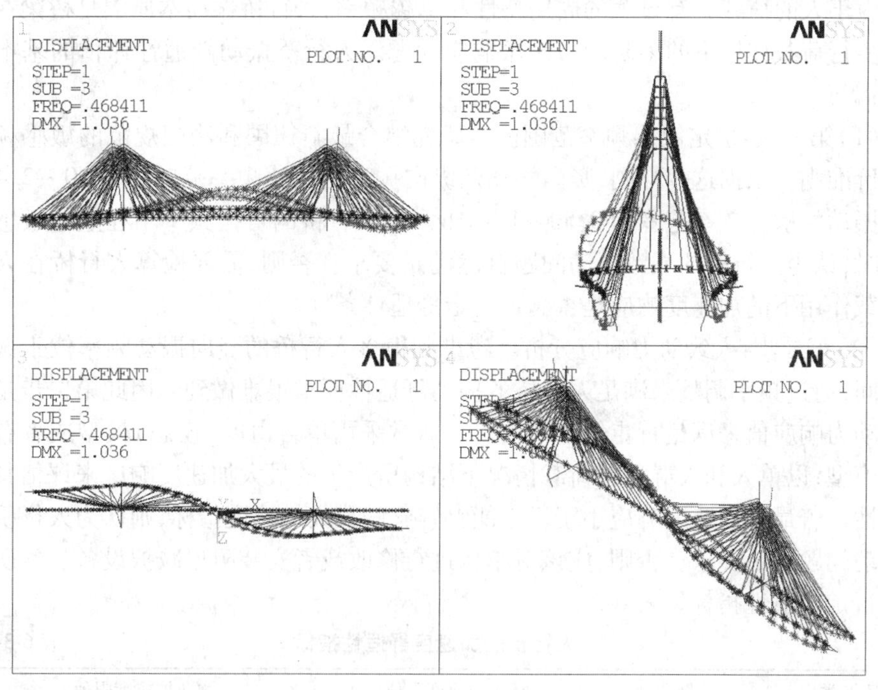

图 6-3-4　原设计方案第 3 阶振型

(1)人行桥横向振动的一阶频率为 0.4588Hz,振型特点是主跨正对称侧弯。二阶频率为 0.7314Hz,振型特点为主跨反对称侧弯同对称竖弯。

(2)人行桥竖向振动的一阶频率为 0.4684Hz,振型特点是主跨对称竖弯。二阶频率为 0.7117Hz,振型特点为主跨反对称竖弯。竖向振动频率密集。

(3)对只有人行桥参与振动的振型,广义质量小,阻尼也低,发生共振时容易发生大幅振动。

本桥的一阶侧向频率与伦敦千禧桥很接近,因此极容易发生大幅侧向振动。但加劲梁(包括桥面)恒载达到 48.4kN/m,是千禧桥的一倍以上。因此可以推测发生大幅振动的行人数比千禧桥要高。本桥的特点是曲线梁桥,竖向振型总是伴随着横向振动,有时耦合非常严重。因此抑制横向振动和竖向振动同等重要,而且需要抑制振动的频率范围很宽。

6.3.2　动力设计基本过程

行人步频分布在 1.60 ~ 2.40Hz 这样一个很窄的频带内,称为窄带随机过程。当桥上行人较多时,必然有一部分人的步频非常接近而产生同步效应,当这一同步频率与桥的某阶自振频率接近时,就会产生人桥共振现象。当这一现象产生后,会有更多人自然地调整步伐与桥梁振动频率一致,而进一步加剧人桥共振的程度。

由于人的荷载具有显著的周期特性和卓越频率,人行桥振动本质上是桥梁在行人简谐步行荷载作用下的多阶动力谐振响应问题。人行桥振动舒适性评估的基本过程如下:

(1)第一步:确定敏感频率范围。本研究结合最新德国和法国规范的敏感频率范围评价准则。依据这一准则,竖向振动及纵向振动的敏感频率范围为1.60~2.40Hz,横向振动的敏感频率范围为0.50~1.20Hz。当人行桥的自振频率不在上述敏感频率范围时,认为人行桥的人致振动问题自然满足要求。否则,需要检算人行桥在人群步行荷载作用下的加速度响应是否满足行走舒适性条件。

(2)第二步:人致动力响应分析。考虑到很多人行桥的竖向振动频率位于振动敏感区间,通过频率调整来满足人行桥的振动舒适性要求很难做到。因此第二步是通过限制动力响应值来满足行走舒适性要求。通常采用单自由度(模态)模型或者有限元三维模型,以单人和人群共振荷载情况下结构所产生的最大加速度响应来评估其振动舒适性。若最大加速度响应小于行人能够容忍的最大加速度指标,则认为人行桥的人致振动问题满足要求。否则,应该对结构进行修改或者安装阻尼减振设备。本研究采用的行走舒适性指标见表6-3-2。

人行桥的加速度舒适性指标 表6-3-2

舒适性类别	舒适度	竖向加速度限值	侧向加速度限值
CL1	最好	$<0.50m/s^2$	$<0.10m/s^2$
CL2	中等	$0.50\sim1.00m/s^2$	$0.10\sim0.30m/s^2$
CL3	差	$1.00\sim2.50m/s^2$	$0.30\sim0.80m/s^2$
CL4	不可接受	$>2.50m/s^2$	$>0.80m/s^2$

(3)第三步:侧向同步下的动力失稳分析。当横向的振动加速度大于0.10~$0.15m/s^2$时,更多的行人可能自然地调整步伐与桥梁振动频率一致,而进一步加剧侧向振动的程度,这一现象称为侧向同步动力失稳。所以,对于频率小于1.2Hz的侧向振动振型,还需要确定发生侧向同步动力失稳的临界行人数是否大于设计行人数,必要时增加减振措施。

(4)第四步:修改结构或安装阻尼减振设备。通过修改结构或安装阻尼减振装置,直到结构振动频率或最大加速度响应满足行走舒适性要求。

6.3.3 原方案的人桥共振分析

从表6-3-1看出,人行桥振动频率中,第2阶及第5阶频率均带有明显横向振动分量的模态,且位于横向敏感频率范围,需要计算横向共振下的最大加速度响应及引起横向动力失稳的临界行人数。第14、15、17、18、19和20阶模态为人行桥的竖向振动模态,频率分别为1.620Hz、1.678Hz、1.832Hz、1.960Hz、2.392Hz和2.410Hz,正好在人行步频范围内,共振可能性也是非常大的,第 14 阶和第 15 阶模态为竖弯、侧弯严重耦合模态,发生竖向共振时还可产生很大的侧向加速度。

6.3.4 共振时加速度响应计算及舒适性评价

由 6.3.3 节知人行桥的若干竖向及横向频率均落入各自的敏感频率范围,须按单自由度方法对各敏感模态计算加速度响应,评估行走舒适性。

(1)竖向振动模态

上述 4 阶敏感模态中,以第 18 阶模态的广义模态质量最小,在相同的阻尼前提下,发生共振时该阶模态的竖向加速度响应将是最大的。以第 18 阶模态为例说明竖向振动加速度的计算过程,计算按照德国指南(EN03)进行。

对于本桥,基本计算参数如下:最大人群密度 $d = 1.5$ 人/m^2;桥长 $L = 400$m;桥宽 $B = 6$m;总面积 $S = 2400$m^2;总人数 $n = d \times S = 3600$ 人;结构阻尼比:$\xi = 0.005$。

3600 行人自由行走时等效的完全同步人群密度为:

$$n' = \frac{1.85\sqrt{n}}{S} = 0.04625 \qquad (\text{人/m}^2)$$

(相当于 3600 人自由行走时,可等效为 111 人同步行走且这 111 人沿桥长均布)

第 18 阶振型频率 $f_{18} = 1.960$Hz,处于中国人步频中心值附近,且是主梁竖向对称为主,将产生最大共振加速度。该模态的广义质量为 375.3t,为人行桥竖弯振动为主,兼有少量侧弯振动分量。

单人侧向步行力的二次谐波与竖向步行力的一次谐波具有相同的频率,但其幅值(为 7N)远小于竖向步行力一次谐波幅值(为 280N),所以模态广义步行力时未考虑侧向步行力二次谐波的贡献。等效人群同步时的简谐竖向步行荷载为:

$$P(t) = P \times \cos(2\pi f_{18} \times t) \times n' \times \psi \qquad (\text{N/m}^2)$$

其中 P 为步行力的竖向分量幅值,取为 280N;$\psi = 1.0$。

按图 6-3-5 规定将均布的简谐荷载 $P(t)$ 加到梁上,即是假定共振时步行力荷载总是取增大振幅的方向加载,得等效同步人群的广义竖向步行荷载,如下:

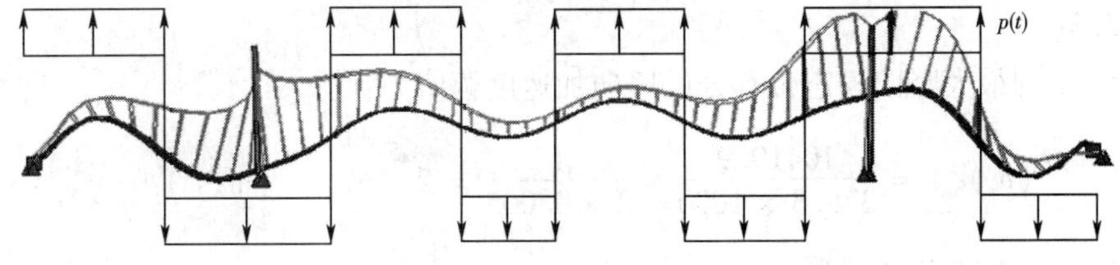

图 6-3-5 振型 φ 下的简谐步行力示意图

$$P_{18}^{*}\cos(2\pi f_{18}t) = B \times \int_{0}^{L} P(t) \times |\varphi(x)| \, dx$$

$$= P \times B \times \psi \times n' \times \int_{0}^{L} |\varphi(x)| \, dx \cos(2\pi f_{18}t)$$

其中广义步行荷载的幅值 $P_{18}^{*} = P \times B \times \psi \times n' \times \int_{0}^{L} |\varphi(x)| dx$。

按照模态分析结果，第 18 阶振型中人行桥的振动曲线竖向分量 $\varphi(x)$ 如图 6-3-6 所示。

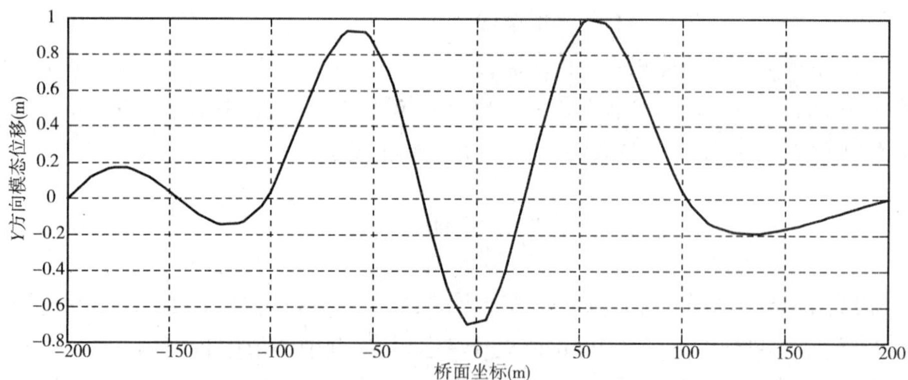

图 6-3-6 第 18 阶振型中人行桥的竖向振动分量

按照振型图，计算得到广义步行力的幅值为：

$$P_{18}^{*} = 280 \times 6 \times 1 \times 0.04625 \times \int_{0}^{L} |\varphi(x)| \, dx = 10419.9 \quad (N)$$

按单自由度共振理论计算得到的最大加速度为：

$$a_{max} = \frac{P^{*}}{m^{*}} \times \frac{1}{2\xi}$$

其中 m^{*} 为按同一振型 $\varphi(x)$ 计算的全结构振型等效质量，由表 6-3-1 知 $m^{*} = 375.3t$。

于是，得到最大竖向模态位移处的竖向加速度幅值为：

$$(a_v)_{max} = \frac{10419.9}{375.3 \times 1000} \times \frac{1}{2 \times 0.005} = 2.776 \quad (m/s^2)$$

由于 $\varphi(x)$ 最大值位于梁上（离跨中 54.0m），故梁的最大加速度即为振型最大加速度。

由于第18阶振型兼有侧向振动，如图6-3-7所示，可得到最大侧向模态位移处的侧向加速度幅值为：

$$(a_l)_{\max} = \frac{10419.9}{375.3 \times 1000} \times \frac{1}{2 \times 0.005} \times 0.231 = 0.641 \qquad (\mathrm{m/s^2})$$

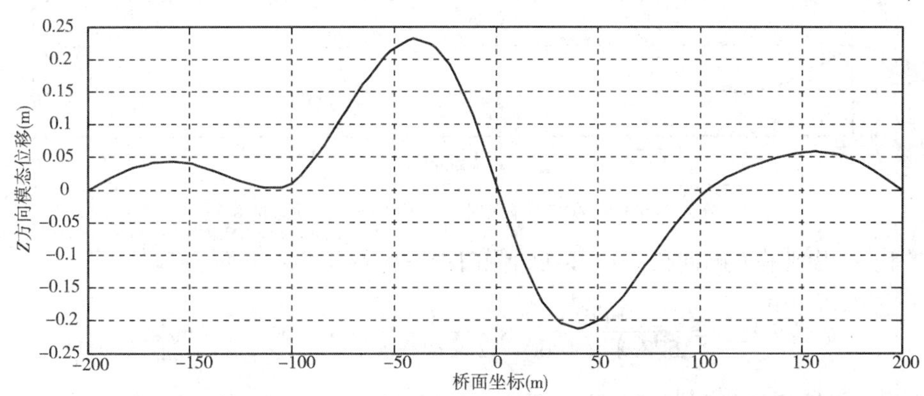

图6-3-7　第18阶振型中人行桥的侧向振动分量

第18阶模态共振时的最大侧向振动加速度发生在离跨中约40.0m处。

第18阶模态发生共振时，等效同步人群引起的竖向加速度大于2.50m/s²，为“不可接受”的舒适度。故本桥在现有阻尼条件下，竖向加速度不合要求。若要满足$a < 0.50\mathrm{m/s^2}$的最好舒适度要求，即将竖向加速度峰值降低约6倍，要求采取减振措施(TMD或阻尼器)使得$\xi > 3.0\%$，但此时水平加速度仍略大于0.10m/s²，还有可能发生侧向同步动力失稳(见后续分析)。本模态为竖弯同侧弯耦合模态，侧向步行力二次谐波会对广义力有贡献，所以实际上还应提高阻尼比。

(2)侧向振动模态

以第2阶模态为例说明横向振动加速度的计算过程，计算按照德国指南进行。第2阶振型频率$f_2 = 0.4588\mathrm{Hz}$，位于敏感频率范围，模态广义质量为573.8t。该模态以人行桥侧弯振型为主。

$$P(t) = P_0 \times \cos(2\pi f_2 \times t) \times n' \times \psi \qquad (\mathrm{N/m^2})$$

其中P_0为步行横向幅值，取为35N；为保守，$\psi = 1.0$。

按图6-3-5规定将均布的简谐荷载$P(t)$加到梁上，并采用如图6-3-8所示的第2阶振型侧向振动分量，得等效同步人群的广义侧向模态力的幅值为：

$$P_2^* = P_0 \times B \times \psi \times n' \times \int_0^L |\varphi(x)| \,\mathrm{d}x$$

$$= 35 \times 6 \times 1 \times 0.04625 \times 150.43 = 1470 \qquad (\mathrm{N})$$

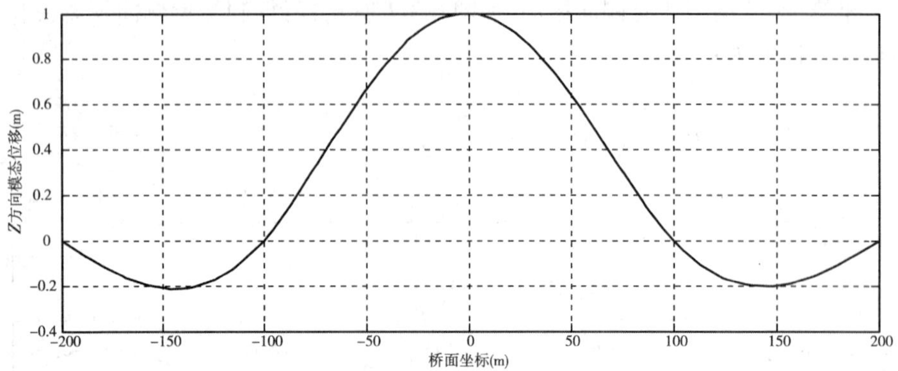

图 6-3-8 第 2 阶振型中人行桥的侧向振动分量

于是,得到最大侧向模态位移处的侧向加速度幅值为:

$$(a_l)_{\max} = \frac{1470}{573.8 \times 1000} \times \frac{1}{2 \times 0.005} = 0.256 \qquad (\mathrm{m/s^2})$$

第 2 阶振型的竖向振动分量如图 6-3-9 所示。最大竖向模态位移处的竖向加速度幅值为:

$$(a_v)_{\max} = (a_1)_{\max} \times 0.308 = 0.079 \qquad (\mathrm{m/s^2})$$

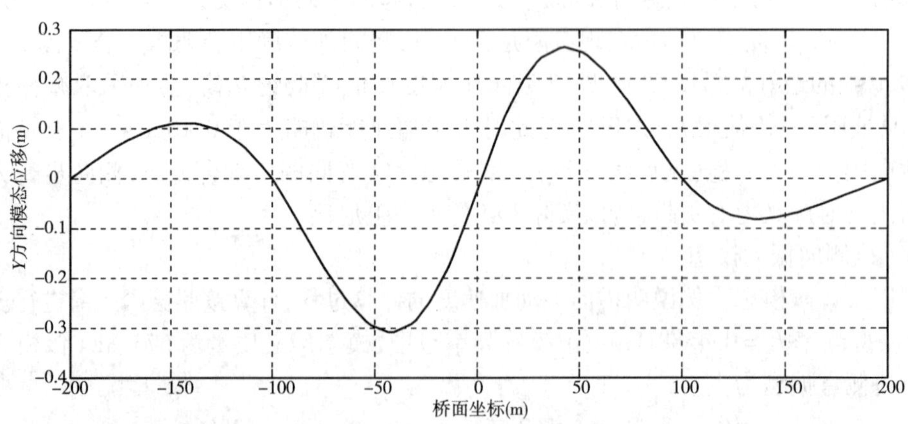

图 6-3-9 第 2 阶振型中人行桥的竖向振动分量

梁的最大加速度在 $0.10 \sim 0.3\mathrm{m/s^2}$ 内,人感觉为中度舒适,但是超过了 $0.1 \sim 0.15\mathrm{m/s^2}$ 的横向动力稳定指标。为满足最好横向舒适度要求,需要设置阻尼器或者 TMD 使模态阻尼比提高到 1.5%。

表 6-3-3 给出了 2 阶侧弯和 6 阶竖弯敏感模态分别发生共振时的最大竖向和侧向加速度响应及满足最好舒适度指标时需要的各阶模态阻尼比。

自由行走状态主要模态共振时的最大加速度响应(m/s^2)　　表 6-3-3

模态号	频率	共振类型	最大竖向加速度	最大侧向加速度	要求最小阻尼比
2	0.4588	侧向	0.079	0.256	1.5%
5	0.7314	侧向	0.208	0.113	0.5%
14	1.620	竖向	1.323	1.165	6.0%
15	1.678	竖向	0.840	1.463	7.5%
17	1.832	竖向	0.4062	0.150	1.0%
18	1.960	竖向	2.776	0.641	3.0%
19	2.392	竖向	0.621	0.312	2.0%
20	2.410	竖向	2.037	0.631	3.0%

6.3.5　横向动力稳定及临界人数

横向动力稳定是指人行桥上行人达到一定数量 N^L 以后，横向结构阻尼完全被人群动力作用抵消，以致横向振动幅度突然放大的一种现象，已被英国千禧桥的现场试验所证实。

(1)按照 Dallard 公式估算

按照 Dallard 等在伦敦千禧桥的结果，计算横向动力稳定的临界人数 N^L：

$$N^L = \frac{4\pi\xi m^* f}{k\int_0^L \frac{\varphi^2(x)}{L}\mathrm{d}x}$$

式中当 $0.5 < f < 1.0$Hz 时 $k = 300$N/m/s；积分时仅考虑侧向模态位移分量。

因此，需要对第 2、第 5 阶侧弯为主的模态进行动力稳定验算，其中 $f_2 = 0.4588$Hz，$m_2^* = 573.8$t；$f_5 = 0.7314$Hz，$m_5^* = 1249.7$t。于是得到第 2、第 5 阶模态发生动力失稳时的临界人数分别为：

$$N_2^L = \frac{4\pi \times 0.005 \times 573.8 \times 0.4588}{300 \times 0.2501} = 220 \quad (人)$$

$$N_5^L = \frac{4\pi \times 0.005 \times 1249700 \times 0.7314}{300 \times 0.1724} = 1110 \quad (人)$$

即当桥上有 220 个行人时，存在第 2 阶振型发生动力失稳可能性。如要达到桥上有 3600 人(1.5 人/m^2)时仍保持稳定，阻尼比要增加 3600/220 倍，即增加 16.36 倍；第 5 阶振型发生动力失稳时的临界人数为 1100 人，如要达到桥上有 3600 人(1.5 人/m^2)时仍保持稳定，阻尼比要增加 3600/1110 倍，即增加 3.24 倍。

因此若采用增加结构阻尼的方法来提高动力稳定性，结构水平向的阻尼应为：

$$\xi_2^{应有} = 16.36 \times 0.005 = 0.082$$

$$\xi_5^{应有} = 3.24 \times 0.005 = 0.016$$

英国千禧桥的减振方法亦按上述原理计算,要求将最低频率的模态阻尼比提高到20%。实际减振方案(37 个阻尼器加 4 组 TMD)达到了这一指标。

(2)按照 Newland 公式估算

按照英国剑桥大学的 Newland 教授建立的人桥横向动力稳定方法,沿跨度均布的临界人数 N^L 为:

$$N_i^L = \frac{2\xi_i M_i}{\alpha\beta m_i}$$

式中系数 α 为行人重心处的位移与桥梁位移的幅值比;β 是描述桥面发生大幅振动时与桥梁振动同步的人行数与总人数比;M_i 和 ξ_i 为桥梁的第 i 阶模态质量和模态阻尼比;根据帝国理工大学的测试结果,$\alpha = 2/3$,$\beta = 0.3 \sim 0.7$ 与桥面振动幅值有关,本报告取为 0.7。m_i为行人的有效(模态)质量,其计算公式为:

$$m_i = \frac{1}{L}\int_0^L m\varphi_i^2(x)\,\mathrm{d}x$$

式中:L——桥梁的长度(总长,约为 410m);

φ_i——第 i 阶模态在侧向模态位移分量;

m——行人的质量,取为 70kg。

于是得到按 Newland 公式估算的临界人数为:

$$N_2^L = \frac{2 \times 0.005 \times 573800}{2/3 \times 0.70 \times 0.2501 \times 70} = 702 \qquad (人)$$

$$N_5^L = \frac{2 \times 0.005 \times 1249700}{2/3 \times 0.70 \times 0.1724 \times 70} = 2218 \qquad (人)$$

两套计算方法得到的临界人数存在很大差别。Newland 方法的计算结果与系数 α,β 有关;按照 Newland 的建议,$\alpha = 2/3$,$\beta = 0.4$ 对应临界人数的最大值,$\alpha = 1$,$\beta = 1$ 对应临界人数的最小值。相对于 Newland 下限线($\alpha = 2/3$,$\beta = 0.4$),则 Dallard 方法总体偏于保守。本设计按照 Dallard 公式取值。

通过以上分析,得到如下主要结论:

(1)原设计方案的第 2 阶及第 5 阶频率位于横向敏感频率范围,需要计算结构共振下的最大加速度响应。第 14、15、17、18、19 和 20 阶模态为人行桥的竖向振动模态正好在人行步频范围内,共振可能性也是非常大的。

(2)同时从行走舒适度和横向动力失稳考虑,第 2、5、14、15、17、18、19、20 阶模态的阻尼比分别要达到 8.5%、2.0%、6.0%、7.5%、1.0%、3.0%、2.0% 和 3.0% 以上。Arup 给出的公式表明横向动力失稳临界人数与频率成正比。对于本桥，在计算的时候没有考虑栏杆等因素的刚度贡献，所以桥梁的实际刚度会比分析时大，频率也会提高，防止动力失稳需要的模态阻尼比也就会比计算值小。

（3）对于人、车行桥同时竖弯的模态，因车行桥梁为预应力混凝土，结构阻尼大，所以对于人、车行桥同时竖弯的模态，结构模态阻尼比可取为 1.0%。

6.3.6　针对原设计方案的减振措施

针对原结构设计方案的人致振动分析结果，对各阶模态设计了质量调谐阻尼器的减振方案。以控制第 2 阶模态的 TMD 减振装置为例，说明 TMD 参数设计方法。

（1）TMD 减振设置方案

根据模态分析结果，第 2 阶横向振动模态的频率 $f=0.4588$Hz，相应的模态质量 $m_2^*=573800$kg，TMD 安装于横向模态位移最大处即在主跨跨中，TMD 的运动方向为横桥向。TMD 的质量与第一阶横向振动模态的广义质量比值 μ 取为 6%。

$$m_{TMD} = \mu m_2^* = 0.06 \times 573800 = 34428 \qquad (\text{kg})$$

达到最优控制效果时，TMD 系统的频率和模态阻尼比分别为：

$$f_{TMD} = f_1 \times \alpha_{\text{opt}} = 0.4588 \times \frac{1}{1+0.06} = 0.4328 \qquad (\text{Hz})$$

$$\xi_{opt} = \left(\frac{3\mu}{8(1+\mu)}\right)^{0.5} = 21.2\%$$

因此，TMD 系统的刚度和阻尼系数分别为：

$$k_{TMD} = \omega_{TMD}^2 \times m_{TMD} = (2 \times 3.14 \times 0.4328)^2 \times 34428 = 254.3 \qquad (\text{kN/m})$$

$$c = 2 \times m_{TMD} \times \omega_{TMD} \times \xi_{opt} = 39.70 \qquad (\text{kNs/m})$$

对设置了 TMD 装置的人行桥进行了减振控制仿真，仿真时 TMD 系统的刚度和阻尼特性由 ANSYS 中的 COMBIN14 单元模拟（图 6-3-10），TMD 系统的质量由 MASS21 单元模拟。仿真原理是计算 TMD—人行桥这一系统的模态阻尼比，由阻尼比的提高来确定减振效果。表 6-3-4 给出了由复特征值分析得到的安装减振系统后人行桥的前 5 阶频率与 TMD 附加的模态阻尼比。可以看出，第 2 阶模态（TMD 质量的振动模态）和第 4 阶模态（人行桥原横向振动模态）阻尼比增加非常显著，可以预想第 2 阶横向振动的减振效果将十分显著。第 2 阶振型的特点是 TMD 的振动方向与梁振动同相，所以称为 TMD 自身的振动模态；而第 4 阶振型的特点是 TMD 的振动方向与梁振动反相，所以为人行桥的横向振动模态。

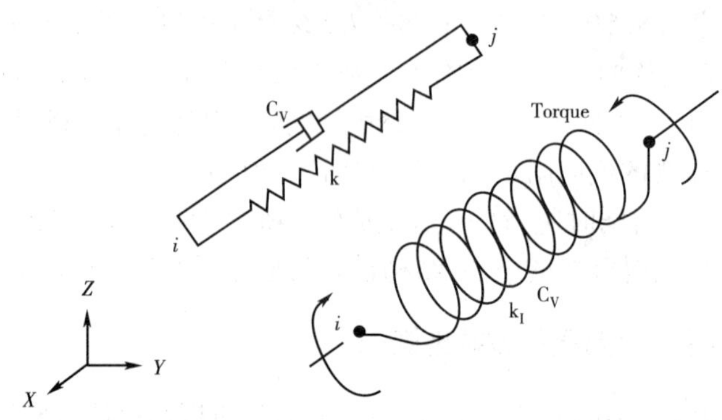

图 6-3-10 ANSYS 中 COMBIN14 单元图示

安装减振装置前后人行桥的前 5 阶频率与振型(控制第 2 阶模态) 表 6-3-4

频率阶次	安装减振系统前		安装减振系统后		
	频率(Hz)	模态阻尼比	频率(Hz)	模态阻尼比	振型描述
1	0.1963	0.0	0.2004	0.0	纵漂
2	0.4588	0.0	0.4048	7.53%	TMD 质量振动
3	0.4684	0.0	0.4701	0.0	对称竖弯
4	0.7117	0.0	0.5051	7.32%	人行桥侧弯
5	0.7314	0.0	0.7161	0.0	反对称侧弯

表 6-3-5 给出了控制其他各敏感模态的 TMD 装置参数。第 1 套、第 3 套和第 4 套 TMD 由单个 TMD 减振单元组成,其余每套 TMD 减振装置由两个 TMD 单元组成,分别设置在各阶模态位移的最大位置。所有 TMD 装置中质量块重量共为 104.1。虽然附加给结构的重量相对较小,但减振系统的总费用较大。万一 TMD 失效,很少的行人即可能产生较大的振动。

控制各模态的 TMD 装置参数列表及设置位置 表 6-3-5

模态号	TMD 安装位置*	TMD 运动方向	质量(t)	刚度(kN/m)	阻尼系数(kNs/m)
2	跨中一个	水平	33.41	249.25	26.59
5	-43m、51m 各一个	水平	12.35	252.18	9.57
14	168m 处一个	竖向	13.77	1302.55	35.80
15	168m 处一个	水平	11.08	1099.56	36.16
18	-62.5m、50m 各一个	竖向	1.86	278.59	2.77
20	-126.5m、73.5m 各一个	竖向	8.74	1946.7	22.38

注:* 以左、右桥塔的坐标分别为 -100m 和 100m 为参考。

(2)设置TMD后桥梁的复模态分析

对设置了上述6套TMD系统的人行桥进行了减振控制仿真,表6-3-6给出了由复特征值分析得到的安装减振系统后人行桥的前30阶频率与TMD附加的模态阻尼比。从表看出,各阶敏感频率的模态阻尼比都有很大提高,基本满足减振要求。

原设计方案附加减振装置后的前30阶频率与振型描述　　表6-3-6

振型	频率(Hz)	附加阻尼比	振型描述
1	0.20038	0	纵漂
2	0.40312	6.94%	TMD侧向运动
3	0.46983	0	人、车行桥竖弯
4	0.48427	7.99	人行桥侧弯
5	0.71002	5.10%	第二套TMD侧向运动
6	0.71557	0.04%	人、车行桥反对称竖弯
7	0.728	8.48%	人、车行桥反对称侧弯
8	0.7357	3.55%	第二套TMD侧向运动
9	1.0536	0.01%	人、车行桥竖弯
10	1.1146	0.14%	人行桥竖弯
11	1.1681	0	车行桥侧弯
12	1.1808	0.38%	人行桥边跨竖弯同侧弯
13	1.2499	0.01%	车行桥反对称竖弯
14	1.2765	0.41%	人行桥反对称竖弯
15	1.4741	1.65%	人行桥反对称侧弯
16	1.5365	6.16%	第三套TMD竖向振动
17	1.5956	0.57%	人行桥边跨侧弯带扭转
18	1.6137	5.30%	第四套TMD竖向振动
19	1.6231	8.10%	人行桥右边跨侧弯同竖弯
20	1.7024	5.45%	人行桥左边跨侧弯同竖弯
21	1.8076	0.15%	TMD对称竖弯振动人、车行桥反对称竖弯
22	1.8298	0.46%	人行桥竖弯人、车行桥反对称竖弯
23	1.9119	2.00%	第五套TMD对称竖弯振动
24	1.946	5.96%	第五套TMD反对称竖弯振动
25	1.9881	4.12%	人行桥竖弯
26	2.2298	4.70%	第六套TMD对称竖弯
27	2.3325	5.74%	第六套TMD反对称竖弯
28	2.3991	0	人、车行桥反对称竖弯
29	2.5008	2.13%	人行桥反对称竖弯
30	2.6158	0.08%	人行桥反对称竖弯同少量竖弯

6.4 设置连杆的人行桥的动力设计

除通过设置黏滞阻尼器或质量调频阻尼器来减振外，在设计阶段还可通过增加刚度来使结构的基频避免落入敏感频率范围。如单纯从通过增加截面的角度来增加刚度，要使人行桥的一阶横向振动频率大于1.1Hz，即频率提高约2.5倍，即使能够做到不增加结构的重量，梁的抗弯刚度还需增加6倍多，这势必会大量增加投资，也违背了现代人行桥所追求的“轻、柔”和“苗条”线形。设置辅助支撑系统是一种更为有效地增加人行桥频率的措施之一。很多悬索式人行桥的横向刚度小，振动频率低，依靠设置抗风索来增加桥的横向刚度。

对于本桥，在尽量减少影响人行桥和车行桥的外形的前提下，可在人行桥和车行桥之间设置连杆来增加结构的整体刚度。本章在计算分析了几种连杆设置方案下的动力特性及人致振动评估的基础上，最终选定了一种连杆设置方案。并对设置连杆后的人行桥进行了人致动力分析和动力设计。

6.4.1 连杆设置方案比较

针对本桥人行桥缠绕车行桥的特点，研究了以下4种连杆设置方案：

方案1：在中跨人行桥和车行桥水平相交的位置，设置一对竖直连杆，在人行桥主跨6号拉索处，约在中跨跨中左右各30m处，杆件的计算长度约为7.2m。

方案2：在设置竖直连杆基础上，在边跨人行桥、车行桥具有相同高程处设置一对水平连杆，位置在人行桥边跨5号拉索处，距塔约57m处。杆件的计算长度约为6.5m。

方案3：在设置竖直连杆基础上，在人行桥中跨4号拉索处设置一对斜杆，位于主跨跨中两侧约54m。杆件的计算长度约为9.4m。

方案4：同时设置一对竖直连杆、一对水平连杆和一对斜杆。

各连杆一端铰接于人行桥钢箱梁中心线下缘，另外一端铰接于车行桥混凝土箱梁顶板外缘。三个转角自由度中，除了绕杆自身的旋转自由度约束外，其他两个方向的转角自由。三对连杆采用相同尺寸，初步选定为直径200mm、壁厚20mm的钢管。图6-4-1给出了桥梁设置三对连杆后的三维有限元模型。

表6-4-1给出了设置连杆后的人行桥一阶、二阶侧弯、一阶和二阶竖弯频率。从表可看出当水平连杆采用铰接时，设置边跨水平连杆对侧弯频率提高不显著。而设置

竖直连杆和斜杆后，人行桥的一阶和二阶侧弯频率提高到了0.98Hz和1.26Hz。增加连杆刚度，侧弯频率还能提高，但连杆受到的轴力也增大。

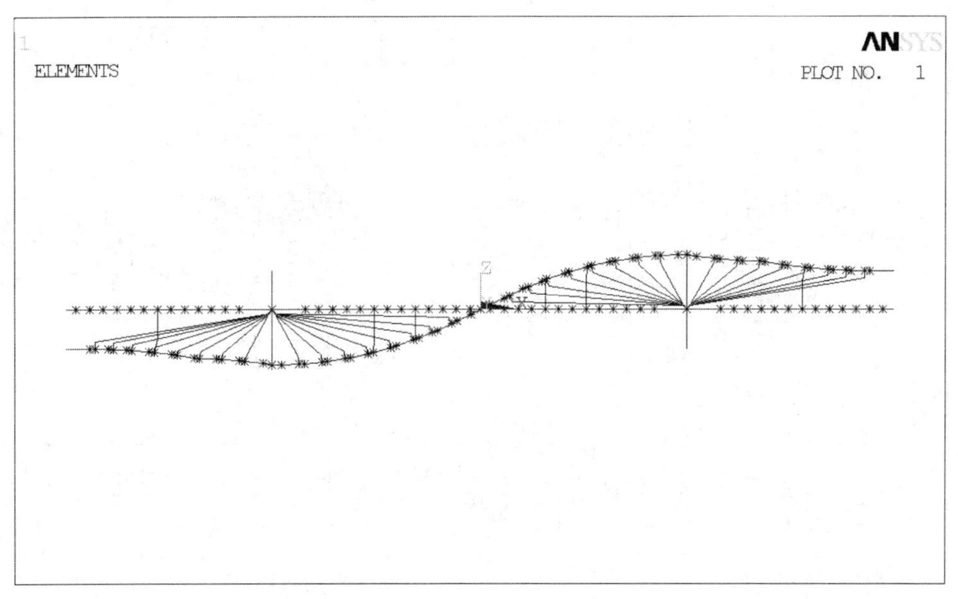

图6-4-1　设置三对连杆后的有限元模型(俯视图)

不同连杆方案时的侧弯和竖弯频率　　表6-4-1

方案	侧弯频率(Hz)		竖弯频率(Hz)	
	一阶	二阶	一阶	二阶
方案1	0.5762	0.8826	0.4699	0.7160
方案2	0.6257	1.044	0.4702	0.7163
方案3	0.9799	1.264	0.4703	0.7159
方案4	0.9860	1.295	0.4704	0.7162

表6-4-2给出了连杆方案3和连杆方案4设置后的前25阶振型。对于方案3，第4阶模态频率位于横向敏感频率范围，第12、13、15和16阶模态频率位于竖向敏感频率范围。对于方案4，第4阶模态频率位于横向敏感频率范围，第11、13和14阶模态频率位于竖向敏感频率范围。因此，以这两种方案作为备选方案，并计算各阶模态分别共振时的最大加速度及减振要求来确定这两种连杆设置方案的取舍。

连杆方案 3 和连杆方案 4 设置下的前 25 阶频率与振型描述 表 6-4-2

振型	连杆方案3			连杆方案4		
	频率(Hz)	振型描述	模态质量(t)	频率(Hz)	振型描述	广义质量(t)
1	0. 2192	车行桥纵漂 + 人行桥中跨部分侧弯	17515	0. 2228	车行桥纵漂 + 人行桥中跨部分侧弯	17646
2	0. 4703	人、车行桥对称竖弯	4321. 4	0. 4704	人、车行桥对称竖弯	4335. 3
3	0. 7159	人、车行桥反对称竖弯	13679	0. 7162	人、车行桥反对称竖弯	13692
4	0. 9799	人行桥中跨对称侧弯	445. 7	0. 9860	人行桥中跨对称侧弯	438. 42
5	1. 0613	人、车行桥对称竖弯	4386. 2	1. 0614	人、车行桥对称竖弯	4453. 2
6	1. 0972	人行桥边跨侧弯同竖弯	426. 0	1. 1930	人行桥侧弯同竖弯 + 车行桥侧弯	2085. 5
7	1. 2041	人行桥边跨侧弯同竖弯	602. 9	1. 2392	人行桥边跨竖弯 + 车行桥竖弯	2481. 5
8	1. 2198	人行桥边跨侧弯同竖弯	855. 6	1. 295	人行桥边跨侧弯同中跨竖弯	469. 49
9	1. 2592	人行桥边跨侧弯同竖弯 + 车行桥竖弯	5029. 8	1. 403	人行桥边跨竖弯	125. 82
10	1. 5206	人行桥反对称侧弯同竖弯	777. 9	1. 6038	人、车行桥边跨竖弯同侧弯	3488. 8
11	1. 5885	人行桥边跨侧弯同竖弯	994. 9	1. 6473	人行桥边中跨竖弯同中跨侧弯	566. 67
12	1. 6355	人行桥边跨侧弯同竖弯	863. 1	1. 8096	人行桥扭转	4411. 8
13	1. 7147	人行桥侧弯同竖弯	628. 5	1. 8847	人行桥竖弯 + 车行桥竖弯	1331. 3
14	1. 8127	人行桥边跨侧弯同竖弯 + 车行桥竖弯	4263. 2	2. 0538	人行桥中跨竖弯	202. 86
15	1. 8867	人、车行桥竖弯	1319	2. 3882	人行桥竖弯同侧弯 + 车行桥竖弯	9749. 3
16	2. 0609	人行桥对称竖弯	208. 8	2. 4608	人行桥边跨竖弯同中跨反对称侧弯	535. 43
17	2. 3916	人、车行桥反对称竖弯同侧弯	9810. 8	2. 5015	人行桥边跨竖弯	238. 64
18	2. 4642	人行桥竖弯同中跨侧弯	482. 7	2. 5849	人行桥边跨竖弯 + 中跨反对称侧弯	425. 8
19	2. 5142	人行桥边跨反对称竖弯	226. 8	2. 6196	人行桥对称侧弯同竖弯 + 车行桥侧弯	5062
20	2. 6026	桥塔振动	588. 5	2. 7392	桥塔振动	116. 93
21	2. 6272	桥塔振动	924. 4	2. 7929	桥塔振动	92. 76
22	2. 7419	桥塔振动	110. 7	2. 8333	桥塔振动	419. 38
23	2. 8131	桥塔振动	108. 6	2. 8608	桥塔振动	373. 71
24	2. 8426	桥塔振动	269. 9	2. 9399	桥塔振动	1626. 1
25	2. 8799	桥塔振动	213. 0	3. 3836	桥塔振动	742. 82

6.4.2　连杆设置方案3时的人致振动分析

采用6.3节方法，计算各模态共振时的最大加速度响应。对于方案3，计算第4、12、13、15和16阶模态发生共振时的竖向与侧向加速度响应最大值。

(1)竖向振动模态

在连杆方案3设置中，第16阶模态的广义模态质量最小，在相同的模态阻尼比下，发生共振时该阶模态的竖向加速度响应将是最大的。以第16阶模态为例说明竖向振动加速度的计算过程，计算同样按照德国指南进行。

对于本桥，基本计算参数如下：最大人群密度 $d=1.5$ 人/m^2；桥长 $L=400\text{m}$；桥宽 $B=6\text{m}$；总面积 $S=2400\text{m}^2$；总人数 $n=d\times S=3600$ 人；结构阻尼比：$\xi=0.005$。

3600行人自由行走时等效的完全同步人群密度为：

$$n'=\frac{1.85\sqrt{n}}{S}=0.04625\qquad (\text{人}/\text{m}^2)$$

第16阶振型频率 $f_{16}=2.0609\text{Hz}$，处于中国人步频中心值附近，且是主梁竖向对称为主，将产生最大共振加速度。该模态的广义质量为208.8t，为人行桥竖弯的振型为主，兼有少量侧弯振型。

同步人群的简谐竖向步行力为：

$$P(t)=P\times\cos(2\pi f_{16}\times t)\times n'\times\psi\qquad (\text{N}/\text{m}^2)$$

其中 P 为步行力的竖向分量幅值，取为280N；$\Psi=1.0$。

按图6-3-5规定将均布的简谐荷载 $P(t)$ 加到梁上，即按共振时步行力荷载总取增大振幅的方向加载，得广义等效竖向力：

$$\begin{aligned}P_{16}^{*}\cos(2\pi f_{16}t)&=B\times\int_0^L P(t)\times|\varphi(x)|\,\mathrm{d}x\\&=P\times B\times\psi\times n'\times\int_0^L|\varphi(x)|\,\mathrm{d}x\cos(2\pi f_{16}t)\end{aligned}$$

其中步行力的幅值 $P_{16}^{*}=P\times B\times\psi\times n'\times\int_0^L|\varphi(x)|\,\mathrm{d}x$。

按照有限元分析结果，第16阶振型中人行桥的振动曲线竖向分量 $\varphi(x)$ 见图6-4-2。

按照振型图，计算得到广义步行力的幅值为：

$$P_{16}^{*}=280\times6\times1\times0.04625\times\int_0^L|\varphi(x)|\,\mathrm{d}x=4525.6\qquad (\text{N})$$

按单自由度共振理论计算得到的最大加速度为：

$$a_{\max} = \frac{P^*}{m^*} \times \frac{1}{2\xi}$$

其中 m^* 为按同一振型 $\varphi(x)$ 计算的全结构振型等效质量，由表 6-4-2 知 $m^* = 208.8\text{t}$。

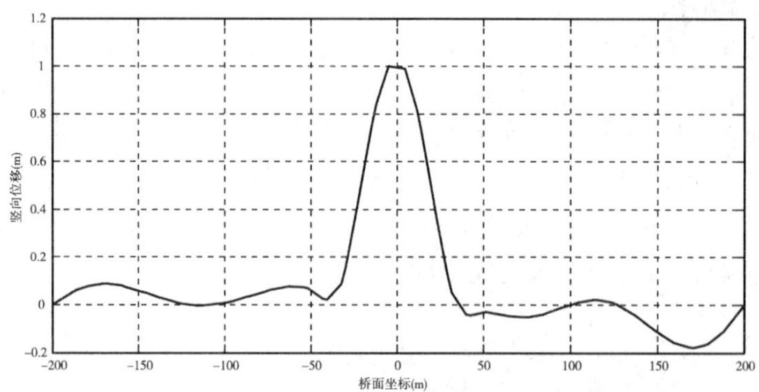

图 6-4-2　连杆设置方案 3 时第 16 阶振型中人行桥的竖向振动分量

于是，得到最大竖向模态位移处的竖向加速度幅值为：

$$(a_v)_{max} = \frac{4525.6}{208.8 \times 1000} \times \frac{1}{2 \times 0.005} = 2.16 \qquad (\text{m/s}^2)$$

由于 $\varphi(x)$ 最大值位于主跨跨中，故梁的最大加速度即为振型最大加速度。

由于第 16 阶振型兼有侧向振动，如图 6-4-3 所示，可得到最大侧向模态位移处的侧向加速度幅值为：

$$(a_{l1})_{\max} = \frac{10419.9}{375.3 \times 1000} \times \frac{1}{2 \times 0.005} \times 0.132 = 0.286 \qquad (\text{m/s}^2)$$

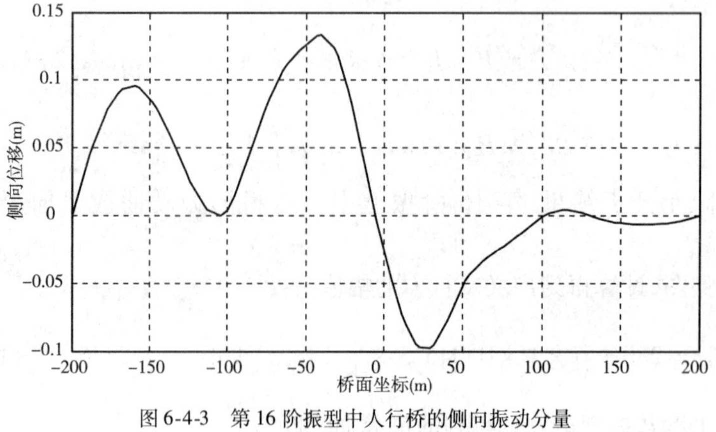

图 6-4-3　第 16 阶振型中人行桥的侧向振动分量

当竖向加速度 $1.0 < a < 2.5\text{m/s}^2$ 时为“差”的舒适度。故在现有阻尼条件下，竖向加速度不合要求。若要满足 $a < 0.5\text{m/s}^2$ 的最好舒适度要求，即将竖向加速度峰值降低约 4 倍，要求采取减振措施（TMD 或阻尼器）使得 $\xi > 2.0\%$。本模态为竖弯同侧弯耦合模态，实际上还应提高阻尼比。

（2）侧向振动模态

以第 4 阶模态为例说明横向振动加速度的计算过程，计算按照德国指南进行。第 4 阶振型频率 $f_4 = 0.9799\text{Hz}$，位于敏感频率范围，模态广义质量为 445.70t。该模态以人行桥侧弯振型为主。

$$P(t) = P_0 \times \cos(2\pi f_4 \times t) \times n' \times \psi \qquad (\text{N/m}^2)$$

其中 P_0 为步行横向幅值，取为 35N；为保守，$\psi = 1.0$。

按图 6-3-5 规定将均布的简谐荷载 $P(t)$ 加到梁上，按照图 6-4-4 给出的侧向模态位移，得等效同步人群的广义横向模态力幅值为：

$$P_4^* = P_0 \times B \times \psi \times n' \times \int_0^L |\varphi_4(x)| \, \mathrm{d}x = 35 \times 6 \times 1 \times 0.04625 \times 150.43 = 1139.3 \qquad (\text{N})$$

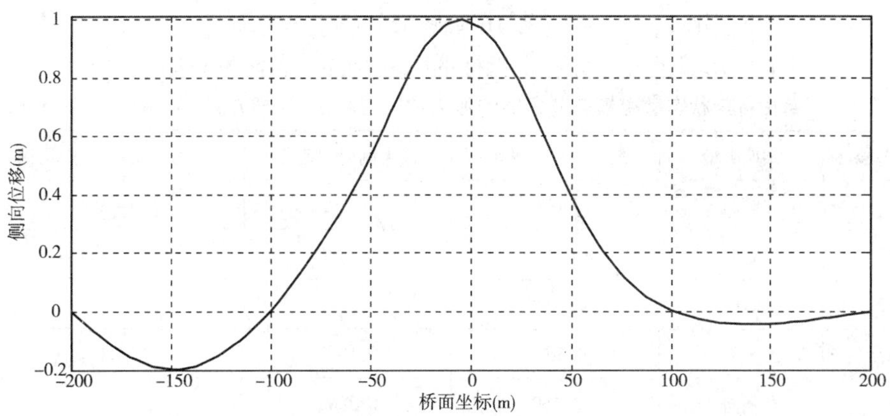

图 6-4-4　第 4 阶振型中人行桥的侧向振动分量

于是，得到最大侧向模态位移处的侧向（水平）加速度幅值为：

$$(a_l)_{\max} = \frac{1139.3}{445.7 \times 1000} \times \frac{1}{2 \times 0.005} = 0.256 \qquad (\text{m/s}^2)$$

第 4 阶振型的竖向振动分量如图 6-4-5 所示。最大竖向模态位移处的竖向加速度幅值为

$$(a_v)_{\max} = (a_l)_{\max} \times 0.295 = 0.076 \qquad (\text{m/s}^2)$$

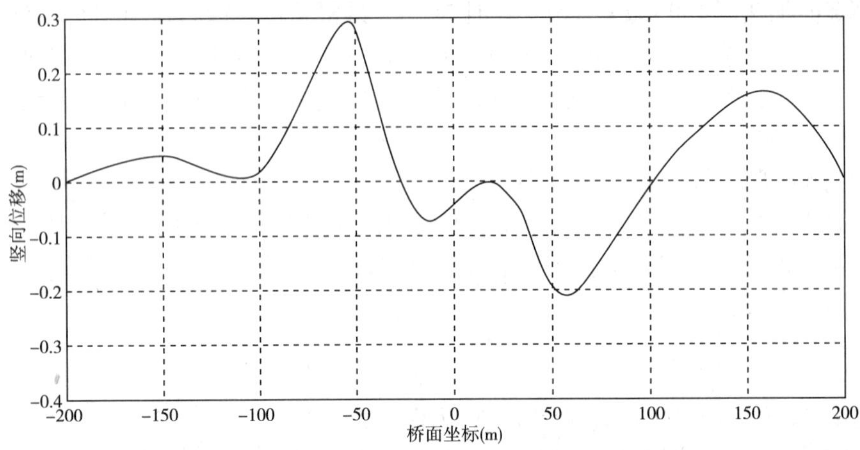

图 6-4-5　第 4 阶振型中人行桥的竖向振动分量

梁的最大侧向加速度在 0.10 ~ 0.30m/s^2 内，人感觉为中度舒适，但超过了 0.10 ~ 0.15m/s^2 的横向动力稳定指标。为满足最好横向舒适度要求，需要设置阻尼器或者 TMD 使模态阻尼比提高到 1.5%。

表 6-4-3 给出了第 4、12、13、15 和 16 阶竖弯敏感模态分别发生共振时的最大竖向和侧向加速度响应及满足最好舒适度指标的时候需要的各阶模态阻尼比。

自由行走状态敏感模态共振时的最大加速度响应（连杆方案 3）(m/s^2)　表 6-4-3

模态号	共振类型	最大竖向加速度	最大侧向加速度	需要的最小阻尼比
4	侧向	0.076	0.256	4.9%
12	竖向	0.6341	0.7396	4.0%
13	竖向	0.9098	1.3681	7.0%
15	竖向	0.5671	0.1021	1.0%
16	竖向	2.160	0.2860	2.5%

6.4.3　连杆设置方案 4 时的人致振动分析

对于方案 4，计算第 4、11、13 和 14 阶模态发生共振时加速度响应最大值。

(1)竖向振动模态

在连杆方案 4 设置中，第 14 阶模态的广义模态质量最小(202.86t)，在相同的模态阻尼比下，发生共振时该阶模态的竖向加速度响应将是最大的。以第 14 阶模态为例说明竖向振动加速度的计算过程，计算同样按照德国指南进行。

本桥基本计算参数如下：最大人群密度 $d = 1.5$ 人/m^2；桥长 $L = 400$m；桥宽 $B = 6$m；总面积 $S = 2400$m^2；总人数 $n = d \times S = 3600$ 人；结构阻尼比：$\xi = 0.005$。

3600 行人自由行走时等效的完全同步人群密度为：

$$n' = \frac{1.85\sqrt{n}}{S} = 0.04628 \qquad (\text{人}/\text{m}^2)$$

第 14 阶振型频率 $f_{14} = 2.0538\text{Hz}$，处于中国人步频中心值附近，且是主梁竖向对称为主，将产生最大共振加速度。该模态的广义质量为 202.86t，为人行桥竖弯的振型为主，兼有少量侧弯振型。

同步人群的简谐竖向步行力为：

$$P(t) = P \times \cos(2\pi f_{14} \times t) \times n' \times \psi \qquad (\text{N/m}^2)$$

其中 P 为步行力的竖向分量幅值，取为 280N；$\psi = 1.0$。

按图 6-3-5 规定将均布的简谐荷载 $P(t)$ 加到梁上即按共振时步行力荷载总是取增大振幅的方向加载，得等效同步人群的广义竖向模态力

$$P_{14}^{*}\cos(2\pi f_{16} t) = B \times \int_0^L P(t) \times |\varphi(x)| \,\mathrm{d}x$$

$$= P \times B \times \psi \times n' \times \int_0^L |\varphi(x)| \,\mathrm{d}x \cos(2\pi f_{14} t)$$

其中步行力的幅值：

$$P_{14}^{*} = P \times B \times \psi \times n' \times \int_0^L |\varphi(x)| \,\mathrm{d}x$$

按照有限元分析结果，第 14 阶振型中人行桥的振动曲线竖向分量 $\varphi(x)$ 见图6-4-6。

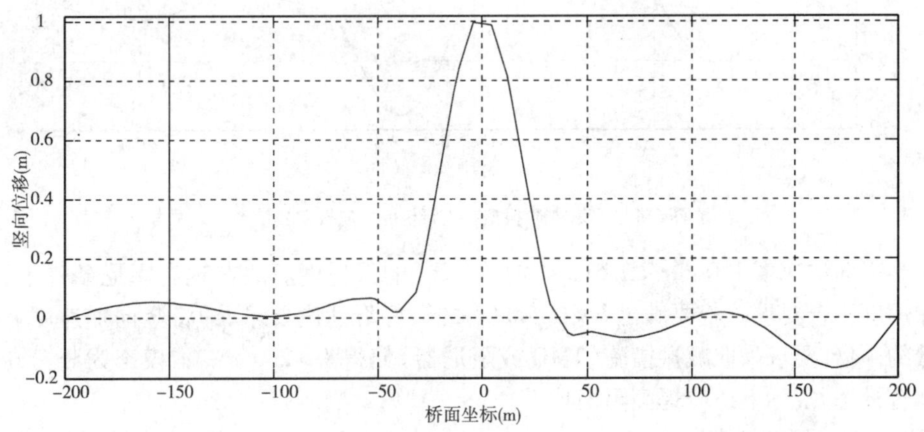

图 6-4-6　连杆设置方案 4 时第 14 阶振型中人行桥的竖向振动分量

按照振型图，计算得到广义步行力的幅值为：

$$P_{14}^{*} = 280 \times 6 \times 1 \times 0.04625 \times \int_{0}^{L} |\varphi(x)| \mathrm{d}x = 4446.3 \qquad (\mathrm{N})$$

按单自由度共振理论计算得到的最大加速度为：

$$a_{\max} = \frac{P^{*}}{m^{*}} \times \frac{1}{2\xi}$$

其中 m^{*} 为按同一振型 $\varphi(x)$ 计算的全结构振型等效质量。

于是，得到最大竖向模态位移处的竖向加速度幅值为：

$$(a_v)_{\max} = \frac{4446.3}{202.86 \times 1000} \times \frac{1}{2 \times 0.005} = 2.192 \qquad (\mathrm{m/s^2})$$

由于 $\varphi(x)$ 最大值位于主跨跨中，故梁的最大加速度即为振型最大加速度。

由于第 14 阶振型兼有侧向振动，如图 6-4-7 所示，可得到最大侧向模态位移处的侧向加速度幅值为

$$(a_l)\max = \frac{4446.3}{202.86 \times 1000} \times \frac{1}{2 \times 0.005} \times 0.124 = 0.272 \qquad (\mathrm{m/s^2})$$

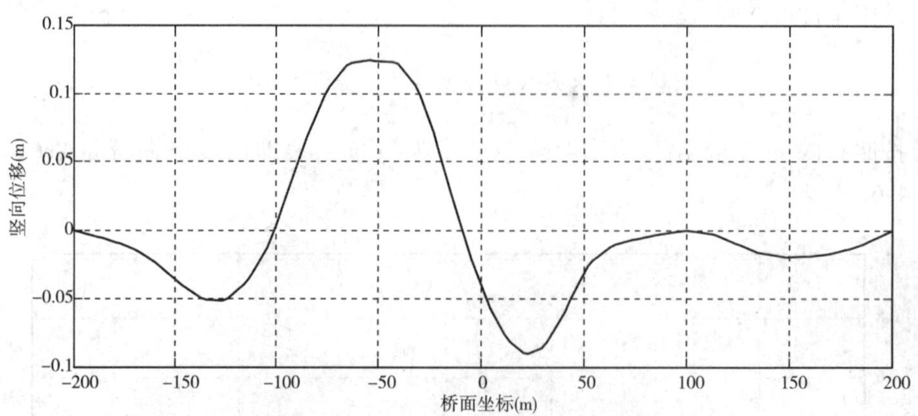

图 6-4-7 第 14 阶振型中人行桥的侧向振动分量

当竖向加速度 $1.0 < a < 2.5\mathrm{m/s^2}$ 时为“差”的舒适度。故在现有阻尼条件下，竖向加速度不合要求。若要满足 $a < 0.5\mathrm{m/s^2}$ 的最好舒适度要求，即将竖向加速度峰值降低约 4 倍，要求采取减振措施（TMD 或阻尼器）使得 $\xi > 2.0\%$。本模态为竖弯同侧弯耦合模态，实际上还应提高阻尼比。

（2）侧向振动模态

以第 4 阶模态为例说明横向振动加速度的计算过程，计算按照德国指南进行。第

4 阶振型频率 $f_4=0.9860\text{Hz}$，位于敏感频率范围，模态广义质量为 438.42t。该模态以人行桥侧弯振型为主。

$$P(t) = P_0 \times \cos(2\pi f_4 \times t) \times n' \times \psi \qquad (\text{N/m}^2)$$

其中 P_0 为步行横向幅值，取为 35N；为保守，$\psi=1.0$。

采用如图 6-4-8 的振型，得等效同步人群的广义侧向模态力幅值为：

$$\begin{aligned} P_4^* &= P_0 \times B \times \psi \times n' \times \int_0^L |\varphi_4(x)| \, \mathrm{d}x \\ &= 35 \times 6 \times 1 \times 0.04625 \times 150.43 = 1042.5 \qquad (\text{N}) \end{aligned}$$

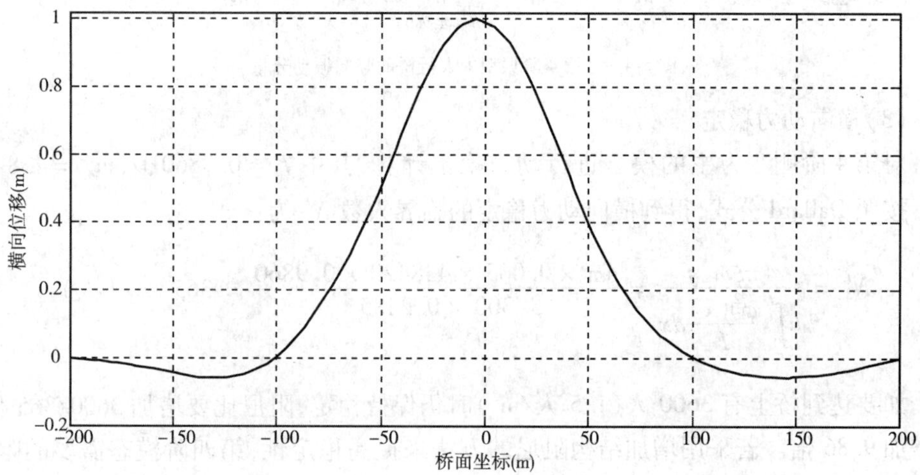

图 6-4-8　第 4 阶振型中人行桥的侧向振动分量

于是，得到最大侧向模态位移处的侧向（水平）加速度幅值为：

$$(a_l)_{\max} = \frac{1042.5}{438.42 \times 1000} \times \frac{1}{2 \times 0.005} = 0.2377 \qquad (\text{m/s}^2)$$

第 4 阶振型的竖向振动分量如图 6-4-9 所示。最大竖向模态位移处的竖向加速度幅值为：

$$(a_v)_{\max} = (a_l)_{\max} \times 0.278 = 0.066 \qquad (\text{m/s}^2)$$

梁的横向最大加速度为 $0.10 \sim 0.30\text{m/s}^2$，人感觉为中度舒适，但超过了 $0.10 \sim 0.15\text{m/s}^2$ 的横向动力稳定指标。为满足最好横向舒适度要求，需要设置阻尼器或者 TMD 使模态阻尼比提高到 1.5%。

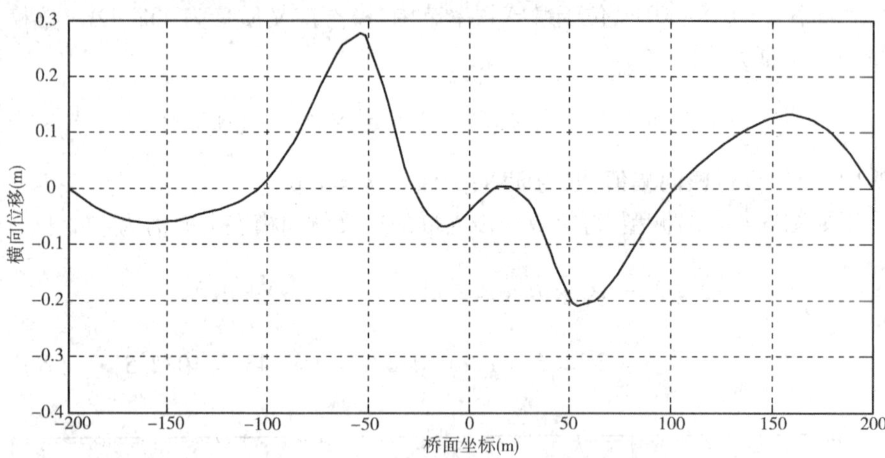

图 6-4-9 第 4 阶振型中人行桥的竖向振动分量

(3)横向动力稳定

对第 4 阶侧弯为主的模态进行动力稳定计算,其中 $f_4=0.9860\text{Hz}$,$m_4^*=438.42$ 吨。按照 Dallard 公式,得到横向动力稳定的临界人数 N^L 为:

$$N_4^L=\frac{4\pi\xi m^*f}{k\int_0^L\frac{\varphi^2(x)}{L}dx}=\frac{4\pi\times0.005\times438420\times0.9860}{300\times0.2485}=365\qquad(人)$$

如要达到桥上有 3600 人(1.5 人/m²)时仍保持稳定,阻尼比要增加 3600/365 倍,即增加 9.86 倍。若采用增加结构阻尼的方法来提高稳定性,第四阶模态需要的阻尼比应为:

$$\xi_4^{应有}=9.86\times0.005=4.93\%$$

表 6-4-4 给出了连杆设置方案 4 时各敏感模态分别发生共振时的最大竖向和侧向加速度响应,以及同时满足最好舒适度指标和横向动力稳定时候需要的各阶模态最小阻尼比。

自由行走状态敏感模态共振时的最大加速度响应(连杆方案 4)(m/s²) 表 6-4-4

模态号	共振类型	最大竖向加速度	最大侧向加速度	需要的最小阻尼比
4	侧向	0.066	0.2377	4.93%
11	竖向	1.6059	0.8993	4.0%
13	竖向	0.5505	0.0848	1.0%
14	竖向	2.192	0.272	2.5%

6.4.4　连杆设置方案比选

通过以上分析，连杆设置方案3要求的阻尼比比方案4要求值大，而且备选方案3中的TMD个数也比方案4所要求的多。综合以上考虑，建议采用连杆方案4，即在中跨设置一对竖杆和一对斜杆，在边跨设置一对水平杆。

（1）设置连杆后的人行桥一阶侧弯频率为0.9860Hz，此时的连杆为直径为20cm、壁厚为20mm的圆钢管；若增加连杆的尺寸，频率有所增加，但连杆在外荷载作用下的轴力也会增大。

（2）设置连杆后，第4、11、13和14阶模态的阻尼比分别要达到4.93%、4.0%、1.0%和2.5%以上。需要减振的模态及需要的模态阻尼比较原方案大幅减少。

6.4.5　设置连杆后的减振设计

根据设置连杆后人行桥的人致振动分析结果，针对第4、11、13和14阶模态设计了质量调谐阻尼器的减振方案。同样采用调谐质量阻尼器减振方案。

表6-4-5给出了控制其他各敏感模态的TMD装置参数。所有TMD装置中质量块重量共为42.49t，较原设计方案的减振系统的附加质量减少了约60%。减振系统和连杆系统的总成本可较原方案降低一半。

控制各模态的TMD装置参数列表及设置位置　　表6-4-5

模态号	TMD安装位置*	TMD运动方向	质量（t）	刚度（kN/m）	阻尼系数（kNs/m）
4	主跨跨中	水平	10.96	400.44	12.67
11	160m处	竖向	14.16	1444.51	27.36
13	主跨跨中	竖向	13.31	1830.13	19.02
14	主跨跨中	竖向	4.06	649.38	8.80

（*以左、右桥塔的坐标分别为-100m和100m为参考）

对设置了上述4套TMD系统的人行桥进行了减振控制仿真，表6-4-6给出了由复特征值分析得到的安装减振系统后人行桥的前25阶频率与TMD附加的模态阻尼比。从表看出，各阶敏感频率的模态阻尼比都有很大提高，满足减振要求。

对带减振装置的人行桥进行了人致振动时域分析。在分析时，桥上行人数按照等效完全同步人数（即111人）取值，假定桥上行人在桥上均匀分布，且侧向或竖向步行力的频率正好等于某一阶共振模态频率（共振工况），各阶模态阻尼比均取为0.5%。单人横向和竖向步行力按照下式计算：

附加连杆方案及减振装置后前25阶频率与振型描述 表6-4-6

振型	频率(Hz)	阻尼比	振型描述
1	0.22278	0	纵漂
2	0.47004	0	人、车行桥对称竖弯
3	0.71604	0	人、车行桥反对称竖弯
4	0.94546	5.06%	第一套TMD侧向运动
5	1.0151	4.38%	人行桥侧弯
6	1.0608	0	人、车行桥对称竖弯
7	1.1875	0.15%	人行桥边跨竖弯带少量侧弯
8	1.2348	0.10%	人行桥反对称竖弯同侧弯
9	1.2775	0.33%	人行桥边跨侧弯同竖弯
10	1.4005	0.07%	人行桥竖弯
11	1.5967	0.0	人行桥竖弯
12	1.6167	2.65%	第二套TMD竖向运动
13	1.6448	7.21%	人行桥边跨侧弯同竖弯
14	1.7785	2.89%	第三套TMD竖向运动
15	1.8107	0.10%	人、车行桥反对称竖弯
16	1.9052	0.70%	人、车行桥对称竖弯
17	1.9862	7.51%	第四套TMD竖向运动
18	2.1768	3.19%	人行桥对称竖弯
19	2.3883	0	人、车行桥反对称竖弯
20	2.4639	0.07%	人行桥边跨竖弯
21	2.5015	0	人行桥边跨竖弯
22	2.5854	0	人行桥边跨竖弯同中跨侧弯
23	2.6201	0	人、车行桥对称竖弯同中跨反对称侧弯
24	2.7395	0	桥塔振动
25	2.793	0	桥塔振动

$$F_v = 280\sin(2\pi ft)$$
$$F_L = 35\sin(2\pi ft)$$

荷载加载方向与模态位移方向一致。

在计算时，假定前 40s 人行桥在步行共振力作用下发生强迫振动，在后 10s 取消荷载做自由振动。图 6-4-10 给出了设置减振装置前人行桥各阶敏感模态发生共振时的最大加速度时程。当未设置调频质量阻尼器时，加速度响应超过行走舒适度指标，且自由振动衰减缓慢。

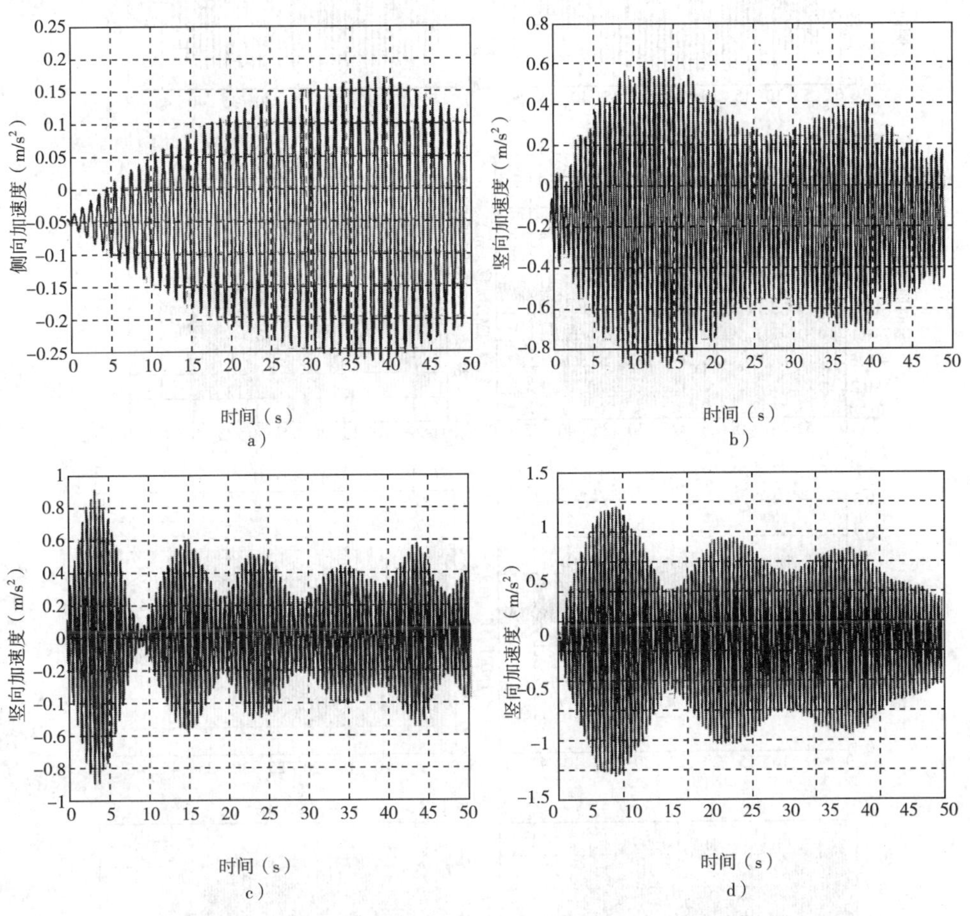

图 6-4-10　设置减振装置前各阶敏感模态共振加速度时程（m/s^2）

a）模态 2；b）模态 11；c）模态 13；d）模态 14

图 6-4-11 给出了设置减振装置后各模态发生共振时的最大加速度响应时程及其各主控 TMD 质量块的位移时程。从图看出，TMD 位移较小，在箱梁内设置 TMD 能够满足 TMD 的位移行程要求。另一方面，要求用于人行桥减振的 TMD 装置必须有足够的运动敏感性，在小位移（cm 级）下能够工作。

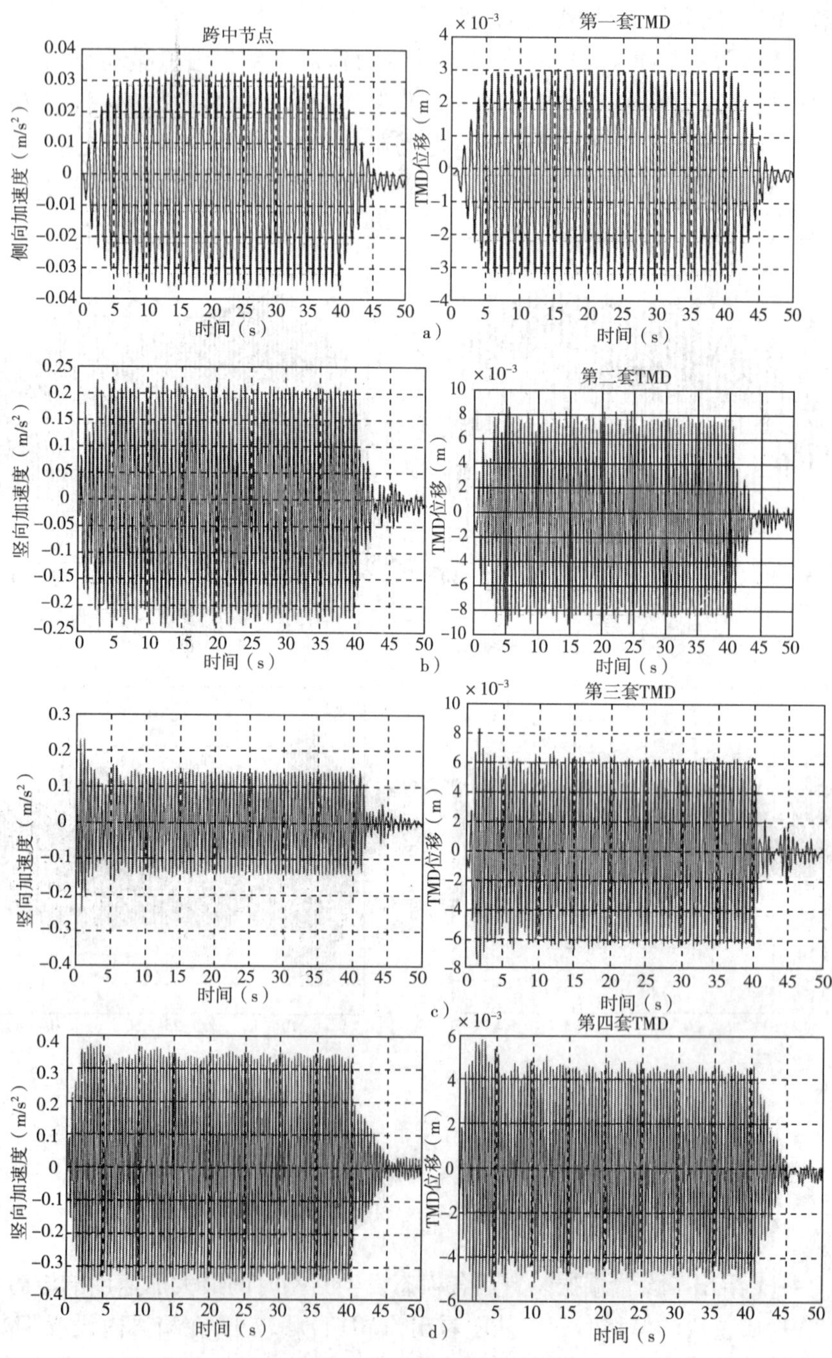

图 6-4-11　设置减振装置后各阶敏感模态共振加速度时程（m/s²）

a）模态 2；b）模态 11；c）模态 13；d）模态 14

图 6-4-12 给出了第 4 阶和第 11 阶模态发生共振时各主控 TMD 装置的位移时程。从图看出，TMD 位移较小，在箱梁内设置 TMD 能够满足 TMD 的位移行程要求。另一方面，要求用于人行桥减振的 TMD 装置必须有足够的运动敏感性，在小位移（cm 级）下能够工作。

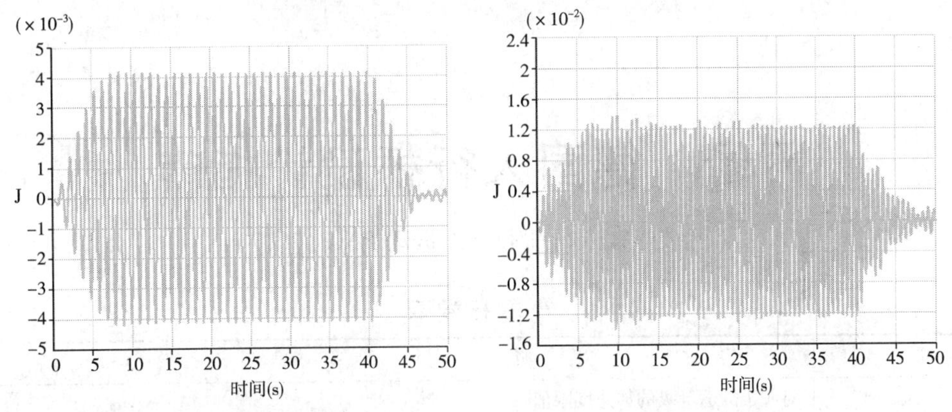

图 6-4-12　第 4 和第 11 阶模态发生共振时 TMD 的位移时程

6.4.6　原减振方案与添加连杆后减振方案对比

对原结构的减振方案与添加连杆后结构减振方案进行了对比，主要结论如下：

（1）设置连杆前，人行桥的侧弯和竖弯频率低，落入敏感频率范围的模态数多，且达到最好行走舒适性要求的阻尼比要求高。共需要 6 套调频质量阻尼器，所有质量阻尼器的总质量为 104.1t。

（2）采用连杆设置方案 4 后，人行桥的频率尤其是侧弯频率显著增加，落入敏感频率范围的模态数也减少。共需要 4 套调频质量阻尼器，所有质量阻尼器的总质量为 42.49t。

（3）建议在桥梁竣工后尽快进行振动测试，获取竣工桥梁的实测频率与振型，完善和优化调频质量阻尼减振系统的参数。

附录　德国人行桥设计指南

（钢结构在人行荷载下的振动 EN03,2007）

常用符号表

符　　号	说　　明	单　　位
a_{limit}	对应于舒适等级的加速度限值	(m/s^2)
$a_{\max}$	设计状况下最大计算加速度	(m/s^2)
B	宽度	(m)
d	表面行人密度	(P/m^2)
f, f_i	所考虑模态的固有频率	(Hz)
f_s	行人步频	(Hz)
P	单人步行力幅值	(N)
$P \times \cos(2\pi ft)$	单人步行力谐荷载	(N)
L	长度	(m)
m^*	模态质量	(kg)
M	质量	(kg)
n	受载面 S 行人数（$n = S \times Density$）	(P)
n'	受载面 S 等效行人数	(P/m^2)
$p(t)$	均布面荷载	(kN/m^2)
S	受载面积	(m^2)
δ	阻尼对数衰减率	
μ	单位长度线质量	(kg/m)
$\varphi(x)$	模态振型	
ψ	折减系数,考虑步频处于感兴趣模态频率范围内的概率	
ξ	结构阻尼比	

1　介绍

桥梁振动成为人行桥设计实践中日益重要的问题。跨径越来越大的更复杂结构桥梁（比如缆索体系桥或者是悬带桥）和高强材料导致了轻柔结构的出现和高的活载对恒载比。由于这样一个趋势,人行桥在动力荷载作用下更易于发生振动。除了风荷载外在人行桥上最常见的荷载就是行人行走和跑跳时产生的步行力。

本规范的基本条文以及相关背景文献由下列人员参与准备:

Christiane Butz and Christoph Heinemeyer from RWTH Aachen University, Germany,

Andreas Keil, Mike Schlaich, Arndt Goldack and Stefan Trometer from Schlaich Bergermann and Partner, Germany,

Mladen Lukic, Bruno Chabrolin, Arnaud Lemaire and Pierre-Olivier Martin, from Centre Technique Industriel de la Construction Métallique, France,

Álvaro Cunha and Elsa Caetano from Faculdade de Engenharia do Universidade do Porto, Portugal.

这些条文是根据由煤和钢铁研究基金资助的研究项目 RFS－CR－03019“行人同步激励荷载的改进模型和钢人行桥的优化设计规范”得到的结果。这些条文的更多细节可以在背景文献[1]找到，在文献[1]中还包含了更进一步的参考文献。

2　定义

应用条文的相关定义

加速度	速度随时间的变化率（表示为 dv/dt 或者 d^2x/dt^2），通常沿某指定轴方向。通常使用 g 或者重力单位。
放大	增加变量大小的过程而不改变其他性质。
阻尼器	利用某种耗散能量原理在结构上安装的能减小振动幅度的装置。
阻尼	阻尼是一种能够减小振动系统振动幅度的效果，它可以是系统内在固有的，也可以是为了某个目的特意增加的。阻尼是随时间或者距离增加产生的能量耗散。对于结构而言，所有的阻尼由几部分组成： ·材料和结构阻尼 ·装饰和涂装层阻尼 ·能量在整个结构内部传播的阻尼
动力响应	能够使结构或构件产生显著加速度的行为
模态质量（=广义质量）	一个多自由度系统可以简化为一些相同固有频率的单自由系统组合： $f=\frac{1}{2\pi}\sqrt{\frac{k^*}{m^*}}$ 其中：f——固有频率，以 Hz 为单位 k^*——模态刚度 m^*——模态质量 所以，模态质量可以认为是某个激活的特定振型对应的质量。

振动模态	假定某一个振动系统它的每个部分的运动都是以同样的频率发生简谐振动,这样定义出的一个特征振动形式。一个多自由度系统可能同时存在两个或更多振动模态。
固有频率 (=本征频率)	固有频率是系统自由振动的频率。对于一个多自由度系统来说固有频率是所有振动模态的频率。每个结构有和自由度一样多的固有频率和固有振动模态。它们通过振动激起的能量排序。基频能量最小因而最容易激励出来。 单自由度的固有频率计算公式为 $$f=\frac{1}{2\pi}\sqrt{\frac{K}{M}}$$ 式中:K——刚度 M——质量 f——频率即振动时间 T 的倒数($f=1/T$) 在4.1章节将讲述固有频率的推导。
共振	共振的系统处于这样一种状态,即无论多小的频率改变都会导致系统响应的减小。当阻尼小的时候,共振频率接近于系统的固有频率(振动频率)。
响应谱	响应谱是一系列具有不同固有频率的线性单自由度振子因受振动激励而开始运动时的峰值或者稳态响应(位移,速度或者加速度)图。给定固有频率,响应谱可以用来辨别分析出任何线性系统的响应。响应谱给出了各个频率振动能量的精确分布。
频谱	把时域信号描述为一系列有振幅和适当相位的单频分量。

3 设计方法与流程

在最近几年遇到越来越多的人行桥振动问题表明人行桥的设计不能仅仅考虑静态荷载还要考虑动力效应。设计应该把行人行走引起的人行桥振动考虑进去。值得严重关注的是目前还没有现成的规范条例。

虽然从设计人员的角度来看没有规范条例使设计人员有了更大的自由发挥空间得以建造各种有创意的桥梁,但是设计出来的桥还要满足委托人或者拥有者的舒适性要求。“当振动发生的时候人行桥能满足舒适性要求吗?”这个问题在设计过程中占据着重要地位,同时阻尼器也不仅仅是多余的桥梁装饰,而是应该包括在设计方案内的。图 3-1 给出了建议的设计方法的基本原则。

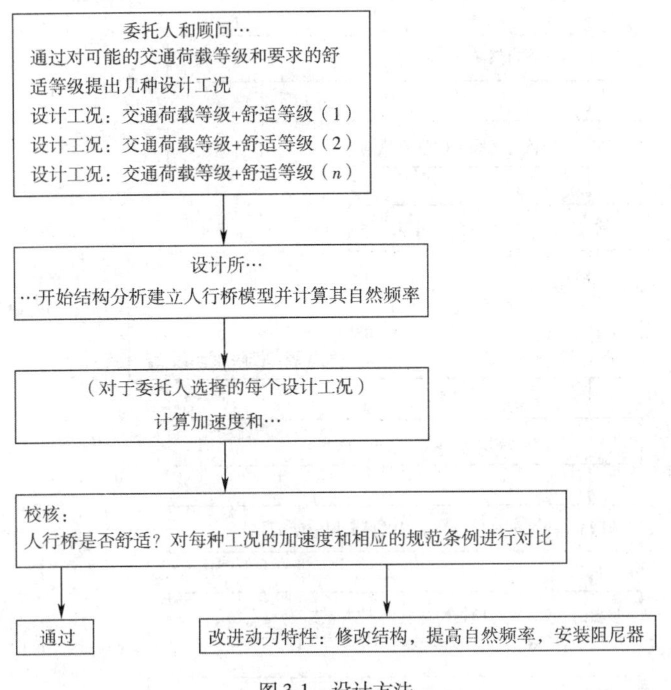

图 3-1　设计方法

图 3-2 的流程图给出了如何在设计阶段检验人行桥的动力性能和如何使用这些条文。在第 4 部分将讨论流程图中所提到的各种步骤。

由于超载和疲劳所引起的安全问题也可能发生,也应该在人行桥的设计中考虑到。本手册只讨论欧洲规范所规定的可逆舒适性问题。超载和疲劳的有关设计条例可参阅其他规程。需要注意的是,所有使用性能极限状态和承载力极限状态的验算都要根据正在使用的规范标准进行。

4　设计步骤

4.1　步骤 1:计算固有频率

设计阶段有几种方法计算人行桥的固有频率,尤其是为初步检验人行桥的振动问题,比如:

- 有限元方法
- 梁、索和板壳的手工计算公式

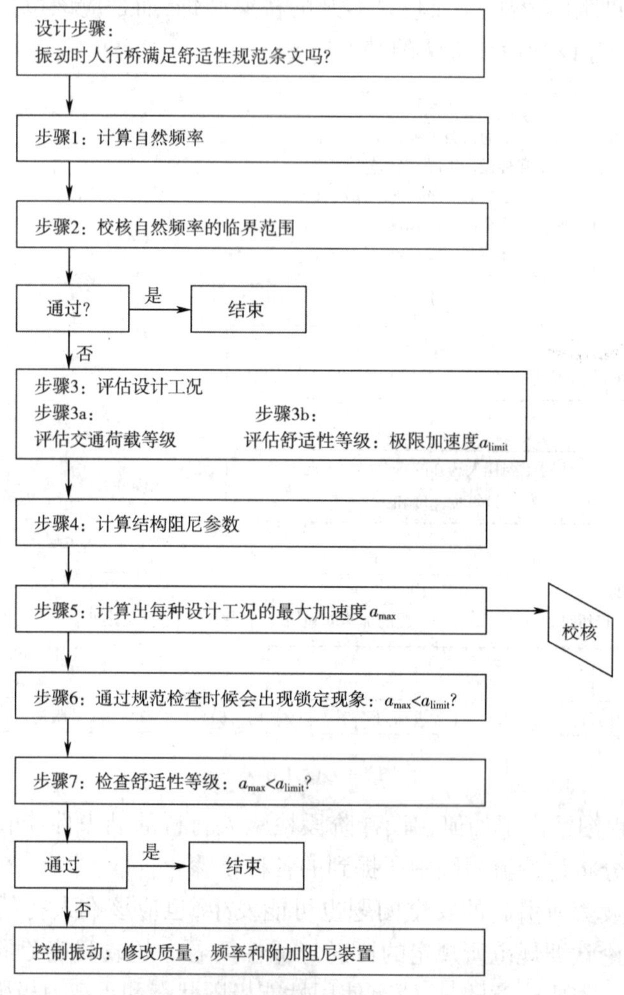

图 3-2　本手册流程图

必须牢记材料属性、结构的复杂性、桥梁表面的铺装类型、边界条件和栏杆可能造成计算的固有频率结果和实测结构的数据之间的误差。

计算固有频率时，当行人的模态质量大于桥主梁模态质量的5%时，建议应当考虑行人的质量。

4.2　步骤2：校核固有频率的临界范围

人行桥在行人荷载激励下的固有频率 f_i 的临界范围是：

· 对于竖向和纵向振动：$1.25\text{Hz}\leqslant f_i\leqslant 2.3\text{Hz}$

· 对于横向振动：$0.5\text{Hz}\leqslant f_i\leqslant 1.2\text{Hz}$

竖向和纵向振动频率在 $2.5\text{Hz} \leqslant f_i \leqslant 4.6\text{Hz}$ 的人行桥可能会由第 2 阶简谐行人荷载激励产生共振[1]。这样的话，竖向和纵向振动频率的临界范围就要扩展到：$1.25\text{Hz} \leqslant f_i \leqslant 4.6\text{Hz}$，横向振动不受第 2 阶简谐行人荷载影响。

注意：由第 2 阶简谐行人荷载可能产生竖向振动的激励。但是，直到现在已有文献中并未有由于第 2 阶简谐行人荷载激励而发生人行桥振动现象的记载。

4.3　步骤 3：设计工况的评估

人行桥开始就要列出一些重要的设计工况——一系列代表某个时间段内可能真实发生情况的物理条件。每个设计工况由一个预期的交通等级和一个选定的舒适等级确定。

某些设计工况在人行桥的整个使用寿命中只会出现一次，比如大桥的落成通车仪式，而其他的设计工况则可能每天发生，比如说通勤交通。表 4-1 给出了一些人行桥可能发生典型交通量状况的概览。预期的行人交通量、交通流量密度和舒适性要求对人行桥的动力性能要求有重要影响。

典型的交通工况　　表 4-1

	单个行人和小组 行人数：11 组大小：1 ~ 2 人 密度：0.02 人/m^2
	非常小交通量 行人数：25 组大小：1 ~ 6 人 密度：0.1 人/m^2
	小交通量 例如：日常交通量 组大小：2 ~ 4 人 密度：0.2 人/m^2
	非常大交通量 例如：开通典礼时交通量 密度：> 1.5 人/m^2

为了更进一步研究桥梁的动力响应,建议要特别指出一些可能的设计工况。表4-2给出了这样一个例子。

重要的设计状况事例说明 表4-2

设计状况	描　述	交通级别(cf.0)	预计出现	舒适级别(cf.4.3.2)
1	桥梁的竣工典礼	TC4	使用期内仅有一次	CL3
2	经常往返者	TC3	每天	CL1
3	周末的漫步者	TC2	每周	CL2

4.3.1 步骤3a:交通级别的估计

行人交通级别和相关的人流密度如表4-3所示。

行人交通级别和密度 表4-3

交通级别	密度 d(P=行人)	描　述	特　点
TC1 *	一组15P $d=15\text{P}/(BL)$	交通十分稀少	B=桥面板的宽度,L=桥面板的长度
TC2	$d=0.2\text{P/m}^2$	交通稀少 	舒适而自由地行走,快步行走是可能的,单个行人能够自由选择步伐
TC3	$d=0.5\text{P/m}^2$	交通繁忙 	行走依然不受限制,快步行走有时可能被限制
TC4	$d=1.0\text{P/m}^2$	交通十分繁忙 	移动的自由受到限制,步行受阻,快步行走不再可能
TC5	$\text{d}=1.5\text{P/m}^2$	交通异常繁忙	行走不舒适,变得拥挤。行人不能自由的选择步伐

注:* 对于交通级别TC1平均人流密度由行人数量除以桥面板宽和长得到。

成队的行人、队伍或是行进的士兵没有考虑到一般的交通级别分类当中，但是需要额外的考虑。

4.3.2　步骤3b：舒适级别

行人舒适度的标准大多是由人行桥的加速度来表示，本规范中推荐了4个舒适级别，如表4-4所示。

用加速度来确定舒适级别　　表4-4

舒适级别	舒适度	竖向 a_{limit}	侧向 a_{limit}
CL1	最好	$<0.50m/s^2$	$<0.10m/s^2$
CL2	中等	$0.50\sim1.00m/s^2$	$0.10\sim0.30m/s^2$
CL3	最小	$1.00\sim2.50m/s^2$	$0.30\sim0.80m/s^2$
CL4	不能接受	$>2.50m/s^2$	$>0.80m/s^2$

注：注意给定的加速度范围只是舒适性标准；对于水平振动的锁定标准见第4.6节所述。

4.4　步骤4：结构阻尼的估计

阻尼的大小对于评估由行人激励而引起振动大小是十分重要的。振动的衰减、结构能量的耗散主要来自两个方面：一方面是建设材料的内在阻尼，它具有分布式的特性；另一方面有支座的效用和其他控制装置。其他的阻尼也可以由非结构性构件产生，如栏杆和铺装面。

阻尼的大小一般与振动水平有关。当振动的幅度较大时，会引起结构和非结构性构件和支座产生更大的摩擦。

结构内部共存有各种耗能机制，这使得结构阻尼形成了一个十分复杂的现象。要想精确地描述它，只有依靠对实际的已安装扶手、铺装面和装饰结构的已建人行桥进行测量。

柔而轻的人行桥还受到风的进一步的影响，这样会形成气动阻尼，随着风速的提高能够导致阻尼的提高。在对风荷载的研究中可以将这额外的气动阻尼考虑进去，但是在人行激励效应中不予考虑。

4.4.1　阻尼模型

为了设计和数值建模，需要指定一个阻尼模型并确定相关参数。普通的方法是采用线性黏性阻尼（有时涉及黏壶阻尼）。线性阻尼就是说阻尼力与位移随时间的变化率（速度）成比例。这个模型的优点就是可以得到线性动力平衡方程，这样可以很容易的得到方程的解析解。然而它只对低水平振动时的结构阻尼有效。

在结构中设置控制系统可能导致结构的阻尼矩阵不再成比例的，因而传统的模态分析模型就不再适用。阻尼系统的参数调整和对减振结构的响应计算要求更加有效的算法，也就是基于直接积分方法的迭代计算，或者其他的状态空间方法。

4.4.2　正常使用荷载下的阻尼比

人行桥舒适性水平设计，是一种定义在欧洲规范可靠性下的使用状态设计，表4-5建议了用于舒适性设计时的最小和平均阻尼比。

在使用状态下各种材料的阻尼比　　表4-5

建造类型	最小值 ξ	平均值 ξ
钢筋混凝土结构	0.80%	1.3%
预应力混凝土结构	0.50%	1.0%
钢筋—混凝土组合结构	0.30%	0.60%
钢结构	0.20%	0.40%
木结构	1.0%	1.5%
悬带结构(Stress – ribbon)	0.70%	1.0%

4.4.3　大幅振动下的阻尼比

某些蓄意的荷载可能造成轻柔的人行桥产生较大的振动，这样就会导致较大的阻尼比，如表4-6所示。

较大振动情况下各种材料的阻尼比　　表4-6

建筑类型	阻尼比 ξ
钢筋混凝土	5.0%
预应力混凝土	2.0%
钢材，焊接节点	2.0%
钢材，螺栓节点	4.0%
增强弹性体(Reinforced elastomers)	7.0%

4.5　步骤5：确定最大加速度

当定义了一个或若干设计工况并给定了阻尼比后，就可以针对每个工况计算最大加速度响应 a_{max}。

对桥梁加速度的计算有不同的方法；这个设计指导推荐使用图4-1所示的一种方法。下面的章节将对每种方法进行讨论。

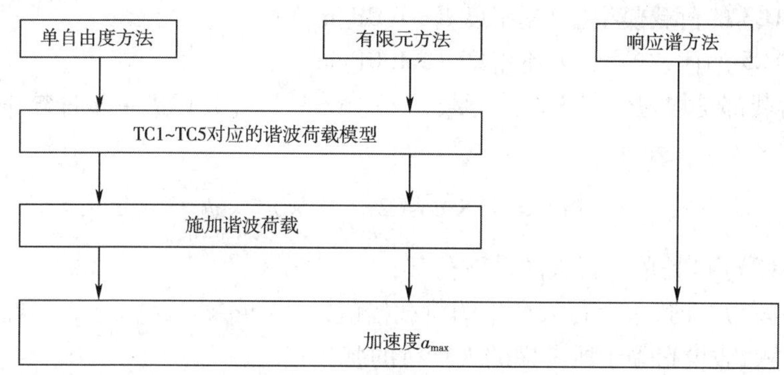

图 4-1　计算加速度的各种方法

注意:检查由大或小振动时(4.4 节)假定的阻尼参数计算的加速度是否与实际结构(5 节)的加速度一致很重要。经验表明预测竣工的人行桥的结构阻尼很困难。因此,阻尼通常有较大变化范围,导致加速度的变化范围也较大。

4.5.1　谐波荷载模型

4.5.1.1　行人流的等效人数

一旦建立了人行桥的数学模型,选择了设计工况和相应的荷载模型,阻尼比也指定了,就可以算得人行桥的响应。不管是用有限元方法还是单自由度方法(cf. 4.5.1.3 节),计算加速度时都需要谐波荷载模型。对于 n 个随机行人组成的行人流的模拟,应当确定由 n' 个完全同步的行人组成的等效理想行人流(图 4-2)。后者只考虑了行人之间的同步现象(没有考虑结构振动对步频的影响)。假设两种行人流对结构的影响一样,但是等效的行人流可以作为一种确定性的荷载来建模。

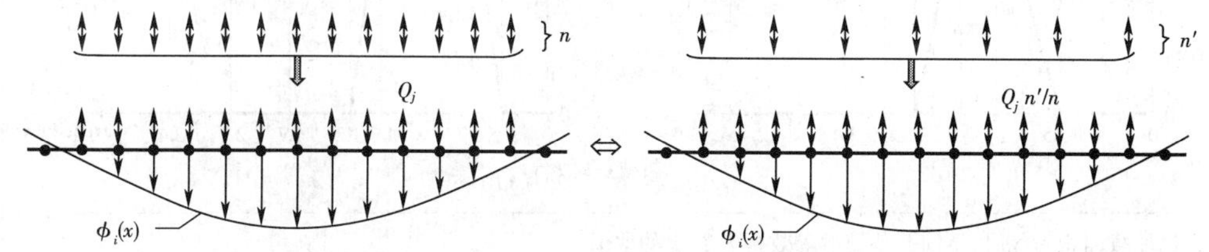

图 4-2　等效行人流

为了评估人群荷载或人流荷载单独作用下的响应,采用沿桥面分布的谐波荷载基本能满足实际人行桥设计的所有要求(在固定的位置模拟等效数量的行人)。

应当谨慎地选择频率范围,使得这类计算结果是有意义的。结构对行人的影响这一问题没有考虑,而它会使结构的响应更大。

4.5.1.2　荷载模型的应用

在推荐的设计流程中,TC1 ~ TC5 中每一类交通荷载等级都采用谐波荷载模型(表 4-3)。计算人行桥响应有两种不同的荷载模型,它取决于人流密度:

TC1 ~ TC3 的荷载模型（人流密度 $d<1.0\mathrm{P/m^2}$）。

TC4 ~ TC5 的荷载模型（人流密度 $d\geqslant1.0\mathrm{P/m^2}$）。

两种荷载都是均匀分布的谐波荷载 $p(t)$ [$\mathrm{N/m^2}$]，代表在进一步计算中的等效行人流：

$$p(t) = P \times \cos(2\pi f_s t) \times n' \times \psi \tag{4-1}$$

$P \times \cos(2\pi f_s t)$ 是单个行人的谐波荷载；

P 是步频为 f_s 时，单个行人产生的荷载幅值；

f_s 为步频，假设它等于所考虑的人行桥的基频；

n' 是加载面积为 S 时的等效行人密度；

S 为加载面积；

ψ 为考虑到步频接近基频变化范围临界值的概率而引入的折减系数。

表 4-7 定义了单个行人力振幅 P，等效行人数 n'（95%）和折减系数 ψ，它考虑了第一阶谐波激励或行人荷载的第二阶谐波（见第 4.2 节）。

TC1—TC5 荷载模型的参数 表 4-7

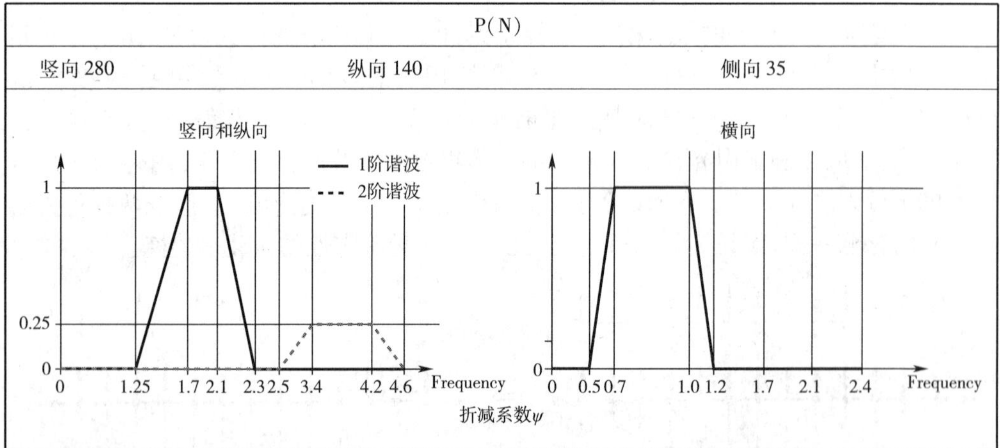

加载面积为 S 时，不同荷载模型等效行人数 n' 的取值：

TC1 ~ TC3（密度 $d<1.0\mathrm{Pm^2}$）：

$$n' = \frac{10.8\sqrt{\xi \times n}}{S}(1/\mathrm{m^2})$$

TC1 ~ TC3（密度 $d\geqslant1.0\mathrm{Pm^2}$）：

$$n' = \frac{1.85\sqrt{n}}{S}(1/\mathrm{m^2})$$

注：表中 ξ 为结构的阻尼比，n 是加载面积为 S 时的行人数（$n=S\times d$）。

人群的荷载模型（TC1）考虑了行人的自由行走。因此，人群之间的同步系数与小密度行人流时的相等。在密集人流的情况下（TC4 和 TC5），行人行走阻塞，人流向前移动速度减缓而同步增加。超过行人密度上限值 $1.5P/m^2$ 时,行人行走是不可能的,因此动力作用明显减小。当人流密度增大时,行人之间的相关性增加,但是动力荷载趋向减小。

图 4-3 中,谐波荷载 $p(t)$ 被施加到结构的某一特定振型上。

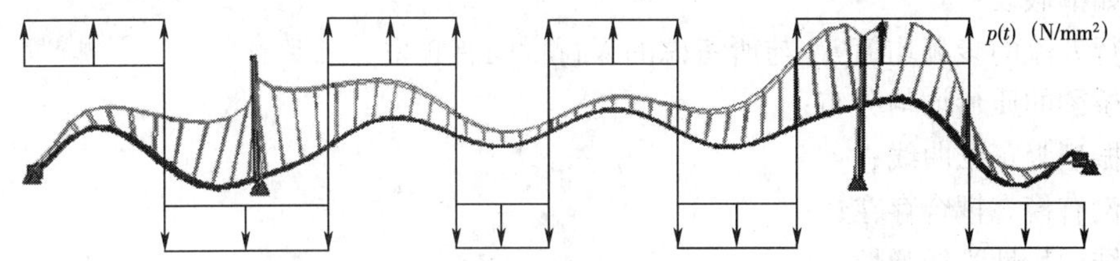

图 4-3　谐波荷载根据振型 $\varphi(x)$ 的应用

上述谐波荷载模型描述了人流沿人行桥行走引起的荷载。有些人行桥还可能会受行人慢跑影响,[1]对此作了深一步的描述。

4.5.1.3　单自由度方法

一般地,结构的动力特性可以通过模态分析来估计,在结构的固有频率范围内,结构的任意振动可由几个不同的谐波振动的线性组合来描述。因此,结构可以转换为几个不同等效质量的振动系统,每一个系统都是单自由度。每个等效单自由度系统(图 4-4)有一个固有频率和一个质量,分别等于结构的每个固有频率和其对应的模态质量。

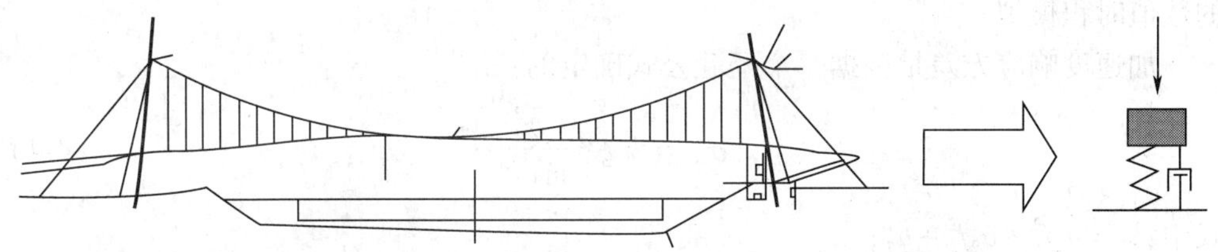

图 4-4　结构一固有频率/振型的等效单自由度振动系统

单自由度的基本思想是将临界范围内的人行桥每一阶固有频率都用一等效的单自由度系统来替代,并用该系统计算某动力荷载下的加速度响应。

单自由度系统共振时的最大加速度 a_{max} 可由下式计算:

$$a_{max} = \frac{p^*}{m^*}\frac{\pi}{\delta} = \frac{\rho^*}{m^*}\frac{1}{2\xi} \tag{4-2}$$

式中:p^*——广义力;

m^*——广义质量;

ξ——结构阻尼比;

δ——阻尼的对数衰减率。

4.5.2　行人流的反应谱法

在设计阶段中,没有必要在每一情形下都采用时域分析。谱设计方法的目的是为了找到一种简单的方式来描述随机荷载和系统响应,而它们提供相当可信的设计值。

有如下假设:

· 行人流的步频均值 $f_{s,m}$ 与所考虑的人行桥固有频率 f_i 一致;

· 桥梁的质量均匀分布;

· 振型为正弦曲线;

· 没有模态耦合存在;

· 结构特性为线弹性。

系统响应的"加速度最大峰值"被选择作为设计值。在设计复核时,这一加速度与根据舒适度确定的能承受的加速度相比较。

对于不同的行人密度,特征加速度值,即保证率为95%的最大加速度值,可以根据公式和下面给出的表格确定。

这一最大峰值加速度定义为峰值因子 $k_{a,d}$ 与加速度的标准差 σ_a 的乘积:

$$a_{\max,d} = k_{a,d}\sigma_a \tag{4-3}$$

注:峰值因子 $k_{a,d}$ 使得响应的标准差 σ_a 转换为特征值 $a_{\max,d}$。对于使用状态,特征值不被超越的概率为95%,$k_{a,95\%}$。

这两个因子都来源于Monte Carlo模拟,它基于对各种形状的桥梁上的各种人流的数值时程模拟。

加速度响应方差是根据一个经验公式确定的:

$$\sigma_a^2 = k_1\xi^{k_2}\frac{C\sigma_F^2}{m_i^{*2}} \tag{4-4}$$

式中:$k_1 = a_1f_i^2 + a_2f_i^2 + a_3$;

$k_2 = b_1f_i^2 + b_2f_i + b_3$;

a_1,a_2,a_3,b_1,b_2,b_3——常数;

f_i——考虑的固有频率,与行人流的平均步频一致;

ξ——结构阻尼比;

C——描述最大荷载谱的常数;

$\sigma_f^2 = k_Fn$ 为荷载方差(行人引起的荷载);

k_F 为常数;

$n = d \times L \times B$,桥梁上的行人数量,d 为行人密度,L 为桥长,B 为桥宽;

m_i^* 为考虑第 i 阶振型的模态质量。

常数 $a_1,a_2,a_3,b_1,b_2,b_3,C,k_F$ 和 $k_{a,95\%}$ 可以在表4-8和表4-9查到。

竖向加速度的常数　　表 4-8

d(P/m²)	k_F	C	a_1	a_2	a_3	b_1	b_2	b_3	$k_{a,95\%}$
≤0.5	1.20×10^{-2}	2.95	-0.07	0.60	0.075	0.003	-0.040	-1.000	3.92
1.0	7.00×10^{-3}	3.70	-0.70	0.56	0.084	0.004	-0.045	-1.000	3.80
1.5	3.34×10^{-3}	5.10	-0.08	0.50	0.085	0.005	-0.060	-1.005	3.74

侧向加速度的常数　　表 4-9

d(P/m²)	k_F	C	a_1	a_2	a_3	b_1	b_2	b_3	$k_{a,95\%}$
≤0.5	2.85×10^{-4}	6.8	-0.08	0.50	0.085	0.005	-0.06	-1.005	3.77
1.0		7.9	-0.08	0.44	0.096	0.007	-0.071	-1.00	3.73
1.5		12.6	-0.07	0.31	0.120	0.009	-0.094	-1.020	3.63

另外,还有一种简单方法估算满足舒适性所需的模态质量。对于给定的行人密度,为了满足舒适性的加速限值 a_{limit},模态质量 m^* 应满足下式规定:

$$m_i^* \geqslant \frac{\sqrt{n}(k_1\xi^{k_2} + 1.65k_3\xi^{k_4})}{a_{\mathrm{limit}}} \tag{4-5}$$

上式对 $f_{s,m}=f_i$ 有效。

式中:n——桥梁上的行人数量;

ξ——结构的阻尼比;

$k_1 \sim k_4$ 为常数(表 4-10 给出的是竖弯和扭转振型的,表 4-11 给出的是侧弯振型的)。

求竖向模态质量所需的常数　　表 4-10

d(P/m²)	k_1	k_2	k_3	k_4
≤0.5	0.7603	0.468	0.050	0.675
1.0	0.5700		0.040	
1.5	0.4000		0.035	

所需的侧向模态质量常数　　表 4-11

d(P/m²)	k_1	k_2	k_3	k_4
≤0.5 1.0 1.5	0.1205	0.45	0.012	0.6405

这种设计方法是基于梁桥的数值模拟结果得到的。如果桥梁的结构特性与梁桥的有很大的不同,这种谱方法的应用将受到限制。

4.6　第 6 步:核对侧向锁定标准

侧向锁定的触发行人数,也就是使整体阻尼突然消失、结构响应突然增加的人数

N_L，定义如下：

$$N_L = \frac{8\pi\xi m^* f}{k}$$

这里 ξ 为结构阻尼比；m^* 为模态质量；f 为固有频率；k 为常量（频率为 0.5 ~ 1.0Hz 时，大约为 300Ns/m）。

还有另一种方法来定义触发锁定现象的加速度幅值：

$$a_{\text{lock in}} = 0.1 \sim 0.15 \qquad (\text{m/s}^2) \tag{4-6}$$

最近的实验研究表明，$a_{\text{lock in}}$ 上述两个公式确定发生锁定现象的触发值是合适的。

注意：在人行桥上，还没观察到行人流在垂直振动上有同步现象。

4.7 第 7 步：核对舒适度水平

根据图 3-2 规定的设计验证方法，由指定的设计工况和相应的荷载模型计算得到的加速度响应必须与表 4.4 给出的舒适度限值作对比。如果不满足这些限值，需要采用一些措施来改善人行桥的动力性能。这些措施包括：

· 修改质量
· 修改频率
· 修改结构阻尼
· 增加其他阻尼

对已建桥梁，最简单的方法是增加结构的阻尼，可以通过附加控制装置来实现，或者由非结构的装饰性构件来实现，如扶手和地面铺装（见第 6 章）。

5 人行桥动力特性的评估

5.1 介绍

用实验来描述人行桥的动力特性对于整个工程来说，是一个重要的组成部分。可根据两种不同复杂性的等级来实现：

等级 1 为了校正数值模型并最终调整控制装置参数，需要识别出结构参数。感兴趣的参数包括固有频率，振动模态和阻尼系数；

等级 2 为了评估舒适度标准或与模拟响应进行相关性分析，需确定人行荷载激励下的桥梁动力响应。

以上两种方法具体采用哪种，要由结构特性或研究的目的来决定。

对于有任何发生人致振动危险的人行桥，应在桥梁竣工后安排**等级 2** 的试验，以达到验证设计的目的。根据试验结果,业主可以决定是否在既有桥上安装减振装置。必须指出,应用**等级 2** 的试验进行人行桥的舒适性级别校核时,需要对在建立设计荷载模型阶段考虑的所有设计工况及振动现象进行桥梁性能测量,并根据测试结果来计算响应(如加速度)的特征峰值。

等级 1 的测试只有当人行桥的动力特性超出可接受的限值,并且需要采取控制措施时才有必要进行。控制装置的合理设计要求对结构的参数有准确的认识,如固有频率和振动模态。

目前的章节描述了人行桥实验测试和数据分析的基本设计指南。

5.2　响应测试

等级 2 测试时需要考虑以下条款:

(1)识别关键的固有频率;

(2)识别阻尼比;

(3)测试单人荷载作用下的响应;

(4)测试一小群人荷载作用下的响应;

(5)测试连续移动人行荷载作用下的响应。

在考虑人行桥各自的用途时,验证特定人行桥可接受的振动限值应该以上面的测试结果为基础。

5.2.1　测试环境响应来识别关键的固有频率

测试时最好在人行桥关闭通行时进行。假定已对试验人行桥进行了初步的动力特性理论分析并获得了固有频率和固有振动模态的理论估计值,那么测试的截面应选在关键频率对应的最大模态响应位置。

5.2.2　关键固有频率的阻尼比的初步测试

关键固有频率阻尼比的初步估计可以通过简单的自由振动测试来实现。试验时行人按照一指定频率在固定位置上跳动/弯曲膝盖/弹跳来试图激发人行桥相应振动模态下的共振响应。这一激励过程反复循环几次后,行人突然停止,并记录下自由振动响应。这一试验需要进行多次以获得阻尼比的平均值,而且需要在不同的响应幅值下测试来获得不同幅值下的平均阻尼比。

5.2.3　单人荷载下的响应测试

以上描述的测试可以获得关键固有频率的更新值。现在测定人行桥上单人行走时人行桥相关截面的响应,这些截面位于每阶关键固有频率对应的最大模态位移处。在测试时,可采用以下与频率有关的运动模式:

(1)步行模式,这一模式对关键固有频率小于 2.5Hz 有效;

(2)步行或跑步模式,这一模式对关键固有频率在 2.0Hz ~ 3.0Hz 有效;

(3)跑步模式,这一模式对关键固有频率大于3.0Hz有效。

考虑到激励荷载的随机性,对于每种频率和运动形式,都需要作多次测试,一般推荐为5次。为了确保实验时步频的准确性,需要用到节拍器。对于每种活动形式,需要记录桥梁的最大加速度和动态位移(也能通过加速度推导得出),将各种测试下最大的峰值响应看作单人产生的峰值响应。另外还有记录行人的体重。不管桥梁是否有一非对称斜坡,当行人沿着斜坡向下走时,此时的响应也应该记录下来。

5.2.4 人群荷载下的响应测试

响应应该按以下两种条件进行测试:

人群按正常情况下步行/跑动;

人群为了产生高响应下的步行/跑动(非正常活动)。

如果桥面宽度不大于2.5m,人群应该有10个行人;大于这个宽度时,应该有15个行人。响应测试应该按照5.2.3节单人过桥规定进行。与人群同步时的相关响应也要收集,同样应采用节拍器使得人群按照某特定频率发生同步。

由于桥面上的行人可能会导致更高的阻尼比和更大的振动幅值。测试应在桥梁发生共振后的自由振动状态下进行,共振可以由小组人在固定点的跳跃产生。

5.2.5 连续移动人群下的响应测试

连续移动人群下的响应测试对于决定人行桥在不同使用条件下的响应也很重要。特别是那些可能具有同步效应的人行桥,进行这样的测试就更有必要了。测试方法与5.2.3和5.2.4节描述的单人和人群测试的方法相同。

5.3 参数识别测试

模态参数的识别,如结构的固有频率,振动模态和阻尼系数,由上面指定的**等级1**测试来实现。可以采用根据强迫振动法测试,也可以用自由振动法或环境振动测试等各种传统的模态分析技术。以上两种测试方法的基本参数见下面章节。

5.3.1 强迫振动法测试

如果能严格控制输入和输出的话。强迫振动法测试是最基本的模态分析技术,并能够提供最精确的结果,这一点对估计阻尼系数特别重要,测试的不确定因素将严重影响测试结果质量。识别方法的采用由激励力的形式来决定。但是当固有频率非常低,输入的能量也相应很低时,信噪比也会变得非常低。

这种方法用到的实验装置:

· 冲击力锤;

· 振动器。

具体描述见5.4.2.1。

5.3.2 环境振动测试

环境振动测试将结构当前的环境荷载作为输入荷载,并假定该荷载的频率成分大致在我们感兴趣的范围内。虽然这种假设不是非常准确，但考虑到所需资源要求很少和有可供使用的高精度传感器，这种方法在土木工程结构中已经成为一种识别模态参数非常有效的方法。在确定阻尼系数的估计值时，这种方法会产生很明显的错误。

5.3.3　自由振动测试

自由振动测试包括让拉紧的拉索突然释放，或其他装置使结构的平衡位置发生偏离时，记录结构的响应。这种测试方法相对而言费用较低，一般在人行桥施工阶段结尾时进行，并能够提供激励模态下准确的阻尼比估计值。这种方法可替代强迫振动测试，并且获得的模态估计值要比环境振动测试获得的准确度更高。

为了识别阻尼，测试需要在风速低于 2 ~ 5m/s 时进行。

5.4　实验仪器

5.4.1　响应装置

行人可接受的舒适度限值一般通过加速度来定义，因此一般通过测量加速度来反映结构响应。

加速度计是一种能够产生电信号的传感器，而该电信号与特定频率带的加速度成比例。对于大部分人行桥而言，感兴趣的频率范围为 0.5 ~ 20Hz。常用加速度计的参数要求是：

频率范围(5%线性度)：0.1 ~ 50Hz；

最小灵敏度：10mV/g；

范围：±0.5g。

5.4.2　识别装置

5.4.2.1　输入力装置

对于人行桥力的振动测试，输入装置可为力锤(图 5-1)或振动器(图 5-2)。

图 5-1　土木工程用到的冲击力锤

图 5-2　土木工程用到的电磁激振器

注意:指南条文说明[1]给出了这些装置的相关参数。

5.4.2.2　输入传感力装置

测量行人产生的输入荷载是人行桥测试中一个重要课题,不论是单人还是人群步行。

直接评估单人产生的集中力可以通过在测力板上步行力的测量而实现。对于人群荷载,确定人群之间的同步性也非常重要,可以通过摄像记录和图像处理来实现。

6　振动响应控制

6.1　介绍

根据第 3 节规定的设计验证方法,对指定荷载模型的响应计算必须与表 4.4 给出的舒适度限值相比较。如果不满足这些限值或锁定标准,需要采用一些措施来提高人行桥的动力性能。这些方法包括质量,频率和结构阻尼的修改。

6.2　调整质量

对于轻质的人行桥,桥面板采用混凝土建造可以增加模态质量,改善人行荷载下的动力响应。这种方法尤其适用于悬带人行桥。

6.3 调整频率

为了提高结构的频率至竖向、横向振动临界范围之外，传统的做法是修改结构刚度。由于频率与刚度、质量之比的平方根成正比，必须要作较大的结构改动才能显著提高结构频率，而在现代桥梁设计中，建造轻型、优美结构是追求的目标。因此一旦建成，再对结构作这样的变动是不切实际的，当然这在设计阶段是可以考虑的。

6.4 调整结构阻尼

6.4.1 简介

为了减小人行桥上行人动力效应，增加结构阻尼是另外一种可能的方法。对于一座已建桥梁，最简单的方法就是基于结构阻尼的增加，这可以通过以下方法实现：驱动结构内部特殊单元，或者安装外部阻尼设备。

从可靠度和费用角度来说，外部阻尼设备是用于吸收过量结构振动的一种有效的方法。这些设备可以基于主动、半主动或被动控制技术。出于费用、维护需求以及实践经验等诸方面的考虑，通常的选择是被动控制设备，这些设备包括黏滞阻尼器、调谐质量阻尼器（TMD）、双摆阻尼器、调谐液柱阻尼器（TLCD）或调谐液体阻尼器（TLD）。这些阻尼器中最多用的是黏滞阻尼器及TMD。

6.4.2 简便方法

扶手一般被认为是非结构组成部分，它的外形特征依据建筑学考虑设定。然而，观察发现：这些组成部分能够加大人行桥刚度及阻尼，尤其是在较柔的结构中。例如：事实表明使用钢丝网围栏能够显著增加人行桥阻尼，原因在于钢丝网在振动过程中产生摩擦。但是，要定量确定阻尼增量的大小几乎是不可能的，因为它很大程度上取决于振幅大小。

同样，在支座及外表面采用弹性体可以增加人行桥的阻尼。但需要说明的是：由于弹性体的属性随时间的推迟而退化，因此需要经常维护。

构件间使用螺栓连接而不采用焊接是另外一种提高结构整体阻尼的方法，因为荷载在构件间传递的过程中产生了摩擦。

6.4.3 附加阻尼设备

表6-1中列出了部分安装阻尼系统后的结构实例，并标示了这些方法的特点及总体动力效果

部分安装阻尼系统的桥梁 表 6-1

桥　名	跨数/跨径 (m)	桥型	控制频率 (Hz)	主要振动方向	安装阻尼系统类型	阻尼系统总体效果
日本 T 桥	2 跨 45 +134	连续钢箱梁斜拉桥	0.93	横桥向	晃荡型 TLD 总共使用了 600 个容器,与主梁横向振动模态质量比为 0.7%	主梁横向位移从 8.3mm 降低到 2.9mm
伦敦千禧桥	3 跨 108 +144 +80	悬索桥	0.8(主)0.5 1.0	横桥向	黏滞阻尼器及 TMD 用于横向振动控制,竖向使用 TMD,频率在 1.2 ~2Hz 之间	减弱至行人感受不到振动
德国 Forchheim 桥	1 跨 117.5	斜拉桥	1.0 ~3.0	竖向	1 个 TMD	
巴黎 Solférino 桥	中跨 106	拱桥	0.81 1.94 2.22	横向 竖向 竖向	1 个横向 TMD(15000kg) 2 个竖向 TMD (10000kg 和 7600kg)	结构阻尼从 0.4% 增加到 3.5% (横向);竖向从 0.5% 分别到 3% ,2%
葡萄牙 Pedro e Inés 桥	中跨 110	坦拱/梁	0.85 1.74 1.80 2.34 2.74 3.07 3.17	横向 竖向	1 个横向 TMD(14800kg) 6 个竖向 TMD	结构阻尼从 0.5% 增加到 4% (横向);竖向从 0.5% ~2.2% 到 3% ~6%

注:更多关于介绍阻尼设备的细节在背景文档中进行了描述。

6.4.3.1 黏滞阻尼器

黏滞阻尼器(图 6-1)是一种通过黏性液体或固体材料变形而耗散振动的装置。

将一个活塞置于圆柱体中,这便是最常见的黏滞阻尼器之一,其中活塞产生位移导致内部液体流动而发热。这种设备输出力的大小取决于液体的黏性,并且与两端的相对速度成正比,因此黏滞阻尼器的工作效率取决于它是否连接了结构上相对速度较大的两点。在一些构造中,活塞的运动促使液体通过标定好的孔口流动,这种情况下,耗能主要是通过液体体积的改变而发生。后面这种类型的阻尼器较前者对温度的依赖小,因为前者主要取决于液体的黏性。

黏弹性阻尼器构成了另外一种类型的阻尼器,它通过固体材料(主要是高分子聚合物)的剪切变形耗散能量。

图 6-1　安装黏滞阻尼器的实例

6.4.3.2　调谐质量阻尼器

调谐质量阻尼器(TMDs)由集中质量块组成,并通过弹簧、阻尼单元与结构相联。这种装置用来将关键频率分成两个新的频率(一个低于原有频率、另外一个高于原有频率),并且结构与 TMD 间的相对运动耗散能量。既然结构的质量较 TMD 的质量高出很多,那么与结构运动相比,TMD 的运动常常是大位移。

图 6-2 为两个安装 TMD 人行桥的实例,其中一个为竖向,另外一个水平向。

图 6-2　TMD 安装实例

6.4.3.3 双摆阻尼器

双摆阻尼器(如图6-3)是一种特殊类型的调谐质量阻尼器,用于抑制水平振动。与TMD的主要差异在于:除非要抑制的频率高于1Hz,一般不需要使用弹簧。与通常的水平支撑相比,质量块通过链杆悬挂起来可以减小摩擦力。

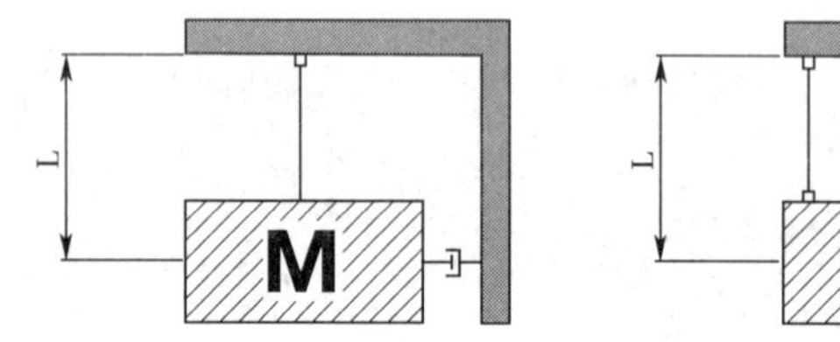

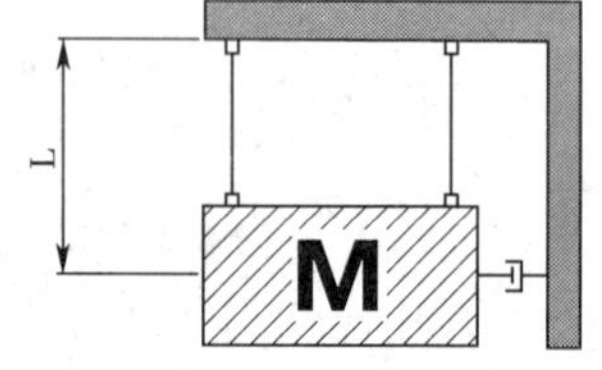

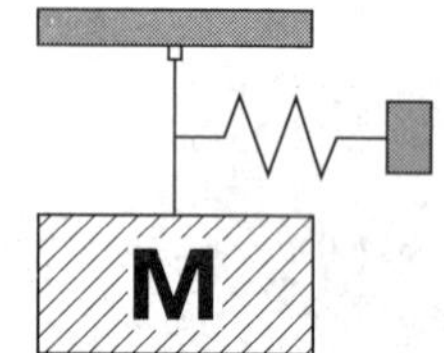

图6-3 摆系统实例

6.4.3.4 调谐液柱阻尼器

调谐液柱阻尼器由充满液体(通常是水)的U形管组成。由于管内液体运动所至、在设备底部产生的力阻碍了支撑结构的水平运动,因此TLCD(图6-4)的属性是可调的。其原理与TMD减振器相同。与其他阻尼器装置相比,TLCD有诸多优点,如频率和阻尼比易调节性、容易布置,建造简单和零维护成本。

TLCD的优化阻尼比与类似的TMD优化阻尼比一样。由于水的振荡TLCD本身含有固有阻尼,当在水平段再插一个控制阀或节流板时TLCD的阻尼能够进一步提升。然而,关于TLCD阻尼比的量化信息还没有文献可查,必须从TLCD原型试验中获得具体数据。

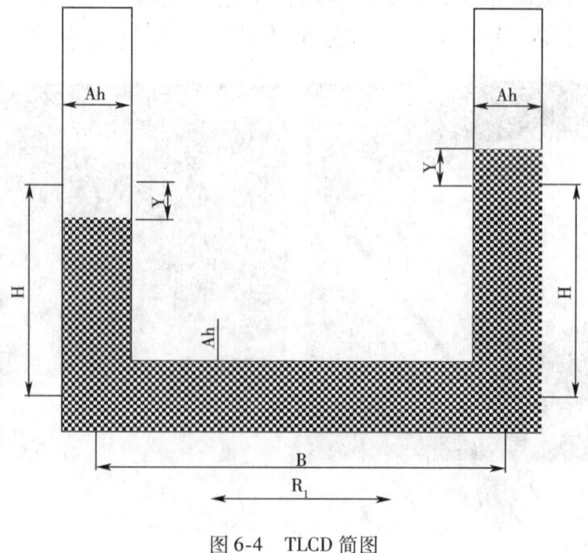

图6-4 TLCD简图

6.4.3.5　调谐液体阻尼器

调谐液体阻尼器是一种由装有液体的刚体容器(图6-5)组成的被动控制装置,用于抑制结构的水平振动。诸如费用低、、固有频率易于调整、在已有结构上容易安装等优点使得工程师对它越来越感兴趣。然而,在振幅较大时,水波可能会被中断,因此液体的运动可能是高度非线性。

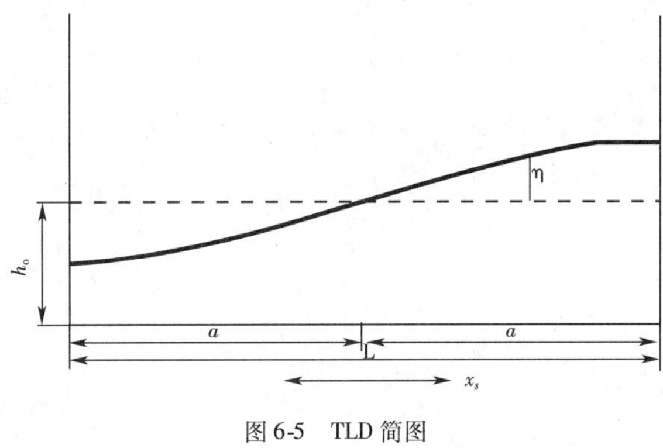

图6-5　TLD简图

参考文献

[1] HiVoSS (Human induced Vibrations of Steel Structures): Design of Footbridges - Background document, September 2008.